Hätten Sie's gewusst?

Hätten Sie's gewusst?

Erweitern Sie
ganz nebenbei
Ihr Allgemeinwissen

Reader's Digest

Vorwort

Hätten Sie gewusst, wie viel Bewegung pro Tag gesund ist? Was beim Steinzeitmann Ötzi auf der Speisekarte stand? Warum der Präsident der USA ohne Stimmenmehrheit gewählt werden kann? Dass es in der Nordsee Korallenriffe gibt? Wie man Gravitationswellen misst? Sicher haben Sie zu einigen dieser Themen schon etwas gehört. Doch bei der Vielzahl der Informationen, mit denen wir heute Tag für Tag konfrontiert werden, bleibt oft nicht die Zeit, sich näher mit den Hintergründen der Fakten zu beschäftigen. „Hätten Sie's gewusst" liefert Ihnen diese Hintergründe: Nach dem neuesten Stand der Wissenschaft erhalten Sie in diesem unterhaltsamen wie lehrreichen Werk fundierte Antworten auf zahlreiche Fragen – manches von dem, was Sie zu wissen glaubten, wird sich vielleicht sogar als Fehlmeldung entpuppen, und für vieles gibt es eine spannende Erklärung, warum es sich tatsächlich so und nicht anders verhält. Für noch mehr Lesespaß sorgen die zahlreichen Kästen mit zusätzlichen Informationen zum jeweiligen Thema sowie verblüffenden Rekorden aus allen Wissensbereichen – also ein herrliches Buch zum Schmökern und Staunen! Der Band eignet sich aber auch gut zum Nachschlagen: Innerhalb der fünf Kapitel von „Mensch" bis „Technik und Wissenschaft" sind die Fragen alphabetisch nach Stichworten sortiert, und ein ausführliches Register hilft Ihnen, einen ganz bestimmten Sachverhalt zu finden – viel Spaß also beim Lesen, Stöbern und Entdecken.

Ihre Redaktion

Von angeblich wärmendem Alkohol, Allergien und Alzheimer über Depressionen, ansteckendes Gähnen, graue Haare, Kreativität im Alter, große Ohren und Nasen bis zu Viren, Vitaminen und heilendem Weihrauch – bei dem uns alle betreffenden Thema Mensch sollte man sich nicht auf Halbwahrheiten verlassen.

Von dick machendem Bier, dem gesundheitlichen Wert von Dinkel und der überraschenden Dirty-Dozen-Liste über scharfe Gewürze, schmackhafte Insekten, Winterspargel und vegane Wurst bis zu uraltem Whisky und braunem Zucker – vielerlei Lebensmittel stehen auf dem Prüfstand.

Von dem die Weltgeschichte verändernden Sturm auf die Bastille, kurzen Betten und dem immer größer werdenden Deutschen Bundestag über Fake News, Feiertage für Botschafter, Hexenprozesse und Joints bis zu vielen Worten für Schnee, weißer Trauerkleidung und Elefanten in Weihnachtskrippen – in diesem bunt gemischten Kapitel tummeln sich manche Überraschungen und neue Einsichten.

Inhalt

Tiere und Pflanzen

Von Ameisen mit Haustieren, schlafenden Bäumen und nicht korrekt benannten Beeren über Katzen, die immer auf den Beinen landen, weinende Krokodile und Pflanzen mit Sonnenbrand bis zu rasant wachsendem Bambus, Tieren, die medizinisch bewandert sind, und Zugvögeln, die sich nach dem Flugverkehr richten – Tiere und Pflanzen werden schnell Gegenstand kurioser Behauptungen.

182

Technik und Wissenschaft

Von gefährlichen Asteroiden, neuartigen Aufzügen, Computertricks und Einsteins Nobelpreis über die Leistungsfähigkeit von Handys über nachhaltiges Kerosin und die ersten Marsreisenden bis zu Röhren als zukünftigen Reisewegen, singendem Sand, verdampfenden Schwarzen Löchern und der Zukunft des Wasserstoffantriebs – es ist erstaunlich, wie vielfältig die Erkenntnisse der Wissenschaft sind.

238

Register *298*

Bildnachweis *304*

Impressum *304*

Mensch

Unsere Erkenntnisse über die Wunder des menschlichen Körpers, aber auch über seine Gebrechen und psychische Krankheiten werden täglich mehr. Zudem werden wir von allen Seiten mit neuen und alten Gesundheitstipps überhäuft, die uns weiterhelfen sollen – aber welche sind wirklich sinnvoll und nützlich?

Setzt das Abendessen besonders stark an?

Der Volksmund besagt: „Frühstücke wie ein König, iss zu Mittag wie ein Bürger und zu Abend wie ein Bettelmann." Ob diese Empfehlung hilft, ein gesundes Körpergewicht zu halten, ob also ausgerechnet das üppige Abendessen für die „Rettungsringe" um die Hüften sorgt, darüber herrscht noch immer kein Konsens. Die Gesamtkalorienaufnahme darf den Gesamtkalorienbedarf nicht übersteigen, wenn es nicht zu einer Zunahme kommen soll – so viel weiß man. Ob der größte Teil der Kalorien aber nun morgens oder abends aufgenommen wird, schien lange nicht entscheidend. Mittlerweile mehren sich allerdings die Hinweise darauf, dass es doch einen Unterschied macht, wann gegessen wird: Für die Figur scheint es von Vorteil zu sein, wenn längere Essenspausen eingehalten werden (siehe auch S. 34). Das Weglassen des Abendessens ist dabei eine Möglichkeit.

Haben Männer stärkere Aggressionen als Frauen?

Tatsächlich gibt es in Sachen Aggressivität Unterschiede zwischen Mann und Frau – Studien scheinen zu bestätigen, dass Männer aggressiver sind als Frauen. So sind Frauen in Polizeistatistiken viel seltener zu finden. An allen Straftaten von 2019 hatten Täterinnen z. B. nur einen Anteil von rund 24 %. Bei Mord waren sogar nur 11 % der Täter weiblich.

Schaut man aber etwas genauer hin, zeigt sich, dass sich die Aggressivität von Mann und Frau nur unterschiedlich äußert. Frauen leben Aggressionen eher im Verborgenen aus und richten sie oft gegen sich selbst. So sind unter den mehreren Hunderttausend Menschen, die sich regelmäßig die Haut mit einer Rasierklinge anritzen, 80–90 % weiblich.

Überwiegend männlich

Etwa 47 600 Männer saßen 2019 in Deutschland eine Haftstrafe ab – aber nur rund 3000 Frauen. Während die Zahl der inhaftierten Männer in den vergangenen Jahren im Durchschnitt allmählich abgenommen hat, nahm die Zahl der weiblichen Strafgefangenen jedoch ein wenig zu.

Viele soziologische und psychologische Studien belegen, dass Frauen weniger zu offener Aggression neigen als Männer, aber nur, wenn man sie nicht herausfordert. Bei Provokationen verschwinden die Unterschiede zwischen Mann und Frau. Frauen und Männer fühlen sich allerdings in unterschiedlichen Situationen provoziert.

Wissenschaftler vermuten, dass all diese verschiedenen Formen der Aggressivität vor allem auf Erziehung, die Einflüsse des gesellschaftlichen Umfelds und die jeweilige Bildung zurückzuführen sind. Beispielsweise ringen Männer wesentlich stärker um die Kontrolle ihrer Umgebung als Frauen, die viel mehr sich selbst zu kontrollieren versuchen. Biologische Faktoren, etwa männliche oder weibliche Hormone, haben dagegen weitaus weniger Einfluss auf das aggressive Verhalten einer Person, als man gemeinhin glaubt.

Nimmt man die verschiedenen Formen von Aggression zusammen, dann können Frauen und Männer durchaus als ähnlich aggressiv bezeichnet werden.

Warum verträgt man im Flugzeug weniger Alkohol?

Im Flugzeug wirkt Alkohol rund zwei- bis dreimal so stark wie auf dem Erdboden. Vor allem der geringe Luftdruck und die niedrige Luftfeuchtigkeit in der Flugzeugkabine verstärken die Wirkung des Alkohols.

Ein Drink macht im Flugzeug schneller betrunken als am Erdboden.

Bei Langstreckenflügen, also in Höhen zwischen 10 000 und 13 000 m, herrscht im Flugzeug ein deutlich geringerer Luftdruck, der etwa dem auf einem Berg von 2000–2500 m Höhe entspricht. Dadurch atmet man während des Fluges pro Atemzug weniger Sauerstoff ein als auf der Erde. Dementsprechend geringer ist auch die Sättigung des Blutes mit dem lebensnotwendigen Gas. Bei Fluggästen, die unter Blutarmut, Lungen- oder Herz-Kreislauf-Erkrankungen leiden, kann dies Probleme verursachen, während gesunde Menschen kaum einen Unterschied bemerken. Durch die geringere Sauerstoffsättigung kann Alkohol im Blut aber nicht mehr so schnell abgebaut werden und reichert sich an.

Zudem fördern alkoholische Getränke den Harndrang und wirken entwässernd, sodass der Körper schneller austrocknet. Verstärkt wird die Austrocknung durch die niedrige Luftfeuchtigkeit in der Kabine. Denn hier ist die Luft oft trockener als in der Wüste: In der Sahara beträgt die Luftfeuchtigkeit etwa 20 %, bei Langstreckenflügen liegt sie teilweise unter 15 %. Es liegt auf der Hand, dass man deshalb im Flugzeug noch mehr Durst verspürt, den man aber nicht mit alkoholischen Getränken löschen sollte – sonst beginnt der negative Kreislauf von vorn. Übrigens: Ein Grund für den erhöhten Alkoholkonsum in Flugzeugen liegt darin, dass viele Menschen unter Flugangst leiden und glauben, durch „beruhigende" Getränke den Flug besser überstehen zu können.

Wärmt Alkohol von innen?

Das Bild vom Bernhardiner mit dem Schnapsfässchen um den Hals, der mit dem hochprozentigen Inhalt Menschen vor dem Erfrierungstod rettet, illustriert nur einen Mythos. Alkohol erweitert zwar die Blutgefäße und bewirkt so, dass mehr Blut an die Körperoberfläche und in die Arme und Beine fließt. Dadurch entsteht durchaus ein wohltuend warmes Gefühl. Doch das ist ein Effekt, der bei großer Kälte sehr gefährlich werden kann. Denn bei Kälte sind die Gliedmaßen meist eher schwach durchblutet. Stattdessen bleibt das Blut mitsamt seiner Wärme eher im Inneren des Körpers – dort also, wo es zum einen die lebenswichtigen Organe versorgen und zum anderen selbst nicht so schnell auskühlen kann.

Diesen Schutzmechanismus aber unterläuft man, wenn man größere Mengen Alkohol trinkt. Wenn das Blut dann verstärkt Richtung Gliedmaßen und Körperoberfläche fließt, gibt es seine Wärme auch schneller an die Umgebung ab. Statt von innen gewärmt zu werden, kühlt der Körper also umso schneller aus. So lassen zwei bis drei Becher Glühwein die Körpertemperatur um etwa ein halbes Grad sinken. Gerade Betrunkene nehmen den Wärmeverlust jedoch oft gar nicht wahr. Dann drohen Erfrierungen und in Gefahrsituationen sogar der Tod.

Besonders im Frühling, wenn viele Bäume und Sträucher blühen, haben Allergiker häufig Probleme.

Nehmen Allergien zu?

Allergien sind eindeutig auf dem Vormarsch – da stimmen alle medizinischen Studien überein. So wurde z. B. in der Schweiz untersucht, wie die Zahl der von Heuschnupfen Betroffenen über die Jahrzehnte zugenommen hat. War 1926 nicht einmal 1 % der Schweizer gegen Pollen allergisch, leiden heute schon rund 20 % der Bevölkerung an Heuschnupfen. Skeptiker könnten einwenden, das sei nur eine Folge besserer Diagnosen und der modernen Ausbildung der Ärzte. Denn mit Tests kann man heute Hunderte Allergien sehr schnell und genau diagnostizieren, wohingegen früher der Blick eines erfahrenen Arztes genügen musste. Doch die Forscher widersprechen und sagen stattdessen sogar einen weiteren starken Anstieg der Allergien voraus, vor allem bei Kindern – und dies natürlich nicht nur für die Schweiz.

Noch ist nicht sicher, warum dies so ist. Vermutlich spielen mehrere Gründe eine Rolle. Man geht davon aus, dass Kinder heute mit mehr Fremdeiweißen ernährt werden als vor 100 Jahren. Weil sich moderne Menschen zudem häufiger in Innenräumen aufhalten als ihre Vorfahren, kommen sie stärker mit Hausstaub und Schimmelpilzsporen in Kontakt. Zudem sind sie von mehr „Fremdstoffen“ umgeben – angefangen bei tropischem Obst über Fette und Nahrungsmittelzusätze bis hin zu Textilfarbstoffen oder neuen Medikamenten. All das bedeutet mehr mögliche Allergene – Stoffe, die Allergien auslösen können.

Viele Allergene könnten aber auch eine Abhärtung hervorrufen, den sogenannten Bauerneffekt. In Umgebungen, in denen mit Holz und Kohle geheizt wird und in denen Kinder viel Kontakt mit Haus- und Stalltieren haben, gibt es weniger Fälle von Asthma und Heuschnupfen. Besonders drastisch ist dieser Effekt in afrikanischen Ländern. Hier zeigte sich beispielsweise, dass ein hohes Risiko für Wurminfektionen im Gegenzug das Risiko für Allergien deutlich verringert. Offenbar „lernt“ das Immunsystem viel besser, dass Pollen keine Gefahr darstellen, wenn es ernstlich von anderen Krankheitserregern bedroht wird. Es gibt daher Mediziner, die von einer „Unterforderung des Immunsystems“ in den Industrienationen sprechen. Je weniger Infektionskrankheiten die Menschen hier durchstehen müssen, desto stärker leiden sie an Allergien.

Angriff über die Haut

Die Haut hat viele Mechanismen, Krankheitserreger abzuwehren – darunter sogar körpereigene Antibiotika. Doch manche Allergene können diese Schranke an feinen Schürf- oder Ritzwunden überwinden. Diesen Effekt macht man sich in der Medizin sogar zunutze: Beim Pricktest wird die Haut angeritzt, dann werden z. B. Pollenallergene aufgebracht. Wenn das Immunsystem aktiv wird, erkennt der Arzt dies an der Rötung rund um die Wunde.

In Japan werden viele Menschen sehr alt – vielleicht wird das aber bald weltweit so sein.

Ist Altern eine Krankheit?

Glaubt man dem australischen Biologen David A. Sinclair, der heute an der Harvard Medical School in Cambridge arbeitet, lautet die Antwort auf diese Frage ganz eindeutig „Ja". Altern ist nicht nur in seinen Augen ein Prozess, den man mit Entschlossenheit therapieren muss. Sollte diese Therapie erfolgreich sein, könnten wir alle am Ende des 21. Jh. durchaus 120 Jahre alt werden – und das im besten Fall auch bei guter geistiger und körperlicher Gesundheit.

Eine der Hauptursachen des Alterungsprozesses sind Zellen, die sich, wenn sie älter werden, erschöpfen und schließlich in einer Art Dornröschenschlaf versinken (das nennt man Zellseneszenz). Diese Zellen senden entzündungsfördernde Substanzen aus und locken dadurch Riesenfresszellen an, die den Organismus von den ermüdeten Zellen befreien. In höherem Alter funktioniert dieser Mechanismus jedoch immer schlechter. Die überalterten Zellen verbleiben zu lange im Körper und schaffen so ideale Voraussetzungen für Krankheiten wie Alzheimer oder Arteriosklerose.

Was liegt also näher, als in die Entwicklung von Arzneimitteln und Therapien zu investieren, mit deren Hilfe man die ermüdeten Zellen auch weiterhin aus dem Körper schleusen kann? Andere Forschungsansätze befassen sich mit dem vitalisierenden Einfluss des Blutplasmas junger Menschen oder bestimmten Enzymen, die das in den Zellen enthaltene Erbmaterial schützen.

All jene, denen dies alles suspekt ist bzw. zu lange dauert, können aber auch jetzt schon auf ganz natürliche Weise – und ohne irgendwelche Nebenwirkungen – viel dafür tun, dass sie gesund alt werden: Die altbekannten Zauberworte dafür lauten gesunde Ernährung, Bewegung und vernünftiges Stressmanagement. Positive Effekte werden auch dem Intervallfasten zugeschrieben, das die Regeneration der Zellen fördern soll.

Das Lösen von Kreuzworträtseln ist für viele ältere Menschen ein anregender Zeitvertreib.

Hilft das regelmäßige Lösen von Kreuzworträtseln gegen Alzheimer?

Alzheimer ist eine Erkrankung des Gehirns, bei der sich in den Nervenzellen Ablagerungen aus Eiweiß bilden. Dies führt dazu, dass die Gehirnzellen absterben und das Gehirn um bis zu 20 % schrumpft. Alzheimer ist daher für viele Menschen ein Schreckensszenario. Die daran Erkrankten können im Endstadium ihren Alltag nicht mehr selbst bewältigen, weil sie sich beispielsweise nicht mehr daran erinnern, wie man Schuhe bindet oder wo der Kühlschrank steht. Sie verlieren schließlich die gesamte Kontrolle über Körper und Geist.

Die Krankheit, die der deutsche Neurologe Alois Alzheimer erstmals 1906 beschrieben hat, ist heute noch ein medizinisches Rätsel. Sicher ist, dass der Hauptfaktor für Alzheimer das Alter ist. Schätzungsweise erkrankt etwa 1,5 % aller Menschen zwischen 65 und 69 daran. Im Alter zwischen 85 bis 89 Jahren haben aber bereits ca. 22 % der Menschen Alzheimer.

Es ist umstritten, ob man Alzheimer verhindern kann, es deutet aber einiges darauf hin, dass bei Menschen, die ihren Geist in Schwung halten und regelmäßig gemäßigten Sport treiben, Alzheimer später auftritt. Möglicherweise hängt das damit zusammen, dass das trainierte Gehirn bei diesen Menschen die Folgen der Erkrankung länger kompensieren kann. So ist das Lösen von Kreuzworträtseln auf jeden Fall ein gutes „Gehirnjogging" für Ältere.

Den Ausbruch von Alzheimer kann dies jedoch keinesfalls verhindern, und es taugt schon gar nicht als Einzelmaßnahme oder als „Medizin" nach dem Ausbruch einer Demenzerkrankung. Das Gehirn muss trainiert werden, bevor es erkrankt. Die Rätselzeitschrift sollte also Teil eines aktiven Lebens sein, bei dem auch Lernprozesse sowie soziale Kontakte und Bewegung nicht zu kurz kommen dürfen. Mediziner empfehlen beispielsweise oft Tanzen als optimale Ergänzung zum Training des Geistes.

Kann man Angst verlernen?

Wenn sich eine Spinne direkt vor uns von der Zimmerdecke abseilt, ist das zumindest in Mitteleuropa eigentlich völlig ungefährlich. Trotzdem löst eine solche Situation bei etlichen Menschen Angst und Ekel, bei manchen sogar regelrechte Panik aus. Zum Glück kann man derartige Ängste aber auch wieder loswerden. Gerade bei Spinnenangst wirkt oft eine sogenannte Konfrontationstherapie: Mit Unterstützung eines Therapeuten gelingt es vielen Betroffenen schon innerhalb eines Tages, sich den gefürchteten Monstern schrittweise immer weiter zu nähern, bis sie eine Spinne sogar anfassen oder über ihre Hand krabbeln lassen können.

Allerdings haben diese Menschen das einmal verinnerlichte Dogma „Spinnen sind bedrohlich" damit nicht endgültig gelöscht. Sie haben nur eine neue Lektion gelernt, die besagt: „Spinnen sind doch nicht gefährlich, die alte Warnung ist nicht mehr relevant." Das Problem dabei ist, dass die Angst später durchaus zurückkehren kann, zumal das Verlernen von Angst stark an die jeweilige Situation gebunden ist. So kommt es vor, dass ein Patient mit einer Spinne in der Psychotherapiepraxis gar keine Probleme mehr hat. Wenn er dann aber eine in seinem eigenen Keller findet, ist das Entsetzen sofort wieder da.

Deshalb suchen Psychologen nach Möglichkeiten, die durchaus guten Ergebnisse von Konfrontationstherapien noch weiter zu verbessern. Und dabei könnte es helfen, die Patienten vor ihrer Behandlung ein wenig unter Stress zu setzen – etwa, indem man ihre Hand in Eiswasser taucht. Psychologen um Oliver Wolf von der Universität Bochum haben nämlich herausgefunden, dass Stress das Verlernen von Ängsten fördert. Die Spinne, die man während der Therapie als harmlos erkannt hat, wird dann wahrscheinlich nicht wieder zum Monster – auch nicht, wenn sie in der eigenen Wohnung sitzt.

Rekorde

DIE HÄUFIGSTEN TIER-PHOBIEN

1	*Arachnophobie*	Angst vor Spinnen
2	*Apiophobie*	Angst vor Bienen, Wespen und ähnlichen Insekten
3	*Ophidiophobie*	Angst vor Schlangen
4	*Elasmophobie*	Angst vor Haien
5	*Kynophobie*	Angst vor Hunden

Warum sind Antibiotika bei Viruserkrankungen wirkungslos?

Der Begriff Antibiotikum stammt aus dem Lateinischen und bedeutet „gegen Lebewesen" – womit aber nur Bakterien gemeint sind. Denn für die meisten Wissenschaftler sind Viren gar keine echten Lebewesen. Der Grund: Bakterien funktionieren wie kleine Fabriken, die Energie umsetzen, Eiweiße herstellen und sich sogar fortbewegen. Viren dagegen sind Parasiten, die sich nicht einmal selbst fortpflanzen können. Sie bestehen fast nur aus Erbsubstanz.

Es gibt über 15 verschiedene Klassen von Antibiotika und Tausende unterschiedliche Wirkstoffe. Sie stören die Arbeit in den „Bakterienfabriken" mit sehr unterschiedlichen Methoden. Manche töten die Bakterien direkt ab, indem sie deren Außenhaut anbohren und die Bakterien aufplatzen lassen. Andere Antibiotika hemmen die Fortpflanzung der Bakterien, indem sie die Duplizierung der Erbsubstanz verhindern. Wieder andere hängen sich an die sogenannten Ribosomen, sodass die Bakterien keine Zellbausteine aus Eiweiß mehr herstellen können.

Viren können so jedoch nicht besiegt werden. Daher lassen sich Erkältungskrankheiten auch nicht mit Antibiotika bekämpfen, denn diese werden durch Viren hervorgerufen. Trotzdem werden immer noch zu viele Antibiotika eingesetzt – als Breitbandmedikament in der Medizin, in der Tierzucht oder sogar als Schiffsanstrich gegen „Bakterienfilme" an der Bordwand. Durch diese übermäßige Verwendung werden immer mehr Bakterienstämme unempfindlich gegenüber Antibiotika, sie werden resistent. Forscher sind daher gezwungen, ständig neue Antibiotika zu entwickeln.

Manchmal ist es aber auch bei einer Virusinfektion sinnvoll, Antibiotika einzunehmen. Denn eine Virusinfektion schwächt auch das Immunsystem, und dies können Bakterien ausnutzen. So kann sich z. B. in den Schleimhäuten eine bakterielle Infektion einnisten, während der Körper noch mit der Abwehr von Erkältungsviren beschäftigt ist.

Gab es Arteriosklerose schon in der Steinzeit?

Im Magen des Steinzeitmanns Ötzi, der 1991 in den Ötztaler Alpen gefunden wurde, entdeckten Forscher Nahrungsreste mit einem extrem hohen Fettgehalt von etwa 46%. Schon Ötzi hat sich also anscheinend, ähnlich wie viele Menschen des 21. Jh., nicht allzu gesund ernährt. Solche tierischen Fette liefern zwar einerseits sehr viel Energie für ausgedehnte Hochgebirgstouren wie die, auf denen Ötzi vor 5300 Jahren unterwegs war. Andererseits führt ein derartig hoher Fettkonsum mit der Zeit aber auch zu Arteriosklerose – und tatsächlich zeigten Computertomografien derartige Fettablagerungen in den Schlagadern, die Ötzis Kopf und Beine versorgten, und in seiner Aorta. Arteriosklerosen verengen die Gefäße, bremsen den Blutfluss und können schließlich z. B. zu einem Herzinfarkt, einem Schlaganfall oder einem arteriellen Verschluss im Bein führen.

Zudem verrät das 2012 entschlüsselte Erbgut von Ötzi, dass der Steinzeitmann eine relativ hohe Wahrscheinlichkeit für solche Herz-Kreislauf-Erkrankungen geerbt hatte. Und da Wissenschaftler ähnliche Arterienverkalkungen wie bei Ötzi auch bei anderen Mumien in Ägypten, Südamerika oder auf den Aleuten fanden, scheinen Herzinfarkt und Schlaganfall keineswegs ein neues, sondern bereits ein uraltes Gesundheitsproblem zu sein.

Schadet es den Augen, wenn man bei Dämmerlicht liest?

Lesen im Halbdunkeln hat tatsächlich Einfluss auf das Sehvermögen.

Augen sind wahre Wunder der Natur. Die Länge der Augäpfel pendelt sich durch Wachstum in den ersten Lebensjahren auf 0,2 mm genau ein, damit das vom Auge Erfasste auf der Netzhaut stets scharf abgebildet wird. Auch auf eine Veränderung der Lichtverhältnisse können die Augen sich einstellen. So reicht in einem völlig dunklen Raum schon das Licht einer glühenden Zigarette, um etwas zu sehen – dann öffnen sich die Pupillen weit.

Daraus könnte man schließen, dass das Lesen im Dämmerlicht kein Problem für unsere Augen darstellt. Die Augen öffnen einfach die Pupillen und passen die Linsen an die Lichtverhältnisse an. Wissenschaftliche Untersuchungen zeigten jedoch, dass Augäpfel, die über lange Zeit hinweg düstere oder unscharfe Bilder zu sehen bekommen, tatsächlich ihre Länge dauerhaft verändern. Die Augen werden kurzsichtig.

Um dies genauer zu untersuchen, haben Forscher bei Tieren die Sicht eingeschränkt. Sie setzten Rhesusaffen matte Brillengläser auf. Die Folge war, dass die Tiere kurzsichtig wurden, weil ihre Augäpfel in die Länge zu wachsen begannen. Auf dieselbe Weise reagierten auch die Augen von Hühnern, denen die Forscher unscharfe Videofilme vorspielten.

Und auch beim Menschen kann es passieren, dass man vom Lesen bei Dämmerlicht Schäden davonträgt. Allerdings muss man dazu viel Lesestoff im Halbdunkel konsumieren. Bei den Rhesusaffen genügte es nämlich schon, die matte Brille pro Tag eine halbe Stunde wieder abzunehmen, um die behandelten Affen deutlich seltener kurzsichtig zu machen als jene Tiere, die die Brillen ganztägig trugen. Offenbar braucht das Auge immer wieder den Blick in die Ferne, um die Länge der Augäpfel einstellen zu können. Das gilt übrigens auch für Bildschirmarbeit. Wer zwischendurch zum Fenster hinaussieht, tut seinen Augen etwas Gutes. Forschende konnten zudem bezüglich der Wirkung auf

Ärztlicher Augencheck

Ärzte können mithilfe eines Blickes in die Augen Hinweise auf Erkrankungen des Gehirns finden. So sind z. B. häufige ruckartige Augenbewegungen und Lidschläge möglicherweise ein Indiz für Schizophrenie. Wenn die Augen an sich gesund sind und man trotzdem Sehprobleme hat, ist dies eventuell ebenfalls ein Hinweis auf eine Krankheit: In etwa 40 % aller Fälle macht sich Multiple Sklerose zuerst durch Sehstörungen bemerkbar.

die Augen keinen Unterschied zwischen dem Lesen eines Buches und Bildschirmarbeit feststellen. Beides kann – exzessiv und in Dämmerlicht betrieben – kurzsichtig machen. Sicher ist außerdem, dass einer der Hauptfaktoren für Kurzsichtigkeit die Vererbung ist. Wenn beide Elternteile kurzsichtig sind, braucht ihr Kind mit 30–40 % Wahrscheinlichkeit ebenfalls eine Brille. Wissenschaftler kennen sogar die Gene, die das Längenwachstum der Augäpfel fördern.

Warum können Babys tauchen?

Es ist erstaunlich: Babys können nach der Geburt tatsächlich tauchen, ohne sich zu verschlucken. Sie scheinen dabei auch keinerlei Angst zu empfinden. Der Grund dafür ist der angeborene Tauchreflex. Säuglinge halten automatisch die Luft an, wenn sie ins Wasser getaucht werden bzw. wenn ihr Gesicht mit Wasser in Berührung kommt. Dank dieses Reflexes wird die Luftröhre verschlossen, die Atmung eingestellt, und das Herz schlägt langsamer, um den Sauerstoffbedarf zu begrenzen. Außerdem wird die Blutversorgung im Körper eingeschränkt.

Den Tauchreflex scheinen Babys wohl schon in der Fruchtblase auszubilden, wo sie das Atmen üben. Allerdings verschwindet dieser Reflex zwischen dem 4. und 6. Lebensmonat wieder. Danach müssen Kleinkinder bzw. Kinder neu lernen, was sie bereits einmal automatisch konnten – nämlich, dass sie beim Tauchen bewusst die Luft anhalten müssen.

Babys sind dank eines Reflexes verblüffend gute Taucher.

Warum kann Barfusslaufen für Frauen wichtig sein?

Füße haben es wirklich nicht leicht: Im Schnitt tragen sie jeden Tag zwischen 68 und 86 kg kilometerweit spazieren – das ist das Durchschnittsgewicht einer ca. 40-jährigen Frau bzw. eines ebenso alten Mannes in Deutschland.

Obwohl Frauen beim Gehen nur 10 % mehr Schritte machen als Männer, erleiden sie fast doppelt so viele Unfälle. Die Wissenschaftler geben dafür u. a. höheren Absätzen und Sandalen die Schuld. Aufgrund der höheren Absätze rutscht der Fuß unvermeidlich im Schuh nach vorn. Dadurch ruht das Körpergewicht nun vor allem auf der großen Zehe, die bei keinem Menschen so stark ist, dass sie das lange aushält. Oft entsteht ein *Hallux valgus*, bei dem die große Zehe zur Seite verschoben ist, was sehr schmerzhaft sein kann.

Besonders Frauen sollten daher nicht nur flaches und bequemes Schuhwerk tragen, sondern außerdem auch häufig barfuß laufen. Denn dabei scheuert der Fuß nicht an hartem Leder. Vor allem aber trainiert das Barfußgehen die Fußmuskulatur, weil die Füße viel flexibler auf den jeweiligen Untergrund reagieren müssen. Und das fördert wiederum den Aufbau von Knochenmasse.

Barfüßige Sherpas

Ohne die Sherpas wären die ersten Expeditionen zum Himalaja undenkbar gewesen. Auch heute verdienen diese Menschen noch häufig ihren Lebensunterhalt damit, das Gepäck von Bergsteigern und Touristen die steinigen Wege zu den Achttausendern hinaufzuschleppen – und das oft ohne schützendes Schuhwerk. Die letzten Strecken durch Schnee und Eis gehen aber auch Sherpas nicht barfuß, sondern in Stiefeln – sonst würden ihnen die Füße abfrieren.

Studiert man mit vollem Bauch wirklich nicht gern?

Essen macht müde – und das ist auch nicht verwunderlich. Denn der Organismus beschäftigt sich nach der Mahlzeit hauptsächlich damit, die Nahrung zu verdauen, und konzentriert das Blut dabei besonders im Magen. Genau wie die Muskulatur wird das Gehirn während dieser Zeit mit weniger Nährstoffen versorgt und dadurch träge.

Ausschlaggebend für die Dauer der Verdauung ist vor allem die sogenannte „Magenverweilzeit" der Nahrung: Mit Traubenzucker, Fleischbrühe, Bananen oder Äpfeln ist der Magen bei der Vorverdauung nicht länger als 1 Stunde beschäftigt, an Sahnetorten und Schweinshaxen hat er dagegen bis zu 9 Stunden zu arbeiten. Speisen, die „schwer im Magen liegen", sorgen also dafür, dass das Gehirn erst allmählich wieder mit mehr Nährstoffen versorgt wird, und sie schränken deshalb die geistige Beweglichkeit für Stunden ein.

Umgekehrt kann aber der Verzicht auf ein Frühstück oder ein Mittagessen zur Unterversorgung mit den notwendigen Nährstoffen führen und ebenfalls Konzentrations- und Leistungsschwächen auslösen. Mit anderen Worten: Mit vollem Bauch studiert man nicht gern, mit leerem aber auch nicht.

Um beides zu vermeiden, empfehlen Ärzte und Ernährungsberater Zwischenmahlzeiten mit einer kurzen Magenverweilzeit. Diese Mahlzeiten belasten den Körper nicht und sorgen damit auch dafür, dass das Gehirn den ganzen Tag gleichermaßen aktiv sein kann. Statt auf drei sollte die gesamte Nahrungsmenge auf fünf bis sechs Mahlzeiten pro Tag verteilt werden. Kohlenhydrate liefern dabei schnelle Energie, die nach kurzer Zeit schon wieder verbraucht ist, pünktlich zum nächsten Essen.

Entscheidend ist aber nicht nur Menge, Häufigkeit und Tageszeit der Mahlzeiten, sondern auch deren Zusammensetzung. Statt kalorienhaltigem Fett und einfachem Zucker, wie sie beispielsweise in Schokoriegeln enthalten sind, eignen sich stärkehaltige Lebensmittel (z. B. Kartoffeln), fettarme Milchprodukte und frisches Obst und Gemüse besonders gut für Menschen, die geistig arbeiten müssen. Diese Nahrungsmittel enthalten Ballaststoffe, die länger sättigen und eine gute Verdauung fördern. Zudem liefern sie dem Körper Mineralien und Vitamine, die ebenfalls bei der Kopfarbeit helfen.

Gibt es ein Bauchhirn?

Ja, tatsächlich! Dieses versteckte „Gehirn" kennt man auch unter den Bezeichnungen „Darmhirn" oder „zweites Gehirn". In unseren Eingeweiden befinden sich 100 bis 200 Mio. Nervenzellen und damit mehr als im gesamten Rückenmark.

In den letzten Jahren sind der Darm und seine Bewohner zunehmend in den Fokus der Wissenschaft gerückt. Das Organ dient längst nicht allein der Verdauung, sondern tauscht sich über die Darm-Hirn-Achse intensiv mit unserem Kopfhirn aus. Und dabei ist es nicht nur das Kopfhirn, das Informationen an das Darmhirn schickt: Überraschenderweise wandert der Großteil der Signale sogar vom Bauch zum Kopf. Intensiv beteiligt an dieser Kommunikation sind die Darmbakterien, die nicht nur mit Verdauungsprozessen beschäftigt sind, sondern auch wichtige Botenstoffe produzieren, die unsere Psyche und damit unser Wohlergehen beeinflussen. So wird etwa das Glückshormon Serotonin vor allem im Darm gebildet. Auch weiß man heute, dass ein großer Teil unseres Immunsystems seinen Sitz im Darm hat – ein Grund mehr, den vielen Geheimnissen dieses spannenden Organs auf die Spur zu kommen.

Wie viel Bewegung pro Tag ist gesund?

Die Weltgesundheitsorganisation WHO empfiehlt Erwachsenen als absolutes Minimum, pro Woche insgesamt 2½ Stunden spazieren zu gehen, zu schwimmen oder Rad zu fahren oder 1¼ Stunden zu joggen.

Der Bewegungsbedarf hängt aber sehr stark vom jeweiligen Alltag ab – und in vielen hoch entwickelten Ländern verbringt man diesen heutzutage weit überwiegend im Sitzen. Da die Evolution den Menschen jedoch zum Dauerläufer formte, der in prähistorischen Zeiten jeden Tag größere Entfernungen zurücklegen musste, um ausreichend Beeren und Nüsse zu finden oder Wild zu jagen, entpuppt sich

Mehrmals täglich mit dem Hund Gassi zu gehen, sorgt für viel Bewegung.

das moderne Dauersitzen als sehr ungesund. Deshalb rät die WHO zur Verbesserung der Gesundheit, die zuvor genannten Minimumzeiten pro Woche ungefähr zu verdoppeln. Sportmediziner ermutigen den Büromenschen des 21. Jh. dazu, jeden Tag mindestens eine halbe Stunde lang Herz, Kreislauf und Muskulatur zu fordern und z. B. schnell zu laufen oder zu joggen. Dabei sollte der Puls deutlich höher werden und einen Wert von etwa 180 abzüglich des Lebensalters erreichen. Ein 60-Jähriger sollte also mit einem Puls von 120 Schlägen in der Minute unterwegs sein, ein 30-Jähriger sollte mindestens auf 150 kommen. Wer auch sonst einen gesunden Lebensstil pflegt, sich ausgewogen ernährt und mit seinem Leben zufrieden ist, kann seine Lebenszeit so um durchschnittlich sechs bis acht Jahre verlängern. Aber Vorsicht: Wer es mit dem Sport übertreibt, kann seine Lebenserwartung auch leicht wieder drastisch verkürzen.

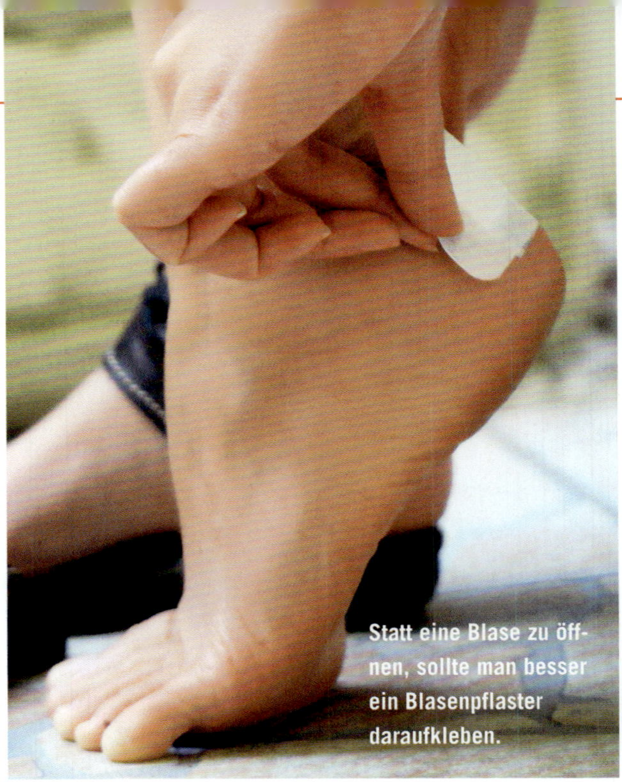

Statt eine Blase zu öffnen, sollte man besser ein Blasenpflaster daraufkleben.

Darf man Blasen aufstechen?

Jeder kennt es: Versehentlich hat man die heiße Herdplatte berührt, oder man war in unpassenden Schuhen wandern. Die Haut versucht, sich vor Verletzungen zu schützen, und eine Blase entsteht.

Dabei bildet sich zwischen der obersten Schicht der Haut (Lederhaut) und der Oberhaut (Epidermis) eine Kammer, die sich mit Flüssigkeit aus den Zellen füllt. Diese soll bei zu viel Reibung den Druck lindern, drückt aber ihrerseits auf die Nerven. Dadurch beginnt die Stelle zu schmerzen. Bisweilen ist die Kammer unter der Haut nicht mit Wasser, sondern mit Blut gefüllt. Das ist ein Hinweis darauf, dass die Blase sich tief in der Oberhaut gebildet hat.

Solange eine Blase geschlossen ist, schützt die darüberliegende Lederhaut die Stelle vor Infektionen. Spätestens nach zwei Wochen ist die Haut dann wieder verheilt. Doch manchmal – beispielsweise bei einer Wanderung – lässt sich nicht verhindern, dass eine Blase weiter wächst. Ist eine längere Pause unmöglich, sollte man die Stelle mit einem Pflaster abkleben. Am besten eignet sich dafür ein spezielles Blasenpflaster, das die Wunde schützt und ihr zugleich die Feuchtigkeit entzieht.

Erst wenn der Schmerz unerträglich wird, darf man die Blase öffnen. Dies ist nur als letzte Notfallmaßnahme gedacht. Hierzu braucht man Desinfektionsmittel, eine sterile Nadel und ein Pflaster. Nach gründlicher Desinfektion sticht man die Blase sehr vorsichtig an der Seite an – wobei die Haut so wenig wie möglich beschädigt werden sollte. Die Flüssigkeit drückt man nun mit der Nadel heraus und klebt nach erneuter Desinfektion ein Pflaster auf die Wunde.

Warum kann man nicht aufhören, Chips zu essen?

Wir haben es uns fest vorgenommen: Nur noch einmal in die Chipstüte greifen, dann ist Schluss. Und dann wandert die Hand wieder und wieder zur Tüte … und plötzlich ist die Packung leer. Aber warum können wir nicht aufhören, Chips zu essen, obwohl wir bereits satt sind?

Forscher aus Erlangen haben das Phänomen untersucht und die sogenannte Naschformel aufgestellt, bei der das Verhältnis zwischen Fett und Kohlenhydraten im Zentrum steht. Lebensmittel mit einem Verhältnis von 35 % Fett zu 45 % Kohlenhydraten sollen demnach besonders schmackhaft sein.

Manchmal kann man mit dem
Chipsessen erst aufhören,
wenn die Tüte ganz leer ist.

Nicht nur Chips, auch z. B. bestimmte Schokoladensorten und Nuss-Nougat-Cremes weisen einen solchen Wert auf.

Eine Erklärung dafür, warum gerade dieses Verhältnis Nahrungsmittel unwiderstehlich macht, könnte die Evolution sein. Einst war diese Mischung sehr erstrebenswert, da Nahrung nicht garantiert war: Kohlenhydrate liefern schnell Energie, und der Fettanteil ist für die langfristige Versorgung wichtig.

Darüber hinaus wird beim Essen von Chips der *Nucleus accumbens*, eine Region im Gehirn, die am Belohnungszentrum beteiligt ist, aktiviert.

Was ist „gutes" und was ist „schlechtes" Cholesterin?

Auch wenn Cholesterin einen denkbar schlechten Ruf hat, ist es doch lebensnotwendig. Der fettähnliche, wachsartige Stoff ist eine Grundsubstanz im Körper, notwendig beispielsweise zum Aufbau stabiler Zellen, zur Produktion von Vitamin D und mancher Hormone. Der Mensch stellt sein Cholesterin selbst her, die Leber produziert täglich etwa 1 g dieses Stoffes.

Cholesterin kann im Blut aber nicht gelöst werden. Es braucht zum Transport einen Träger, ein Lipoprotein. Das ist ein Molekül, das zugleich aus Fett und Eiweiß besteht. Die wichtigsten Cholesterinträger sind das Low Density Lipoprotein (LDL) und das High Density Lipoprotein (HDL). Während LDL viel Cholesterin bindet, trägt HDL nur wenig Cholesterin.

LDL-Cholesterin wird oft als „schlechtes" Cholesterin bezeichnet, HDL-Cholesterin dagegen als „gutes": Wenn zu viel LDL im Blut schwimmt, lagert es sich mit anderen Stoffen an den Wänden der Arterien ab, die Herz und Gehirn mit Blut versorgen. Irgendwann verstopft dies die Adern, was zu einem Herzinfarkt führen könnte. HDL dagegen transportiert überschüssiges Cholesterin aus den Arterien in die Leber zurück, von wo es ausgeschieden wird. Allerdings entscheidet nicht allein der absolute Cholesterinwert über die Gesundheit, sondern ein ausgewogenes HDL-LDL-Verhältnis. Empfohlen wird ein Verhältnis von etwa 3 : 1; abhängig vom Gesundheitszustand des Patienten kann der behandelnde Arzt aber auch ein leicht davon abweichendes Verhältnis zur Zielvorgabe machen.

Viele Menschen müssen sich irgendwann in ihrem Leben einer depressiven Episode stellen.

Sind Depressionen eine Krankheit des Gehirns?

Ein Gefühl der Leere und Freudlosigkeit, gedrückte Stimmung, mangelnder Antrieb, aber auch innere Unruhe, Appetitmangel oder Schlaflosigkeit sind typische Symptome einer Depression. Viele Menschen kennen sie aus eigener Erfahrung: Studien zufolge macht fast jeder Fünfte im Lauf seines Lebens mindestens eine depressive Episode durch. Obwohl die Krankheit also sehr verbreitet ist, weiß man noch immer nicht genau, wodurch sie verursacht wird. Wissenschaftler vermuten, dass bei ihrer Entstehung mehrere Faktoren eine Rolle spielen. Dazu gehören u. a. psychische Einflüsse, etwa Traumata, negative Denkmuster oder mangelnde soziale Anerkennung, aber auch biologische Komponenten wie der Hormonhaushalt, genetische Dispositionen und Störungen bei der Signalübermittlung zwischen Nervenzellen.

Eine relativ neue Erkenntnis bringt dabei ein Organ ins Spiel, an das man beim Stichwort Depression nicht automatisch denkt: den Darm. Hier befinden sich sehr viele Nerven, die eng vernetzt sind und über ein fein gesteuertes chemisches System nicht nur miteinander, sondern auch mit dem Gehirn kommunizieren. Man spricht auch vom „Bauchhirn" (siehe auch S. 19), das das Gehirn mit Informationen über die unterschiedlichsten Körpervorgänge versorgt. Werden die Signale aus dem Bauch (z. B. mangelnde Durchblutung der Verdauungsorgane aufgrund von dauerhaft ausgeschütteten Stresshormonen) vom Kopf als besorgniserregend eingeordnet, kann sich die Stimmung verdüstern.

Doch nicht nur die Nerven scheinen einen Einfluss auf die Stimmung zu haben, sondern auch das sogenannte Mikrobiom des Darmes, also die Anzahl und Art der dort gedeihenden Mikroorganismen, die wichtig für die Verdauung sind. In Tierversuchen hat man „keimfreien" Ratten Darmbakterien von Menschen mit Depressionen verabreicht, woraufhin die Tiere plötzlich ebenfalls depressives Verhalten zeigten. Und tatsächlich gibt es Studien mit depressiven Menschen, die von der Einnahme bestimmter „guter" Bakterienstämme profitierten.

Auch wenn die Forschung auf diesem Gebiet noch in den Kinderschuhen steckt: Bei Depressionen allein das Gehirn für die Erkrankung verantwortlich zu machen, greift sehr wahrscheinlich zu kurz.

Zeigt das Abwasser den Drogenkonsum in einer Stadt an?

Wer Drogen nimmt, scheidet charakteristische Abbauprodukte aus, die dann über die Toilette in die nächste Kläranlage gelangen. Seit einigen Jahren können Spezialisten diesen chemischen Fingerabdruck auswerten und sich so mit relativ wenig Aufwand einen aktuellen Überblick über den Drogenkonsum in verschiedenen Städten verschaffen.

Eine der größten derartigen Studien läuft bereits seit 2011. Zusammen mit der Europäischen Beobachtungsstelle für Drogen und Drogensucht analysiert ein internationales Expertengremium namens SCORE Jahr für Jahr Abwasser aus Klärwerken in ganz Europa. Im März 2019 hat es z. B. Proben aus 68 Städten in 23 Ländern genau untersucht: Über einen Zeitraum von einer Woche wurde dabei das Abwasser von insgesamt rund 49 Mio. Menschen auf Spuren von Amphetamin, Metamphetamin, Kokain und dem auch als Ecstasy bekannten MDMA unter die Lupe genommen.

Im Vergleich zu den Jahren davor fanden die Forscher von allen vier Rauschmitteln mehr Überreste. Allerdings unterscheiden sich die Trends je nach Stadt und Substanz. Ecstasy z. B. ist nach Einschätzung der Fachleute inzwischen kein Nischenprodukt für Club- und Partybesucher mehr, sondern wird von breiteren Schichten genommen. Die meisten Rückstände dieser Droge fanden sich in Städten in Belgien, Deutschland und den Niederlanden.

Auch Kokain ist in Belgien und den Niederlanden besonders populär, aber Städte in Spanien und Großbritannien verzeichnen ebenfalls hohe Werte: Antwerpen, Amsterdam, London, Zürich und Barcelona weisen in Europa die höchsten Drogenkonsumraten auf. In Osteuropa sind die nachgewiesenen Kokainmengen vielerorts noch sehr gering. Dafür finden sich dort und in nordeuropäischen Städten die meisten Amphetamin-Konsumenten.

Metamphetamin spielt in den meisten untersuchten Regionen eine kleinere Rolle. Dieses traditionell vor allem in Tschechien und der Slowakei beliebte Rauschmittel hat aber vermehrt Anhänger auf Zypern, in Ostdeutschland, in Spanien und einigen nordeuropäischen Ländern. Während Ecstasy und Kokain meist am Wochenende konsumiert werden, scheint diese Substanz bei einer kleinen Gruppe von Menschen dort eher zum Alltag zu gehören.

Warnung aus der Kläranlage

Nicht nur Drogenrückstände, sondern auch das Erbgut von Krankheitserregern kann man mit speziellen Methoden im Abwasser nachweisen. So lässt sich beispielsweise herausfinden, wie erfolgreich Impfungen gegen das Polio-Virus in verschiedenen Regionen waren. Und auch die Coronapandemie hinterlässt Spuren im Abwasser: Anhand derer hoffen Wissenschaftler, auch ohne das aufwendige Testen zahlreicher Menschen mehr über das Infektionsgeschehen herausfinden zu können.

Aus der Untersuchung des Abwassers einer Stadt lassen sich viele Informationen gewinnen.

Helfen Salzstangen und Cola bei Durchfall?

Im Normalfall wird Durchfall von Bakterien verursacht, die durch mangelnde Hygiene in den Darm gelangen. Wie in einer riesigen Wohngemeinschaft leben dort normalerweise rund 500 Bakterienarten. Die Neuankömmlinge – meist sind es Kolibakterien, Staphylokokken oder Salmonellen – vermehren sich und bringen durch ihre giftigen Ausscheidungen das fein austarierte Ökosystem im Darm durcheinander. Der Darm reagiert darauf mit erhöhtem Stuhldrang. Er versucht so, das Gift der Erreger auf schnellstem Wege wieder loszuwerden. Dabei nimmt er sich nicht die Zeit, dem Stuhl wie sonst das Wasser zu entziehen.

Diese körperliche Abwehr gegen die Krankheitserreger kann für Schwangere, ältere Menschen und insbesondere für Kinder gefährlich werden. Verlieren diese Personen zu viel Wasser und Mineralien, trocknen sie aus. Die Folgen sind dann Kreislaufbelastung, Schwäche, Abgeschlagenheit, trockene Schleimhäute und in schlimmen Fällen ein Schock. Zudem können die Patienten Nahrung nicht mehr richtig aufnehmen und brauchen deshalb zusätzlich Energie.

Ärzte empfehlen daher bei Durchfallerkrankungen vor allem viel Wasser – in schweren Fällen sollte man bis zu 4 l pro Tag trinken. Wichtig ist außerdem die Aufnahme von Traubenzucker und Mineralien wie Kochsalz und Kalium. Dabei gibt es mehrere Möglichkeiten. Man kann fertige Elektrolyt-Mischungen zu sich nehmen, die in Apotheken als Brausetabletten oder Pulver erhältlich und in Wasser aufzulösen sind. Oder man mischt sich selbst eine „Medizin". Die WHO empfiehlt z. B. als eine mögliche Mischung, 1 l Wasser, 1 Tasse Orangensaft, ¾ TL Salz und 4 TL Zucker zu verrühren.

Salzstangen und Cola galten lange als eine weitere Alternative, z. B. in Ländern mit schwierigen hygienischen Verhältnissen. Cola und Salzstangen enthalten immerhin viele der Stoffe, die dem Körper bei Durchfall fehlen, vor allem Wasser, Zucker und Salz. Cola enthält aber zu wenig Kalium und viel zu viel Zucker. Das kann die Flüssigkeitsaufnahme behindern und so den Flüssigkeitsverlust sogar verstärken. Und Salzstangen wirken einseitig nur dem Natriumverlust entgegen. Als bessere „Hausmittel" gelten daher heute Bananen und Zwieback oder Brot und Brühe.

Vielfältige Ursachen

Tatsächlich ist Durchfall nicht gleich Durchfall, denn es gibt viele verschiedene Ursachen für eine Diarrhö. Neben Bakterien, die der häufigste Auslöser sind, können auch schleimhautreizende Nahrungs- oder Arzneimittel zu Durchfall führen. Manche Allergien haben Durchfall zur Folge, und schließlich können Tumore oder entzündliche Erkrankungen im Darm als Verursacher ebenfalls nicht ausgeschlossen werden. Zuweilen treiben auch Enzym- und Hormonmangel die Menschen häufiger als üblich auf die Toilette.

Zwieback ist ein besser gegen Durchfall geeignetes Hausmittel als Salzstangen und Cola.

Nicht jeder kann sich morgens zu einer kurzen kalten Dusche durchringen – auch wenn diese durchaus Vorteile hat.

Ist kaltes Duschen am Morgen gesund?

Der menschliche Körper hat einen ausgeklügelten Regelmechanismus, mit dem er die Temperatur im Normalfall auf etwa 37 °C einstellt. Die Schlüsselstelle dafür ist der Hypothalamus, ein Teil des Zwischenhirns, in dem die Temperaturdaten aus der Haut und dem Körperinnern zusammenlaufen. Der Hypothalamus verarbeitet diese Daten und löst verschiedene Reaktionen auf Hitze und Kälte aus: Schwitzen, Zittern, Verbrennung von Fettgewebe oder Steuerung der Hautdurchblutung.

Die Temperatursensoren, die diese Daten liefern, sind über den ganzen Körper verteilt. Die meisten finden sich in der Haut, doch auch im Rückenmark und im Hypothalamus selbst wird die Temperatur gemessen, und zwar getrennt nach Wärme und Kälte. Beispielsweise endet in den Fingern etwa alle 2 mm ein Nerv in einem Kältesensor. Wärmesensoren sind seltener. Sie findet man etwa alle 20 mm. Beide Messfühler-Typen schicken laufend Impulse an den Hypothalamus, wobei die Kältesensoren bei Körpertemperaturen um 30 °C besonders aktiv sind, die Wärmesensoren dagegen bei rund 40 °C. Bei etwa 35 °C heben sich beide Signale auf.

Bei einer kurzen und gemäßigt kalten Morgendusche von etwa 20 °C wird dieses Gleichgewicht plötzlich gestört. Bis der Hypothalamus aber registriert, dass die Temperatur auf der Haut nicht dramatisch absinkt, sondern nur um wenige Grad, vergeht eine gewisse Zeit. Daher startet er eine körperliche Überreaktion. Er meldet einen dramatischen Kälteeinbruch, gibt den Blutgefäßen den Befehl, sich sofort zusammenziehen, regt eine Gänsehaut an und lässt die Atmung schneller werden. So ein kurzer Kälteschock kann daher gesund wirken, denn er regt die Durchblutung an. Kurzes, lauwarmes bis kaltes Duschen trocknet die Haut auch nicht so stark aus wie ein langer, heißer Duschgang.

Duscht man dagegen längere Zeit kühl oder sogar eiskalt, reagiert der Körper jedoch mit Panik. Die Kälte wirkt dann nicht mehr anregend, sondern stellt Stress dar. Denn Kälte verlangsamt bei Säugetieren die chemischen Prozesse in den Zellen, bis der Herzschlag aussetzt. Daher erzeugen Temperaturen unter 20 °C im Körperinnern auch Schmerzen als Warnsignal. Außerdem braucht der Körper hinterher eine Weile, um sich wieder aufzuwärmen, und ist im ausgekühlten Zustand anfälliger für Erkältungen, weil die Schleimhäute nicht gut durchblutet sind.

Generell bedenken sollte man aber auch, dass jeder Mensch Kälte anders empfindet und der Körper auch für Kältereize trainierbar ist. Obendrein ist das Kälteempfinden von der Tagesform abhängig. Man sollte daher von Fall zu Fall entscheiden, ob man sich zu einer heiß-kalten Wechseldusche überwinden kann, um seinem Körper etwas Gutes zu tun. Auf die eiskalte Dauerdusche sollte man aber verzichten.

Hunde werden oft auch von Menschen angeschafft, die sich einsam fühlen.

Können Haustiere vor Einsamkeit schützen?

Die meisten Tierfreunde würden diese Frage wohl spontan mit „Ja" beantworten. In einer psychologischen Studie der Ohio State University war das Vermeiden von Einsamkeit auch tatsächlich der häufigste Grund, aus dem die Befragten mit einem Tier zusammenlebten.

Ob der zu diesem Zweck angeschaffte Hausgenosse aber tatsächlich den gewünschten Effekt hat, ist schwer zu sagen. Die Ergebnisse von wissenschaftlichen Untersuchungen zu diesem Thema sind nämlich keineswegs so eindeutig, wie man es vielleicht erwarten würde. Bei einer Befragung von 384 Singles in Australien zeigte sich z. B., dass Hunde durchaus vor Vereinsamung schützen können, und zwar nicht nur, weil sie selbst ihrem Herrchen oder Frauchen Gesellschaft leisten. Sie erleichtern auch den Kontakt zu anderen Menschen – Gassigehen verbindet anscheinend. Der Besitz einer Katze hatte in der gleichen Studie dagegen keine Auswirkungen auf den Grad der Einsamkeit.

Neben der Tierart gibt es offenbar noch weitere Faktoren, die bei dieser Frage eine Rolle spielen – vom Alter der Besitzer über ihre allgemeinen Lebensumstände bis hin zum Geschlecht. Eine Studie von Wissenschaftlern des Universitätsklinikums Hamburg Eppendorf ermittelte z. B., dass ein Hund für allein lebende ältere Frauen durchaus ein Mittel gegen Einsamkeit sein kann. Bei Männern hatten die Vierbeiner dagegen kaum einen Effekt.

Rekorde

DIE BELIEBTESTEN HAUSTIERE IN DEUTSCHLAND

Nach Angaben des Industrieverbands Heimtierbedarf wurden 2019 in 45 % aller Haushalte in Deutschland Tiere gehalten. Insgesamt kamen rund 34 Mio. tierische Mitbewohner zusammen. Die Rangliste sieht dabei seit Jahren ähnlich aus:

1	Katzen	14,7 Mio. (in 23 % der Haushalte)
2	Hunde	10,1 Mio. (in 20 % der Haushalte)
3	Kaninchen, Meerschweinchen usw.	5,2 Mio. (in 5 % der Haushalte)
4	Vögel	4 Mio. (in 4 % der Haushalte)

Sorgt „Unterkühlung“ für Erkältungen?

Zwar stammt der Begriff „Erkältung“ vom Wort „Kälte“ ab. Doch in Wirklichkeit wird die Krankheit nicht von niedrigen Temperaturen verursacht, sondern von Erkältungsviren. Allerdings sind tiefe Temperaturen immer auch ein Angriff auf den Körper: Während dieser Maßnahmen gegen die Kälte trifft, wird seine Abwehr anderswo schwächer. Und dies nutzen die Viren.

Wenn sich der Körper gegen Kälte wehrt, reduziert er z. B. die Durchblutung vor allem in den Schleimhäuten, aber auch in den Händen und Füßen. Denn dann kühlt sich weniger Blut in den Extremitäten ab, sodass der Wärmeverlust verringert wird. Es ist lebenswichtig, die Körperkerntemperatur rund ums Herz konstant zu halten, und das ist so leichter möglich. Gleichzeitig wirkt sich im Winter noch ein anderer Effekt negativ aus: Kalte Luft nimmt weniger Feuchtigkeit auf als warme. Winterluft ist also trockener, auch in Innenräumen.

Beides zusammen, schlechte Durchblutung der Schleimhäute und trockene Luft, führt dazu, dass die Schleimhäute austrocknen. Das erschwert die Arbeit der Flimmerhärchen, die normalerweise den gesamten Atemtrakt sauber halten, denn sie arbeiten in einer warmen, feuchten Umgebung am besten. Infolgedessen werden die Schleimhäute anfällig für Entzündungen durch Viren, die sich in ihnen einnisten.

Kälte führt weiterhin zu einem Effekt, den Verhaltensbiologen die „soziale Temperaturregulation“ nennen: Menschen neigen dazu, sich bei Kälte enger zusammenzustellen, um sich gegenseitig zu wärmen. Zudem halten sie sich vermehrt in geheizten Innenräumen auf. Das führt dazu, dass die Viren bei der Suche nach neuen Opfern leichtes Spiel haben. Einmal ungeschützt Niesen kann die Viren 4–5 m weit streuen, und nach dem Naseputzen kleben die Viren an Händen, im Gesicht und an vielen Gegenständen in der Umgebung. In diesem Umkreis finden die Erreger in der voll besetzten Straßenbahn oder am familiären Kaffeetisch meist ein geeignetes Opfer.

Sind E-Zigaretten gesundheitlich unbedenklich?

Tag für Tag sterben in den USA etwa 1000 Menschen an den Folgen des Rauchens von herkömmlichen Zigaretten, in Deutschland sind es ca. 300. Bis Anfang 2020 meldete die USA dagegen insgesamt nur 68 Todesfälle in Zusammenhang mit dem Gebrauch von E-Zigaretten. Diese Geräte verbrennen keinen Tabak, sondern verdampfen mittels einer Heizspirale Aromastoffe, darunter auch Nikotin, die der Nutzer dann einatmet. Die Zahlen sprechen scheinbar eine deutliche Sprache: E-Zigaretten sind zwar nicht gesund, aber offenbar viel weniger gefährlich als herkömmliche Zigaretten. Der Haken dabei: Langzeituntersuchungen zu E-Zigaretten fehlen bisher, weil sie dafür einfach noch nicht lange genug auf dem Markt sind.

Sicher ist bisher nur, dass auch der Dampf von E-Zigaretten schädliche Stoffe enthält, nur eben viel weniger als herkömmliche Glimmstängel. Viele dieser Substanzen sind zwar für Lebensmittel getestet

Da E-Zigaretten erst seit ein paar Jahren auf dem Markt sind, sind viele mit ihnen verbundene Gesundheitsfragen noch ungeklärt.

und unbedenklich, ihre Wirkung auf die Lunge ist aber noch kaum untersucht. Nichtraucher sollten deshalb die Finger von E-Zigaretten lassen. Und ob E-Zigaretten wirklich als Ersatz und zur Entwöhnung von herkömmlichen Zigaretten taugen, ist umstritten. Gesundheitlich unbedenklich sind E-Zigaretten also nicht, möglicherweise sind sie aber weniger schädlich als herkömmliche Zigaretten.

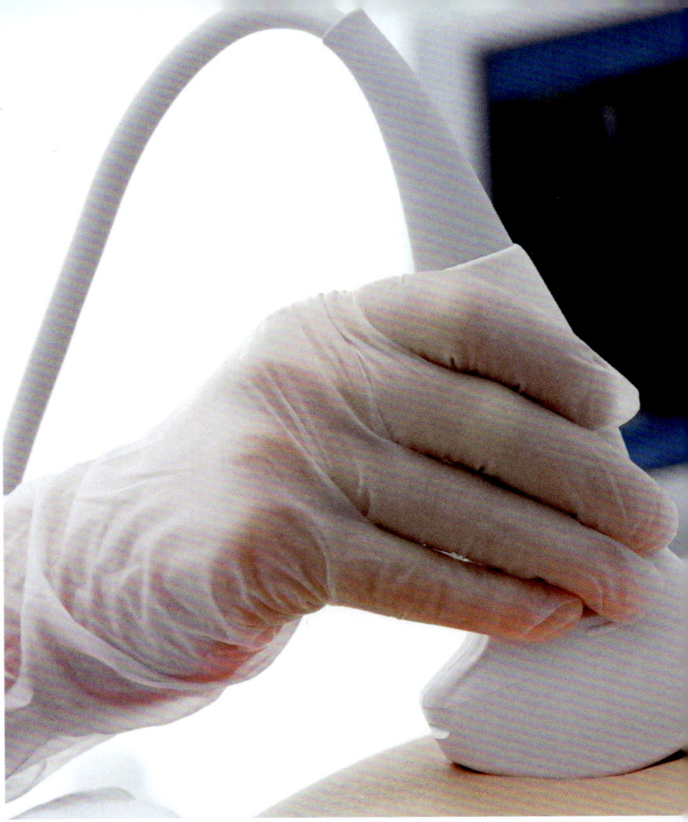

Rekorde

ZIGARETTENKONSUM PRO KOPF 2016

1	Belarus	2911	8	Kanada	1021
2	Belgien	2441	9	USA	1017
3	Russland	2295	10	Großbritannien	828
4	China	2043	11	Neuseeland	685
5	Österreich	1927	12	Norwegen	553
6	Deutschland	1600	13	Guinea-Bissau	25
7	Schweiz	1490			

Können Frauen während ihrer Menstruation schwanger werden?

Die Wahrscheinlichkeit, dass eine Frau durch ungeschützten Geschlechtsverkehr während ihrer Menstruation schwanger wird, ist sehr gering – aber nicht gleich null. Insbesondere kommt es auf die Länge des Menstruationszyklus an. Dieser dauert vom ersten Tag der letzten Menstruation bis zum Tag vor der nächsten Menstruation und variiert von Frau zu Frau erheblich. Ein Zyklus dauert durchschnittlich etwa 28 Tage, plus/minus bis zu 7 Tagen. Die Dauer der Menstruation selbst liegt im Durchschnitt zwischen 5 und 7 Tagen, jedoch sind auch hier große Abweichungen möglich. Fruchtbar sind Frauen an den Tagen vor und um ihren Eisprung herum, insgesamt also ungefähr 6 Tage lang. Dieser Zeitraum beginnt ca. 11 Tage nach dem ersten Tag der letzten Menstruation, kann jedoch auch früher oder später anfangen. Zudem sind Spermien im Körper einer Frau bis zu 7 Tage überlebensfähig.

Hat eine Frau einen sehr kurzen Zyklus, kann sie somit bereits während der letzten Tage ihrer Menstruation fruchtbar sein, oder aber die fruchtbaren Tage – bzw. ein Teil der fruchtbaren Tage – liegen dadurch im Zeitraum der 7 Tage nach dem ungeschützten Geschlechtsverkehr, in dem die Spermien überlebensfähig sind und so die Möglichkeit haben, die Eizelle zu befruchten.

Warum ist Gähnen ansteckend?

Diese Situation kennt jeder: Eine Gruppe von Menschen sitzt beisammen, gerade ist man noch in ein angeregtes Gespräch vertieft – und dann muss plötzlich jemand gähnen. Kurz darauf die oder der nächste, und bald kann sich kaum mehr jemand dagegen wehren, ebenfalls gähnen zu müssen. Und

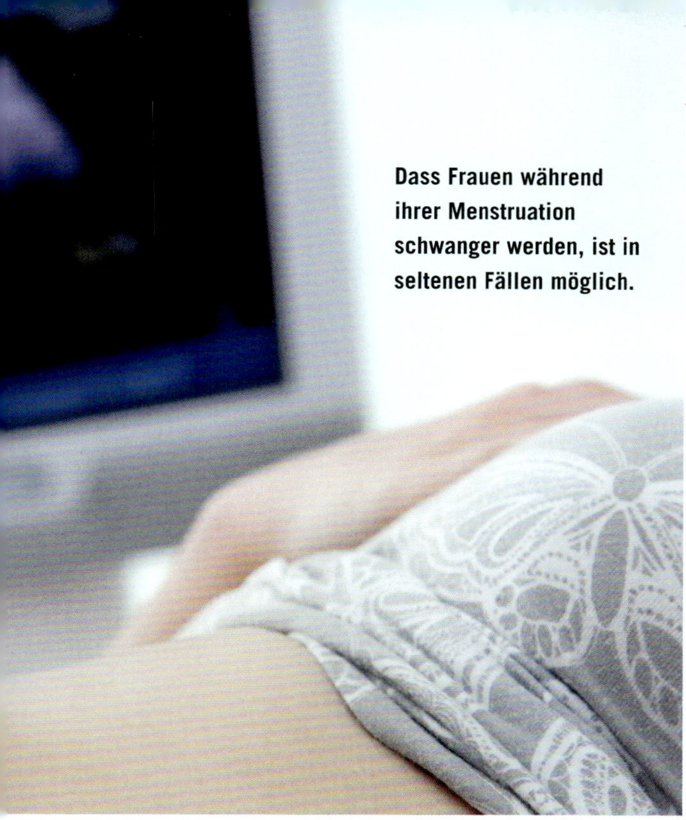

Dass Frauen während ihrer Menstruation schwanger werden, ist in seltenen Fällen möglich.

dabei ist eigentlich keiner müde. Wissenschaftler vermuten, dass hinter dieser Reaktion ein altes stammesgeschichtliches Erbe steckt, das weit über die Anfänge der Menschheitsentwicklung zurückreicht – bis in die Zeit der frühen Primaten. Diese lebten in Gruppen, die komplizierte Muster des Sozialverhaltens zeigten. Dazu gehörten auch diverse körperliche Reaktionen und Verhaltensweisen, die die Verbundenheit des Einzeltieres mit seiner Horde verstärkten. Tatsächlich gibt es neben dem Gähnen im menschlichen Verhaltensrepertoire weitere solcher uralter, immer weitervererbter Reaktionsweisen. Vielleicht ist auch das Gähnen aus Sympathie genetisch im Verhaltenskatalog des Menschen verankert.

Warum sollte man bei Gicht weitgehend auf Fleisch verzichten?

Fleisch enthält Purine – das sind Stoffe, die unser Körper nach dem Verzehr zu Harnsäure abbaut und über die Nieren ausscheidet. Nun gibt es aber zahlreiche Menschen, deren Blut einen ohnehin schon chronisch erhöhten Harnsäurespiegel aufweist, was in den meisten Fällen genetisch bedingt ist. Leider erkrankt jeder Zehnte dieser Gruppe irgendwann im Lauf seines Lebens an Gicht, einer in Schüben verlaufenden Stoffwechselerkrankung, die mit heftigen Gelenkschmerzen einhergeht.

Vorbeugen bzw. die Krankheit in Schach halten kann man durch eine entsprechende Ernährung, die arm an Purinen und Alkohol ist – Betroffene sollten dabei auf jeden Fall fachkundigen Rat einholen. Hierdurch lässt sich möglicherweise auch die Dosis an Gichtmedikamenten reduzieren. Während man die Betroffenen früher auf eine strenge Diät setzte, ist man heute zunehmend der Ansicht, dass eine ausgewogene Vollkost ausreicht. Nur in geringer Menge (oder gar nicht) essen sollte man jedoch nach wie vor Lebensmittel mit hohem Puringehalt wie Innereien, Fleisch, Wurstwaren, Geflügel, Krustentiere und bestimmte Fischarten. Auch Schnaps und Bier sind ungünstig – gesünder ist das Glas Wein, zu dem man ab und zu greifen darf. Vorsicht geboten ist auch bei Nahrungsmitteln, die mit Fruchtzucker (Fruktose) gesüßt sind: Dieser Zucker hat bei Gichtpatienten eine dem Alkohol vergleichbare Wirkung. Ebenso wichtig ist es, Übergewicht abzubauen – die überflüssigen Kilos sind ein entscheidender Grund dafür, dass die Zahl der Gichtpatienten immer größer wird.

Können einem bei Panik die Haare zu Berge stehen?

Menschen tragen noch immer viele Verhaltensweisen und Eigenschaften aus der Urzeit in sich. Eines dieser Überbleibsel ist das Aufstellen der Haare bei Aggression, Panik und anderen starken Gefühlen – ein unkontrollierbar ablaufender Vorgang, der auch bei Affen, Vögeln sowie bei Hunden und Katzen beobachtet werden kann. Durch das Aufstellen der Haare oder das Aufplustern der Federn wirken die Tiere größer. So gaukeln sie einem Angreifer Muskelmasse und Größe vor. Dieser ursprüngliche Zweck des Haareaufstellens ist für den heutigen Menschen natürlich nicht mehr von Bedeutung.

Auch wenn man manchmal zweifelt: Ein langes graues Haar war mit Sicherheit auch gestern schon grau.

Für das Aufstellen der Haare ist ein winziger Muskel verantwortlich, der an der Haarwurzel sitzt. Der sogenannte *Musculus arrector pili* verbindet Haarbalg und Haut und greift an der Haarwurzel an. Wenn er sich spannt, dann leert er nicht nur teilweise die Talgdrüse, sondern hebt auch die Haarwurzel und bildet damit ein kleines Hügelchen unter der Haut. So entsteht die Gänsehaut, der dürftige Überrest des gesträubten Fells unserer Vorfahren.

Doch nicht alle Haarwurzeln sind mit diesem Muskel ausgestattet. Augenbrauen, Schamhaare, Wimpern, Barthaare und die Haare, die aus Nase und Ohren wachsen, können sich nicht aufstellen. Bei Kopfhaaren ist das Aufstellen zwar theoretisch möglich, praktisch aber verhindert die Länge der Haare meist, dass man es sehen kann.

Können Haare über Nacht weiß werden?

Das Gerücht von über Nacht schneeweiß gewordenen Haaren ist weit verbreitet, auch in Film und Literatur. So bleicht etwa in einer Kurzgeschichte von Edgar Allan Poe das „rabenschwarze Haar" eines Seemanns von einem Tag auf den anderen aus, weil dieser die Fahrt durch einen tosenden Meeresstrudel durchleben muss. Doch die Wirklichkeit sieht anders aus. Dramatische Erlebnisse können zwar zu ernsten psychischen Problemen führen – die Haare bleiben dabei aber unverändert.

Haare erhalten ihre Farbe durch das Melanin, das in ihnen eingelagert ist. Dieser Farbstoff wird in der Nähe der Haarwurzeln gebildet und über die Haarwurzelzellen an das Haar abgegeben. Aus zwei verschiedenen Melaninarten mischt die Natur alle Haarfarben zusammen. Eumelanine färben das Haar schwarz, Phaeomelanine machen es rot. So enthalten z. B. blonde Haare einen sehr geringen Anteil Eumelanine und etwas mehr Phaeomelanine.

In weißen Haaren finden sich dagegen keine Melaninpigmente, weil der Körper zu wenig davon bildet. Das passiert aber nicht schlagartig, sondern im Lauf der Zeit und ist Teil des normalen Alterungsprozesses. Übrigens: Graue Haare gibt es eigentlich nicht – es kann sich lediglich ein grauer Gesamteindruck ergeben, wenn einige Haare noch pigmentiert sind, andere hingegen nicht.

Schlagartig weiß werden kann das Haar schon deshalb nicht, weil der Körper keine Möglichkeit hat, die Pigmente, die er ins Haar eingelagert hat, noch einmal zu verändern. Selbst wenn die Melaninproduktion plötzlich aufhörte, wären die Folgen erst sichtbar, wenn die Haare nachgewachsen sind.

Erstickt man, wenn die Haut nicht atmen kann?

Die Szene aus dem James-Bond-Film *Goldfinger* ist in die Filmgeschichte eingegangen: Eine Frau liegt tot im Bett, von Kopf bis Fuß vergoldet, weil sie Goldfinger, den Bösewicht des Films, verraten hatte. Sie sei gestorben, weil ihre Haut keine Luft mehr bekommen habe, erklärt der berühmte Geheimagent. In Wirklichkeit erstickt aber niemand, wenn seine Haut mit Farbe bepinselt wird. Nur rund 1% des Sauerstoffs, den der Mensch aufnimmt, gelangt über die Haut in den Körper, 99% werden über die Lunge eingeatmet.

Gefährlich (aber meist nicht tödlich) kann das Bemalen aber aus ganz anderen Gründen sein. Durch die Haut gelangen viele chemische Stoffe in den Körper. Das kann man z. B. beobachten, wenn eine Hautcreme einzieht; die Haut nimmt dann die Inhaltsstoffe der Creme auf. Eine Farbe, die fettlösliche Kontaktgifte enthält und auf die Haut gebracht wird, kann also durchaus zu einer Vergiftung führen – daher darf man auch keinesfalls Schuhcreme verwenden, wenn man z. B. für eine Verkleidung zu Karneval die Haut schwarz färben möchte. Für solche Zwecke sollte man besser ungiftige Theaterschminke verwenden.

Doch selbst damit sollte man nicht den ganzen Körper bemalen. Die Haut nimmt nicht nur Stoffe auf, sie gibt auch Schweiß ab – im „Ruhezustand" pro Tag etwa 0,5 l. Auf diese Weise regelt die Haut den Wärmehaushalt des Körpers. Wenn die Farbe die Poren der Schweißdrüsen verstopft, kann das zu einer Überhitzung und zu Kreislaufproblemen führen.

Verwendet man Theaterschminke für eine Gesichtsbemalung, muss man keine gesundheitlichen Probleme befürchten.

Lassen sich Haut und Knorpel züchten?

Große Brandwunden oder auch Diabetes können zu großflächigen offenen Stellen in der Haut führen, die monatelang nicht verheilen. Bei Arthrose, einer ständigen Entzündung der Gelenkknorpel, zerstört das körpereigene Immunsystem den Knorpel allmählich, und starke Schmerzen sind die Folge. Diese Krankheiten sind nur schwer heilbar. Eine mögliche Therapie ist die Transplantation, wofür sich am besten körpereigene Gewebe eignen.

Bei Hautschäden entnimmt man Patienten auf konventionellem Weg daher an einer gesunden Stelle ein Stück Haut, dehnt es und legt es auf die kranke Stelle. Die Zukunft wird jedoch vermutlich anderen Verfahren gehören, so etwa der Nachzucht von Haut- oder Knorpelzellen aus körpereigenen Strukturen oder Stammzellen. So ist es z. B. jüngst Forschern in den USA gelungen, aus undifferenzierten embryonalen Stammzellen menschliche Haut inklusive Haaren, Nervenzellen und Gewebeschichten zu züchten.

Ein nicht weniger spannendes Verfahren für Menschen mit Knorpelschäden ist die sogenannte autologe Knorpelzelltransplantation (ACT), bei der beschädigte Knorpelstücke, etwa im Knie, operativ entfernt werden und man gleichzeitig an anderer Stelle gesunde Knochen- und Knorpelsubstanz entnimmt. Aus Letzterer werden dann im Labor neue Knorpelzellen angezüchtet, die nach drei bis sechs Wochen in die betroffene Region eingebracht werden. Das Verfahren ist elegant, hat aber den Nachteil, dass zwei Operationen notwendig sind und das nachgezüchtete Material weniger stabil ist als natürlicher Knorpel. An der Weiterentwicklung dieser Verfahren sowie weiteren Methoden wird weltweit geforscht.

Wird man Herpesviren wieder los?

Herpesviren sind weit verbreitet, besonders Viren vom Typ *Herpes simplex* 1 (HSV-1) und *Herpes simplex* 2 (HSV-2). Diese beiden Virenarten verursachen die bekannten Lippenbläschen, die bei einer infizierten Person immer wieder auftreten können. Das Virus HSV-2 erzeugt aber auch *Herpes genitalis*, der sich durch Hautausschläge und Bläschen im Genitalbereich äußert.

Die Ansteckung mit Herpesviren erfolgt z. B. beim Küssen. Dabei können die Viren durch kleine Wunden in den Körper eindringen, wo sie sofort zu nahe gelegenen Nervenzellen wandern. Dort schleusen sie ihre Erbsubstanz in die Zellkerne der Wirtszellen ein und sind damit vor den Angriffen des Immunsystems geschützt. Denn innerhalb der Zellen erkennt die Immunabwehr des menschlichen Körpers die feindliche Erbsubstanz nicht mehr.

Der erste Kontakt mit *Herpes simplex* bleibt zunächst meist ohne Folgen. In Stresssituationen, bei Hautreizungen oder während der Menstruation wird das Virus aber aktiv und vermehrt sich, bis das Immunsystem es wieder zurückdrängt. Ganz können Herpesviren jedoch nicht beseitigt werden – wer sich einmal infiziert hat, den begleiten die Viren ein Leben lang. Auch die Pharmaindustrie hat noch kein Medikament gefunden, das die Viren ganz abtötet – es wird allerdings an Methoden gearbeitet, mit denen man hofft, die im menschlichen Körper versteckten Viren austricksen und vernichten zu können. Stoffe aus der Zitronenmelisse hemmen zumindest ihr Wachstum, und 1977 entdeckte man ein Mittel, das die Fortpflanzung der Herpesviren bremst. Der Wirkstoff Aciclovir ist in Herpesmedikamenten enthalten und wird auch bei Aids eingesetzt, denn das geschwächte Immunsystem von Aidskranken hat oft mit Herpes zu kämpfen.

Geteiltes Leid …

Ärzte gehen davon aus, dass rund 90 % der deutschen Bevölkerung Viren der Art *Herpes simplex 1* in sich tragen. Etwas weniger verbreitet ist *Herpes simplex 2*. Diese Viren haben „nur“ 20–40 % aller Menschen befallen. Daneben gibt es noch rund 170 weitere Herpesviren und -unterarten, darunter das Varizella-Zoster-Virus, das Windpocken und Gürtelrose hervorruft, oder das Epstein-Barr-Virus, den Erreger des Pfeifferschen Drüsenfiebers.

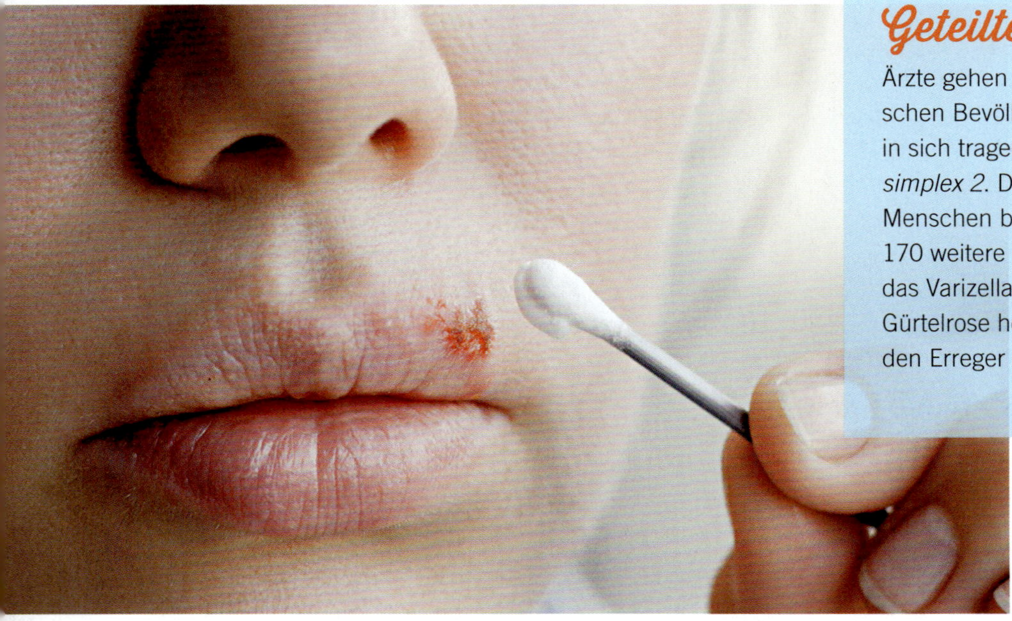

Salben gegen Herpesbläschen trägt man mit Wattestäbchen auf.

Erhöhen manche Genussmittel das Herzinfarktrisiko?

Tatsächlich erhöht der zusätzliche Schuss frische Sahne in der Sauce oder die morgendliche Zigarette das Risiko für eine koronare Herzerkrankung – und damit auch für einen Herzinfarkt. Genussmittel, die zu einem schlechten Verhältnis zwischen LDL-Cholesterin und HDL-Cholesterin führen, den Blutfettspiegel insgesamt anheben oder den Blutdruck steigern, sollten daher vermieden werden – ebenso wie Tabakprodukte. Falsche Ernährung und Rauchen zusammen ergeben ein 6- bis 10-fach höheres Herzinfarktrisiko.

Dass das Rauchen das Herzinfarktrisiko erhöht, bestätigen inzwischen zahlreiche Untersuchungen. Beispielsweise wurde 2001 in der amerikanischen Kleinstadt Helena (Montana) das Rauchen in der Öffentlichkeit untersagt. Ein Jahr später mussten rund 20 % weniger Herzpatienten behandelt werden als zuvor. Andere Studien zeigten, dass Frauen ein bis zu 50 % höheres Herzinfarktrisiko durch Rauchen haben als rauchende Männer.

Auch die Ernährung nahmen Mediziner genau unter die Lupe. So wurden in einer Studie fast 45 000 Männer auf ihre Ernährungsgewohnheiten hin untersucht. Es zeigte sich, dass Männer, die sich vor allem von Gemüse, Vollkorn, Fisch und Geflügel ernährten, um ein Drittel seltener an Herzerkrankungen litten als die, die vor allem Schweine- und Rindfleisch, veredeltes Getreide, Süßigkeiten und fettreiche Milchprodukte aßen. Die besonnene Ernährung führt zu geringen Blutfettwerten. Und das wiederum bedeutet weniger Ablagerungsprodukte in den Adern.

Es lohnt sich, das Verbot auf diesem Schild zu beachten – Rauchen erhöht das Herzinfarktrisiko deutlich.

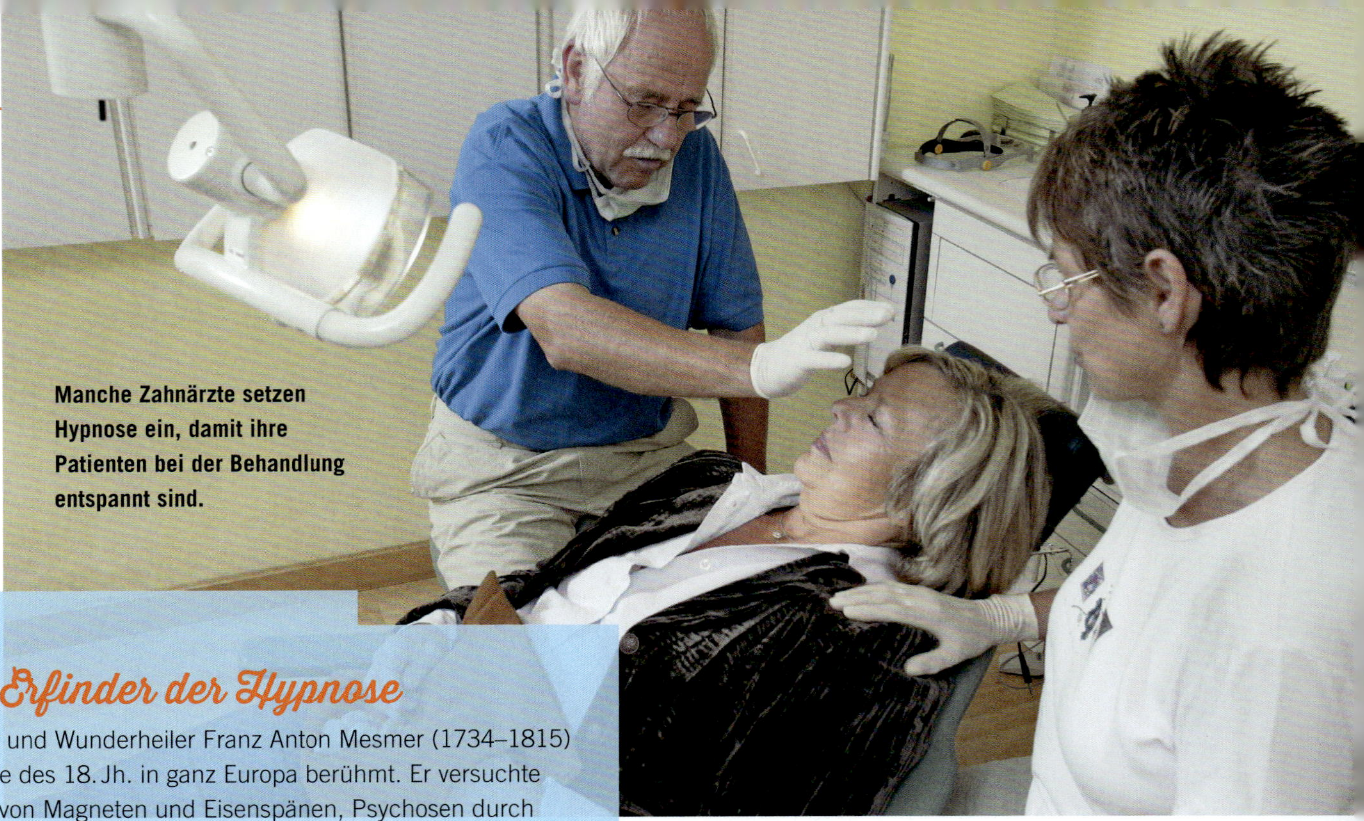

Manche Zahnärzte setzen Hypnose ein, damit ihre Patienten bei der Behandlung entspannt sind.

Der Erfinder der Hypnose

Der Arzt und Wunderheiler Franz Anton Mesmer (1734–1815) war Ende des 18. Jh. in ganz Europa berühmt. Er versuchte mithilfe von Magneten und Eisenspänen, Psychosen durch Hypnose zu behandeln, indem er den Patienten Heilung suggerierte. Tatsächlich gelang ihm das wohl in einigen Fällen, wie eine wissenschaftliche Kommission des französischen Königs Ludwigs XVI. feststellte.

Lässt sich Hypnose auch gegen den Willen anwenden?

Vermutlich denkt keiner beim Anblick eines Voodoo-Tänzers an Patienten, die eine Zahnbehandlung über sich ergehen lassen. Doch einige Zahnärzte setzen zur Beruhigung der Patienten Hypnose ein. Die Gehirne der Betroffenen verfallen in einen Trancezustand, der dem von Voodoo-Tänzern recht ähnlich ist, und die Schmerzempfindlichkeit geht zurück.

Voraussetzung ist dabei aber die Bereitschaft der Patienten, sich hypnotisieren zu lassen. Der Hypnotisierte muss sich selbst der Suggestion durch den Hypnotiseur öffnen, d. h., er konzentriert sich in den meisten Fällen aktiv auf Erlebnisse aus seiner Vergangenheit. Dabei können auch Ereignisse, die rund um den Hypnotisierten passieren, umgedeutet werden. Ähnlich wie Träumende das Klingeln des Weckers z. B. als läutende Kirchenglocke in ihre Träume integrieren können, kann der Hypnotisierte in der Zahnarztlampe eine Urlaubssonne sehen. Während der Hypnose arbeitet das Gehirn so konzentriert, dass es sich nicht mehr mit der Auswertung der Schmerzinformationen beschäftigen kann, die nach wie vor ins Gehirn weitergeleitet werden.

Man ist unter Hypnose aber nicht „willenlos“. Manche Leute zeigen zwar durch die Umdeutung der Realität seltsame Reaktionen. Doch niemand tut unter Hypnose, was er nicht auch im Wachzustand täte.

Was bringt Intervallfasten?

Beim Kampf gegen zu viele unliebsame Pfunde oder Krankheiten kommt immer wieder die Ernährung ins Spiel: Sie wird auf den Prüfstand gestellt. So mancher fürchtet dabei starke Einschränkungen und vor allem radikalen Verzicht.

Wenngleich es beim Intervallfasten auch mal mehr, mal weniger Vorgaben und Empfehlungen gibt, was gegessen werden darf, geht es vor allem darum, wann man isst.

In wissenschaftlichen Studien zeichnet sich zunehmend ab, dass das immer beliebter werdende Intervallfasten durchaus zu einer Gewichtsabnahme ohne nachfolgenden Jo-Jo-Effekt führen kann und zudem hilft, bestimmten Krankheiten (z. B. Diabetes und Herz-Kreislauf-Erkrankungen) vorzubeugen. Gerade die Phase, in der gefastet wird, spielt hierbei eine wichtige Rolle: Beim Stoffwechsel werden ständig Reststoffe in den Zellen abgelagert, aber auch wiederverwertet oder abgebaut. Je länger nun die Zeit ist, in der keine neuen Nährstoffe in den Körper gelangen und verarbeitet werden müssen, umso effektiver ist diese „Reinigung", wissenschaftlich Autophagie genannt.

Es gibt verschiedene Methoden des Intervallfastens, so etwa die alternierende Methode (Alternate Day Fasting), bei der sich die Fasten- und Essenstage abwechseln; an den Fastentagen sind nur 25 % der normalen Kalorienzufuhr erlaubt. Beim sogenannten Dinner Cancelling hingegen gibt es an 2 bis 3 Tagen pro Woche statt Abendessen nur kalorienfreie Getränke; die Zeit, in der nichts gegessen wird, beträgt mindestens 14 Stunden. Verbreitet sind auch die Methoden 5:2 (an 5 Tagen darf normal gegessen werden, an 2 Tagen ist die Kalorienzufuhr auf ein Minimum reduziert) und 16:8. Gerade die 16:8-Methode ist beliebt, weil sie sich gut und auch dauerhaft im Alltag umsetzen lässt. Hierbei darf an 8 Stunden des Tages gegessen werden, dann folgen 16 Stunden Verzicht. Für welche Methode man sich auch entscheidet, wichtig ist: Fasten ist nicht für jeden geeignet; daher sollte man zuvor fachkundigen Rat einholen.

Übrigens: Evolutionsgeschichtlich betrachtet, ist der menschliche Körper an Zeiten des Fastens gewöhnt, denn kein Urmensch konnte ständig und überall nach Lust und Laune ein Steak essen oder Beeren naschen.

Warum hilft es bei Juckreiz, ein Sofa zu kratzen?

Chronischer Juckreiz kann viele Ursachen haben – von Neurodermitis über Insektenstiche bis hin zu ernsteren Allgemeinerkrankungen –, ist aber in jedem Fall eines: quälend. Um die betroffenen Hautstellen zu schonen und einen Teufelskreis aus Jucken, Kratzen, Schädigung der Haut und vermehrtem Jucken zu verhindern, empfehlen Ärzte bei chronischem Juckreiz häufig, das Kratzverlangen „umzuleiten". Statt des eigentlich juckenden Bereichs sollen Patienten eine gesunde Hautstelle kratzen oder aber einen anderen Gegenstand, dem die Fingernägel nicht schaden.

Warum das funktionieren kann, haben Wissenschaftler mithilfe von MRT-Hirnscans herausgefunden: Neben der Reizempfindung als solcher löst Juckreiz negative Emotionen im Gehirn aus, was sich an einer erhöhten Aktivität im vorderen und hinteren cingulären Cortex zeigt. Der erstgenannte Hirnbereich ist mit der Empfindung von Abneigung gegen unangenehme Sinnesreize verbunden, der zweite mit Erinnerungen. Gekratzt zu werden, verringert in beiden Arealen die Aktivität – und damit die negativen Gefühle.

Bei dem Versuch waren es die Forscher, die die Probanden kratzten. Doch es ist nicht unplausibel, dass die gedankliche Verknüpfung von Kratzempfindung und Selbstkratzen so stark ist, dass schon das Bearbeiten eines Gegenstands mit den Fingernägeln bei Juckreizgeplagten für Erleichterung sorgt.

Wenn man eine juckende Hautstelle ständig kratzt, kann man einen Teufelskreis auslösen.

Sind Karies und Parodontose ansteckend?

Fast 85 Mio. Mal wird in Deutschland jährlich Karies diagnostiziert. Die Krankheit entsteht durch Stoffwechselprodukte von Bakterien im Mundraum. Wenn diese Bakteriengifte länger auf die Zähne einwirken, zerfressen sie den Zahnschmelz. Über 30 bakterielle Keime kommen dafür infrage. Die wichtigsten sind Laktobazillen, die bei hohem Zuckerkonsum vorkommen, und Streptokokken, die als Hauptverursacher von Karies und auch Parodontose gelten.

Für beide Bakterienarten wurde nachgewiesen, dass Eltern sie auf ihre Babys übertragen – z. B. durch das Ablecken des Schnullers, bevor sie ihn den Kleinen wieder geben (wovon Zahnärzte deshalb abraten). Dies heißt jedoch nicht, dass Karies oder Parodontose ansteckend sind. Denn ob sich diese Krankheiten entwickeln, hängt von vielem ab – u. a. von der Mundhygiene und der Ernährung. So gibt es Menschen, die viele Streptokokken im Speichel tragen, aber keine Karies entwickeln. Zudem ist der Mund ein kompliziertes „Biotop" mit beständigen Bewohnern. So werden beispielsweise beim Küssen Keime übertragen, ohne dass sich die Mundflora wesentlich verändert. Dieses Biotop ist also durchaus in der Lage, mit Eindringlingen umzugehen. Vermutlich lernt das Immunsystem von Kindern den Umgang mit Streptokokken und anderen Erregern erst durch die Übertragung der Bakterien. So verhindert die Frühinfektion Schlimmeres.

Wer seine Kinder stillt, ermöglicht den Kleinen einen guten Start ins Leben.

Sind gestillte Kinder gesünder und schlanker?

Über 90 % aller Mütter wollen ihre Neugeborenen stillen. 6 Monate nach der Geburt tut es nur noch knapp die Hälfte. Das sind nach Meinung vieler Fachleute zu wenige, denn Muttermilch ist die gesündeste Ernährungsform für Säuglinge. Selbst Hersteller von Flaschennahrung raten, Neugeborenen länger die Brust zu geben.

Aufgrund der gesundheitlichen Vorzüge für Mutter und Kind empfehlen WHO, UNICEF und die Nationale Stillkommission, Kinder mindestens in den ersten 6 Monaten nur mit Muttermilch zu ernähren und danach bei entsprechender Beikost so lange weiterzustillen, wie Mutter und Kind dies wünschen.

Muttermilch enthält meist weniger Kalorien als andere Nahrung. Diese Erkenntnis galt in den 1970er-Jahren noch als ein Argument für die Flaschennahrung. Inzwischen weiß man aber, dass gestillte Babys später weniger zu Übergewicht und zu Herzinfarkt neigen als „Flaschenkinder". Ein weiterer Vorteil des Stillens ist auch die Stärkung des Immunsystems des Babys, denn Brustwarze und Muttermilch enthalten Abwehrstoffe gegen Krankheiten wie Lungenentzündung und Durchfall.

Stillen nützt aber nicht nur den Kindern, auch die Mütter haben Vorteile davon. So ist beispielsweise das Risiko für Brustkrebs bei Frauen, die gestillt haben, deutlich kleiner als bei Müttern, die das nicht getan haben. Außerdem geht auch die Gefahr, an Eierstockkrebs und Osteoporose zu erkranken, zurück.

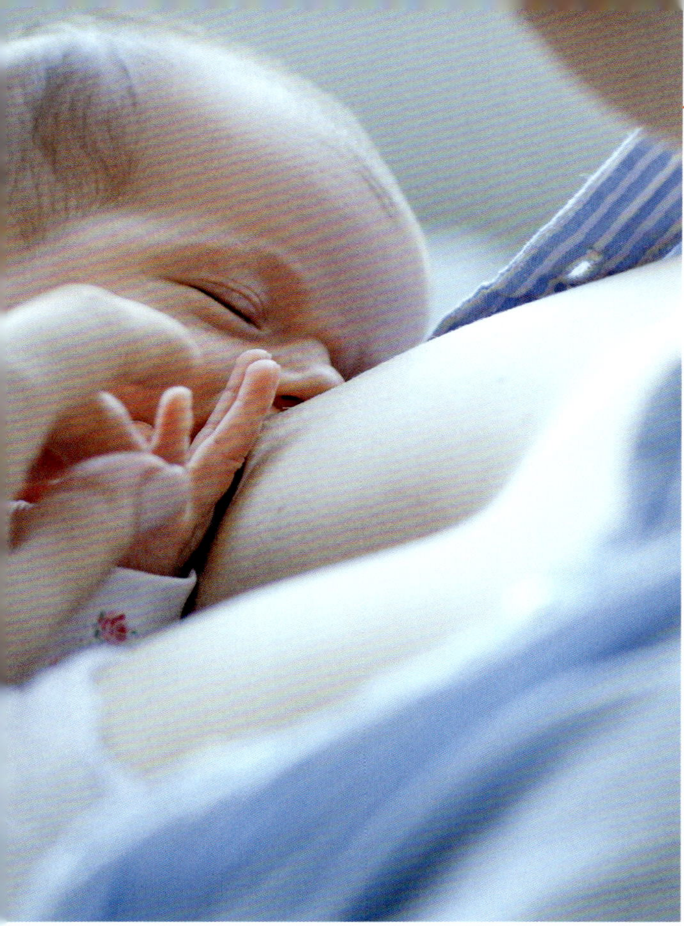

Bekommt man Kinderkrankheiten nur einmal?

Wenn Kinder mit Fieber im Bett liegen, dann lernt deren Immunsystem die Krankheitserreger kennen, die die Welt bevölkern – und wie man sie bekämpft. Dabei werden sogenannte Gedächtniszellen gebildet, die Informationen über die Gestalt der Krankheitserreger lebenslang speichern. Wenn einige Krankheitserreger erneut in den Körper eindringen und dann von den Fresszellen verschluckt werden, „erwachen" diese Gedächtniszellen. Helferzellen schütten daraufhin Botenstoffe aus, um verschiedene Prozesse in Gang zu setzen, die die Erreger abtöten.

Meist bleiben lebenslang genug Antikörper und Gedächtniszellen im Körper, um bei den bekanntesten Kinderkrankheiten sofort Gegenmaßnahmen einleiten zu können. Die meisten Kinderkrankheiten, darunter Masern, Mumps, Röteln oder Windpocken, kann man daher tatsächlich nur einmal bekommen.

Es gibt jedoch auch Kinderkrankheiten, die das Immunsystem nicht richtig kennenlernen kann. Dazu gehört der Keuchhusten, der durch das Bakterium *Bordetella pertussis* hervorgerufen wird. 10–15 Jahre dauert hier die Immunität nach einer Infektion, danach kann man sich neu mit Keuchhusten infizieren – wenn man nicht zwischendurch mit den Antigenen der Erreger geimpft wurde. Auch an Scharlach kann man als Erwachsener erneut erkranken, denn die Bakterien von der Art *Streptococcus pyogenes* können sich gegen die Angriffe des Immunsystems gut schützen. Sie besitzen eine Proteinhülle, die verhindert, dass sie im Blut gefressen werden. Zusätzlich sind sie in einer Kapsel aus Hyaluronsäure verborgen, die verhindert, dass das Immunsystem Antikörper gegen sie entwickelt.

Fördert Kokosöl die Gesundheit?

In der Werbung wird Kokosöl vollmundig zum Wundermittel stilisiert. Aber die Deutsche Gesellschaft für Ernährung (DGE) und die Verbraucherzentrale erteilen diesen Versprechungen eine klare Absage: Der Hype um das Kokosöl hält einer wissenschaftlichen Überprüfung nicht stand. Es gibt bisher keine belastbaren Belege dafür, dass Kokosöl Herz-Kreislauf-Erkrankungen vorbeugt bzw. langfristig beim Abnehmen hilft.

Im Gegensatz zu vielen anderen Fetten zeichnet sich Kokosöl dadurch aus, dass es relativ viele mittelkettige Fettsäuren (MKT; mittelkettige Tri-

glyceride) enthält. Diese MKTs lassen sich leichter verdauen und werden vom Körper zügiger abgebaut als viele andere Fette – eine Wunderwaffe beim Abnehmen sind sie aus derzeitiger Sicht aber dennoch nicht. Ganz im Gegenteil sind viele Experten sogar der Meinung, dass Kokosöl langfristig keine Vorteile z. B. bei der Behandlung von Adipositas bietet, auch die schützende Wirkung für das Herz lässt sich nicht nachweisen. Es schadet sicher nicht, in bestimmten Gerichten ab und zu Kokosöl zu verwenden – man sollte hierbei jedoch auch ökologisch denken und sich fragen, ob man in Europa wirklich Pflanzenfette aus den Tropen (mit entsprechend langen Transportwegen) braucht.

Lässt Kreativität mit dem Alter nach?

Es lässt sich nicht leugnen: Die allgemeine Intelligenz und somit auch die Fähigkeit, kreativ zu sein, Neues zu schaffen oder damit umzugehen, lässt mit dem Alter allmählich nach. Vielen Künstlern, so kann man immer wieder beobachten, gelingen ihre herausragendsten bzw. innovativsten Werke im Alter von 25 bis 35 Jahren. So gilt beispielsweise der Film *Citizen Kane* (1941) als einer der bedeutendsten Werke der Filmgeschichte. Orson Welles, der Regie führte, die Hauptrolle spielte, den Film produzierte und Co-Autor des Drehbuchs war, war zum Zeitpunkt der Entstehung des Films gerade einmal 25 Jahre alt. Obwohl Welles später für eine Reihe weiterer herausragender Filmproduktionen verantwortlich war, schuf er nie wieder ein ähnlich bahnbrechendes Werk.

Nichtsdestotrotz lässt sich ebenso wenig leugnen, dass das menschliche Gehirn in der Lage ist, diesen Prozess der abnehmenden Kreativität viele Jahre lang auszugleichen – vor allem durch die Erfahrungen, die jeder Mensch im Lauf seines Lebens ansammelt. Sie ermöglichen eine überraschende Flexibilität der Denkvorgänge, die älteren Menschen häufig sogar Jüngeren gegenüber Vorteile verschafft. Während Letztere bestimmte Probleme erst einmal

Rekorde

DER ÄLTESTE REGISSEUR DER WELT

Als im Juni 2015 der kurze Dokumentarfilm *Um Século de Energia* in Portugal erstmals gezeigt wurde, war sein Regisseur gerade einmal 2 Monate tot – Manoel de Oliveira war im Alter von 106 Jahren gestorben. Der 1908 geborene Portugiese Oliveira begann seine Filmkarriere 1928 mit einer kleinen Nebenrolle als Schauspieler, zeit seines Lebens sollte er aber auch noch als Kameramann, Cutter, Produzent, Drehbuchautor und vor allem als Regisseur arbeiten. Insgesamt führte er bei 65 Filmen – Kurz-, Dokumentar- und Spielfilmen – Regie. Ab 2001 galt er bis zu seinem Tod als der älteste noch arbeitende Regisseur. Auch der 1930 geborene amerikanische Schauspieler und Regisseur Clint Eastwood lässt sich von seinem Alter nicht von der Arbeit abhalten. Derzeit arbeitet er an seinem 39. Spielfilm als Regisseur: *Cry Macho*.

einordnen und äußerst konzentriert nach Lösungen suchen müssen, gelingt es Älteren oft wesentlich besser, Querverbindungen zu ziehen und scheinbar Zusammenhangloses zu verknüpfen – was zu einer deutlich schnelleren Lösungsfindung führen kann. Die Ursache dafür liegt möglicherweise darin, dass sich im Gehirn im Verlauf des Lebens die rechte und die linke Gehirnhälfte immer besser vernetzen. Vor allem Menschen, die sich ihr ganzes Leben lang wieder und wieder komplexen Problemen stellen mussten, profitieren im Alter überproportional von diesem Prozess. Und so verwundert es nicht, dass manche Künstler auch in hohem Alter noch Großartiges schaffen. So schrieb z. B. der 1937 geborene amerikanische Komponist Philip Glass 2019 noch eine Oper, eine Sinfonie, Klavierwerke und Orchesterstücke von großer Qualität – und fast in demselben Alter, mit 83 Jahren, beendete Johann Wolfgang von Goethe einst die Arbeit an *Faust II*.

Der Anteil der Menschen, die sehr alt werden, steigt – und viele Ältere legen sich ein kreatives Hobby zu.

Ist Krebs erblich?

Das menschliche Erbgut, das in jeder Körperzelle enthalten ist, legt sehr genau fest, welche Funktion eine Zelle erfüllt und wie sie auszusehen hat. Immer wenn sich eine Zelle teilt, wird diese Bau- und Bedienungsanleitung kopiert, wobei ab und zu auch Fehler auftreten. Außerdem können Chemikalien das Erbgut angreifen und UV- oder radioaktive Strahlung die Information an einer Stelle auseinanderbrechen lassen.

Solche Fehler kommen im Körper eines gesunden Erwachsenen pro Tag mindestens 1 000 000 000 000-mal (1 Billion Mal) vor. Fast alle diese Fehler korrigiert der Körper aber selbst. Wenn das Erbgut einer Zelle unrettbar verloren ist, kann diese sogar notfalls „Selbstmord“ begehen. In ganz seltenen Fällen versagen jedoch alle körpereigenen Notfallpläne. Eine Zelle, deren Erbgut an mehreren Stellen schadhaft ist, kann dann damit beginnen, sich immer wieder zu teilen. Mit der Zeit entwickelt sich eine Geschwulst, die sogar Tochterzellen absondern kann, sogenannte Metastasen. Diese wandern durch den Körper und können Tochtergeschwulste bilden: Krebs ist entstanden.

Diese Entwicklung kann durch Erbanlagen begünstigt werden. So gibt es beispielsweise Menschen, bei denen Reparaturmechanismen in den Zellen nur mangelhaft funktionieren oder bei denen nur wenige zufällige Fehler genügen, um eine Zelle in eine Tumorzelle zu verwandeln. Enthielte das Erbgut einer Zelle aber bei der Geburt tatsächlich Informationen, die aus der Zelle sofort eine bösartige Krebszelle machten, dann würde sie nicht überleben. Der Mensch würde sterben, bevor er das defekte Gen in die nächste Generation weitergeben könnte. Krebserkrankungen sind daher in der Regel nicht vererbt, sondern erworben. Die meisten Krebserkrankungen sind auf äußere Ursachen zurückzuführen – vor allem auf Rauchen, falsche Ernährung und Alkoholkonsum.

Allerdings geht man z. B. bei der familiären adenomatösen Polyposis, einem Darmkrebs, der in der Jugend auftritt, und bei Bauchspeicheldrüsenkrebs davon aus, dass ungefähr 2 % der Fälle auf genetische Veranlagungen zurückgehen. Bei Brustkrebs, der meist nach dem 63. Lebensjahr ausbricht, führt man etwa ein Zehntel der Fälle auf diesen Grund zurück.

Brauchen Kurzsichtige im Alter keine Brille mehr?

Mediziner bezeichnen die Kurzsichtigkeit als Myopie. Das Wort stammt aus dem Griechischen und lässt sich mit Blinzelauge übersetzen. Kurzsichtige zwinkern oft, wenn sie ohne Sehhilfe Dinge in der Ferne betrachten. Die Lichtbrechung an den Augenlidern hilft den Linsen in ihren Augen, ferne Objekte scharf auf die Netzhaut zu projizieren. Anders sieht es bei Dingen in der Nähe aus. Deren Abbild trifft scharf auf den sogenannten gelben Fleck (Macula), die Stelle auf der Netzhaut, an der sehr viele lichtempfindliche Zellen sitzen.

Der Grund für Kurzsichtigkeit ist meist ein zu langer Augapfel. Dieser bewirkt, dass die Lichtstrahlen aus der Ferne in einem Brennpunkt zusammenlaufen, der knapp vor der Netzhaut liegt und daher auf der Netzhaut selbst schon wieder unscharf ist. Bei nahen Gegenständen trifft der Brennpunkt dagegen genau die Netzhaut. So sehen Kurzsichtige Fernes unscharf, Nahes dagegen scharf.

Das Auge verändert sich mit dem Alter. Vor allem Linse und Muskulatur verlieren an Beweglichkeit. Doch genau diese ist für das Nahsehen sehr wichtig: Wenn sich die Muskeln am Auge zusammenziehen, wird die Brechkraft der Linse so verändert, dass das Licht von Gegenständen in der Nähe genau auf die Netzhaut fällt. Wegen der nachlassenden Beweglichkeit von Linse und Muskeln brauchen daher viele Ältere eine Lesebrille, die die Augenlinse und -muskulatur beim Betrachten naher Gegenstände unterstützt. Ein älterer Mensch mit Kurzsichtigkeit hat aber beim Blick in die Ferne – mit entspannter Linse – noch immer mit den zu langen Augäpfeln zu kämpfen. Die Sehfehler können sich also nicht ausgleichen, sondern müssen beide korrigiert werden, was meist mit einer Bifokal- oder Gleitsichtbrille geschieht.

Haben Verheiratete eine höhere Lebenserwartung als Singles?

Es lässt sich statistisch belegen, dass verheiratete Personen länger leben als Unverheiratete oder Geschiedene. Die höchste Sterblichkeit gibt es dagegen bei Menschen, die vor Kurzem einen Ehepartner verloren haben. Aus den Untersuchungen lässt sich zudem schließen, dass Senioren wohl besonders davon profitieren, in geordneten Verhältnissen zu leben.

Kurzsichtige brauchen eine Brille, um Fernes scharf sehen zu können.

In all dem stimmen das Deutsche Statistische Bundesamt sowie viele andere Statistik-Behörden und Forschungseinrichtungen weltweit überein. Es ist aber wohl nicht das Jawort selbst, das das Leben verlängert. Nach Meinung vieler Experten sind die Vorteile einer Ehe, dass die Partner aufeinander achten und die eigene Gesundheit ernster nehmen. Singles gehen Studien zufolge seltener zu Vorsorgeuntersuchungen, ernähren sich ungesünder, treiben weniger Sport und trinken mehr Alkohol – alles Faktoren, die das Leben verkürzen. Einige Wissenschaftler glauben außerdem, dass auch die Liebe und die emotionale Zuwendung des Partners das Leben verlängern.

Bei Frauen fällt der lebensverlängernde Effekt zwar geringer aus, doch auch sie leben in einer Ehe länger. Um in den Genuss des Effekts zu kommen, ist es – zumindest für Männer – übrigens nicht unbedingt nötig zu heiraten. Ihnen genügt schon eine feste Beziehung, bei der die Partner über viele Jahre wie in einer Ehe zusammenleben.

Eine stabile Partnerschaft kann auch den Ausbruch von Krankheiten verzögern. So wurde z. B. in einer Studie die Sterblichkeit von HIV-Patienten untersucht. Es zeigte sich, dass die Krankheit Aids später ausbrach, wenn die Kranken in einer festen Partnerschaft lebten.

Haben Optimisten eine höhere Lebenserwartung?

Die amerikanische Mayo Clinic hat vor etwa 60 Jahren einen weltweit einmaligen Langzeitversuch zur seelischen und körperlichen Gesundheit begonnen. In den 1960er-Jahren wurden Menschen nach ihren Zielen, persönlichen Einstellungen und ihrer allgemeinen Zufriedenheit mit Berufsleben und Partnerschaft befragt und dann körperlich untersucht. Rund 30 Jahre später folgte eine zweite Untersuchung derselben Personen. Auf Basis der früheren Untersuchung teilte man die etwa 450 Testpersonen zunächst in drei Gruppen ein: Etwa 100 wurden als optimistisch klassifiziert, rund 70 als pessimistisch. Der Rest war nicht eindeutig einer Gruppe zuzuordnen.

Untersuchungen haben gezeigt, dass Optimisten aktiver und gesünder leben – und damit länger als Schwarzseher.

Es zeigte sich, dass unter den seit Beginn der Untersuchung verstorbenen Testpersonen mehr Pessimisten zu finden waren. Außerdem stellten die Wissenschaftler fest, dass die Optimisten aktiver und gesünder waren, die Pessimisten dagegen in der Regel mehr Krankheiten hatten.

Warum das so ist, ist nicht ganz klar. Möglicherweise verhalten sich Pessimisten passiver und gehen daher seltener zum Arzt. Zudem haben sie auch weniger Sozialkontakte, erleben daher seltener Positives und halten sich dadurch geistig nicht so fit. Weil für Pessimisten ohnedies der schlechteste Fall der wahrscheinlichste ist, nehmen sie auch bei einer Krankheit weniger konsequent Medikamente ein und befolgen medizinische Ratschläge nicht.

Sicher ist inzwischen, dass die Einschätzung der eigenen Lebenssituation Heilungsprozesse beeinflussen kann. Auch dazu gibt es Studien, z. B. über die Entwicklung von Brustkrebs. Symptome von Angst und Depressionen, die bei 30–40 % der Brustkrebspatientinnen bei der ersten Diagnose auftreten, können das Immunsystem schwächen. Viele Ärzte sind daher davon überzeugt, dass Stress, die eigene Lebenseinstellung und die Art, wie man mit Stress umgeht, zusammenwirken. Davon werden biologische Faktoren wie das Immunsystem und der Hormonspiegel beeinflusst – und damit auch die Entwicklung von Brustkrebs und anderen Erkrankungen.

Doch trotz dieser Unterschiede gehört Wasser zu den am besten überwachten Lebensmitteln. Daher sind Leitungs- und Mineralwasser gleich gesund – übrigens oft auch in Bezug auf den Mineraliengehalt.

Einzige Einschränkung: Sind die Wasserrohre im Haus noch aus Blei oder Kupfer – Ersteres ist inzwischen äußerst selten geworden, Letzteres ist eigentlich nur bei besonders hartem Wasser ein Problem – dann können die Grenzwerte im Leitungswasser tatsächlich überschritten werden. Im Zweifelsfall hilft die Untersuchung der Wasserqualität durch ein entsprechendes Labor.

Ist Leitungswasser genauso gesund wie Mineralwasser aus der Flasche?

Über 1000 l Blut, das zu 90 % aus Wasser besteht, fließen täglich durch unser Gehirn. Insgesamt liegt der Anteil des Wassers im menschlichen Körper bei 50–80 %. Davon müssen jeden Tag 2,5 l ausgetauscht werden. Die Deutsche Gesellschaft für Ernährung rät daher Erwachsenen, täglich etwa 1,5–2 l Wasser zu trinken, der Rest wird aus der Nahrung gewonnen. Ob das Wasser aus einem Wasserhahn oder aus einer Flasche kommt, ist egal – Hauptsache, es ist sauber und enthält die richtige Menge Mineralstoffe.

Hersteller von Mineralwasser behaupten oft, ihre Produkte seien besser als Leitungswasser. Begründet wird dies damit, dass natürliches Mineralwasser aus unterirdischen Quellen stammt und kaum behandelt werden darf – erlaubt ist z. B. die Senkung des Eisengehalts. Leitungswasser wird dagegen auch aus Oberflächenwasser gewonnen. Damit es hygienisch einwandfrei ist, darf man es filtern, chlorieren und mit Ozon versetzen. Dies beruht auf den gesetzlichen Unterschieden zwischen Mineral- und Leitungswasser, für die getrennte Trinkwasserverordnungen und Gewässerschutzverordnungen gelten.

Wie gesund ist Low-Carb-Ernährung wirklich?

Normalerweise versorgt der Organismus seine Zellen über einfache Zucker wie Glukose und Fruktose mit Energie. Diese Zucker können Menschen direkt aufnehmen oder aus Kohlenhydraten herstellen, die nichts anderes als lange Ketten aus Zucker sind. Die Ernährungsgesellschaften Deutschlands, Österreichs und der Schweiz empfehlen, mehr als die Hälfte der mit der Nahrung aufgenommenen Kalorien als Kohlenhydrate zu sich zu nehmen. Senkt man den Kohlenhydratanteil in der Ernährung deutlich, stellt der Organismus auf eine andere Energieversorgung um, bei der er bevorzugt die Fettreserven des Körpers angreift. Wer wenig Kohlenhydrate zu sich nimmt und z. B. selten Brot, Kuchen, Nudeln, Kartoffeln und Süßigkeiten isst, nimmt durch eine solche Low-Carb-Diät also zumindest in der Theorie ab.

Allerdings zeigen Studien, dass die Sterblichkeit steigt, wenn Menschen für längere Zeit weniger als 40 % ihrer Kalorien über Kohlenhydrate aufnehmen. Die niedrigste Sterblichkeit korreliert demnach mit einer Ernährung, bei der 50–55 % der Kalorien in Form von Kohlenhydraten aufgenommen werden. Zugleich spielen Ballaststoffe, wie sie u. a. in Vollkornprodukten zu finden sind, eine wichtige Rolle. Daher empfehlen viele Ernährungsforscher eine ausgewogene Ernährung, bei der man eher die Kalorienzufuhr begrenzen sollte.

Der Sprung ins kühle Nass ist mit vollem Magen nicht zu empfehlen.

Warum soll man mit vollem Magen nicht schwimmen?

Dass man mit vollem Magen nicht schwimmen gehen sollte, das wissen heute nicht nur Bademeister und Rettungsschwimmer. Die Begründung, dass das Gewicht des vollen Magens den Schwimmer in die Tiefe zöge, kann man aber getrost ins Reich der modernen Märchen verbannen.

Sportmediziner nennen ganz andere Gründe dafür, dass man nach dem Genuss einer Schweinshaxe oder eines Tellers Spaghetti nicht ins Wasser steigen sollte. Magen und Darm sind im Grund nichts anderes als ein fast 8 m langer Schlauch, der ringförmig und längs von glattem Muskelgewebe umgeben ist. Diese Muskeln werden bei der Verdauung unwillkürlich angespannt und müssen nach dem Essen kräftig arbeiten. Die Muskeln kneten den Speisebrei durch und pressen ihn durch den ganzen Verdauungstrakt. Für diese Arbeit wird Sauerstoff benötigt, der mithilfe des Blutes zum Darm transportiert wird. Das Blut sorgt außerdem für den Abtransport der Nährstoffe, die Magen und Darm soeben aus dem Essen gelöst haben.

Nach dem Essen sammelt sich daher viel Blut in den Adern rund um Magen und Darm. Dieses Blut wird im Gehirn und im Bewegungsapparat abgezogen. Der Mensch wird müde und träge, die sportliche Leistungsfähigkeit geht zurück. Geht man mit vollem Magen – besonders an einem heißen Sonnentag mit erhitztem Körper – ins kalte Wasser, kann der Kreislauf schwächeln.

Kreislaufzusammenbrüche während des Schwimmens – ob aufgrund von zu viel Essen oder aus anderen Gründen – ereignen sich relativ häufig. Im Jahr 2019 bargen deutsche Rettungsschwimmer beispielsweise über 400 Ertrunkene aus dem Wasser, darunter auch etliche Opfer eines derartigen Zusammenbruchs. Besonders unter den älteren Menschen sind immer wieder Opfer zu beklagen. Durch ein wachsendes Fitnessbewusstsein überschätzen viele Leute ihren Körper. Dabei sind ältere Menschen und Kinder besonders von der Gefahr eines Kreislaufkollapses im Wasser betroffen.

Auch wenn es nicht gleich zum schlimmsten Fall kommt, kann ein voller Magen beim Schwimmen Schwierigkeiten bereiten: Gefüllte Därme ziehen bei Bewegung am Bauchfell. Daher leidet man mit vollem Magen eher unter Seitenstechen.

Trinken nicht vergessen!

Bei jedem Sport arbeiten die Muskeln auf Hochtouren, auch beim Schwimmen. Das erzeugt Wärme. Darauf reagiert der Körper mit Schwitzen, selbst wenn er sich im Wasser befindet. Wer über 30 Minuten lang intensiv schwimmt, der kann diesen Flüssigkeitsverlust durchaus als Leistungsabfall zu spüren bekommen. Sportmediziner raten daher dazu, auch beim Schwimmen zwischendurch zu einer Flasche Apfelsaftschorle zu greifen.

Sind Magengeschwüre eine Zivilisationskrankheit?

Magengeschwüre können verschiedene Ursachen haben, etwa einen übersäuerten Magen oder eine krankhafte Veränderung der Magenmuskulaturbewegung. Beides wird durch fettreiche Ernährung, Rauchen und Stress beeinflusst. Sehr oft spielt bei ihrer Entstehung aber ein Bakterium eine wichtige Rolle: 1979 fielen dem australischen Mediziner Robin Warren im Magen von Patienten mit akuter Gastritis – einer der Ursachen für Magengeschwüre – seltsame Bakterien auf. 1982 gelang es Warren und seinem Kollegen Barry Marshall, die Bakterien zu züchten, und sie nannten sie *Helicobacter pylori*. Um skeptischen Kollegen zu beweisen, dass diese Bakterien tatsächlich die Übeltäter waren, schluckte Marshall eine Bakterienkultur und litt eine Woche später an Gastritis. Heute ist unumstritten, dass die Infektion mit *Helicobacter* der wichtigste Risikofaktor für Magengeschwüre ist – rund jeder zweite Mensch auf der Erde trägt diesen berüchtigten „Magenteufel“ in sich, und ein Zehntel der Betroffenen entwickelt im Lauf der Zeit gesundheitliche Probleme wie schmerzhafte Magenschleimhautentzündungen oder aber Magengeschwüre.

Das ist allerdings keineswegs eine neue Entwicklung. Aus Erbgutanalysen ist bekannt, dass die gemeinsame Geschichte von Mensch und Magenkeim schon vor mindestens 100 000 Jahren begann. Seither nisten die Erreger im menschlichen Verdauungstrakt und verbreiten sich vermutlich über Kot und Erbrochenes. Auch der berühmte Gletschermann Ötzi, der vor etwa 5300 Jahren in den Ötztaler Alpen in Südtirol starb, trug den Keim mit sich herum. Das zeigen Schnipsel von *Helicobacter*-DNA, die man in seinem Magen gefunden hat.

Nun gibt es unter diesen Bakterien viele verschiedene Linien, von denen wohl nicht jede ihren Wirt krank machen kann. Ötzis „Mitbewohner“ aber ähnelte genetisch einem *Helicobacter*-Typ, der erwiesenermaßen Magenschleimhautentzündungen auslösen kann. Und das Immunsystem des Gletschermanns hatte offenbar auch schon auf den Eindringling reagiert. So fanden die Forscher in Ötzis Magen bestimmte Proteine, die Mediziner auch von heutigen Infizierten kennen. Diese Eiweiße werden vor allem von speziellen weißen Blutkörperchen gebildet und spielen eine wichtige Rolle bei Entzündungsreaktionen.

Vielleicht passen sogar die beiden Birkenporlinge ins Bild, die der steinzeitliche Alpenwanderer in seiner Gürteltasche mit sich führte. Immerhin verwenden die Samen im Norden Skandinaviens noch heute einen Sud aus diesen Pilzen, um Magenprobleme zu behandeln. Jedenfalls spricht einiges dafür, dass Ötzi die Beschwerden heutiger Magengeplagter kannte. Das aber würde bedeuten, dass solche chronischen Erkrankungen nicht erst durch die moderne Ernährung entstanden sind. Magengeschwüre wären demnach keine Zivilisationskrankheit, sondern ein uraltes Leiden.

Geschichtsbuch im Magen

Helicobacter pylori ist ein Bakterium, von dem man rund 370 verschiedene Stämme kennt. Da es vor allem innerhalb der Familie oder zwischen Kindern weitergegeben wird, haben die Bewohner verschiedener Regionen unterschiedliche Varianten im Magen. Deshalb kann der Keim helfen, die Wanderungsbewegungen der Menschheit nachzuvollziehen. So verraten z. B. die Bakterien in nordamerikanischen Mägen heute noch, dass die dortigen Ureinwohner aus dem Osten Asiens stammen und über die Beringstraße eingewandert sind.

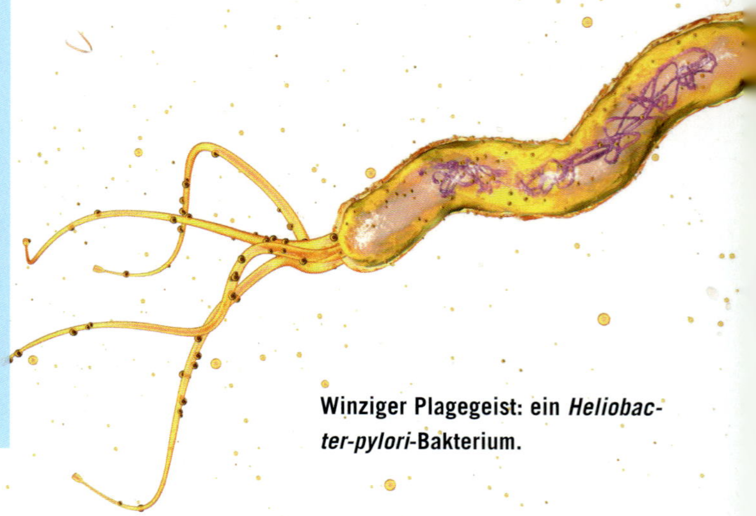

Winziger Plagegeist: ein *Heliobacter-pylori*-Bakterium.

Kann man pflanzliche Medikamente bedenkenlos einnehmen?

Der Philosoph Sokrates wurde im Jahr 399 v. Chr. durch ein pflanzliches Gift hingerichtet: Er musste einen Becher mit Schierlingssaft trinken. Der Extrakt enthielt das tödliche Nervengift Coniin.

Wissenschaftler kennen mehrere Zehntausend ähnlich starke Pflanzengifte. Nicht wenige werden auch zur Heilung eingesetzt. Ein Beispiel ist der Fingerhut, dessen Inhaltsstoff Digitalis ein Gemisch aus etwa 100 verschiedenen Giften ist. Obwohl der Verzehr von Fingerhutblättern tödlich sein kann, ist Digitalis ein Heilmittel: In winzigen Dosierungen erhöht das Gift die Kalziumkonzentration in den Herzmuskelzellen. Das Herz schlägt kräftiger, und der Körper scheidet Flüssigkeiten besser aus.

Auch pflanzliche Mittel, die als ungiftig gelten, haben oft Nebenwirkungen. Dazu gehören u. a. Knoblauch oder *Ginkgo biloba*, die beide blutverdünnend wirken und daher mit Mitteln konkurrieren können, die die Blutgerinnung beeinflussen. Zimt kann zusammen mit Tetracyclinen – die bei Infektionskrankheiten eingesetzt werden – sogar Halluzinationen hervorrufen. Johanniskraut kann die Wirkung einiger Narkotika verlängern und bei starker Sonneneinstrahlung die Entwicklung von Hautschäden und Grauem Star fördern.

In der Küche werden noch weitere Stoffe verwendet, die man nicht überdosieren sollte: Bittermandeln enthalten bis zu 5 % Amygdalin, das in Verbindung mit Wasser Blausäure abspaltet. Beim Erhitzen der Bittermandeln entweicht der Großteil der Blausäure, weshalb man Mandeltorte bedenkenlos genießen kann. 50–60 rohe bittere Mandeln können dagegen tödlich sein.

Die Dosis macht das Gift: Das aus dem stark giftigen Fingerhut gewonnene Digitalis ist in winzigen Mengen ein hochwirksames Herzmedikament.

Der Kot der Hausstaubmilbe löst Allergien aus.

Schützt Synthetikbettwäsche vor Milben?

Der Kot von Milben, der zu feinem Staub zerfällt und eingeatmet wird, ruft die sogenannte Hausstauballergie hervor, die etwa ein Viertel aller Allergieerkrankungen ausmacht. Die Patienten leiden an Symptomen wie bei Schnupfen: die Schleimhäute schwellen an, und die Nase läuft. Hinzu kommen Erkrankungen von Bronchitis bis zu Asthma.

Mit bloßem Auge sieht man die Übeltäter kaum, denn Milben sind gerade mal zwischen 0,1 und 0,5 mm groß und wiegen weniger als 1 mg. Die Spinnentierchen ernähren sich von Hautschuppen und Haaren, von denen der Mensch täglich etwa 1,5 g verliert. Das reicht aus, um 1,5 Mio. Milben zu ernähren.

Weil Milben kein Wasser trinken können, sind sie auf eine feuchtwarme Umgebung angewiesen – und genau die finden sie in den Betten von Menschen. Wenn also nur wenig gelüftet wird und das Schlafzimmer warm ist, können auf 1 m^2 Bett Zehntausende Milben leben. Jede Milbe erzeugt in 2–4 Monaten bis zu 200-mal so viel Kot, wie sie selbst wiegt.

Milben lassen sich nur schwer vertreiben. Auch Synthetikbettwäsche erschwert ihnen das Leben kaum. Damit entzieht man zwar die Nahrung, die sie in den Daunen finden, aber ihr Tisch ist mit Hautschuppen und der Füllung der Matratze immer noch reichlich gedeckt.

Wer die Milben vollständig zurückdrängen will, sollte zu milbendichten Überzügen für Kissen, Decken und Matratzen greifen sowie Teppichboden und alle anderen Staubfänger aus seinem Schlafzimmer verbannen. Menschen im Gebirge haben es gut: In Lagen über 1200 Höhenmetern ist es Milben zu kalt und zu trocken.

Entsteht Muskelkater durch den Abbau von Milchsäure?

Dass Milchsäure die Muskeln schmerzen lässt, ist eine weit verbreitete, aber falsche Behauptung. Zwar kann sich bei Anstrengung durchaus Milchsäure im Muskel bilden, aber die ist nicht schuld an den Muskelkaterschmerzen am nächsten Tag. Die Schmerzen entstehen vielmehr durch winzige Verletzungen im Muskelgewebe.

Wenn sich Muskeln anstrengen, dann tun sie das entweder aktiv oder passiv. Aktiv heißt: Sie ziehen sich selbst zusammen. Die passive Belastung besteht dagegen darin, dass die Muskeln von anderen Muskeln gedehnt und gespannt werden.

Für die aktive Arbeit besitzt jeder Muskel ein Energiedepot, das nach etwa 20 Sekunden aufgebraucht ist. Ab da zerlegt der Muskel Zucker aus dem Blut – und zwar ohne Sauerstoff, denn die Lunge beginnt erst jetzt, stärker zu arbeiten. Bei dieser Zuckerzerlegung fällt Milchsäure an, so lange, bis genug Sauerstoff im Muskel ankommt, um den Zucker auch „aerob", d. h. „mit Luft" zu verbrennen. Sofort verringert sich die Milchsäureproduktion und bleibt auch gering, solange die Lunge genug Sauerstoff liefert.

Die passive Belastung des Muskels ist davon unabhängig und der eigentliche Grund für den Muskelkater. Das zeigte Anfang der 1950er-Jahre der dänische Sportphysiologe Erling Asmussen. Er ließ Testpersonen bis zur Erschöpfung eine Stufe auf- und absteigen, und zwar so, dass beim Hochsteigen immer dasselbe Bein belastet wurde. Die Folge war, dass das aktiv beanspruchte Bein zwar schnell ermüdete, der Muskelkater aber im anderen, passiv beanspruchten Bein auftrat, wo winzige Muskelfasern gerissen waren. Verantwortlich waren die aktiven Muskeln, die die nicht beanspruchten Muskeln gegen ihre normale Bewegungsrichtung gezogen hatten.

Lindert leichte Bewegung den Muskelkater?

Leichter Sport kann die Schmerzen bei einem starken Muskelkater tatsächlich lindern. Allerdings sollte der Sport wirklich „leicht" sein, denn ein Muskel mit Muskelkater hat schon einiges durchgemacht. Durch die kleinen Risse in den Muskelfasern, die sogenannten Miniaturrupturen, dringt Wasser in den Muskel ein, was das Gewebe verdickt und verhärtet.

Wenn die Schäden ihr größtes Ausmaß erreicht haben – einige Stunden nach der Überbeanspruchung des Muskels –, beginnt der Körper damit, die zerstörten Muskelzellen chemisch abzubauen und Muskelfasern neu zu bilden.

Dabei entstehen in den Muskeln jedoch auch Abfallstoffe. Wird der Kreislauf nun durch leichte Bewegung angeregt, fließt mehr Blut durch die Muskeln, und die Schadstoffe werden weggespült. Bei zu starker Anstrengung kann der Muskelkater aber stärker werden, da neue Faserrisse auftreten können. Ideal ist daher leichtes Kreislauftraining, wie Fahrradfahren mit mäßiger Geschwindigkeit. Dabei muss nicht einmal der schmerzende Muskel selbst beansprucht werden; das Fahrradfahren kann beispielsweise gegen Muskelkater in den Armen helfen.

Durch die neuen Zellen, die der Muskel nach einem Muskelkater aufbaut, wird er auch stärker. So wird die Gefahr für neuerliche Muskelkater geringer. Allerdings ist für ein gutes Muskelwachstum kein Muskelkater nötig. Moderates Training regt den Muskel sogar besser zu Wachstum an.

Abhängig vom Grad der Anstrengung kann eine Wanderung einen Muskelkater verursachen oder, wenn man es ruhiger angehen lässt, lindern.

Kann man Mangelerscheinungen an den Nägeln erkennen?

Hinter dem „Möndchen" schiebt er sich hervor, der Fingernagel. Wie schnell sich in der Nagelwurzel neue Hornschichten aus Keratin aufbauen, darüber entscheiden Stoffwechsel und Ernährung. Und weil ein Fingernagel im Schnitt pro Monat nur 2–5 mm wächst, kann er die Ernährungs- und Gesundheitsgeschichte eines Vierteljahres widerspiegeln.

Schwerste Mangelerscheinungen an verschiedenen Stoffen – darunter vor allem Eisen, Kalzium, Zink, Eiweiß, Silizium und den Vitaminen A, B, und C – sind am einfachsten zu erkennen: Die Fingernägel zerbröseln. Doch für Patienten mit solch schweren Mangelleiden sind kranke Fingernägel das kleinste Problem, denn sie leiden meist auch an Geschwüren, Zahnausfall und schweren Hautproblemen.

Feine, aber deutliche Linien, die parallel zu Finger oder Zehe verlaufen, sind dagegen in den meisten Fällen harmlos. Nur manchmal können sie auf eine Stoffwechselstörung hindeuten, selten lassen sie sich auf eine Mangelernährung zurückführen. Rillen, die quer dazu verlaufen, können jedoch phasenweise Gesundheitsstörungen dokumentieren, beispielsweise schwere Infektionen oder Herzprobleme. Bei derartigen Krankheiten wird für eine begrenzte Zeit das Wachstum der Nägel gestört. Aus denselben Gründen kann auch eine Chemotherapie Querrillen im Nagel hinterlassen.

Weit verbreitet ist die Behauptung, dass die kleinen weißen Flecken auf den Fingernägeln – Mediziner nennen sie *Leukonychia punctata* – auf Kalziummangel hindeuten. Doch das ist falsch. In Wirklichkeit handelt es sich dabei meist um Lufteinschlüsse, die bei der Bildung des Nagels entstehen oder durch kleine Stöße gegen den Nagel.

Um seine Nägel zu festigen, kann man Kieselsäure einnehmen – wegen der höheren Dosis besser in Pulver- oder Tablettenform als über Tees aus Ackerschachtelhalm oder Brennnessel, die wegen ihres Kieselsäuregehalts manchmal empfohlen werden. Falls keine Mangelerscheinung vorliegt, kann auch die Einnahme von Biotin die Nägel kräftigen.

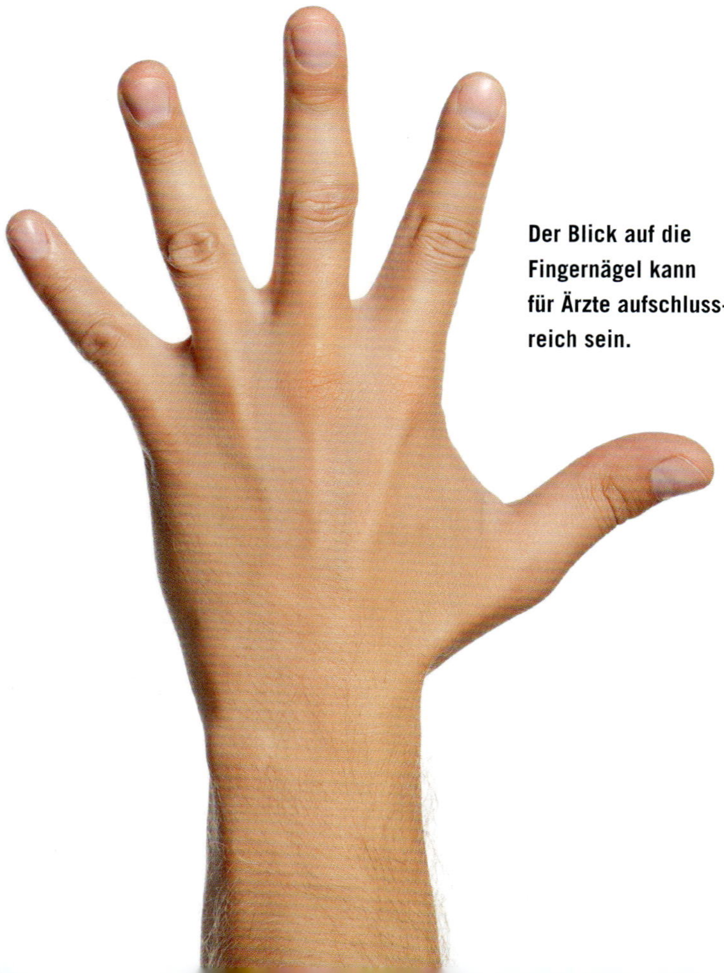

Der Blick auf die Fingernägel kann für Ärzte aufschlussreich sein.

Braucht der Körper im Winter mehr Nahrung?

Tatsächlich brauchen Menschen mehr Energie, wenn es kalt wird. Denn der Körper hat ein ausgefeiltes System zur Temperaturregulierung, das die Körpertemperatur stets möglichst genau auf 37 °C einstellt.

Bei Kälte wird zunächst der Wärmeverlust des Körpers verringert. So ziehen sich z. B. in den Extremitäten die Adern zusammen, damit das Blut im Körper weniger zirkuliert und dieser sich nicht mehr so stark abkühlt. Die Finger werden klamm, und die Füße erkalten. Zudem stellt sich die Körperbehaa-

Kälte kostet Energie – anders als Eichhörnchen leben die meisten Menschen aber nicht draußen und brauchen daher keine Extravorräte.

Energie gegen die Kälte

Reinhold Messner hatte gern eine Speckseite im Reisegepäck, wenn er in Polar- oder Hochgebirgsregionen aufbrach. Und das Leibgericht vieler Eskimokinder heißt ebenfalls nicht ohne Grund Walrossspeck. Denn in den Polarregionen herrscht oft große Kälte, und die Menschen – darunter auch Polarforscher – halten sich trotzdem viel im Freien auf. Aus diesem Grund essen sie energiereiche und deshalb auch sehr fettreiche Nahrung.

rung auf, man bekommt eine „Gänsehaut" – ein Erbe aus der Urzeit. Denn bei unseren stark behaarten Vorfahren enthielt das aufgestellte Fell mehr Luft als das glatte, was wie eine Wolldecke gegen die Kälte schützte.

Wenn das noch nicht ausreicht, startet der Körper die nächste Stufe und beginnt selbst kräftig zu „heizen". Dabei zittert die Kaumuskulatur, und die Zähne klappern. Zusätzlich hat der Körper eine weitere Wärmeversorgung, die ohne Zittern abläuft. Im sogenannten braunen Fettgewebe können Neugeborene und möglicherweise auch Erwachsene Energievorräte direkt zu Wärme verbrennen. Forschungen haben gezeigt, dass dieses Fett, das man lange nur bei Vögeln, kleinen Nagern und im Bereich der Schulterblätter und Nieren bei Säuglingen kannte, in geringem Maße auch bei Erwachsenen zu finden ist.

Bei besonders großer Kälte wird das Muskelzittern schrittweise auf den ganzen Körper ausgeweitet – zunächst auf die Nackenmuskulatur und schließlich über den Oberkörper auf Arme und Beine. Die letzte Phase besteht aus heftigen Muskelkrämpfen. Dies alles verbraucht Energie. Schon im Ruhezustand und bei angenehmen Außentemperaturen heizt der Körper mit einer Leistung zwischen 60 und 100 W. Bei Kälte kann es drei- bis viermal so viel Energie sein. Um diese Energie erzeugen zu können, muss der Körper ausreichend Nahrung zu sich nehmen. Wir bekommen also bei Kälte mehr Hunger und essen uns eine Speckschicht an. Speck und Fett stellen auch eine hervorragende Isolation gegen Kälte dar.

All dies gilt für die meisten Europäer heute aber nur noch sehr eingeschränkt – sie leben im Winter gar nicht mehr in der Kälte. Sie benötigen daher im Winter kein Speckpolster mehr – und müssen eigentlich auch nicht mehr essen als im Sommer.

Wie stoppt man Nasenbluten?

Fast jeder kennt es: Plötzlich rinnt Blut aus der Nase, manchmal wegen eines heftigen Stoßes, meist aber ohne offensichtliche Ursache. Das Blut stammt aus den gut durchbluteten Gefäßen in der Nasenschleimhaut und hört meist nach wenigen Minuten von selbst wieder auf zu fließen. Gesundheitliche Probleme sind mit Nasenbluten meist nicht verbunden.

Um den Blutstrom zu stillen, wird oft geraten, sich hinzusetzen, den Kopf nach hinten zu legen und Watte in die Nasenlöcher zu stopfen – doch das ist völlig falsch! Legt man den Kopf zurück, läuft das Blut in den Rachen und wird verschluckt. Dadurch lässt sich nicht mehr kontrollieren, ob und wie stark das Blut noch läuft. Wenn außerdem größere Mengen Blut in den Magen gelangen, führt das zu Erbrechen. Watte hat zudem nichts in den Nasenlöchern zu suchen, da sie sich nur schwer wieder entfernen lässt. Durch zurückgebliebene Wattereste können sogar Entzündungen entstehen. Schließlich besteht die Gefahr, dass beim Herausziehen der Watte das frisch gebildete Blutgerinnsel wieder aufbricht.

Mediziner empfehlen daher, sich bei Nasenbluten hinzustellen und den Kopf nach vorn zu beugen – beides verringert den Blutdruck in der Schleimhaut – und die Nasenflügel für einige Minuten zusammenzudrücken. Kalte Kompressen oder ein mit kaltem Wasser getränktes Tuch im Nacken können bei Nasenbluten zusätzlich helfen, da sie ebenfalls die Durchblutung verringern. Nach etwa 5 Minuten kann man die Maßnahmen versuchsweise beenden oder nötigenfalls weiter fortsetzen. Hört die Blutung nach 20 Minuten noch immer nicht auf, sollte man besser einen Arzt aufsuchen.

Es ist keine optische Täuschung – im Alter werden Ohren und Nasen tatsächlich größer.

Wachsen Ohren und Nasen ein Leben lang?

Endlich sieht man nach Jahren die Verwandten wieder und wundert sich: War die Nase der Großtante schon immer so lang? Und auch die Ohren von Opa scheinen viel größer zu sein als früher. Was wie eine Täuschung wirkt, ist aber wissenschaftlich belegt: Ohren und Nasen werden im Alter größer. Was allerdings nicht stimmt, ist die Annahme, dass sie ein Leben lang wachsen. Bei den Ohren heißt es mitunter, dadurch würde das zunehmend schlechtere Hörvermögen ausgeglichen. Ursächlich für die Größenzunahme ist aber vielmehr die im Alter nachlassende Stabilität des Knorpels, einhergehend mit einer weniger strammen Haut und der Wirkung der Schwerkraft, die letztlich die vermeintliche Veränderung der Nasen- und Ohrenform bewirkt. Zudem wird unsere Wahrnehmung von den Gesichtsproportionen geprägt. Hier kommt vor allem den Wangen eine bedeutende Rolle zu. Verliert das Unterhautbindegewebe an Spannkraft, treten die Wangenknochen stärker hervor und lassen das Gesicht spitzer aussehen – Nase und Ohren wirken dadurch markanter. Studien zufolge fällt das Größenwachstum bei Männern stärker aus als bei Frauen. Gleiches trifft auch auf das Wachstum der Härchen in der Nase und in den Ohren zu. Als Grund wird u. a. die altersbedingte Veränderung des Hormonspiegels genannt.

Auf die Füße schaut man beim Familientreffen selten, aber auch da lohnt ein Blick: Sie werden im Alter ebenfalls größer bzw. breiter aufgrund der schwächer werdenden Muskeln, Bänder und Sehnen. Dass der Mensch insgesamt im Alter an Körpergröße verliert, liegt wiederum zu einem großen Teil an der abnehmenden Elastizität der Bandscheiben, wodurch die Wirbel dichter aneinanderrücken.

Können Männer Osteoporose bekommen?

Osteoporose ist weit verbreitet. Allein in Deutschland leiden etwa 5–6 Mio. Menschen an „Knochenschwund". Bei dieser Krankheit, bei der die Knochen immer poröser werden, entzieht der Körper dem Skelett das Kalzium, um beispielsweise die Reizübertragung in den Nerven zu gewährleisten. Normalerweise werden die Knochen bis etwa zum 40. Lebensjahr aufgebaut. Dann werden sie wieder leichter, was etwa 30 Jahre später problematisch werden kann. Diesen Alterungsprozess, der Frauen und Männer betrifft, nennen Ärzte die altersbedingte Osteoporose.

Infolge dieses Vorgangs verlieren die Wirbelknochen ihre Stabilität und werden durch das Körpergewicht zusammengedrückt. Zudem verkrümmt sich die Wirbelsäule, und die Muskeln schmerzen bei jeder Bewegung. Problematisch sind auch die zunehmenden Knochenbrüche – vor allem Hüft- und Handgelenksknochen brechen schon bei leichter Beanspruchung. Nimmt man Deutschland, Frankreich, Italien, Spanien, Schweden und Großbritannien zusammen, werden allein in diesen Ländern jedes Jahr rund 2,7 Mio. Knochenbrüche behandelt, die nur auf Osteoporose zurückgehen.

Frauen leiden an einer verschärften Form der altersbedingten Osteoporose. Etwa 80 % aller Patienten mit Knochenschwund sind Frauen, weil sich bei ihnen nach den Wechseljahren die Produktion von Östrogen verringert. Dadurch beschleunigt sich der Stoffwechsel in den Knochen, und so bauen Frauen mehr Kalzium aus den Knochen ab als Männer, deren Sexualhormonmenge langsamer abnimmt.

Dass nur etwa jeder fünfte Osteoporosepatient männlich ist, liegt jedoch nicht nur am unterschiedlichen Rückgang der Sexualhormone. Vielmehr sind die Knochen von Männern schwerer als die von Frauen. So machen sich die Folgen des Knochenabbaus erst später bemerkbar. Und da Männer statistisch früher sterben als Frauen, erleben sie seltener Auswirkungen des Knochenschwunds.

Heilbar ist Osteoporose nicht, aber die Symptome lassen sich medikamentös lindern. Um den Knochenabbau im Alter zu verlangsamen, hilft eine kalziumreiche Ernährung und viel Sport. Denn der Körper reagiert auf eine mechanische Beanspruchung des Knochens mit dem Aufbau von Knochenmasse. Und schließlich fördert Vitamin D die Einlagerung des Kalziums im Knochen. Weil das Vitamin bei Sonneneinfall in der Haut gebildet wird, ist besonders Bewegung an der frischen Luft eine gute Vorbeugungsmaßnahme.

Sport ist eine gute Maßnahme zur Verlangsamung des Knochenabbaus.

Ist die Pest ausgerottet?

Als die Pest im 14. Jh. Europa heimsuchte, entvölkerte sie ganze Landstriche. Ein Drittel der Bevölkerung – über 18 Mio. Menschen – raffte der „Schwarze Tod“ dahin. Rund 700 Jahre später wird die Gefahr, dass sich eine Epidemie wiederholen könnte, als gering eingeschätzt. Das Robert Koch Institut (RKI) berichtet, dass die Weltgesundheitsorganisation (WHO) zwischen 2010 und 2015 international 3250 Pestfälle dokumentierte, darunter 584 Todesfälle. Immer wieder gibt es größere Pestausbrüche (zuletzt ab 2008 vor allem in Madagaskar mit mehreren Hundert Toten), meist treten aber nur Einzelfälle auf – u. a. in Afrika, China, Indien, aber auch in den USA.

Die Pest ist also noch immer nicht ausgerottet; doch die Faktoren, die es ihr früher ermöglichten, sich wie ein Flächenbrand auszubreiten, sind heute in den meisten Teilen der Erde beseitigt. Anders als im Mittelalter sind die hygienischen Standards heute höher. Denn Ratten und Menschen leben nicht mehr so eng nebeneinander, dass der u. a. durch den Rattenfloh übertragene Erreger der Beulenpest auf den Menschen überspringen könnte. Wenn tatsächlich einmal Krankheitsfälle auftreten, können die Kranken oft mit Antibiotika geheilt und die Gesunden durch Impfungen geschützt werden. Dies gelingt vor allem bei der Beulenpest, der im Mittelalter gefürchtetsten Pestform, weil sie langsam verläuft.

Durch Tröpfcheninfektion übertragen, führt die Lungenpest dagegen schneller zum Tod – weshalb das Bakterium sogar als Biowaffe eingesetzt werden könnte. Solange der Erreger aber nicht mutiert, ist auch die Gefahr für die Menschen gering.

Lindern Ameisenbisse Rheumabeschwerden?

Wenn Ameisen beißen, dann spritzen sie anschließend einen Stoff in die Wunde, den Chemiker mit HCOOH bezeichnen – oder schlicht Ameisensäure nennen. Überraschenderweise ist derselbe Stoff auch in den Giftdrüsen von Brennnesseln enthalten.

Ameisensäure hat laut einer Studie, die vor einigen Jahren am Universitätskrankenhaus Haifa durchgeführt wurde, eine positive Wirkung auf Rheumakranke. Ärzte gaben damals Patienten mit rheumatoider Arthritis Brennnesselwurz und stellten daraufhin fest, dass die Patienten hinterher weniger nichtsteroidale Antirheumatika (NSAR) benötigten. NSAR wirken entzündungshemmend und gehören damit zur üblichen medikamentösen Behandlung bei Rheuma.

Ameisensäure verringert offenbar die Entzündung, indem sie die Ausschüttung der Zytokine hemmt, die der Körper bei Rheuma bildet. Ein ähnlicher Effekt wurde auch für den Extrakt von Brennnesselblättern nachgewiesen. Und die Säure hat zudem weniger Nebenwirkungen als ein NSAR. Ameisensäure hilft auch bei anderen Autoimmunerkrankungen, die wie Rheuma dadurch entstehen, dass das Immunsystem sich gegen den eigenen Körper wendet.

Die Volksmedizin empfiehlt bei Rheuma aber nicht nur die Einnahme von Brennnesselextrakten, sondern auch die äußerliche Anwendung der Pflanze. Diese bewirkt starke Hautreizungen, durch die die Durchblutung gesteigert und das Gewebe erwärmt wird. Die Therapie ist mit einer kräftigen Massage des menschlichen Gewebes vergleichbar – und kann bei Rheuma Linderung verschaffen.

Wie viel Schlaf braucht man?

Jeder Mensch hat seinen persönlichen „Schlafbedarf“. Im Schnitt hat man sich nach 7–8 Stunden erholt. Allerdings kann man den Schlaf auch aufteilen: Forscher glauben, dass der natürliche Schlafrhythmus sich bei Tag und Nacht in mehrere Schlaf- und Wachphasen gliedert.

Etwa ein Drittel seines Lebens verschläft der Mensch. Doch wie viel Schlaf ein bestimmter Mensch braucht, lässt sich kaum beeinflussen. Der individuelle Schlafbedarf verändert sich zwar in manchen Lebenslagen – so brauchen Verliebte oder junge Eltern aufgrund von Hormonausschüttungen weniger Schlaf –, doch das sind keine andauernden Veränderungen.

Der Schlafbedarf bleibt auch im Alter gleich. Ältere Menschen schlafen zwar kürzer, dafür öfter und nicht mehr so tief wie in jungen Jahren. Die Dauer insgesamt bleibt aber etwa konstant – es sei denn, der Schlaf verkürzt sich durch Gebrechen.

Verursachen kalte Füße Schlafstörungen?

Stress stört beim Einschlafen – denn für einen guten Schlaf kommt es vor allem auf ein ausgewogenes Verhältnis der Hormone an. Besonders vom Stresshormon Cortisol darf nicht zu viel und nicht zu wenig im Blut sein. Und kalte Füße bedeuten für den Körper Stress, denn bei tiefen Temperaturen startet er ein Notprogramm. Der Blutdurchfluss in den Extremitäten wird verringert, und man beginnt zu zittern, um Wärme zu erzeugen. Umgekehrt erzeugt Stress aber auch Kälte: Bei nervlicher Überaktivität oder Angst kann der Körper die Durchblutung reduzieren. So entstehen z. B. klamme Finger vor einer Prüfung oder eben kalte Füße.

Wer beim Einschlafen friert, sollte daher prüfen, woher die Kälte an den Füßen kommt – vom Stress oder vom Mangel an Wärme. Im ersten Fall hilft eventuell eine Tasse Malzmilch, der Ernährungswissenschaftler eine leicht beruhigende und schlaffördernde Wirkung nachsagen. Frieren dagegen die Füße, weil es zu kalt ist, dann helfen vielleicht warme Fußbäder und eine Massage mit ätherischen Ölen, Wärmeflaschen oder warme Socken.

Gefährliche Schlafattacken

Schon eine rote Ampel kann ihnen gefährlich werden: Etwa einer von 2000 Menschen leidet an Narkolepsie. Die Krankheit – vermutlich eine Hormonstörung im Gehirn – führt dazu, dass die Patienten beispielsweise in kurzen Pausen schlagartig in einen minutenlangen Schlaf fallen und dabei oft heftig träumen. Eine Heilung dieser erblichen Krankheit ist noch nicht möglich.

Einfach, aber hilfreich: Dicke Socken können Schlafstörungen lindern.

Hilft ein Glas Wasser bei Schluckauf?

Normalerweise sind die Muskeln des Zwerchfells für die Atmung da. Dadurch, dass sie sich regelmäßig alle paar Sekunden spannen und entspannen, zwingen sie die Lunge ständig dazu, sich mit Luft zu füllen und diese wieder abzugeben. Wie oft das geschieht, regelt das Gehirn in der *Medulla oblongata* und der Pons – zwei Bereiche des Gehirns am oberen Ende des Rückenmarks. Dort beginnt auch ein Nerv *(Nervus phrenicus)*, der die Befehle zum Atmen auf beiden Seiten des Körpers bis zum Zwerchfell leitet.

Manchmal geraten *Medulla oblongata* und Pons aber aus dem Takt und geben immer wieder den Befehl an das Zwerchfell, sich zusammenzuziehen. Etwa 30 Millisekunden danach zwingen die Nerven auch die Stimmritzen im Kehlkopf zu einem Krampf. Meist passiert das nach einer Reizung des *Nervus phrenicus*. Die Folge ist ein deutlich vernehmbares „Hicks". Wiederholt sich das immer wieder, sprechen Fachleute von einem Schluckauf.

Ein Schluckauf dauert selten länger als 4 Stunden. Doch man kann einiges dafür tun, dass er schneller wieder aufhört. So soll man ein Glas eiskaltes Wasser trinken oder einen Löffel voll trockenem Zucker essen – beides wirkt tatsächlich. Genauso hilft es, den Brechreiz auszulösen, die Luft anzuhalten oder tief einzuatmen. Dadurch wird nicht nur das Verhalten des Zwerchfells beeinflusst, sondern es werden auch Nerven in der Nähe des Kehlkopfs gereizt – nicht nur der *Nervus phrenicus*, sondern auch der *Nervus vagus*, der gleich daneben Richtung Herz führt.

Denn so, wie ein Schluck kaltes Wasser den *Nervus phrenicus* reizt, Impulse abzugeben – und daher einen Schluckauf auslösen könnte –, beendet das kalte Wasser die nervösen Dauerimpulse auch wieder.

Fachleute sind in der Lage, den *Nervus vagus* und damit indirekt auch den *Nervus phrenicus* mithilfe einer Massage des äußeren Gehörgangs, bestimmter Punkte an der Halsschlagader, des Gaumens und des Übergangs von Schlüssel- und Brustbein anzuregen. Diese Methoden verwendet man zum Beenden besonders schwerer Fälle bei Menschen, die über lange Zeit von einem Schluckauf gequält werden.

Wirkt Licht gegen Schwermut?

Im Winter zeigt sich, wie eng der Zusammenhang zwischen Lichtmangel und Stimmung ist. Psychologen haben sogar einen Begriff dafür: SAD (saisonal abhängige Depression) nennen sie ernste Depressionen, die im Winter 1–2 % der Bevölkerung ergreifen. Weitere 10–20 % der Menschen werden zumindest schwermütig, antriebslos und müde.

Experten sehen die Ursache dafür im Lichtmangel infolge der kurzen Wintertage. Die biologische Uhr im Menschen, die den Lebensrhythmus steuert, passt sich an die Hell-Dunkel-Zeiten an – die aber nicht mit dem Alltag übereinstimmen. Menschen stehen morgens im Winter auf, obwohl ihr Körper wegen der Dunkelheit noch schlafen möchte, und gehen abends später zu Bett, als es dem Körper lieb ist. Das scheint nicht nur die Steuerung des Schlafes durcheinanderzubringen, sondern auch Appetit und Stimmung.

Als Gegenmaßnahme verschreiben Psychologen Licht. Die Patienten setzen sich täglich 1–2 Stunden lang vor eine Lampe, die mehr als 2500 Lux abstrahlt – was etwa dem winterlichen Mittagslicht entspricht. Bei rund 70 % der Patienten hat diese Methode Erfolg. Warum dies so ist, weiß man noch nicht. Vermutet wird, dass das zusätzliche Licht die aus dem Takt gekommene innere Uhr neu einstellt.

Spezielle Lampen können Menschen bei Depressionen im Winter helfen.

Achtung Sonnenbrand! Doch nicht nur wer direkt in der Sonne liegt, sollte sich eincremen – auch unter einem Sonnenschirm ist dies angebracht.

Kann man im Schatten einen Sonnenbrand bekommen?

Unter dem Motto „*slip, slop, slap*" warb die australische Regierung über 20 Jahre lang dafür, dass sich die Bevölkerung gegen die Sonne schützt. Man solle – *slip!* – ein Hemd anziehen, – *slop!* – einen Sonnenhut aufsetzen und – *slap!* – die Haut mit Sonnenöl eincremen. Mithilfe dieser Kampagne wollte man die Hautkrebsrate senken, denn inzwischen gilt als sicher, dass die intensive Sonneneinstrahlung in Australien das Hautkrebsrisiko deutlich erhöht – bis heute weist dieser Kontinent die zweithöchste Hautkrebsrate weltweit auf.

Die Aktion hatte durchaus Erfolg, die Hautkrebsrate bei den unter 40-Jährigen, die sich regelmäßig schützen, sank. Doch auch bei diesen Menschen tritt Hautkrebs auf. Denn selbst die Sonnenstrahlung, die sie im Schatten oder unter einem Hut abbekommen, kann die Haut schädigen. Bei heller Haut, die noch nicht an die Sonne gewöhnt ist, kann das UV-Licht sogar im Schatten Sonnenbrand verursachen.

Denn Schatten ist nicht einfach das Gegenteil von Licht. Zwar fällt in schattige Bereiche kein direktes Sonnenlicht, aber dafür die indirekte Strahlung, die z. B. vom Boden, von Hauswänden oder von Wolken dorthin umgelenkt wurde. Dass das noch immer sehr viel Licht ist, bemerkt man auch daran, dass man an einem sonnigen Tag im Schatten mühelos ein Buch lesen kann.

Je nachdem, welche Oberfläche die Strahlung unter welchem Winkel in den Schatten reflektiert, fällt dort unterschiedlich viel ultraviolette Strahlung ein. Deshalb ist die Gefahr, im Schatten einen Sonnenbrand zu bekommen, in den Bergen am höchsten. Denn Schnee reflektiert 40–90 % der UV-Strahlen, Wasser nur 10–30 %. In der Wüste ist die Gefahr eines Sonnenbrands im Schatten am geringsten, da Sand nur 5–25 % der Strahlung zurückwirft.

Um sich im Schatten einen Sonnenbrand zu holen, muss man aber dort natürlich viel länger ungeschützt ausharren als im Sonnenlicht. Wahrscheinlicher als ein richtiger Sonnenbrand ist eine Reizung und Rötung der Haut, die sich bereits durch zusätzliches Eincremen vermeiden lässt. Sich wegen der Sonnenbrandgefahr nur noch in Innenräumen aufzuhalten, wäre aber auch nicht sinnvoll. Denn Menschen brauchen Sonnenlicht zum Leben. Ohne Licht kann der Körper beispielsweise kein Vitamin D mehr herstellen. Zu wenig Sonnenlicht kann zu Osteoporose und Knochenerweichung führen.

Die Paläodiät orientiert sich an den Nahrungsmitteln, die in der Altsteinzeit verfügbar waren.

Ist die Steinzeitdiät (Paläodiät) wirklich gut für den Körper?

Wie bei so vielen Ernährungsfragen gehen auch hier die Meinungen der Fachleute weit auseinander. Doch zunächst zu den Fakten: Die Paläodiät (die streng genommen gar keine Diät, sondern eine Ernährungsform ist) orientiert sich an dem, was unsere Ahnen in der Altsteinzeit aßen. Die Jäger und Sammler, die damals umherstreiften, ernährten sich von Fleisch, Fisch und Meeresfrüchten sowie Vogeleiern, Nüssen und Samen, Beeren und Wildgemüse. Ackerbau und Viehzucht kannte man noch nicht, daher fehlten Produkte wie Getreide, Hülsenfrüchte oder Milch und Käse auf dem altsteinzeitlichen Speisezettel.

Die Anhänger der Paläodiät richten sich nach dieser Lebensmittelpalette. Sie gehen davon aus, dass der Mensch auch heute noch genetisch an die Ernährungsweise unserer altsteinzeitlichen Ahnen angepasst ist, worüber in Fachkreisen allerdings durchaus gestritten wird. Gesund an der Steinzeitdiät ist auf jeden Fall der Verzicht auf stark verarbeitete Lebensmittel und Zucker. Damit entfallen ungesunde Produkte wie Gebäck, Fertiggerichte, Süßigkeiten sowie zuckerhaltige Getränke. Wer sich steinzeitkonform ernährt, verzichtet allerdings auch auf bei uns gängige Nahrungsmittel, die aus Getreide hergestellt werden: Hierzu gehören beispielsweise Brot, Nudeln, Müsli und Couscous. Ebenfalls verboten sind Milchprodukte, Hülsenfrüchte und verarbeitete Wurstwaren.

Positive Effekte der Steinzeiternährung sind der damit in der Regel verbundene Verlust an Fettmasse sowie Verbesserungen des Insulinstoffwechsels. Vieles weist darauf hin, dass Cholesterinwerte und Blutdruck dadurch günstig beeinflusst werden. Demgegenüber steht allerdings eine möglicherweise erhöhte Anfälligkeit für Darmkrebs, die auf den relativ hohen Fleischkonsum zurückgeht. Durch den Verzicht auf jodhaltige Lebensmittel wie Milchprodukte kann im Lauf der Zeit auch die Jodversorgung leiden, Experten empfehlen daher eine regelmäßige Kontrolle.

Kann dauerhafter Stress Krebs auslösen?

Für Psychologen ist Stress nur eine Art Aufgabe für Menschen, die ihnen durch sogenannte Stressoren gestellt wird – z. B. ein Bühnenauftritt, berufliche Anstrengungen oder ein Abendessen mit Freunden. Stress kann etwas Negatives sein, muss aber nicht.

Entscheidend ist, wie der Mensch mit den Stressoren umgeht. So wird der Besuch von Freunden wohl meist als positives Ereignis gewertet und nicht als feindlicher Angriff. Auch Stress im Beruf kann positiv gedeutet werden – beispielsweise, wenn Aufstiegschancen und Bezahlung gut sind.

Die Art, wie ein Mensch mit dem jeweiligen Stressor umgeht, entscheidet ebenfalls über seelische und körperliche Schäden. Bedeutend ist beispielsweise, ob man eine Aufgabe abschließen kann. Während das ein gutes Gefühl erzeugt, wird beim „negativen Stress" (z. B. bei andauernder Überforderung ohne Ruhephasen) ständig das Stresshormon Cortisol ausgeschüttet. Dies versetzt den Organismus in dauernden Alarmzustand. Die Muskeln sind angespannt, Blutzucker, Adrenalin und Cholesterin werden ins Blut ausgeschüttet, das Immunsystem läuft auf Hochtouren, und die Verdauung wird heruntergefahren. Der Körper reagiert genau so, als stehe ein körperlicher Kampf wie in grauer Vorzeit bevor.

Auf Dauer kann all dies Krankheiten wie Krebs fördern. Dass Stress an sich aber Krebs auslöst, bestreiten viele Ärzte. Für sie ist Stress nur ein möglicher krebsfördernder Faktor unter vielen. Andererseits können Rauchen und schlechte Ernährung mit Sicherheit Krebs auslösen. Und Menschen, die ständig unter Zeitdruck arbeiten, ernähren sich oft ungesund, treiben keinen Sport und rauchen viel. Zudem zeigte eine Studie, dass bei Brustkrebspatientinnen, die größere Probleme mit dem Stressor „Krebserkrankung" hatten, sich der Krebs schneller weiterentwickelte.

Gefahren durch Stress

Dauerhafter negativer Stress beeinflusst auch das Immunsystem – z. B. dadurch, dass Menschen unter Stress meist wenig oder schlecht schlafen. Das führt dazu, dass diese Menschen deutlich anfälliger für Infektionskrankheiten werden. Und: mehr Müdigkeit bedeutet auch mehr Unfälle.

Können benutzte Taschentücher zu einer erneuten Infektion führen?

Wenn die Nase verstopft ist, dann gibt es in der Regel zwei mögliche Ursachen: Entweder ist die „akute Rhinitis", wie Mediziner es ausdrücken, die typische Begleiterscheinung einer Erkältung. Oder man leidet an einem allergischen Schnupfen.

Anders als ein allergischer Schnupfen ist ein Erkältungsschnupfen ansteckend. Hier enthält das Sekret, das ständig aus der Nase rinnt, nicht nur Wasser, sondern auch viele Krankheitserreger. Beim Niesen befördert man Hunderttausende von ihnen in die Freiheit (Tröpfcheninfektion), und nach dem Naseputzen haften die Keime an den Händen (Schmierinfektion). Weder an den Händen noch im Taschentuch sterben die Erreger sofort. Wer daher bei einer Erkältung sein Taschentuch mit einem anderen teilt, der steckt ihn mit hoher Wahrscheinlichkeit an – es sei denn, dessen Immunsystem kennt den jeweiligen Keim schon. Dies ist aber angesichts von ungefähr 200 verschiedenen Erkältungserregern recht unwahrscheinlich.

Ganz anders ist die Situation jedoch, wenn man selbst zweimal ins gleiche Taschentuch schnäuzt. Dabei kann man sich nicht mehr anstecken, weil das eigene Immunsystem gerade dabei ist, genau diesen Erregertyp zu bekämpfen. Die Erkältung verlängert sich dadurch auch nicht, denn das aktivierte Immunsystem verhindert, dass sich die wenigen Erreger fortpflanzen, die aus dem Taschentuch wieder in die Nasenschleimhaut zurückgelangen.

Droht Vegetariern Nährstoffmangel?

Mehrere große Studien mit Vegetariern konnten bei den Teilnehmern auch über längere Zeit hinweg keinerlei Mangelzustände oder -erscheinungen feststellen. Vegetarier sind vielmehr im Durchschnitt gesünder als Fleischesser und haben sogar eine höhere Lebenserwartung. Außerdem haben Vegetarier seltener Übergewicht und Bluthochdruck, dafür niedrigere Cholesterinwerte und ein geringeres Risiko für Diabetes, Gicht, Rheuma und Herz-Kreislauf-Erkrankungen als „Normalesser".

Eine umfassende Nährstoffversorgung fällt den Ovolaktovegetariern, die bei ihrer Ernährung nur auf Fleisch und Fisch verzichten, jedoch Eier, Milch und Milchprodukte zu sich nehmen, am leichtesten – gefolgt von den sogenannten Laktovegetariern, die zusätzlich auch Eier weglassen. Engpässe wie etwa bei der Versorgung mit Eisen (Fleisch), Jod oder Omega-3-Fettsäuren (Seefisch) lassen sich bei diesen beiden Gruppen relativ mühelos durch Ausweichen auf andere Lebensmittel vermeiden.

So einfach ist dies beim seltener praktizierten veganen Lebensstil, der alle von Tieren stammenden Lebensmittel ablehnt (also auch Eier und Honig), allerdings nicht. Wer vegan leben will, muss sehr genau auf eine ausreichende Nährstoffzufuhr achten. Bei entsprechender Sachkenntnis können jedoch auch Veganer Mangelerscheinungen vermeiden.

Kein neuer Ernährungstrend

Vegetarier gibt es mindestens seit etwa 2500 Jahren, vermutlich ist diese Ernährungsform aber sogar noch älter. Historisch verbürgte Vegetarier sind Berühmtheiten wie Zarathustra (um 628–551 v. Chr.), Pythagoras (um 570–500 v. Chr.), Buddha (um 560–480 v. Chr.) und Aristoteles (384–322 v. Chr.).

Muss man bei Vergiftungen Erbrechen herbeiführen?

Vergiftung – das klingt nach Gefahr im Essen und schnellem Tod. Viele Gifte entfalten ihre Wirkung jedoch erst nach einiger Zeit, manche sogar erst nach Monaten oder Jahren – z. B. eine Bleivergiftung. Viele Gifte werden über die Haut aufgenommen oder beim Einatmen, wie etwa Kohlenmonoxid, das in laufenden Automotoren entsteht.

Aufgrund der Vielzahl der Giften und ihrer unterschiedlichen Wirkungen raten Experten, im Ernstfall einen Notarzt zu rufen, der die weitere Behandlung übernimmt. Laien sollten den Betroffenen in die stabile Seitenlage bringen und herausfinden, wann er welches Gift und wie viel davon zu sich genommen hat. Bei Kindern sind das Alter und das Gewicht wichtige Angaben für den Notarzt, um die Wirkung des Giftes einschätzen zu können.

Eines aber sollten Laien höchstens in Rücksprache mit dem Notarzt tun: Erbrechen auslösen – denn dabei kann man viel falsch machen. Oft leeren nicht einmal die Ärzte den Magen, sondern behandeln eine Vergiftung medikamentös. Ist das Opfer bewusstlos, scheidet Erbrechen ohnehin aus. Es ist auch sinnlos, wenn die Einnahme des Giftes über 1 Stunde zurückliegt.

Ätzende Stoffe (Laugen oder Säuren) dürfen nicht erbrochen werden, sonst schädigen sie erneut die Speiseröhre. Der Magen selbst ist durch seine Schleimhaut gegen Säuren geschützt. Solche Stoffe werden in den meisten Fällen durch Medikamente neutralisiert.

Wie lassen sich Viren abtöten?

Viren bestehen aus nicht viel mehr als Erbsubstanz, die den Bauplan des Virus enthält – also aus Ribonukleinsäure (RNA) oder Desoxyribonukleinsäure (DNA). Um die Erbsubstanz zu schützen, sind viele Viren von einer Eiweißkapsel umgeben. Unter dem Elektronenmikroskop wirken die Krankheitserreger wie kleine Hülsen, die entweder eine rundliche, pyramiden- oder würfelförmige Gestalt annehmen. So sieht beispielsweise das Herpesvirus wie ein Fußball aus – auch Coronaviren haben eine ähnliche Form.

Sowohl die Hülle als auch die darin versteckte Erbsubstanz kann durch verschiedene Chemikalien beschädigt werden. So greift Chlor die Oberfläche einiger Viren an, während Äther und Chloroform die Fette in der Hülle zerstören. Auch bestimmte Desinfektionsmittel, z. B. auf der Basis von Ethanol, Wasserstoffperoxid oder Natriumhypochlorit, wirken gegen Viren. UV-Licht oder Röntgenstrahlung können Viren töten, indem sie RNA und DNA zerbrechen. Und natürlich kann man Viren durch Erhitzen töten, denn die hohe Temperatur zerstört das Eiweiß in der Hülle.

Viren, die sich im menschlichen Körper ihrer Hülle entledigt haben, können jedoch nicht mehr zerstört werden. Denn dabei würde man auch die DNA des Menschen beschädigen.

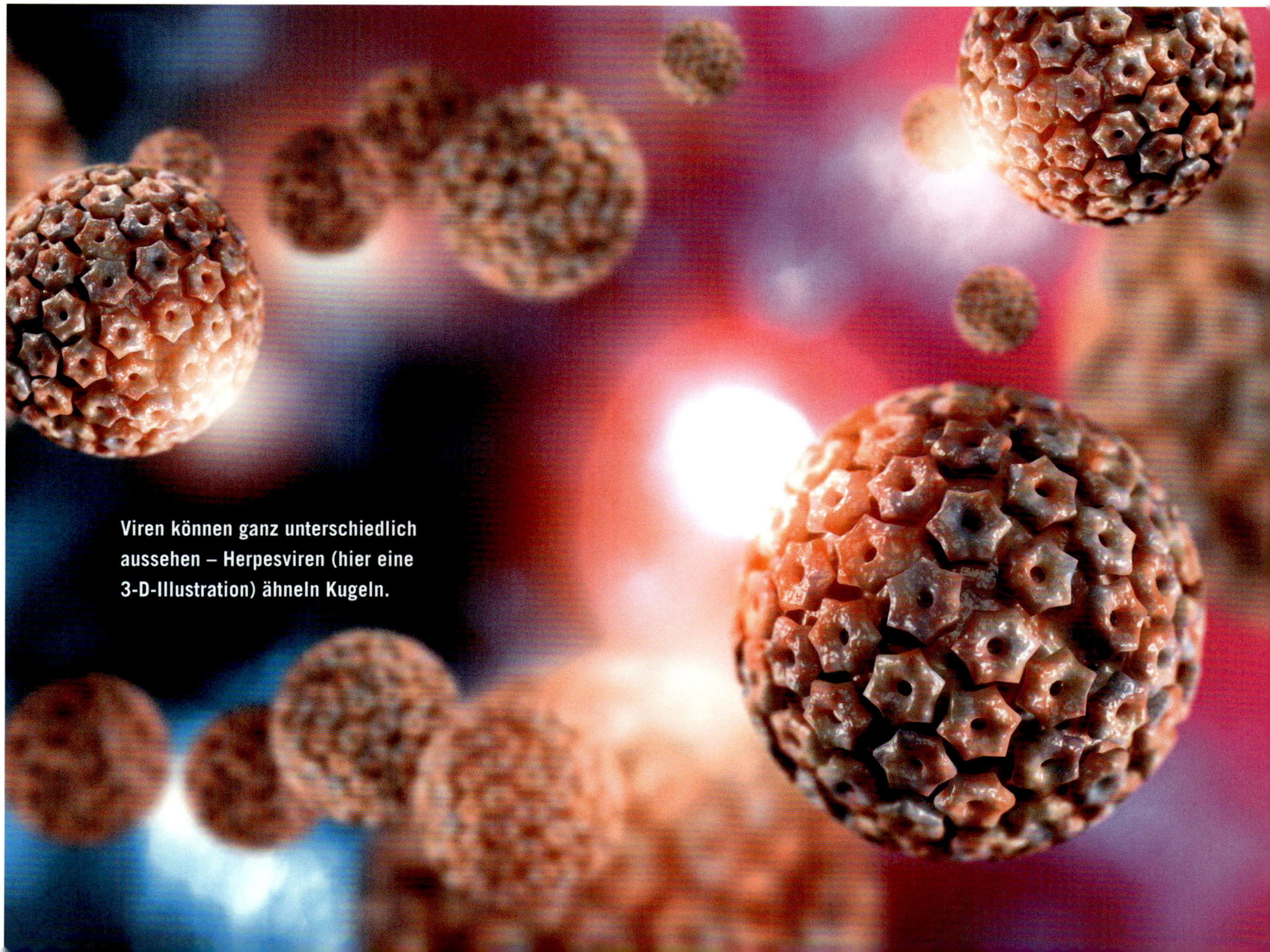

Viren können ganz unterschiedlich aussehen – Herpesviren (hier eine 3-D-Illustration) ähneln Kugeln.

Enthält Zitronenmelisse einen Wirkstoff gegen Viren?

Zitronenmelisse kannte man schon im antiken Griechenland. Ursprünglich stammt der Lippenblütler aus dem Vorderen Orient. Araber brachten die Pflanze dann nach Spanien, von wo sich *Melissa officinalis* in ganz Europa ausbreitete.

Nicht nur Köche ernten gern ein paar Blättchen, um damit Fisch oder sommerlichen Getränken einen frischen Geschmack zu geben – auch die Volksmedizin greift auf diese Pflanze zurück und empfiehlt Melisse u. a. gegen Blähungen oder als Beruhigungsmittel. Äußerlich kann Melisse gegen Herpessymptome helfen (siehe auch S. 32).

Während die beruhigende Wirkung durch Melisse nicht eindeutig nachgewiesen ist, wirkt sie eventuell tatsächlich krampflösend. Wissenschaftler haben bei Versuchen mit Darmgewebe von Meerschweinchen und Ratten festgestellt, dass Melissenölessenz Kontraktionen verringern kann. Melissenaufgüsse oder alkoholische Extrakte zeigten hingegen keine Wirkung.

Als wissenschaftlich nachgewiesen gilt aber die Behauptung, dass Melisse gegen Viren wirkt. So kann Melissentee z. B. Pockenviren, *Herpes-Simplex*-Viren Typ 2 und bestimmte Influenzaviren an der Vermehrung hindern. Außerdem wurde bereits in mehreren medizinischen Studien festgestellt, dass ein wässriger Extrakt aus 1 % gefriergetrockneter Melisse, als Creme auf Herpesbläschen aufgetragen, die Heilungszeit von 10–14 Tagen auf 6–8 Tage verkürzt.

Kann der Mensch Vitamine auch selbst bilden?

Rund ein Dutzend der Stoffe, die der Mensch zum Leben braucht, nennt man Vitamine. Man unterteilt sie nach ihrer Löslichkeit: Fettlöslich sind die Vitamine A, D, E und K, wasserlöslich dagegen die acht Vitamine des B-Komplexes (Vitamin B_1, B_2, B_6, B_{12}, Niacin, Pantothensäure, Folsäure und Biotin) sowie Vitamin C. Die meisten dieser Stoffe sind „essenziell“, d. h., der Mensch kann sie nicht selbst herstellen. Daher ist er beispielsweise gezwungen, Vitamin C zu sich nehmen – anders etwa als Ratten, die Vitamin C selbst produzieren können.

Mit einigen Vitaminen aber kann sich der Mensch auch selbst versorgen. Dazu gehört das für das Sehen wichtige Vitamin A (Retinol). Jedes Mal, wenn in den Augen ein Lichtreiz in einen Nervenimpuls verwandelt wird, wird etwas Vitamin A umgesetzt. Nur tierisches Gewebe enthält Retinol, Pflanzen beinhalten dagegen Carotinoide, Vorstufen des Vitamin A, die im menschlichen Dünndarm zu Vitamin A umgewandelt werden.

Auch Vitamin D gehört zu den nicht-essenziellen Vitaminen. Der Mensch kann dieses Vitamin in der Haut mithilfe des Sonnenlichts aus einem bestimmten Cholesterol bilden. Über die Nahrung – Fisch, Eigelb, Avocado – nimmt man meist nur wenig Vitamin D auf. Weil Milch als erste Kindernahrung nur wenig Vitamin D enthält und Neugeborene nur geringe Mengen Vitamin D bilden können, bekamen kleine Kinder früher manchmal zu wenig von diesem Vitamin. Die Folge war eine Missbildung der Knochen, die Rachitis, die heute aber praktisch nicht mehr vorkommt.

Niacin produziert der Körper ebenfalls selbst, und zwar aus der Aminosäure Tryptophan, die z. B. in Fleisch oder Eiern enthalten ist. Dieser Stoff ist u. a. für den Energieumsatz in den Zellen notwendig.

Einige der medizinischen Wirkungen, die man Zitronenmelisse zuschreibt, wurden inzwischen nachgewiesen.

Lernen im Schlaf? Ganz so einfach ist es dann doch nicht, aber wer vor dem Schlafengehen noch lernt, profitiert davon ganz besonders.

Lernt man Vokabeln vor dem Einschlafen am besten?

Wer schon einmal versucht hat, den ganzen Tag Vokabeln, Geschichtszahlen oder chemische Formeln zu pauken, kennt die hilfreiche Wirkung des Schlafs: Hatte man abends noch das frustrierende Gefühl, nun gar nichts mehr zu wissen, sieht die Sache am nächsten Morgen oft schon deutlich anders aus. Kein Wunder: Auch die Netzwerke aus Nervenzellen, die für die Gedächtnisbildung zuständig sind, ermüden schließlich irgendwann. Im Schlaf aber werden sie reaktiviert, sodass sich das Gelernte verfestigt. Der Hippocampus, ein tief im Gehirn gelegener Bereich, sorgt dann dafür, dass die neuen Wörter oder Fakten vom Kurz- ins Langzeitgedächtnis überführt und in der Hirnrinde gespeichert werden. Allerdings speichert das Langzeitgedächtnis keineswegs während der gesamten Nacht, sondern nur im Tiefschlaf neue Inhalte ab.

Auch wer statt Sprachen und Fakten Tanzen, Skilaufen oder Autofahren lernen will, profitiert vom Schlaf. In diesen Fällen kommt es vor allem darauf an, die nötigen Bewegungen zu automatisieren. Und seit den 1990er-Jahren wissen Psychologen, dass Schlaf auch bei motorischen Lernprozessen hilft.

Wer also sicher sein will, dass sich das Gelernte verfestigt, sollte kurz nach der Lernphase schlafen. Es hilft aber auch, sich kurz vor dem Einschlafen noch einmal bewusst an die Vokabeln, das Training oder die Fahrstunde zu erinnern. Dann hat man beim nächsten Vokabeltest wahrscheinlich weniger Schwierigkeiten – es gelingt aber auch besser, die richtigen Tanzschritte aufs Parkett zu bringen, auf der Piste den Talski zu belasten oder im Auto die Bewegungen beim Kuppeln und Gangeinlegen zu koordinieren. Unbekanntes lernt man auf diese Weise aber natürlich nicht. Die meisten Schüler dürften es geahnt haben: Das Lehrbuch unter dem Kopfkissen allein reicht nicht. Man muss vorher schon hineingeschaut haben.

Schläft man bei Vollmond unruhiger?

Der Mond hat einen starken Einfluss auf die Erde und das Leben darauf, und das in mehrfacher Hinsicht. Ganz offensichtlich ist die Wirkung auf das Meer: Etwa alle 12 Stunden hebt der Mond das Wasser meterhoch an. Selbst die Landmassen kann der Mond anheben, in Mitteleuropa z. B. bis zu 30 cm.

Seit Jahrmillionen beeinflusst dies das Leben im Meer. So gibt es beispielsweise urzeitliche Korallen, deren Wachstum einst von der Tide abhing. Moderne Beispiele für den Einfluss der Gezeiten sind Meeresschildkröten und manche Krebse. Sie legen ihre Eier bei besonders hoher Flut am Strand ab, damit Fressfeinde aus dem Meer sie dann nicht erreichen können.

Für Landlebewesen konnte eine ähnlich deutliche Wirkung der Gezeiten jedoch bislang nicht bestätigt werden. Insbesondere der Volksglaube, der Mensch schlafe bei Vollmond schlecht, lässt sich nicht durch die Anziehungskraft des Mondes erklären. Denn die Gezeitenwirkung ist dann am stärksten, wenn Erde, Sonne und Mond in einer Linie stehen. Dies ist zwar tatsächlich bei Vollmond der Fall – allerdings auch bei Neumond, dem kein Einfluss auf den Menschen zugeschrieben wird.

Biologen konnten immerhin einen gewissen Einfluss des Vollmonds auf manche Tierarten ausmachen – und der kommt durch das Mondlicht zustande. Wenn die volle Mondscheibe am wolkenlosen Nachthimmel steht, ist es außergewöhnlich hell, obwohl die Mondscheibe nur ein Millionstel so hell ist wie die Sonne.

Auf dieses Licht reagieren vor allem Insekten. Viele Kerbtiere halten sich bei Vollmond aus Vorsicht verborgen. Manche Fliegen schwärmen dagegen aus, weil sie den Vollmond als Zeitgeber zur Paarung nutzen. So halten es beispielsweise bestimmte Eintagsfliegen am Viktoriasee, die wegen ihrer kurzen Lebensspanne schnell einen Sexualpartner finden müssen. Der afrikanische Mistkäfer *Scarabaeus zambesianus* nutzt eine andere Eigenschaft des Mondlichts – die Polarisation. Diese wird bei der Reflexion des Sonnenlichts auf dem Mondboden verändert, ein Effekt, den diese Käfer zur Orientierung nutzen können.

Es liegt daher nahe, auch einen Einfluss des Mondes auf den Menschen zu vermuten, doch das konnte bislang keine wissenschaftliche Studie eindeutig belegen. So konnte weder unruhiger Schlaf noch eine besondere Zunahme von Geburten oder eine schlechtere Wundheilung bei Vollmond nachgewiesen werden. Wissenschaftler untersuchten auch die Aggressivität von Haustieren bei Vollmond, jedoch ohne Erfolg. Es gibt Studien, die angeblich bestätigen, dass Hunde bei Vollmond eher beißen, doch es gibt auch Studien, die keinen Einfluss nachweisen konnten.

Natürlich kann es sein, dass der Vollmond den Schlaf stört, wenn er hell ins Schlafzimmer scheint. Ist es aber ausreichend verdunkelt, dürften keine Schlafprobleme auftreten, die der Mond verursacht.

Das helle Licht des Vollmonds hat zwar einen gewissen Einfluss auf die Tierwelt, in einem verdunkelten Schlafzimmer bemerken Menschen aber nichts davon.

Wie wirkt Waldbaden auf die Gesundheit?

Schon die Bezeichnung ist Programm und weckt verschiedenste, meist angenehme Assoziationen: mitten in einem herrlichen Wald stehen, innehalten und eintauchen in die ruhige, dufterfüllte Atmosphäre. Indem man die gesamte Aufmerksamkeit bewusst jeder noch so kleinen Erscheinung widmet, entflieht man dem Alltag und bringt das Gedankenkarussell im Kopf zum Stillstand. Wir werden entschleunigt, und dies wirkt sich wiederum positiv auf das Wohlbefinden und die Gesundheit aus.

Bereits in den 1980er-Jahren wurde in Japan die gesundheitsfördernde Wirkung des Waldbadens (Japanisch *Shinrin Yoku*) erkannt und erforscht. Auch hierzulande ist die neue „Heilmethode" in den letzten Jahren zunehmend ins Blickfeld der Wissenschaft und der Öffentlichkeit gerückt. Dabei zeigt sich, dass es wohl mehrere Faktoren sind, die hier zusammentreffen und unserem Körper neue Kraft geben.

Es entspricht der menschlichen Natur, sich in einer Landschaft wohlzufühlen, die ein Gefühl der Sicherheit gibt (z. B. hohe Bäume) und zugleich immer wieder einen guten Blick über die Umgebung ermöglicht (z. B. Lichtungen). Für unsere Vorfahren war das überlebenswichtig; da liegt es nur nahe, dass dieser Urinstinkt noch tief in uns steckt.

Zudem wirkt die frische Luft stimulierend. Was genau dabei passiert, wird derzeit noch diskutiert. Im Fokus stehen die sogenannten Phytonzide, genauer gesagt Terpene, die als gesundheitsfördernde Faktoren in der Forschung verstärkt zur Debatte stehen. Hierbei handelt es sich um Botenstoffe, die von Bäumen freigesetzt werden, um Feinde fernzuhalten. Gelangen sie über die Atemwege und die Haut in unseren Körper, wird dadurch möglicherweise die Produktion von Killerzellen angeregt; das Immunsystem wird gestärkt. Zudem ist gerade bei den Duftstoffen wohl noch ein weiterer Faktor entscheidend mit im Spiel: Düfte wecken Erinnerungen, und die Gedanken schweifen zurück zu manch schönem Erlebnis und machen uns glücklich – die Botenstoffe im Wald dürften zu den zumeist positiv besetzten Düften zählen.

Im Wald die Natur und die frische Luft zu genießen, kann sehr wohltuend sein.

Letztlich scheinen es viele Reize zu sein, die im Wald aktiviert werden. Schon das Gefühl, etwas Gutes getan zu haben und an der frischen Luft gewesen zu sein, kann wohltuend wirken.

Kann man sich vergiften, wenn man zu viel Wasser trinkt?

Ohne Nahrung kann der Mensch mehrere Wochen, sogar Monate überleben, ohne Wasser bzw. Flüssigkeit reduziert sich der Zeitraum dagegen auf wenige Tage. Wasser gibt unserem Körper Struktur und reguliert u. a. die Körpertemperatur. An heißen Tagen oder beim Sport geraten wir ins Schwitzen; die kleinen Schweißtropfen kühlen die Haut.

Wie schnell der Körper austrocknet, ist von den Umständen abhängig, in denen er sich zum Zeitpunkt der – im wahrsten Sinne des Wortes – Durststrecke befindet (körperliche Verfassung, Klima/Temperaturen usw.). Regelmäßig und genug zu trinken, ist daher ein absolutes Muss. Dabei sollte man möglichst kalorienarme Getränke ohne Koffein und Teein zu sich nehmen. Mit Wasser kann man also nichts falsch machen, und besser zu viel trinken als zu wenig – mag man denken. Aber Achtung: Tragische Unfälle, z. B. bei Langstreckenläufern, zeigen, dass zu viel Flüssigkeit für den Körper zur Gefahr werden kann. Ursächlich dafür ist der sinkende Natriumspiegel.

Natrium ist ein wichtiger Mineralstoff und gehört zu den positiv geladenen Elektrolyten. Es befindet sich vor allem außerhalb bzw. zwischen den Zellen und sorgt im Austausch mit Kalium für eine elektrische Spannung zwischen dem Äußeren und dem Inneren der Zellen. Es ist wichtig für die Nervenfunktion, den Herzrhythmus und die Muskeltätigkeit, zudem spielt es eine Rolle beim Gleichgewicht des Säure-Basen-Haushalts und beim Blutdruck. Darüber hinaus bindet Natrium Wasser und reguliert so den Wasserhaushalt im Körper. Wird dem Körper zu viel Wasser zugeführt, sinkt die Natriumkonzentration. Um wieder einen Ausgleich zu schaffen, dringt das Wasser in die Zellen ein, wodurch sie anschwellen. Die Folgen sind u. a. Schwindel, Kopfschmerzen, Krämpfe und Erbrechen. Schlimmstenfalls kann eine Wasservergiftung zum Tod führen.

Die empfohlene Wassermenge, die ein erwachsener Mensch im gewohnten Alltag zu sich nehmen sollte, liegt bei etwa 1,5 l pro Tag. Dabei handelt sich um einen Richtwert in Abhängigkeit von den äußeren Umständen. So gelten z. B. bei Sommerhitze, Ausdauer-/Leistungssport oder auch anderen hohen körperlichen Belastungen andere Vorgaben.

Kann Weihrauch auch als Heilmittel dienen?

Weihrauch ist das getrocknete Harz von *Boswellia*-Bäumen. Schon antike Kulturen im Zweistromland verbrannten die kleinen sandfarbenen Harzkörnchen auf glühenden Kohlen, um die Götter gnädig zu stimmen. Auch heute noch ist Weihrauch hoch geschätzt. Araber parfümieren mancherorts mit dem Rauch Kleider oder Räume; katholische Festgottesdienste sind ohne Weihrauch nicht vorstellbar. Als Heilmittel wird er schon lange im indischen Ayurveda und in der traditionellen chinesischen sowie der persischen Medizin verwendet.

Man kennt heute über 250 Inhaltsstoffe und Produkte, die bei der Verbrennung von Weihrauch entstehen. Weit verbreitet ist die Behauptung, dass sich darunter auch Tetrahydrocannabiol (THC) befindet, der Wirkstoff von Cannabis. Das konnte bislang nicht bestätigt werden. Dennoch wird Weihrauch mittlerweile auch als Heilmittel eingesetzt – allerdings nicht in Form von Rauch, sondern als Pille eingenommen. Studien legen z. B. eine gewisse Wirksamkeit bei chronisch entzündlichen Krankheiten nahe. Dem entgegen steht aber das Problem, dass manche Bestandteile des Weihrauchs nur schwer synthetisch herstellbar sind. Arzneimittel auf Weihrauchbasis hätten also noch nicht unbedingt eine kontrollierbare Wirkstoffmenge.

Weihrauch wird vor allem für religiö[s]
Riten und Parfüm verwendet, mitunte[r]
aber auch als Medikament.

Um Hunde von Zecken und Flöhen zu befreien, gibt es spezielle Werkzeuge.

Soll man Zecken in der Haut mit Öl beträufeln?

Zecken haben eine raffinierte Methode entwickelt, um an das Blut ihrer Opfer zu kommen. Mit ihren zangenähnlichen Mundwerkzeugen ritzen sie die Haut an und schieben einen stacheligen Dorn in die Wunde. Mit einer Art Naturzement verschließen sie die Wunde wieder und bohren und schneiden unter dem Zement weiter. Zuletzt lösen sie das Gewebe chemisch auf, bis sie mit dem ganzen Kopf fest in der Haut stecken und saugen können. Nun erst, nach etwa 12 Stunden, können Krankheitserreger wie die der Hirnhautentzündung (Meningitis) oder der Borreliose in die Wunde gelangen. In Risikogebieten in der Südhälfte Deutschlands tragen etwa 5 % der Zecken Meningitiserreger in sich; 10–30 % der Zecken können dagegen Borreliose übertragen.

Entfernt man Zecken aber rasch, dann sind die Chancen sehr gut, ohne Infektion davonzukommen. Tötet man den Parasiten jedoch vor dem Herausziehen, etwa indem man ihn mit Öl beträufelt, kann man das Gegenteil erreichen. Die sterbende Zecke erbricht ihren Magen- und Darminhalt in die Wunde – und damit auch mögliche Krankheitserreger.

Man sollte die Zecke daher einfach mit einer Pinzette gerade herausziehen. Eine Schraubbewegung ist dabei weder nötig noch empfehlenswert. Wenn der Kopf abreißt, mit der Pinzette nachfassen und ihn herausziehen. Dann die Wunde desinfizieren.

Sind „leichte" Zigaretten weniger schädlich?

Um die Nikotin- und Kondensatwerte von Zigaretten zu bestimmen, lässt man Maschinen rauchen. Elektrische Pumpen saugen in einer festgelegten Frequenz blauen Dunst aus „Test-Glimmstengeln" durch Probefilter, die dann auf ihren Nikotin- und Teergehalt geprüft werden. Wenn die Rückstände unter einem Grenzwert liegen, konnten Zigaretten früher als „leicht" bezeichnet werden. In der EU sind die Bezeichnungen „Light" oder „Ultra" seit Herbst 2002 aber verboten. Die USA zog 2009 nach.

Nicht ohne Grund, denn das Verfahren hat Tücken: Künstliche Raucher haben weder Nerven noch einen Blutkreislauf. Menschen holen sich meist eine recht konstante Menge Inhaltsstoffe aus der Zigarette, egal ob „Light" oder nicht. Sie ziehen öfter, inhalieren tiefer und behalten den Rauch länger in der Lunge. Aufgrund des reduzierten Nikotingehalts rauchen viele sogar mehr Zigaretten, um wieder auf ihre gewohnte Nikotinmenge zu kommen.

Und auch wenn die Nikotin- und Teermengen in den leichten Zigaretten reduziert sind, die anderen Schadstoffe, die in normalen Zigaretten enthalten sind, gibt es hier ebenfalls. Sie stecken nicht nur im Tabak, sondern auch im Filter und den Blättchen.

Zusammenfassend lässt sich sagen, dass leichte Zigaretten mindestens genauso schädlich sind wie herkömmliche – vielleicht sogar schädlicher.

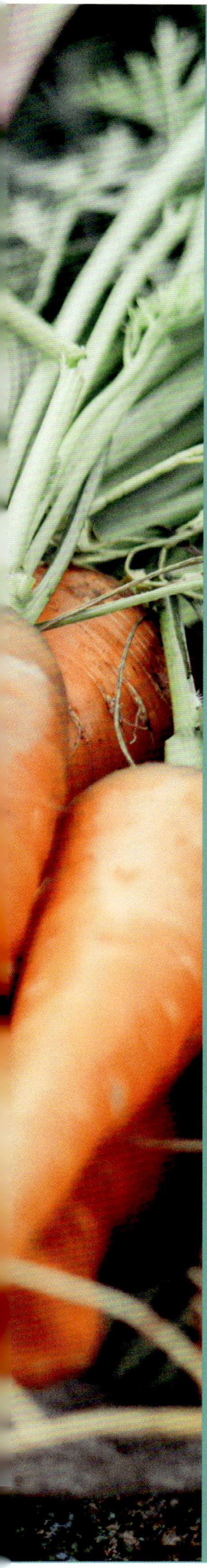

Essen & Trinken

Jeder muss essen und trinken – und die Zahl und Art der Lebensmittel, die auf dem Markt, in Supermärkten und Bio-Läden angeboten werden, scheint ständig zuzunehmen. Welche Auswirkungen hat der Genuss bestimmter Nahrungsmittel, wie gesund sind sie, oder können sie uns sogar schaden?

Wieso ist der Avocado-Hype problematisch?

Avocados liegen im Trend, schließlich enthalten die ursprünglich aus dem tropischen Regenwald Zentralamerikas stammenden Früchte wertvolle Inhaltsstoffe wie ungesättigte Fettsäuren und Kalium. Das hat sich längst auch in Mitteleuropa herumgesprochen – allein in Deutschland hat sich der Import der birnenförmigen Früchte von 2010 bis 2018 auf beinahe 94000t mehr als verdreifacht. Noch viel größer ist der Avocado-Hype in den USA.

Deren Nachbarland Mexiko profitiert von diesem Boom enorm. Schließlich fuhren die Mexikaner im Jahr 2019 mit rund 2,2 Mio. t rund ein Drittel der weltweiten Avocadoernte ein und nahmen damit über 10 Mrd. Euro ein. Damit stiegen aber die Preise für die grüne Frucht in Mexiko selbst so stark an, dass ärmere Bewohner sich die Superfrucht nicht mehr leisten konnten.

Das ist aber nur eines der Probleme. Um die rasant steigende Nachfrage zu befriedigen, weiten Länder wie Mexiko zudem ihre Anbaufläche kräftig aus und roden dafür häufig Wälder, die bisher das Regenwasser für die langen Trockenzeiten speicherten.

Dieser Wassermangel trifft nicht nur die Natur, sondern auch die Avocadoplantagen selbst, weil die Bäume sehr durstig sind: Um 1 kg Avocados zu ernten, benötigt man rund 1900 l Wasser, die gleiche Menge Bananen konsumiert nur die Hälfte. Zudem liegen die Plantagen oft in relativ trockenen Gegenden wie am Rand der chilenischen Küstenwüste. Daher begleiten häufig heftige Konflikte den Anbau.

Wie reifen harte Avocados schneller nach?

Die ursprünglich aus Zentralamerika stammenden Avocados sind sogenannte klimakterische Früchte – Früchte also, die nach der Ernte nachreifen. In den Handel kommen Avocados oft unreif und hart – das erleichtert die druckstellenfreie Lagerung, ist aber problematisch, wenn die „Alligatorbirnen" bald nach dem Kauf verzehrt werden sollen: Sie brauchen mitunter lange, um genussreif zu werden.

Ein wenig beschleunigen lässt sich der Reifevorgang jedoch, indem man Avocados zusammen mit einer Banane in einer Papiertüte lagert. Bananen,

Avocadoplantagen sorgen für eine ganze Reihe ökologischer Probleme.

Unreife Früchtchen

Viele klimakterische Früchte werden absichtlich gepflückt, bevor sie an der Pflanze ausgereift sind. Neben Bananen sind das z. B. Tomaten oder auch Mangos und Kiwis. Avocados jedoch reifen ohnehin nie am Baum. Wenn sie nicht geerntet werden, fallen sie von selbst in hartem Zustand zu Boden und reifen erst dann. Avocados für den Handel werden daher gepflückt, sobald sie groß genug für den Verkauf sind.

die selbst zu den klimakterischen Früchten gehören, verströmen während ihres eigenen Nachreifens das Reifegas Ethen, ein Phytohormon, das den Reifungsprozess stimuliert. Das Ethen bewirkt u. a. die Bildung von Enzymen, die die Wände der Zellen aufweichen lassen. Dabei wird nicht nur die Frucht weicher, sondern auch wiederum mehr Ethen freigesetzt, sodass es zu einer Kettenreaktion kommt – je reifer eine Frucht ist, desto mehr Ethen setzt sie frei und desto schneller reift sie weiter. Nebenbei kann das ausströmende Ethen auch die Reifung der Avocado anregen, indem es hier die gleiche Reifungskaskade in Gang setzt. Nach wenigen Tagen lässt sich dann das buttrige Fruchtfleisch genießen.

Warum ist die Banane krumm?

Bananenpflanzen sind keine Bäume, sondern Stauden, die durchaus einige Meter hoch werden können. Wächst aus ihnen ein Blütenstängel, neigt dieser sich unter seinem eigenen Gewicht schon bald dem Boden entgegen. Aus den Blüten wachsen später dann bis zu 200 Früchte, die zusammen bis zu 40 kg wiegen und sich daher ebenfalls nach unten orientieren – und dabei auch zunächst gerade wachsen. Dies geschieht, solange sie von den Deckblütenblättern eingehüllt sind. Fällt diese Blätterhülle jedoch ab, wachsen die jungen Bananen zum Licht der Sonne hin und biegen sich daher zur Seite. Letztendlich entsteht die Krümmung einer Banane also durch die Deckblätter, die das Sonnenlicht zunächst abschirmen, sowie durch ihr späteres Fehlen und dem allen Pflanzen innewohnenden Drang, in Richtung Sonne zu wachsen.

Macht Bier dick?

Jedes im Übermaß konsumierte Nahrungs- und Genussmittel führt zwangsläufig zur Gewichtszunahme. Bier hat mit 525 kcal pro l einen sehr hohen Kaloriengehalt, der allerdings immer noch etwas geringer ist als der von Milch, gezuckertem Apfelsaft oder Rotwein. Der im Gerstensaft enthaltene Alkohol kann vom Organismus nicht direkt verwertet werden. Er wird daher in umgewandelter Form im Fettgewebe „abgelegt" und begünstigt das Entstehen von Fettpölsterchen.

Das ist jedoch nicht der einzige Grund für den sprichwörtlichen Bierbauch, den so mancher Biergenießer mehr oder weniger stolz vor sich herträgt. Das „flüssige Brot" wird oft in großen Mengen getrunken – ganz anders als Whisky oder Wein. Und wer viel trinkt, nimmt auch viele Kalorien zu sich. Beleibte Whisky- oder Weintrinker sind daher weit weniger häufig anzutreffen.

Nach Erkenntnissen von Ernährungsexperten spielt noch ein anderer Zusammenhang eine gewichtige Rolle: Weibliche Sexualhormone im Bier tragen bei Männern zu den Rundungen bei. Hopfen enthält eine relativ große Menge sogenannter Phytoöstrogene. Diese Inhaltsstoffe mit östrogenähnlicher Wirkung lassen den Bauch schwellen und sorgen bei manchen Männern sogar für einen Brustansatz. Bei übergewichtigen Menschen bilden sich zudem ohnehin mehr Östrogene in den Körperfettzellen.

Die Brauwirtschaft indes weist die Zusammenhänge zwischen Bier und Gewichtszunahme zurück und verweist stattdessen auf die Folgen der appetitanregenden Wirkung von Bier.

Ist Bionahrung gesünder?

Nach Meinung vieler Wissenschaftler sind Bionahrungsmittel meist gesünder als sogenannte normale Kost. So fand z. B. 2014 eine britische Studie an der Newcastle University, bei der mehrere frühere Studien verglichen wurden, heraus, dass bei Bio-Gemüse die Nitratwerte unter den Werten von herkömmlich angebautem Gemüse liegen. Dies ist eine wichtige Information für den Verbraucher, da Nitrat im Körper zu Nitrit umgewandelt wird und Nitrit seinerseits im Verdacht steht, zu Krebs erregendem Nitrosamin umgebaut zu werden. Auch Rückstände synthetischer Pestizide finden sich in Bioprodukten nicht oder nur in geringen Mengen. Biofleisch enthält zudem keine Antibiotikarückstände, denn Antibiotika oder Wachstumsförderer sind für Biobauern tabu. Und schließlich bleibt Biokost laut Vorschrift auch frei von gentechnisch veränderten Substanzen.

Biokost muss aber nicht in jeder Hinsicht besser sein als normale Kost. So stammt ein Teil der Schadstoffe in Lebensmitteln aus der Luft, und somit sind Bio- und konventionelle Lebensmittel in dieser Hinsicht gleichermaßen belastet.

Mindestens so wichtig wie die Herkunft der Produkte ist der Umgang damit. So sollte man Gemüse und Obst stets unter warmem, fließendem Wasser waschen, um Rückstände zu entfernen. Auch Garzeit und Art der Zubereitung spielen bei Gemüse eine große Rolle: Je schonender und kürzer die Garzeit, desto mehr Vitamine bleiben erhalten. Gemüse sollte man daher am besten gedünstet oder roh essen.

Biogeemüse ist eine gute Wahl, wenn es um die eigene Gesundheit geht.

Warum soll man Blattsalat abends ernten?

Als Vitaminspender sind Blattsalate wegen des oft sehr hohen Nitratgehalts in Verruf gekommen. Dieser ist in den frühen Morgenstunden am höchsten, fällt im Verlauf der Lichtphase ab und steigt während der Dunkelheit wieder an. Erntet man die Pflanze abends, ist der Nitratgehalt nur halb so hoch wie morgens um acht.

Nitrat an sich ist nicht giftig, kann aber im Körper oder im Nahrungsmittel selbst zu Nitrit umgewandelt werden. In saurem Milieu, besonders im menschlichen Magen, entstehen aus Nitrit und bestimmten Eiweißbestandteilen Nitrosamine, die verdächtigt werden, Krebs zu erregen.

Nitrat ganz zu meiden, ist nicht möglich. Es ist ein Nährstoff, der für das Pflanzenwachstum unentbehrlich ist, denn durch Sonneneinwirkung verwandelt es sich in Eiweiß. Fehlt jedoch die Sonne, bleiben Nitratrückstände erhalten. Der Nitratgehalt von Blattsalat ist daher im Sommer und bei Freilandkulturen wesentlich geringer als im Winter, wenn die meisten Pflanzen aus dem Treibhaus kommen.

Auf Blattsalate und deren positive Inhaltsstoffe muss niemand verzichten, der auf eine abwechslungsreiche Ernährung achtet. Diese sollte vor allem ausreichend Vitamin C enthalten, das die Bildung von Nitrosaminen im Körper hemmt.

Gibt es Blüten, die man essen kann?

Ja, die gibt es – und viele davon schmecken sogar ganz hervorragend. Außerdem sind essbare, über einen Salat oder eine Suppe gestreute Blüten optisch äußerst attraktiv und ein Highlight auf jedem kalten Büfett. Neu ist die Idee übrigens nicht: Schon unsere Großmütter griffen zu Ringelblumen, um die Butter appetitlich gelb zu färben, und kandierte Veilchen waren (und sind) ein prächtiger Schmuck auf Torten und Petits Fours. Womit wir auch schon beim Naschwerk wären: Neben den Blüten von Veilchen eignen sich die von Rosen, Stiefmütterchen oder Löwenzahn sehr gut für Süßspeisen. Wer deftigere Gerichte mit Blüten dekorieren möchte, sollte eher zu pfeffriger Kapuzinerkresse oder nussigen Gänseblümchen greifen, beispielsweise in einem gesunden Salat.

Damit die Blüten – die übrigens nicht nur schön aussehen, sondern auch Vitamine und Mineralstoffe enthalten – ein gesunder Genuss sind, muss man darauf achten, dass sie nicht mit Spritzmitteln behandelt sind. Auf Exemplare aus dem Blumenhandel sollte man daher besser verzichten. Am besten pflückt man selbst (sofern der Naturschutz nicht dagegen spricht), weit entfernt von befahrenen Straßen oder gespritzten Wiesen, Feldern oder Parkanlagen, in denen Hunde Gassi geführt werden. Vorzugsweise erntet man die Blüten im eigenen Garten – mittlerweile gibt es entsprechende Samenmischungen in jedem Gartencenter zu kaufen.

Beliebte essbare Blüten

Zu den am häufigsten verwendeten essbaren Blüten auf unseren Tellern gehören Gänseblümchen, Ringelblume, Holunder, Rose, Kapuzinerkresse, Löwenzahn, Lavendel, Stiefmütterchen, Malve und Veilchen.

Auch Schnittlauchblüten sind sehr lecker.

Stammt das Camparirot immer noch von Schildläusen?

Der rote Kräuterlikör aus Italien ist nicht nur ein Fest für den Gaumen, sondern auch für die Augen: Die tiefrote Färbung des Getränks ist ihr Markenzeichen. Viele Jahre lang sorgte der natürliche Farbstoff Koschenillerot (E 120, auch Karminrot genannt) für diese Farbe. Er ist tierischen Ursprungs und wird aus der Scharlachschildlaus (Koschenille) gewonnen. Sie lebt auf bestimmten Kakteen und saugt deren Saft. Ursprünglich stammen die Tierchen aus Mexiko, wo bereits die Inka die Schildläuse als Farbproduzenten nutzten. Spanier brachten sie dann nach Europa, wo sie u. a. auf den Kanarischen Inseln, vor allem auf Lanzarote, in großem Stil gezüchtet wurden.

Zur Farbgewinnung werden die Läuse von den Kakteen gesammelt, in der Sonne getrocknet und anschließend gemahlen. Der so gewonnene Farbstoff ist äußerst intensiv. Schon ein Teelöffel davon genügt, um das Wasser einer Badewanne kräftig rot zu färben. Da die Substanz für den Menschen völlig ungefährlich und noch dazu geschmacksneutral ist, ist sie gut zum Färben von Lebensmitteln geeignet.

Die rote Farbe von Campari ist ein Markenzeichen des Kräuterlikörs.

Inzwischen wird dieser Farbstoff aber nur noch selten (z. B. für manche Lippenstifte) eingesetzt, der synthetische Farbstoff E 124, ebenfalls ein kräftiges Rot, ersetzt ihn immer häufiger. Auch die Firma Campari verwendet seit 2006 für ihren Kräuterlikör nur noch künstliche Farbstoffe, sodass er heute keine Inhaltsstoffe tierischer Herkunft mehr enthält.

Ist Dinkelmehl gesünder als Weizenmehl?

In den letzten Jahren ist Weizen in Verruf geraten. Auch Menschen, die nicht an der relativ selten auftretenden Erkrankung Zöliakie (einer lebenslang bestehenden Unverträglichkeit gegenüber dem Klebereiweiß Gluten) leiden, haben oft den Verdacht, dass sie Produkte aus Weizenmehl schlecht vertragen, ohne dass hierfür jedoch eine gesicherte Diagnose vorläge. Gesundheitliche Probleme wie Verdauungsstörungen, Kopfschmerzen oder Müdigkeit werden dann häufig dem im Weizen enthaltenen Gluten angelastet. Viele Betroffene stellen fest, dass sie Produkte aus Dinkelmehl besser zu vertragen scheinen – obwohl Dinkel sogar noch mehr Gluten enthält als Weizen. Allerdings liegt das Gluten hier in einer anderen, möglicherweise besser verträglichen Form vor. Zudem beinhaltet Dinkel mehr Eiweiß als Weizen, was insbesondere von sportlich Aktiven geschätzt wird. Auch der Magnesiumgehalt liegt höher, dasselbe gilt für den Gehalt an ungesättigten Fettsäuren und Ballaststoffen. All dies ist der Gesundheit zuträglich – und zudem punktet Dinkel durch seinen nussig-aromatischen Geschmack.

Erdbeeren sind gesund! – Die Dirty-Dozen-Liste lässt Zweifel an dieser Behauptung aufkommen.

DIRTY ODER CLEAN?

Die Dirty-Dozen-Liste listet die am stärksten und die Clean-15-Liste die am wenigsten mit Pestiziden belasteten Obst- & Gemüsesorten auf.

	Dirty-Dozen-Liste 2020		Clean-15-Liste 2020
1	Erdbeeren	1	Avocados
2	Spinat	2	Mais
3	Grünkohl	3	Ananas
4	Nektarinen	4	Zwiebeln
5	Äpfel	5	Papayas
6	Trauben	6	TK-Erbsen
7	Pfirsiche	7	Auberginen
8	Kirschen	8	Spargel
9	Birnen	9	Blumenkohl
10	Tomaten	10	Cantaloupe-Melonen
11	Staudensellerie	11	Brokkoli
12	Kartoffeln	12	Pilze
		13	Weißkohl
		14	Honigmelonen
		15	Kiwis

Was steht auf der Dirty-Dozen-Liste?

Die Dirty-Dozen-Liste (auf deutsch: die Dreckige-Dutzend-Liste) stammt aus den USA. Dort beschäftigt sich die Environmental Working Group (EWG) seit Jahren mit dem Pestizidgehalt von Obst und Gemüse. Die Ergebnisse sorgen für so manche Überraschung: So stand 2020 die Erdbeere ganz oben auf der Liste der am stärksten belasteten Obst- und Gemüsesorten – obwohl Erdbeeren doch gemeinhin als überaus gesund und vitaminreich gelten.

Damit die Ware von Krankheiten und tierischen Schädlingen verschont bleibt und makellos im Supermarkt ankommt, greifen viele Landwirte nach wie vor zu Pestiziden, um die Erträge zu sichern. Da die Pestizidrückstände im Verdacht stehen, verschiedene gesundheitliche Probleme zu verursachen bzw. zu verstärken, empfiehlt es sich, auf Bioqualität zu setzen – und zwar gerade bei den am stärksten belasteten Produkten, die zum „Dreckigen Dutzend" gehören. Diesen Kandidaten gegenüber stehen die „Sauberen 15" (Clean-15-Liste), die am wenigsten Pestizidrückstände enthalten.

Obwohl die Ergebnisse aus den USA nicht eins zu eins auf Deutschland übertragbar sind, geben sie doch eine gute Orientierung, worauf beim Kauf von Obst und Gemüse zu achten ist.

Kann man am Eigelb den Speiseplan des Huhns erkennen?

Die Farbe eines Eigelbs kann je nach Ei von einem hellen Gelb bis hin zu einem satten Orange variieren. Welchen Farbton das Eigelb hat, ist aber keine Frage des Zufalls, sondern vor allem der Ernährung. Nimmt eine Henne besonders viel Futter mit Karotinoiden zu sich, wird dieser Farbstoff im Eidotter angereichert, und es färbt sich orange. Doch wer glaubt, dass ein leuchtendes Orange für eine

Rekorde

MAL RIESIG, MAL WINZIG

Wer das „dickste Ei" legt, ist nicht schwer zu erraten: der Vogel Strauß natürlich. Wer ein Omelett aus dessen Ei (rund 1,5 kg) macht, kann sich das Aufschlagen von rund 25 Hühnereiern (etwa 60 g bei einem Ei mittlerer Größe) sparen. Doch wer legt eigentlich das kleinste Ei? Ein winziger Eierproduzent (Körpergewicht unter 2 g) mit einem hübschen Namen: Die Eier der Bienenelfe, eines auf Kuba lebenden Kolibris, wiegen ca. 0,4 g und sind kleiner als eine Erbse.

besonders natürliche Fütterung spricht, irrt. Zwar sind die Eidotter freilaufender Hühner im Sommer oftmals dunkler gefärbt als im Winter, wenn die Hühner weniger farbstoffhaltige Pflanzen finden. Doch meist ist ein leuchtendes Orange vielmehr das Ergebnis einer Beifügung von Farbstoffen im Hühnerfutter. Während die Untermischung von Farbpigmenten in der konventionellen Tierhaltung weit verbreitet ist, haben Bioeier, deren Legehennen keine Farbstoffe erhalten, deshalb eher hellgelbe Dotter.

Enthält ein Espresso mehr Koffein als eine Tasse Filterkaffee?

Kaffee ist nie gleich Kaffee – und das gilt auch für den Koffeingehalt. So enthalten die geernteten Kaffeebohnen schon von vornherein unterschiedliche Mengen dieses pflanzlichen Wachmachers. Bei der Sorte Arabica ist es im Durchschnitt nur etwa halb so viel wie bei der Sorte Robusta. Und selbst zwischen Bohnen der gleichen Sorte gibt es je nach Anbaugebiet große Unterschiede. Doch auch die Art der Zubereitung ist entscheidend: Wie heiß wurden die Bohnen geröstet? Wie fein wurde der Kaffee gemahlen? Wie lange und bei welcher Temperatur hat er gezogen? All das bestimmt das Resultat.

Dennoch kann man für Kaffeegetränke Durchschnittswerte und Trends angeben. So gilt Espresso als besonders „starke" und koffeinhaltige Variante. Andererseits sind die zugehörigen Tassen aber viel kleiner als die für Filterkaffee. Mit welcher Variante also führt man seinem Körper mehr Koffein zu?

Um die kursierenden Schätzungen und Spekulationen mit Zahlen zu untermauern, ließ Arne Preuß vom Kaffeeblog Coffeeness 2019 eine Laboruntersuchung durchführen. Zusammen mit dem Institut für Produktqualität in Berlin testete er 15 Zubereitungsmethoden auf ihren Koffeingehalt. Bei gleichen Mengen lag der Espresso dabei tatsächlich vor dem Filterkaffee: Ersterer brachte es auf rund 273 mg pro 100 ml, das mit dem Handfilter aufgebrühte Getränk auf 74 und das aus der Filterkaffeemaschine auf 68 mg pro 100 ml – am geringsten war der Wert beim Kaffee aus einem Kaffeevollautomaten: 58 mg.

Anders sieht die Sache jedoch aus, wenn man die üblichen Portionen betrachtet. Eine Tasse mit 250 ml Filterkaffee enthielt bei der handgefilterten Version 185 mg und bei der Maschinenvariante immerhin 170 mg Koffein. Da konnten die 25 ml Espresso mit 68 mg Koffein bei Weitem nicht mithalten.

Macht Fett dick?

Der Körper braucht Fett ebenso lebensnotwendig wie Kohlenhydrate und Eiweiß. Fett macht also zunächst einmal fit und ist für eine ausgewogene Ernährung unerlässlich. Allerdings kommt es hier wie so oft auf die Menge an: 60 bis maximal 80 g Fett pro Tag gelten als Richtwert. Jedes Gramm Fett zu viel wird nicht verwertet und schlägt mit Speckröllchen zu Buche, aber auch mit erhöhten Blutfettwerten und anderen gesundheitsgefährdenden Faktoren.

Doch Fett ist nicht gleich Fett – es gibt Fettarten, die der Körper besser verträgt als andere. So ist prinzipiell pflanzlichen Fetten vor tierischen der Vorzug zu geben. Ernährungswissenschaftler empfehlen die Ein-Drittel-Regel. Demnach sollte ein Drittel der aufgenommenen Fette aus einfach ungesättigten Fettsäuren stammen, die vor allem in Oliven- und Rapsöl sowie in Haselnüssen stecken. Das zweite Drittel sollten die mehrfach ungesättigten Fettsäuren stellen, die sich in Pflanzenölen, in Leinöl, fettem Fisch oder Wild finden. Ruhig auch unterschritten werden darf das letzte Drittel, bestehend aus gesättigten, tierischen und gehärteten Fetten, z. B. Kokosfett.

Lohnt es sich, Fische und Tomaten gemeinsam zu züchten?

Zugleich Fische und Tomaten zu züchten, klingt zwar nach einer recht merkwürdigen Idee, bietet aber auch Vorteile, die Werner Kloas und seine Kollegen seit den 2010er-Jahren am Leibniz-Institut für Gewässerökologie und Binnenfischerei (IGB) in Berlin untersuchen: Im Süßwasser lebende Tilapia-Buntbarsche scheiden Ammonium aus, das Mikroorganismen in einem Biofilter in Nitrat umwandeln. Nitrat aber ist ein wertvoller Dünger, der in der konventionellen Landwirtschaft bisher unter extrem hohen Energiekosten aus der Luft gewonnen wird. Die Tomatenpflanzen in den IGB-Gewächshäusern produzieren beim Wachsen reichlich Sauerstoff. Diesen atmen die Fische ein, während sie Kohlendioxid ausatmen, das die Tomatenpflanzen zum Wachsen brauchen. Fängt man mit Kühlfallen dann auch noch die Feuchtigkeit wieder ein, die aus den Tomatenpflanzen verdunstet, entsteht ein gutes Kreislaufsystem, bei dem nur noch das Fischfutter fehlt. Das besteht aus Fliegenmaden, die z. B. auf Bioabfällen aus dem Gewächshaus oder auch auf verdorbenen Lebensmitteln gut gedeihen. Am Ende ergeben sich sowohl für die Tomaten wie auch für die Fische Spitzenwerte: So braucht man gerade einmal 100 l Wasser, um 1 kg Tilapien zu züchten, während für 1 kg Hühnerfleisch 3000 und für 1 kg Schweinefleisch 4000 l Wasser gebraucht werden.

Ein Mitarbeiter des IGB in Berlin präsentiert Tilapien aus der gemeinsamen Fisch- und Tomatenzucht des Instituts.

Der Fleischkonsum sinkt

In den letzten Jahren ist in Deutschland ein Wandel in den Ernährungsgewohnheiten vor allem jüngerer Menschen zu erkennen. So verwundert es nicht, dass der Pro-Kopf-Verbrauch von Fleisch seit einem letzten Höhepunkt 2011 mit 62,8 kg fast kontinuierlich zurückgegangen ist. 2019 lag der Verbrauch bei etwa 59,5 kg. Vor allem der Konsum von Schweinefleisch ist in den letzten Jahren deutlich gesunken. Noch immer liegt der Fleischverbrauch aber deutlich höher als der von der Deutschen Gesellschaft für Ernährung empfohlene Konsum von 300 bis 600 g pro Woche: Umgerechnet ergibt sich ein Verbrauch von knapp 1150 g pro Woche. In Österreich war der Fleischkonsum sogar noch ausgeprägter (62,6 kg), in der Schweiz dagegen geringer (51 kg) – aber auch dieser Wert liegt noch weit über der DGE-Empfehlung.

Warum soll man gepökeltes Fleisch nicht grillen?

Diese Empfehlung beruht darauf, dass beim Grillen von gepökeltem Fleisch in geringen Mengen Nitrosamine entstehen, die als krebserregend gelten. Gepökeltes Fleisch wird mit Nitritpökelsalz haltbar gemacht, das dem Fleisch den typischen Geschmack und die charakteristische rosa Farbe verleiht. Bei starker Hitzeeinwirkung kann jedoch das Nitrit aus dem Pökelsalz mit bestimmten im Fleisch enthaltenen Eiweißen (Aminen) reagieren, wodurch sich die gefährlichen Nitrosamine bilden.

Grundsätzlich sollte man also beim Grillen auf gepökelte Wurst- und Fleischwaren wie Wiener Würste, Frankfurter Würste, Bockwürste, Fleischwurst und Kasseler verzichten und stattdessen Ungepökeltes, beispielsweise rohes Fleisch, Geflügel oder Bratwürste, verwenden.

Nitrosamine sind aber nicht die einzigen gefährlichen Stoffe, die beim Grillen entstehen können. Ein weiteres Risiko bilden die polyzyklischen aromatischen Kohlenwasserstoffe (PAKs), darunter Benzpyren, das sich beim Grillen mit Holzkohle bilden kann. Daher sollten Grillfreunde aufpassen, dass kein Fett auf die glühende Holzkohle tropft und so Rauch entsteht, der das Benzpyren zum Fleisch transportiert. Mit Benzpyren werden wir auch sonst im Alltag konfrontiert – es ist beispielsweise im Zigarettenrauch enthalten. Man hat aber festgestellt, dass die Benzpyrenkonzentration in einem über Holzkohle gegrillten Steak dem Vielfachen des Rauches einer Zigarette entspricht. Einfache Abhilfe schaffen hier Grillschalen und -folien, die verhindern, dass Fett auf die Kohle tropfen kann. Aber bei Schalen und Folien aus Aluminium heißt es aufgepasst: Grillt man säure- oder salzhaltige Speisen, kann Aluminium auf die Lebensmittel übergehen. Daher sollte man erst kurz vor dem Verzehr salzen und würzen – oder Edelstahl- bzw. Keramikschalen verwenden.

Müssen Sportler viel Fleisch essen?

Bereits im antiken Griechenland führte man die großartigen Leistungen der Athleten auf deren reichlichen Fleischkonsum zurück. Und sogar noch

Grillen macht Spaß, doch bei der Auswahl des Grillguts ist Vorsicht geboten.

heute hält sich der Glaube, dass Fleisch – besonders der hohe Eiweiß- bzw. Proteingehalt des Fleisches – stark mache.

Die scheinbar wissenschaftliche Basis für diese Vorstellung wurde im 19. Jh. von dem deutschen Chemiker Justus von Liebig (1803–1873) geliefert. Liebig behauptete, dass die Energie in den Muskeln durch die Oxidation von Proteinen entstehe, obwohl schon damals bekannt war, dass in erster Linie Kohlenhydrate die wichtigsten Energielieferanten sind. Diese können im Gegensatz zu Eiweiß als direkte Energiereserven gespeichert werden. Eiweiße dienen im menschlichen Organismus nicht primär der Energiebereitstellung, sondern sind vielmehr für den Aufbau körpereigener Proteine und Aminosäuren nötig. Ein Ausdauersportler, der regelmäßig trainiert, hat einen Tagesbedarf von ungefähr 1,2 bis 1,4 g Eiweiß je Kilogramm Körpergewicht (einen um etwa 50–75 % höheren Bedarf als Nichtsportler). Das bedeutet, dass ein Sportler, der 75 kg wiegt, 90–105 g Eiweiß pro Tag zu sich nehmen sollte.

Doch dieses Eiweiß muss nicht tierischen Ursprungs sein, denn unserem Körper ist es gleichgültig, ob ihm tierisches oder pflanzliches Eiweiß zugeführt wird. Die Proteine aus mageren Fleischsorten haben zwar eine Zusammensetzung aus Aminosäuren, die dem menschlichen Muskeleiweiß ähnlich ist. Aber dennoch müssen auch Sport treibende Vegetarier bei einer ausgewogenen Ernährung, die Eier und Milchprodukte einschließt, keinen Eiweißmangel und damit auch keine verminderte Leistungsfähigkeit befürchten.

Warum ist Fleisch aus Massentierhaltung weniger gesund?

Weit über 90 % des in Deutschland konsumierten Fleisches stammen aus der Massentierproduktion. Dort ist die Haltung der Tiere meist alles andere als artgerecht, in der Regel mangelt es an Platz, frischer Luft und Sonnenlicht. Auch das Futter muss kostengünstig sein, damit die Preise verbraucherfreundlich bleiben. Es besteht zu großen Teilen aus industriell produzierten Erzeugnissen wie Sojabohnen, Getreide und Mais und ist häufig mit problematischen Stoffen wie Pestiziden und Herbiziden belastet. Damit die Tiere unter diesen Bedingungen gesund bleiben, gibt man ihnen vorbeugend Antibiotika und, damit sie schneller wachsen, mitunter auch Hormone. Diese Stoffe finden sich dann später im Fleisch der Tiere, das zudem weniger Mikronährstoffe enthält als das ihrer natürlich gehaltenen und gefütterten Artgenossen. Aus diesen Gründen sollte man tatsächlich bevorzugt das Fleisch von Tieren aus artgerechter Haltung kaufen. Ist dies nicht möglich, kann man dennoch einiges für einen gesunden Fleischgenuss tun: Da sich die unerwünschten Rückstände oftmals im Fettgewebe der Tiere anreichern, sollte man bei Fleisch aus der Massentierhaltung vorzugsweise zu mageren Stücken greifen.

Warum werden in heißen Ländern so viele scharfe Gewürze benutzt?

Von jeher werden in heißen Ländern rund um den Globus Speisen mit scharfen Gewürzen zubereitet. Was zunächst paradox anmutet – bei ohnehin heißen Außentemperaturen wird das Schwitzen zusätzlich gefördert –, hat durchaus seine Berechtigung: Pfeffer, Chili und Paprika enthalten Capsaicinoide. Diese Substanzen erweitern die Blutgefäße und regen die Durchblutung an, indem sie direkt auf die Wärmerezeptoren im Körper einwirken. Dadurch steigt die Körpertemperatur an, und die Schweißbildung setzt ein. Der Organismus gibt überschüssige Wärme nach außen ab und kühlt sich durch den nun einsetzenden Verdunstungsvorgang selbst. Zudem werden durch die Gewürze Verdauungssäfte und Verdauungsleistung angeregt. Doch damit nicht genug: Nach einem scharfen Essen trinkt man automatisch mehr, was wiederum den Körper vor Austrocknung bewahrt, die angesichts der heißen Außentemperaturen drohen könnte.

Nichts für empfindliche Gaumen: Eine Inderin sortiert rote Chilischoten.

ner und integrierten sie in ihr Angebot. Zudem wird auch den Wirren des Zweiten Weltkriegs ein gewisser Anteil an der Verbreitung der Glückskekse zugesprochen: Es heißt, dass chinesische Bäckereien die Produktion der Glückskekse weiterführten, als japanische Einwanderer an der amerikanischen Westküste interniert wurden. Letztlich war es dann eine Frage der Zeit, bis die Kekse auch nach Europa kamen.

Woher stammen Glückskekse ursprünglich?

Es ist eine weitverbreitete Annahme, dass Glückskekse eine chinesische Erfindung sind. Als inspirierendes Gebäck werden oft die Mondkuchen genannt, kleine gefüllte Kuchen, die in China u. a. am Mondfest verschenkt werden. Als die Mongolen China im 13./14. Jh. belagerten, sollen Widerstandskämpfer die Kuchen genutzt haben, um Botschaften darin zu übermitteln. Doch das ist noch kein Beweis, dass sie die Vorläufer der Glückskekse sind. Bei genauerer Betrachtung zeigt sich, dass deren Ursprünge in Japan liegen. Ab Mitte des 19. Jh. werden die glückverheißenden Kekse dort in der Literatur erwähnt und auch abgebildet.

Erst Anfang des 20. Jh. lassen sich Glückskekse erstmals an der amerikanischen Westküste nachweisen. Der genaue Weg, wie sie dorthin kamen, ist kaum nachvollziehbar. Fest steht jedoch, dass es Einwanderer waren, die das „süße Glück" nach Amerika brachten. Als wegweisende Persönlichkeit wird in diesem Zusammenhang immer wieder der japanische Landschaftsarchitekt Makato Hagiwara genannt. Er war für den Teegarten im Golden Gate Park in San Francisco zuständig und habe, so die Legende, seine Gäste mit den kleinen, netten Keksen, die eine Bäckerei für ihn anfertigte, verwöhnt.

Dass die Glückskekse heute dennoch immer wieder mit China in Verbindung gebracht werden, liegt vermutlich zum einen daran, dass japanische Einwanderer in ihren Restaurants auch chinesische Gerichte servierten. Zum anderen übernahmen chinesische Restaurantbesitzer wohl die Idee der Japa-

Sind grüne Smoothies tatsächlich so gesund?

Grüne Smoothies sind im Trend. Obst und Gemüse in einem leckeren Drink sind für viele Menschen eine gute (und schnelle) Möglichkeit, sich mit Vitaminen und Mineralstoffen zu versorgen – schließlich empfiehlt die Deutsche Gesellschaft für Ernährung (DGE) fünf Portionen Obst bzw. Gemüse pro Tag. Wer jedoch oft zum grünen Smoothie greift, sollte wissen, dass der Gesundheitstrunk häufig mehr Zucker als ein Glas Cola enthält – auf 100 ml gerechnet können das bis zu 15 g sein. Außerdem sind auch grüne

Vorsicht: Grüne Smoothies können es ganz schön in sich haben!

Smoothies oft recht kalorienreich und sollten daher statt einer Mahlzeit bzw. Zwischenmahlzeit konsumiert werden – und nicht etwa mehrfach zwischendurch, um den Durst zu löschen.

Am gesündesten sind selbst zubereitete grüne Smoothies, da man hier die Kontrolle über die Zutaten hat. Fertigprodukte enthalten oft zuckerreiche Fruchtsäfte oder Bananenmark und mitunter sogar Rückstände von Pflanzenschutzmitteln. Auch liegt hier der Obstanteil oft höher als empfohlen und macht aus dem vorgeblich gesunden Produkt einen kalorienreichen und eher pseudo-gesunden Genuss.

Bei selbst gepressten Smoothies stellt man dagegen sicher, dass der Gemüseanteil bei den empfohlenen 50 bis 60 % liegt. Damit die Nährstoffe erhalten bleiben, sollte man den grünen Smoothie nicht zu lange stehen lassen, sondern innerhalb weniger Stunden trinken. Bei moderatem Verzehr ist das selbst hergestellte Getränk also durchaus eine gute Ergänzung der Ernährung – ersetzen kann er frisches Obst und Gemüse jedoch nicht.

Darf man Gurken im Kühlschrank aufbewahren?

Beim Lagern von Obst und Gemüse stellt sich immer wieder die Frage, wie man es richtig aufbewahrt. Gerade im Sommer wandert da so manches in den Kühlschrank. Bei Gurken sollte man aber vorsichtig sein, denn sie mögen keine Kälte. Optimal sind Temperaturen zwischen 10 und 13 °C. Bei Temperaturen unter 10 °C hingegen können sie schnell verderben. Es empfiehlt sich also, sie nur dann im Kühlschrank aufzubewahren, wenn sie bereits angeschnitten sind. Um zu verhindern, dass die Schnittstelle austrocknet, hilft statt Plastikfolie auch ein Stück Gurke. Dazu beim ersten Anschneiden einfach das Gurkenende aufbewahren, mit kleinen Spießen oder Zahnstochern versehen und wieder auf den Anschnitt aufsetzen. Die Gurke sollte dann binnen weniger Tage verzehrt werden. Achtung: Stehen viele Lebensmittel im Kühlschrank, muss stärker gekühlt werden. Für Gurken kann es dann schnell zu kalt werden. Wenn

sie gefrieren, werden sie nahezu unbrauchbar, denn aufgrund des hohen Wassergehalts verlieren sie nach dem Auftauen jede Schnitt- und Bissfestigkeit.

Gurken sollten zudem an einem dunklen Ort, z. B. im Keller, aufbewahrt werden. Und zu guter Letzt sind auch die „Nachbarn" wichtig, denn Gurken reagieren auf Ethen, das den Reifeprozess fördert und von manchen Obst- und Gemüsesorten (z. B. Äpfel, Tomaten, Brokkoli) verstärkt produziert wird. Daher sollten Gurken nie nah an Obst- und Gemüsesorten gelagert werden, die Ethen verströmen.

Wer hat eigentlich den „Hamburger" erfunden?

Der leckere Snack namens Hamburger hat seinen Ursprung nicht etwa in der Hansestadt an der Elbe und auch nicht in Amerika, wie man angesichts der zahllosen Hamburger-Restaurants in den USA leicht vermuten könnte. Vielmehr kommt die Fleischmasse ursprünglich aus der Mongolei. Die Tataren, ein kriegerisches Reitervolk, hatten im Mittelalter eine besondere Form der Fleischzubereitung: Sie zerkleinerten das oft zähe Fleisch ihrer Rinder und legten die Masse unter die Sättel ihrer Reitpferde. Durch das beim Reiten hervorgerufene Walken wurde das Fleisch mürber und dadurch leichter verdaulich. Im Lauf der Zeit wurde das Gericht durch Gewürze verfeinert und so immer mehr geschätzt. Seefahrer sollen die neuartige Speise im 18. Jh. schließlich auch nach Hamburg gebracht haben, wo man das Fleisch erstmals briet. Auswanderer, die ihr Glück in den Vereinigten Staaten suchten, führten den Hamburger dann in der Neuen Welt ein. Strittig ist aber, wo er erstmals verkauft wurde: Ob der Hamburger im Brötchen schon 1892 in Wisconsin oder erst auf der Weltausstellung 1904 in St. Louis im US-Bundesstaat Missouri seine Premiere feierte, ist also ungewiss – sein Siegeszug dagegen für jedermann offenkundig.

Kommt unser Essen in Zukunft aus gläsernen Hochhäusern?

Im Jahr 2050 sollen nach Berechnungen der Vereinten Nationen fast 9,8 Mrd. Menschen auf der Erde leben, die meisten davon in Städten. Wie aber soll ihre Ernährung gesichert werden, wenn man die Umwelt beim Anbau nicht komplett zerstören möchte? Einige Experten plädieren dafür, die Landwirtschaft künftig mehr in Städte und Innenräume zu verlegen. So könne man Energie, Ressourcen und Platz sparen und die Stadtbewohner auf nachhaltige Weise mit gesunden Lebensmitteln direkt aus ihrer Nachbarschaft versorgen.

Dickson Despommier von der Columbia University in New York und Eric Ellingsen vom Illinois Institute of Technology haben z. B. eine 30-stöckige gläserne Farm in Pyramidenform konzipiert, die eine breite Palette von Obst- und Gemüsesorten, aber auch Fisch und Geflügel produziert und jährlich etwa 50 000 Menschen ernähren könnte. Durch ein ausgeklügeltes Recyclingsystem soll sie nur 10 % des Wassers verbrauchen, das normale Landwirtschaftsbetriebe nutzen, und nur 5 % der Fläche beanspruchen. Allerdings existieren solche landwirtschaftlich genutzten Wolkenkratzer bisher nur als Computersimulation. Ihre Realisierung scheiterte an den hohen Kosten für ihren Bau und Betrieb.

Dabei ist es mithilfe moderner Gewächshaustechnologie durchaus möglich, Pflanzen in Innenräumen anzubauen. Und das sogar sehr effektiv: Mit einer

Auf den Dächern von Messehallen in Paris entsteht eine der größten Stadtfarmen weltweit.

als Hydroponik bekannten Methode kann man z. B. verschiedene Gemüsesorten direkt in einer wässrigen Lösung heranziehen, die alle wichtigen Nährstoffe enthält. Eine Variante davon ist die Aeroponik, bei der die Nährlösung als eine Art Dampf an die Wurzeln gebracht wird. Beide Methoden benötigen weniger Wasser und Platz als der herkömmliche Anbau in der Erde. Man kann die Pflanzen auf diese Weise in Boxen oder auf großen Tabletts kultivieren, die sich in mehreren Etagen übereinanderstapeln lassen. Da sie oft mithilfe von LEDs künstlich beleuchtet werden, kann man solche Pflanztürme sogar in Lagerhallen oder Kellern errichten. Das sieht zwar weniger spektakulär aus als eine gläserne Pyramide, funktioniert aber bereits in vielen Betrieben rund um die Welt.

Verdirbt Honig wirklich nie?

Honig gehört zu den Lebensmitteln, die ausgereift gesammelt fast unbegrenzt haltbar sind. Voraussetzung ist aber, dass die Lagerung luftdicht, dunkel und in kühlen, trockenen Räumen erfolgt. Im Fall einer falschen Lagerung kann ein Gärungsprozess in Gang kommen, der den Honig verderben lässt.

Die optimalen Temperaturen, um Honig längere Zeit zu lagern, liegen bei 10–20 °C für flüssige und 10–12 °C für cremige Honigsorten. Niedrigere Temperaturen begünstigen das Kristallwachstum, das aber die Qualität des Honigs nicht beeinträchtigt. So kann auskristallisierter Honig problemlos durch Erwärmen im Wasserbad wieder verflüssigt werden. Beim Erwärmen muss man jedoch aufpassen, denn die Temperatur sollte 40 °C nicht überschreiten, da sonst wichtige Inhaltsstoffe, beispielsweise Enzyme, verloren gehen.

Zur Aufbewahrung eignen sich Gefäße aus Glas, Emaille oder Weißblech, nicht geeignet sind dagegen verzinkte Behältnisse, da sich sonst giftiges Zinkoxid bilden kann. Da Honig schnell fremde Gerüche annimmt, sollte er immer aromadicht verschlossen werden.

Honig besteht zu 40 % aus Fruchtzucker, zu 30 % aus Traubenzucker und zu 10 % aus Mehrfachzucker. 17 % macht sein Wassergehalt aus, und die restlichen 3 % bilden verschiedene Beistoffe. Durch seinen hohen Zuckeranteil und seinen Nährwert ist Honig ein hervorragender Energielieferant, daneben fördert er die Konzentrations- und Koordinationsfähigkeit des Menschen. Insgesamt gilt Honig als gesünder als Zucker, fördert aber genauso wie dieser Karies.

Ein Kraftakt für Bienen

Hier hat das geflügelte Wort vom „fleißigen Bienchen“ durchaus eine Berechtigung: Zur Erzeugung von 1 kg Honig sind bis zu 3 kg Nektar erforderlich. Dazu müssen die Bienen je nach Blütenart 3–5 Mio. Blüten anfliegen. Pro Flug kann eine Biene nur so lange Blüten besuchen, bis die etwa 50 mg Nektar fassende Honigblase gefüllt ist.

Honig ist ein hervorragender Energielieferant und noch dazu äußerst lecker.

Knusprig gebratene Insekten – ein Gericht, das hierzulande noch immer eher Abscheu auslöst.

Werden wir in Zukunft mehr Insekten essen?

Rekorde

DIE BELIEBTESTEN ESSBAREN INSEKTEN

Nach Angaben der Welternährungsorganisation FAO sind dies die weltweit meistverzehrten Insekten:

1. Käfer
2. Schmetterlingsraupen
3. Bienen, Wespen und Ameisen
4. Grashüpfer, Heuschrecken und Grillen
5. Zikaden, Wanzen und deren Verwandte
6. Termiten
7. Libellen
8. Fliegen

Dass man über diese Idee die Nase rümpft, ist vor allem in westlich geprägten Kulturen verbreitet. Doch in anderen Teilen der Welt, vor allem in Asien, Afrika und Lateinamerika, gehören Krabbeltiere schon lange ganz selbstverständlich auf den Teller – und dabei handelt es sich keineswegs nur um einen Notbehelf für den Fall, dass keine andere Nahrung verfügbar ist. Die Mopanewürmer im südlichen Afrika oder die Eier der Weberameise in Südostasien werden wegen ihres Geschmacks sehr geschätzt und gelten als Delikatessen.

Die Welternährungsorganisation FAO kennt mehr als 1900 Insektenarten, die Menschen rund um die Welt konsumieren. Nach Schätzungen der Organisation tragen die Krabbeltiere heute schon zur Ernährung von rund 2 Mrd. Menschen bei. Und ihre Bedeutung als Lebens- und Futtermittel könnte künftig tatsächlich noch wesentlich größer werden. Denn in Zeiten steigender Bevölkerungszahlen und zunehmender Verstädterung bietet die Nutzung dieser Tiere aus Sicht der FAO eine Reihe Vorteile.

Insekten sind z. B. sehr genügsame und effiziente Futterverwerter. Sie lassen sich oft auf Bioabfällen kultivieren und setzen im Durchschnitt 2 kg Nahrung in 1 kg Körpermasse um. Rinder brauchen für den gleichen Zuwachs dagegen 8 kg Futter. Zudem benötigt die Insektenzucht weniger Wasser und Land als konventionelle Tierhaltung und produziert auch weniger Treibhausgase.

Dafür enthalten die Produkte im Vergleich zu Fleisch und Fisch qualitativ hochwertiges Protein und wichtige Nährstoffe, sind reich an ungesättigten Fettsäuren und Ballaststoffen. Und schließlich bietet ihre Zucht vielerorts auch für die Ärmsten der Gesellschaft die Chance, ihre Ernährung zu verbessern und ein Einkommen zu erzielen. Das sind Gründe genug für die FAO, neue Möglichkeiten für mehr Insekten auf dem Teller zu erforschen.

Ist Kaffee ungesund?

Der seit Mitte des 16. Jh. in Europa bekannte und zunächst als Medikament eingesetzte Kaffee wirkt durch seinen Gehalt an Koffein und durch die in ihm enthaltenen Gerbsäuren – und ist wesentlich gesünder als man früher glaubte. Koffein ist ein Alkaloid und gehört zu den Purinen oder Harnsäureverbindungen. Die Mehrzahl der Wirkungen des Koffeins ist nicht schädlich, sondern fördert Gesundheit und Wohlbefinden. Koffein regt sowohl die Großhirnrinde als auch das Atem- und Kreislaufzentrum an und führt zur Zusammenziehung der Blutgefäße. Dadurch steigert es die Wachheit und Aufmerksamkeit des Kaffeetrinkers. Auch der Herzmuskel wird besser mit Blut versorgt, der Herzschlag wird schneller und kräftiger. Die Gedächtnisleistung verbessert sich, man konzentriert sich leichter auf Wesentliches, und die gesamte Stimmungslage hebt sich. Koffein wirkt harntreibend und führt durch die Ausschüttung des Hormons Cholezystokinin zur Entleerung der Gallenblase und damit zur Verbesserung der Fettverdauung.

Andererseits hat das Koffein im Kaffee aber nicht nur positive Wirkungen: Zu den unerwünschten Folgen können bei übermäßigem Genuss Angstzustände, Bewegungsunruhe, Schlafstörungen, Herzrasen, unregelmäßiger Puls oder auch Kopfschmerzen gehören. Zudem können die im Kaffee enthaltenen Gerbsäuren Magenreizungen auslösen. Neueren Untersuchungen zufolge hat Kaffeekonsum keinen Einfluss auf den Blutdruck – lange glaubte man, er fördere Bluthochdruck.

Kaffee ist auch eine mögliche Quelle für die Aufnahme von Acrylamid. Diese giftige Substanz, die u. a. zur Herstellung von Lebensmittelverpackungen verwendet wird, entsteht im Kaffee in geringen Mengen beim Röstvorgang. Acrylamid gilt als krebserregend und kann das Erbgut verändern.

Eine Tasse Kaffee gehört für viele Menschen zum Start in den Tag unbedingt dazu.

Gibt es Kaffee, der von Natur aus koffeinarm ist?

Eigentlich wehren sich die Kaffeepflanzen mit dem Alkaloid Koffein gegen für sie schädliche Insekten. Diese Substanz stimuliert bei Menschen und Tieren allerdings auch die Gehirnaktivität und wirkt daher anregend – weshalb sich viele Menschen am Morgen erst einmal mit Kaffee in Schwung bringen. Vor dem Schlafengehen würden sie auf diese Stimulierung dagegen lieber verzichten. Daher bieten die Hersteller schon lange entkoffeinierten Kaffee an, dem das Koffein mithilfe von Lösungsmitteln entzogen wurde. Diese wirken einige Stunden auf die Kaffeebohnen ein und lösen dabei das Koffein aus ihnen heraus. Um solche Lösungsmittel und chemischen Entkoffeinierungen zu vermeiden, suchen Forscher seit einiger Zeit Sorten, die kein oder nur sehr wenig Koffein enthalten. Fündig wurden 2004 brasilianische Wissenschaftler, die in ihren Wildkaffee-Feld-Genbanken aus Äthiopien eine solche Sorte entdeckten. Trotzdem ist ein derartiger natürlicher koffeinarmer Kaffee bisher aber noch nicht auf dem Markt erhältlich.

Schließt Käse wirklich den Magen?

Die Weisheit „Käse schließt den Magen“ stammt angeblich von dem römischen Schriftsteller Plinius aus dem 1. Jh. n. Chr. – und moderne wissenschaftliche Untersuchungen haben sie tatsächlich bestätigt.

Bereits während des Reifungsprozesses von Käse wird ein Teil des Fettes durch Bakterien und Enzyme zu freien Fettsäuren abgebaut. Nachdem diese den Magen passiert haben, gelangen sie in den Dünndarm und lösen dort eine schnelle Ausschüttung von hormonähnlichen Stoffen der Darmschleimhaut aus.

Eine Mahlzeit oder ein mehrgängiges Menü mit einer Portion Käse abzuschließen, ist durchaus sinnvoll.

Gleichzeitig wird im Dünndarm das Käsefett ebenfalls zu Fettsäuren abgebaut, wodurch es zu einer anhaltenden Freisetzung der Substanzen kommt.

Einer dieser Stoffe, das Enterogastron, hemmt jene Muskelbewegungen des Magens, die die Nahrung vorwärts bewegen. Außerdem schließt er das Ende des Magens, den sogenannten Magenpförtner. Auf diese Weise wird die Entleerung des Magens verzögert. Rezeptoren im Magen registrieren die Magenfüllung und melden dies weiter an das Gehirn. So stellt sich am Ende dieser komplexen Vorgänge ein Sättigungsgefühl ein.

Schützt Käse gegen Karies?

Käse ist reich an lebenswichtigen Inhaltsstoffen wie Vitaminen, Mineralien und Spurenelementen. Sehr hoch ist dabei der Anteil an Kalzium und Phosphat. Diese Mineralien fördern den Wiederaufbau des Hydroxylapatits, jener Substanz, die 97 % des Zahnschmelzes ausmacht und eine wichtige Stützfunktion hat. Der Stoff im Käse, der die Zähne schützt,

Rekorde

KÄSE RUND UM DIE WELT

Ob aus Kuh-, Ziegen-, Schaf- oder Büffelmilch – schon die Vielfalt des Ausgangsstoffs für Käse sorgt für zahlreiche Abwandlungen. Weltweit zählt man über 4000 Käsesorten, die u. a. durch die unterschiedliche Beimengung von 500 verschiedenen Milchsäurebakterien und einen unterschiedlich langen Reifungsprozess entstehen. Rekordhalter in der Größe des Käsesortiments ist Frankreich: Über 1000 verschiedene Sorten gibt es in diesem Land, das auf eine über 2000-jährige Käsegeschichte zurückblicken kann und in dem auch der meiste Käse gegessen wird (26 kg pro Person und Jahr). Der größte Käseproduzent weltweit ist aber die USA, die ca. 5 Mio. t Käse im Jahr produziert.

ist das Protein Kasein, der wichtigste Eiweißkörper in Milchprodukten. Wenn man Käse isst, verbindet sich beim Kauen Kasein mit Kalzium und Phosphat, wodurch die bei den Mahlzeiten zerstörten Minerale an der Zahnoberfläche wiederhergestellt werden. So wird der Zahnschmelz gestärkt und seine Widerstandskraft erhöht – die Zähne sind weniger anfällig für Bakterien, die Karies auslösen können.

Der Verzehr von Käse regt zudem den Speichelfluss an. Speichel wirkt neutralisierend und hemmt so die Entstehung von Säure im Mund (z. B. durch saure Speisen). Diese ist für eine Demineralisierung des Zahnschmelzes verantwortlich, wodurch die Zahnoberfläche rau und daher empfindlicher und anfälliger für Bakterien wird.

Kaut man also nach jedem Essen ein Stück Käse – hier eignen sich besonders Hartkäsesorten wie Gouda, Emmentaler oder Leerdammer –, werden die Zähne auf natürliche Art und Weise geschützt. Generell gilt dabei: Je härter der Käse, desto höher sein Kalziumgehalt und desto geringer der Gehalt an zahnschädlichem Milchzucker (dieser ist unter den Käsesorten bei Frisch- und Weichkäse am höchsten). Allerdings kann der Verzehr von Käse regelmäßiges Zähneputzen keinesfalls ersetzen.

Käse enthält neben Kalzium, Phosphor und Kasein auch das lebenswichtige Vitamin D. Vitamin D reguliert in erster Linie die Aufnahme und Ausscheidung von Kalzium und sorgt für einen ausgeglichenen Kalziumspiegel im Blut. Kalzium ist nicht nur für die Zähne wichtig, sondern auch für den ganzen Knochenapparat. Alles in allem ist Käse also ein rundum gesunder Genuss.

Warum werden Kekse an der Luft weich, Brot aber hart?

Sowohl Kekse als auch Brot werden gebacken – und doch gibt es eine Reihe Unterschiede zwischen diesen Backwaren. Und damit ist nicht nur der Geschmack gemeint. Lässt man beispielsweise einen Keks und ein Stück Brot an der Luft liegen, zeigt sich schnell, dass sich die Konsistenz der beiden Teststücke ganz unterschiedlich entwickelt. Das Brot wird bald steinhart, wohingegen der Keks feucht und weich wird. Der Grund dafür ist der unterschiedliche Wasser- und Zuckergehalt von Brot und Keksen. Brot enthält ungefähr 40 % Wasser, das an der Luft allmählich verdunstet – das Brot wird hart. Ein Keks dagegen enthält nur wenig Wasser, dafür aber rund 70-mal mehr Zucker. Der Zucker zieht Wasser aus der Raumluft an. Daher werden die Kekse weich.

Pommes mit Ketchup sind nicht nur in den USA beliebt.

Ist Ketchup eine amerikanische Erfindung?

Die große Vorliebe der Amerikaner für Ketchup ist weltbekannt, und so gelten diese gemeinhin auch als Erfinder der sämigen und würzigen Sauce. Doch die Geschichte des Ketchups beginnt bereits lange vor der Entdeckung der Neuen Welt. Auch Tomaten, an die wir bei Ketchup zuerst denken, haben mit der ursprünglichen Ketchupsauce nur wenig zu tun. Schon in der Antike stellten die Römer angeblich eine ketchupähnliche Sauce her, die aber keine Tomaten enthielt, sondern meist aus Fischsud bestand, den man mit Honig, Fruchtsirup und anderen Ingredienzien andickte.

In China wurde in der Mitte des 15. Jh. eine Sauce aus eingelegten Schalentieren als *koe-chiap* oder *ke-tsiap* bezeichnet. In anderen asiatischen Ländern kannte man ähnliche Saucen: *kachiap* (Thailand), *ketjap* (Indonesien) oder *kichop* (Malaysia).

Wo Speisen wirklich herkommen

Barbecue Das berühmte amerikanische Grillvergnügen hat seinen Ursprung tatsächlich in Nordamerika. Allerdings waren es nicht etwa Cowboys, die diesen Begriff prägten, sondern französische Trapper, die im 17. Jh. Bisons zubereiteten. Sie grillten die Tiere gleich komplett: „vom Bart bis zum Schwanz" (französisch *barbe-à-queue*).

Chopsuey Was hierzulande in jedem Chinarestaurant angeboten wird, ist im angeblichen Herkunftsland völlig unbekannt. Chopsuey wurde vielmehr als ein „Gericht nach chinesischer Art" in den USA erfunden und verbreitete sich von dort aus weltweit.

Hotdog Um 1850 waren Frankfurter Würstchen auch als „Dackelwurst" bekannt, da sie wie der Rücken eines Dackels leicht gebogen waren. Als „Dackelwürste" wurden sie in die Vereinigten Staaten gebracht und erhielten dort den Namen *hot dog* (heißer Hund).

Kaugummi Niemand wird dies ernsthaft anzweifeln: Der Kaugummi gilt als ein typisches Produkt der USA. Doch das ist ein Irrtum, denn die Geschichte des Kaugummis reicht weit zurück. Bereits im antiken Griechenland kaute man z. B. das Harz des Mastixbaums. Und bei den mittelamerikanischen Maya war es üblich, den eingedickten Saft des Sapotillbaums zu kauen, den sogenannten Chicle. Der Siegeszug des Kaugummis begann Mitte der 1860er-Jahre, als der mittelamerikanische General Santa Ana dem Nordamerikaner Thomas Adams ein Stück Chicle präsentierte. Adams, der herausfinden wollte, wie man Chicle kommerziell nutzen könnte, experimentierte damit, fügte u. a. Vanillin und ätherische Öle hinzu. Bald schon konnte man den in kleine Stücke geschnittenen und mit einer Zuckerschicht versehenen Kaugummi kaufen.

Wie das Ketchup dann in die USA kam, ist umstritten. Oft wird behauptet, dass chinesische Einwanderer die Sauce mitbrachten. Vielleicht führte der Weg aber auch über England, wohin Anfang des 18. Jh. Seefahrer das malaysische *kichop* gebracht hatten. Variiert gelangte diese Sauce dann in die USA, wo man weiter mit Rezepturen experimentierte. Die Verwendung von Tomaten zur Ketchupherstellung bürgerte sich aber erst im 19. Jh. ein. Heute sind sonnengereifte, fruchtige Tomaten der wichtigste Bestandteil der Sauce.

Einer der führenden Hersteller war die amerikanische Firma Heinz, die nach einer Fusion 2015 heute The Kraft Heinz Company heißt. Sie produzierte zunächst Meerrettich und begann dann 1875 mit der Herstellung von Tomatenketchup. Damit eroberte Heinz weltweit den Markt – und schuf gleichzeitig die Basis der Legende, dass Ketchup in den USA erfunden worden sei.

Ist Knoblauch gesund?

Was die Großmutter noch wusste, heute aber fast vergessen ist: Knoblauch hilft bei Erkältungen, indem er für die Verflüssigung des Schleims sorgt. Früher rührte man zu diesem Zweck Knoblauchmilch oder Hustensirup mit Knoblauch und Schwarzkümmel an. Bei Verzehr in größeren Mengen – empfohlen werden 1,8–2,7 g frischer Knoblauch täglich – senkt Knoblauch mit seinen schwefel- und sulfidhaltigen Substanzen, darunter das Allicin, den Cholesterinspiegel. Auf diese Weise beugt er Gefäßerkrankungen und Herzinfarkt vor.

Zudem tötet Knoblauch schädliche Darmkeime ab, hemmt Gärungsprozesse und sorgt durch die Verbesserung des Darmmilieus für eine effektivere Aufnahme von Nährstoffen aus der Nahrung. Außerdem enthält er den Wirkstoff Glukokinin, der ähnlich wie das Insulin der Bauchspeicheldrüse den Zuckerstoffwechsel fördert und so den Zuckergehalt im Blut senkt. Knoblauch wird auch eine vorbeugende Wirkung gegen verschiedene Krebsarten (darunter Magen- und Prostatakrebs) nachgesagt – vor allem das Allicin, dessen antikarzinogene Wirkung in diversen Studien nachgewiesen wurde, scheint hierfür verantwortlich zu sein.

Auch wenn nicht alles wissenschaftlich erwiesen ist – Knoblauch hat sicher einige Wirkungen, die die Gesundheit fördern, und viele Menschen schätzen seinen besonderen Geschmack. Wenn man sich nicht durch seinen „Duft“ abschrecken lässt, spricht also vieles für seinen Genuss.

Gibt es geruchlosen Knoblauch?

Wer viel Knoblauch isst, kennt das Phänomen: Er riecht anschließend danach. Schuld daran ist das im menschlichen Körper aus dem Knolleninhaltsstoff Alliin gebildete Allicin. Dieses ist zwar an sich geruchlos, wird aber zu Diallylsulfiden und Vinyldithiinen umgebaut, die wiederum mit der Atemluft und über die Haut ausgeschieden werden.

Eine geruchlose oder zumindest -arme Variante ist schwarzer Knoblauch. Dabei handelt es sich um normalen weißen Knoblauch, der bei hoher Temperatur (ca. 70 °C) und einer definierten Luftfeuchtigkeit (80–90 %) fermentiert wurde. Die Zehen werden dabei schwarz, weil Zucker und Aminosäuren, die in ihnen enthalten sind, in andere, dunklere organische Verbindungen umgewandelt werden. Auch Konsistenz und Geschmack verändern sich: Der Knoblauch wird weich, etwas klebrig und süßlicher. Speisen, die mit schwarzem Knoblauch gewürzt sind, weisen weniger typisches Knoblaucharoma auf, und da die durch die Fermentierung veränderten Inhaltsstoffe nicht über die Lunge oder die Haut ausgeschieden werden, ist keine Geruchsbelästigung zu befürchten. Zudem wirkt schwarzer Knoblauch nicht mehr haut- oder schleimhautreizend und ist deshalb besser verträglich als weißer – und dennoch ebenso gesund.

Auch wenn so mancher den Geruch nicht mag, gesund ist Knoblauch dennoch.

Gesund, aber nicht für jeden bekömmlich: Kohl.

Ist Kohlgemüse für jeden gesund?

Kohl ist aus unserem Gemüseangebot nicht wegzudenken. Er ist in einer Vielzahl unterschiedlicher Spielarten vertreten: Jeder kennt Weiß-, Spitz-, Rot-, Grün-, Blumen- und Rosenkohl. Allen Vertretern gemeinsam ist, dass sie als gesund und kalorienarm gelten und reich an Antioxidantien sowie Mineral- und Ballaststoffen sind. Rot- und Spitzkohl liefern große Mengen Vitamin C, Grünkohl steuert Eiweiß, gesunde Senföle und Provitamin A bei. Weniger angenehm ist die blähende Wirkung, die Kohl bekanntermaßen entfaltet; sie lässt sich jedoch mildern, indem man bei der Zubereitung auf Gewürze wie Anis, Fenchel und Kümmel setzt.

Trotz all dieser positiven Eigenschaften – Grünkohl wird seit Jahren als gesundes Superfood beworben – ist Kohl nicht für alle Menschen gleich gut bekömmlich. In Deutschland vertragen z. B. etwa 30 % der Erwachsenen nur geringe Mengen Fruchtzucker, was als Fruktosemalabsorption bezeichnet wird. Die Betroffenen sollten sich bei blähenden Speisen generell zurückhalten – und dazu gehört auch Kohl. Vorsicht geboten ist außerdem im Hinblick auf die im Kohl enthaltenen Goitrogene: Da diese Stoffe die Jodaufnahme der Schilddrüse beeinträchtigen können, sollte man bei Schilddrüsenerkrankungen wie Hashimoto gegebenenfalls fachkundigen Rat einholen und Kohlgemüse möglichst nicht roh, sondern gedämpft oder fermentiert verzehren.

Warum gibt man gern Kümmel zum Krautsalat?

Kümmelsamen gehören zu den ältesten Gewürzen Europas. Schon vor 5000 Jahren wusste man, dass die länglichen braunen Samen gegen Blähungen, Völlegefühl und Magenbeschwerden helfen. Kümmel entfaltet seine wohltuende Wirkung vor allem bei schwer verdaulichen Gerichten – deshalb findet man das Gewürz auch heute noch in Beilagen wie Krautsalat, der zwar als gesund gilt, für unseren Verdauungstrakt jedoch eine Herausforderung darstellt.

Die nutzbringenden Inhaltsstoffe verbergen sich in den Kümmelsamen, aus denen sich das ätherische Öl gewinnen lässt. Vieles deutet darauf hin, dass Kümmelöl dazu beiträgt, die Muskulatur des

Magen-Darm-Traktes zu entspannen, und eine krampflösende Wirkung entfaltet. Wer die Wirkung noch intensivieren möchte, kann auch auf Arzneitees setzen, die Kümmel enthalten, häufig in Kombination mit Fenchel und Anis. Allerdings ist auch Kümmel nicht für jeden gleich gut verträglich: Wer unter Gallen- bzw. Leberproblemen leidet, sollte vorsichtshalber auf Kümmel verzichten.

Was ist eigentlich „Laborfleisch“?

Laborfleisch ist die umgangssprachliche Bezeichnung für In-vitro-Fleisch, also Fleisch, das im Reagenzglas bzw. im Labor gezüchtet wird. Die Forschungen dazu basieren auf der Biotechnologie, die bei Transplationen von menschlichem Hautgewebe zum Einsatz kommt.

Die Grundlage für In-vitro-Fleisch bilden Muskelstammzellen, die einem lebenden Tier entnommen und dann in eine Nährstofflösung gelegt werden, die das Wachstum anregt und Muskelfasern entstehen lässt. Fortan muss der gesamte Prozess laufend kontrolliert und durch die Ergänzung von Nährstoffen wie Zucker, Proteine und Mineralien unterstützt werden. Auch Fette dürfen nicht fehlen, denn sie tragen zur Konsistenz und zum Geschmack des Fleisches bei. Für Vegetarier und Veganer ist Laborfleisch also keine Option.

Gerade vor dem Hintergrund der Diskussionen um Klimaschutz und Massentierhaltung rückt Laborfleisch zunehmend ins Blickfeld, denn die Vorteile wecken Hoffnungen: Massentierhaltung wird hinfällig, und alle Belastungen, die damit einhergehen (z. B. wachsender Bedarf an freien Landflächen; hohe Emissionswerte), werden geringer. Das Fleisch ist mehr oder weniger küchenfertig, da z. B. keine Knochen und Innereien mehr entfernt werden müssen; zudem ist es frei von Krankheitserregern. Inwieweit sich Laborfleisch aber wirklich als das Fleisch der Zukunft erweisen und positiv auf die Umwelt und den Klimaschutz auswirken wird, steht noch zur Diskussion. Ein Problem konnte die Forschung zumindest zu Teilen schon beseitigen: Für die Experimente der ersten Jahre musste die Nährstofflösung noch aus dem Blut von Kälberföten gewonnen werden. Da bei der angewandten Methode das Muttertier wie der Fötus sterben, stand das Laborfleisch ebenso in der Kritik wie herkömmliches Fleisch. Zwischenzeitlich ist es jedoch gelungen, das Serum bzw. die notwendigen Proteine weitestgehend aus Pflanzen (z. B. Algen oder Soja) zu gewinnen.

Ende 2020 gab man in Singapur erstmals im Labor hergestelltes Hähnchenfleisch, dem auch Pflanzenproteine beigemischt wurden, für den Verkauf frei.

Rekorde

DARF'S EIN BISSCHEN MEHR SEIN?

2013 hätte man diese Frage zweifellos entschieden mit Nein beantwortet, denn der erste Laborburger kostete rund 250 000 Euro und war damit der teuerste Burger aller Zeiten. Mittlerweile ist die Forschung jedoch so weit fortgeschritten, dass die Kosten deutlich gesenkt werden konnten.

Was ist gesünder: Margarine oder Butter?

Pflanzliche Fette, wie sie Margarine enthält, weisen einen höheren Anteil gesunder, immunfördernder und entzündungshemmender Omega-3-Fettsäuren auf, können aber mit problematischen Bestandteilen (wenn auch in geringer Menge) belastet sein. Als besonders vorteilhaft gelten Produkte mit hochwertigen Ölen wie Raps-, Lein- oder Sonnenblumenöl. Butter enthält im Gegensatz dazu mehr gesättigte und weniger mehrfach ungesättigte Fettsäuren als Margarine. Da Butter ein tierisches Produkt ist, finden sich in ihr aber auch Inhaltsstoffe, die in pflanzlichen Nahrungsmitteln von Natur aus nicht vorhanden sind, z. B. fettlösliche Vitamine wie Vitamin A. In Bezug auf Fett und Kalorien lassen sich zwischen Vollfettmargarine und Butter kaum Unterschiede finden. Fazit: Wenn überhaupt, sind Butter und Margarine beide nur mäßig gesund – wobei es aber

Die Erfindung der Margarine

Der französische Chemiker Hippolyte Mège-Mouriès suchte 1869 im Auftrag von Napoleon III. einen preiswerten Butterersatz. Aus einem Gemisch aus Rindertalg und Magermilch entwickelte er die Margarine (das Schlachtfett Rindertalg wird aus den fettreichen Teilen des Rindes gewonnen). Jahrzehntelang wurde Rindertalg unter dem Namen Oleomargarin für die Herstellung von Margarine verwendet. Heute besteht Margarine fast ausschließlich aus pflanzlichen Fetten.

fast unmöglich ist, festzustellen, ob die positiven Aspekte der beiden Produkte die negativen aufheben. In einem sind sich Ernährungswissenschaftler immerhin einig: In geringen Mengen genossen, sind Butter und Margarine weder besonders schädlich noch besonders gesund.

Was ist der Unterschied zwischen Marmelade und Konfitüre?

Meist wird der fruchtige Aufstrich, der auf vielen Frühstückstischen zu finden ist, schlicht und ohne einen Unterschied zu machen, als Marmelade bezeichnet. Dies ist aber in den allermeisten Fällen falsch – zumindest, wenn man sich an den seit 2003 geltenden EU-Richtlinien orientiert. Laut EU-Definition dürfen nur Aufstriche aus Zitrusfrüchten, also z. B. aus Orangen oder Zitronen, als Marmeladen bezeichnet werden. Der Aufstrich darf aus einem oder mehreren Fruchtbestandteilen wie Schale, Saft oder Fruchtmark sowie Zucker und Wasser bestehen. Zudem gilt, dass für 1 kg Marmelade mindestens 200 g Zitrusfrüchte verwendet werden müssen.

Konfitüren bestehen dagegen aus einer oder mehreren Fruchtarten sowie Zucker und Wasser. Bei ihnen ist der vorgegebene Fruchtanteil abhängig von den jeweils verwendeten Früchten, meist liegt er bei 350 g Fruchtanteil auf 1 kg Konfitüre. Doch damit nicht genug – zusätzlich zur „normalen" Konfitüre gibt es auch noch die Konfitüre extra. Dabei handelt es sich um Konfitüren, die einen höheren Fruchtanteil haben, z. B. 450 g auf 1 kg. All dies dürfte den meisten Verbrauchern herzlich egal sein – Hauptsache die Marmelade oder Konfitüre ist wirklich lecker.

Eindeutiger Fall: Das Glas enthält Marmelade!

Warum sollte man Meeresfrüchte nur in Monaten mit „r“ im Namen essen?

In den Monaten Mai bis August – also denen ohne den Buchstaben „r“ im Namen – vermehren sich die Algen im Meer besonders stark und sondern dabei verstärkt Giftstoffe ab. Diese werden von Muscheln, Austern, Krabben und anderen Meerestieren aufgenommen, die den Lebensraum mit den Algen teilen. Ein besonders gefährlicher Giftstoff ist Saxitoxin. Es stammt aus Dinoflagellaten, giftigen einzelligen Algen, von denen sich die Meeresbewohner ernähren. Sollten Muscheln mit Saxitoxin angereichert sein, können schon eine halbe Stunde nach dem Verzehr der Muscheln Vergiftungssymptome wie Starre der Mundmuskulatur, Lähmung der Extremitäten bis hin zum Tod durch Atemlähmung auftreten. Die für den Menschen tödliche Dosis liegt bei etwa 1 mg Saxitoxin. Nach Ende des explosionsartigen Algenwachstums werden keine nennenswerten Giftstoffkonzentrationen mehr festgestellt.

Linguine mit Meeresfrüchten – kein Problem in Monaten mit „r“ oder bei Meeresfrüchten aus Zuchtanlagen.

Hinzu kommt, dass die meisten Muscheln und andere Meeresfrüchte im Monat Mai laichen. Zum einen verschlechtert sich durch die danach fehlenden Geschlechtszellen der Geschmack, zum anderen lässt der Paarungs- und Fortpflanzungsvorgang die Meerestiere so stark abmagern, dass eine Ernte wenig sinnvoll wäre.

In den Monaten, die ein „r“ im Namen haben, ist das Wasser, in dem die Tiere leben, meist kälter, und die oben beschriebenen Probleme treten nicht auf.

In den Ländern der südlichen Erdhalbkugel sind diese oder ähnliche Schwierigkeiten generell unbekannt. Die dort ebenfalls sehr beliebten Meeresfrüchte werden das ganze Jahr über gewonnen und angeboten. Vorsorglich werden sie vor dem Verzehr aber 1–2 Wochen in Meerwasser „gebadet“, um mögliche Giftstoffe auszuschwemmen.

Heute kommen Meeresfrüchte auch häufig aus Zuchtanlagen. Diese werden streng überwacht, sodass die Gefahr einer Vergiftung in diesem Fall natürlich nicht besteht.

Wie viel Mikroplastik essen wir?

Das Plastikproblem brennt Umweltverbänden und Unternehmen, Behörden und Regierungen gleichermaßen unter den Nägeln – entdecken Forscher doch Plastikmüll in den letzten Jahren in Form von größeren Stücken bis hin zu Mikro- und Nanoplastik praktisch überall in der Umwelt: von den Tiefen der Weltmeere über die Sedimente von Gewässern bis in die Atmosphäre sowie von tropischen Korallenriffen bis in die Polarregionen. Weil sie jahrzehntelang nicht abgebaut werden, sammeln sich die Plastikabfälle dort immer weiter an. Das ultraviolette Licht der Sonne und eine Reihe weiterer Einflüsse zerkleinern diese Kunststoffe mit der Zeit immer mehr. Im Meer nehmen Fische, Wale, Schildkröten, Seevögel und andere Organismen den Müll mit der Nahrung auf und sammeln oft in ihren Verdauungsorganen größere und im Gewebe winzige Plastikmüllpartikel an, die ihnen durchaus schaden können. Mit

Nicht nur in den Meeren hat die Menge an Plastikmüll drastisch zugenommen.

Plastikmüll im Jahr 2016

Weltproduktion 335 Mio. t Kunststoffe. 40 % davon, d. h. 134 Mio. t, gelangen in die Umwelt.
Ausgaben für Plastik-Verpackungen 80–120 Mrd. US-Dollar
Recycling 95 % der Plastik-Verpackungen werden nur einmal verwendet.

Meeresfrüchten und Fischgerichten, aber auch im Honig oder im Mineralwasser landen die Plastikabfälle auch auf der Speisekarte vieler Menschen und gefährden möglicherweise auch deren Gesundheit.

Forscher der University of Newcastle in Australien schätzen, dass ein Mensch beim Essen, Trinken und Atmen jede Woche bis zu 5 g Mikroplastik zu sich nimmt. Das entspricht dem Gewicht einer Kreditkarte. Allerdings schwanken diese Werte je nach Wohnort und Ernährungsgewohnheiten stark. So ist in den USA das Trinkwasser nach Angaben der Naturschutzorganisation WWF doppelt so hoch mit Mikroplastik belastet wie in Europa. Besonders viele Kunststoffe stecken oft in Meeresfrüchten, weil z. B. Muscheln ihre Nahrung samt Mikroplastik aus dem Wasser filtern. Aber auch im Kompost finden sich die winzigen Kunststoffteilchen. Sind sie klein genug, können sie von dort von Nutzpflanzen aufgenommen werden und später auf dem Teller landen.

Ist Milch nur für Säuglinge, nicht aber für Erwachsene wichtig?

Muttermilch versorgt das Neugeborene mit allem, was es für eine gesunde Entwicklung braucht. Dass sie vom Organismus des Säuglings verdaut werden kann, ist dem Enzym Gastricin zu verdanken. Dessen Produktion wird im Verlauf des ersten Lebensjahres eingestellt.

Darauf und auf die Tatsache, dass in Europa 5–15 % der Erwachsenen unter einer Milchzuckerunverträglichkeit leiden, gründet sich die oft geäußerte Vermutung, dass von Natur aus Kuhmilch (die nach dem Abstillen an die Stelle der Muttermilch tritt) für den Erwachsenen gar nicht als Lebensmittel vorgesehen und damit verzichtbar sei. Doch die Deutsche Gesellschaft für Ernährung (DGE) sieht dies anders. Immerhin sind die meisten erwachsenen Europäer durchaus in der Lage, Milchzucker (= Laktose) zu verdauen, auch wenn diese Fähigkeit mit zunehmendem Alter abnehmen kann. Selbst wenn eine vom Arzt festgestellte Unverträglichkeit vorliegt, ist es möglich, auf laktosefreie Milchprodukte auszuweichen, die heute in Form von Milch, Joghurt, Quark, Frischkäse usw. in jedem Supermarkt erhältlich sind. Häufig werden auch saure Milchprodukte wie Kefir oder Buttermilch gut vertragen, denn in ihnen ist ein Teil des Milchzuckers bereits zu Milchsäure abgebaut.

Wer hingegen weder Milch noch Milchprodukte zu sich nimmt, verzichtet auf das darin enthaltene Kalzium, das Knochen und Zähne aufbaut, Karies, Osteoporose und Dickdarmkrebs vorbeugt und den Blutdruck senkt – der Kalziumbedarf muss dann über andere Nahrungsquellen gedeckt werden. Da für eine hohe Knochendichte eine von Kindheit an ausreichende Kalziumzufuhr wichtig ist, empfiehlt die DGE den Konsum von 200 bis 250 g Milch und Milchprodukten sowie zwei Scheiben Käse (50–60 g) täglich. Außerdem liefert Milch wichtige B-Vitamine sowie hochwertige Eiweiße und steuert auch in dieser Hinsicht einen wichtigen Beitrag zur Ernährung bei.

Das asiatische Milchproblem

Rund 75 % aller Erwachsenen weltweit vertragen keine Milch. Vor allem Japaner und andere Asiaten, aber auch Afrikaner sind davon betroffen, da sie den Doppelzucker der Milch, die Laktose, nicht verdauen können – was bei den Betroffenen u. a. zu Bauchkrämpfen und Durchfall führt. Ihr Körper produziert zu wenig Lactase, ein Enzym, das die Laktose im Darm aufspaltet. Dieser Enzymdefekt ist genetisch bedingt.

Ist die Milch von Kühen, die auf Almen grasen, gehaltvoller?

Im Zuge des wachsenden Interesses an der ökologischen Landwirtschaft bleibt die Praxis der Bergbauern beliebt, ihr Vieh im Sommer auf die Almen zu treiben. Und das hat gute Gründe: Denn diese Weideflächen zeichnen sich dadurch aus, dass sie nicht überdüngt und schadstoffbelastet, sondern weitgehend naturbelassen sind und fern von Autobahnen und Industriestandorten liegen. Kühe, die hier weiden, fressen gesünderes Grünfutter und trinken reineres Wasser als die meisten Artgenossen im Tal. Zudem verbringen sie mehr Zeit im Freien, sodass sie robuster und widerstandsfähiger werden.

Glücklichere Almkühe produzieren bessere Milch – eine Behauptung, die nicht nur eine Klischeevorstellung wiedergibt.

Der Schluss liegt nahe, dass diese Kühe auch gesündere Milch geben. Tatsächlich hat man in Studien herausgefunden, dass die Milch von Almvieh in der Weideperiode wesentlich mehr konjugierte Linolsäure enthielt als die Milch von ganzjährig im Stall gehaltenen Rindern, die Kraftfutter bekamen.

Konjugierte Linolsäure ist eine mehrfach ungesättigte Fettsäure, die der menschliche Körper nicht selbst herstellen kann. Sie stärkt das Immunsystem, beugt Krebs sowie Arterienverkalkung vor und erhöht die Knochenmasse. Die Studien zeigten, dass der Linolsäuregehalt der Milch entscheidend von der Fütterung der Rinder abhängt: Frisches, unbelastetes Grünfutter enthält viele freie Fettsäuren, die im Pansen der Kuh zu Linolsäure umgewandelt werden.

Wichtiger als das Mindesthaltbarkeitsdatum ist das bei manchen Produkten angegebene Verbrauchsdatum.

Was bedeutet das Mindesthaltbarkeitsdatum wirklich?

Die einen nehmen schon beim Einkauf nahezu jedes Produkt akribisch unter die Lupe und prüfen das Mindesthaltbarkeitsdatum, andere greifen einfach zu, ohne dem Datum auch nur die geringste Bedeutung beizumessen. Und so setzt sich das Verhalten zu Hause weiter fort: Da wird die Ware sofort entsorgt, wenn das Datum um nur einen Tag überschritten ist, oder – im umgekehrten Fall – noch lange nach Ablauf der Frist verzehrt bzw. verwendet. Gegen Letzteres spricht auch nichts, denn wie der Name bereits sagt, benennt das Mindesthaltbarkeitsdatum (kurz MHD) den Tag, bis zu dem die Ware unter vorschriftsmäßiger Lagerung mindestens haltbar ist. Danach kann es sein, dass sich z. B. die Farbe, die Konsistenz oder auch die Geschmacksintensität ändern, verwendet werden kann das Produkt aber dennoch, sofern sich keine für die Gesundheit bedenklichen Zeichen zeigen (z. B. Schimmel, schlechter Geruch oder Geschmack). Bereits abgelaufene Ware darf vom Händler noch verkauft werden, vorausgesetzt, er hat sie zuvor geprüft. Wie lange eine Ware mindestens haltbar ist, unterliegt damit einem gewissen Spielraum. Wer sich nicht sicher ist, wie die Ware korrekt zu lagern ist, findet in der Regel entsprechende Informationen auf der Verpackung.

Deutlich vom Mindesthaltbarkeitsdatum abzugrenzen ist das Verbrauchsdatum (auch Verfalls-/Ablaufdatum), das man keinesfalls unbeachtet lassen sollte. Klassische Beispiele für damit gekennzeichnete Produkte sind Hack- oder Geflügelfleisch, also schnell Verderbliches. Das Datum benennt den letzten Tag, an dem die Ware verwendet werden kann. Abgelaufene Produkte dürfen entsprechend auch im Handel nicht mehr angeboten werden.

Macht Mohn high?

Diese Behauptung ist immer wieder zu hören: Wer ein Mohnbrötchen verspeist, dessen Drogentest fällt später positiv aus. Aber stimmt das überhaupt? Kann Mohn high machen?

Der Saft bestimmter Mohnblumenarten enthält diverse Alkaloide, die zu Rauschzuständen führen (z. B. Morphin). Durch verschiedene Verarbeitungsprozesse lässt sich aus dem Milchsaft Opium, Rauchopium und Heroin gewinnen bzw. herstellen.

Für Mohnbrötchen und -kuchen wird dagegen der Samen der Pflanzen verwendet. In diesen sind zwar auch Alkaloide vorhanden, jedoch vergleichsweise wenige, die eine berauschenden Wirkung haben. Die Samen können allerdings beim Ernten mit morphinhaltigen Pflanzenteilen kontaminiert werden. Durch weitere Verarbeitungen wie Waschen und Backen wird der Morphingehalt der Mohnsamen aber wieder reduziert. Das Bundesinstitut für Risikobewertung (BfR) empfiehlt als maximale tägliche Aufnahmemenge 6,3 mg pro kg Körpergewicht, was etwa 50 g Mohnsamen entspricht. Da ein Mohnbrötchen nur ca. 2–4 g Mohn enthält, verfällt ein gesunder Erwachsener beim Essen wohl kaum in einen Drogenrausch – bei einem Urintest können jedoch tatsächlich Opiate nachgewiesen werden.

Kann man sich beim Muscheln essen mit Hepatitis anstecken?

Ja, tatsächlich! Eine Hepatitis-A-Infektion, d. h. eine ansteckende Leberentzündung, bekommt man z. B. durch kontaminiertes Wasser oder verunreinigte Getränke bzw. Lebensmittel. Und hier rangieren Austern oder andere Muscheln aus verseuchten Gewässern ganz oben auf der Liste. Gefährlich wird es in Sachen Meeresfrüchte immer dann, wenn ungeklärte Abwässer in der Nähe von Muschelbänken ins Meer geleitet werden. Die in den menschlichen Fäkalien enthaltenen Viren reichern sich in den Muscheln an und können beim Verzehr insbesondere roher Meeresfrüchte eine Infektion mit Hepatitis A auslösen. Kocht man die Muscheln dagegen, ist die Gefahr einer Ansteckung deutlich geringer, kann jedoch nicht ausgeschlossen werden. Damit das Virus wirklich abgetötet wird, müssen die Muscheln entsprechend lang und stark erhitzt werden, was bei der Zubereitung nicht immer der Fall ist. Wer auf den Genuss von Muscheln nicht verzichten möchte, sollte ausschließlich auf unbedenkliche Ware aus kontrollierter Zucht setzen (Finger weg von Muscheln unbekannter Herkunft!) oder eine entsprechende Impfung in Erwägung ziehen – insbesondere vor Auslandsreisen, denn heutzutage steckt sich ein großer Teil der Betroffenen fern der Heimat an.

Ist die Muskatnuss ein Rauschgift?

Die Muskatnuss, die botanisch gesehen gar keine Nuss, sondern der Kern einer tropischen Frucht ist, wurde im 11. Jh. durch arabische Ärzte nach Europa gebracht und erfreute sich als Heilmittel und Gewürz bald großer Beliebtheit.

Wer aber eine zu hohe Dosis zu sich nahm, lernte auch die Schattenseiten der „Nuss" kennen: Ab einer Menge von 5 g können ihre Inhaltsstoffe nämlich Phänomene wie Halluzinationen, Euphorie und Desorientierung, aber auch Magenschmerzen, Erbrechen, Herzrasen, Schweißausbrüche und Angstzustände auslösen. Es ist sogar der Fall eines Achtjährigen bekannt, der nach dem Verzehr von zwei Muskatnüssen starb. Für Erwachsene gilt eine Dosis ab drei Nüssen als lebensbedrohlich.

Eine Muskatnuss, umhüllt von ihrer dunklen Schale, dem roten Samenmantel (Muskatblüte) und dem Fruchtfleisch.

Verantwortlich dafür ist das Halluzinogen Myristicin. Ihm ist es zu verdanken, dass die Muskatnuss einerseits – in minimaler Dosierung – gegen Blähungen, Durchfall und Übelkeit hilft, andererseits aber auch – höher dosiert – als Ersatzdroge missbraucht werden kann. Denn wie wusste schon Hildegard von Bingen: „Muskatnuss versetzt den Menschen in eine heitere Stimmungslage." Wie fließend hier die Grenzen zwischen Hochstimmung und „Absturz" sind, mag ihr jedoch entgangen sein.

Sind Nüsse gut fürs Gehirn?

Nüsse speichern auf kleinstem Raum große Mengen Nährstoffe; so erreichen viele von ihnen deutlich mehr als 560 kcal pro 100 g und einen Fettgehalt von bis zu 70 %. Neben hochwertigen einfach und mehrfach ungesättigten Fettsäuren enthalten diese Energiespender auch viele wertvolle Mineralstoffe und Vitamine. Vor allem die B-Vitamine sind reichlich vertreten. Diese wirken sich positiv auf das Gehirn und das Nervensystem aus. Einen ähnlichen Einfluss hat auch das in den Nüssen enthaltene Lezithin. Dieser fettähnliche Stoff, der Bestandteil des körpereigenen Nervengewebes ist, wird in den Nerven umgewandelt und steuert wichtige Gehirnfunktionen, beispielsweise die Leistungen des Gedächtnisses.

Eine amerikanische Studie lässt den Schluss zu, dass das Gehirn besser arbeitet, wenn man beim Rätselknacken Nüsse isst. Doch damit nicht genug: Die Vitamine A, C und E – sie finden sich ebenfalls in Nüssen – stehen sogar in dem Ruf, degenerative Erkrankungen der Großhirnrinde und des Stammhirns wie Alzheimer und Parkinson zu verhindern bzw. zu verzögern.

Die mittelalterliche Signaturenlehre scheint diese modernen Erkenntnisse bereits vor Jahrhunderten vorweggenommen zu haben. Die Signaturenlehre ging davon aus, dass bei Erkrankungen der Organe vor allem jene Pflanzen heilend wirken, die diesen Organen in Farbe, Form und Aussehen ähneln. Und da Walnusskerne an das menschliche Gehirn erinnern, glaubte man damals schon, dass sie Erkrankungen des Gehirns kurieren können.

Warum ist übermäßiger Obstkonsum eine Herausforderung für die Leber?

Dass Alkohol der Leber schaden kann, ist allgemein bekannt. Obst gilt dagegen als gesund, wird von der Deutschen Gesellschaft für Ernährung (DGE) zweimal täglich empfohlen und schmeckt dazu oftmals noch herrlich süß – was sollte daran schädlich sein?

Wie bei vielen anderen Lebensmitteln ist es der im Obst enthaltene Fruchtzucker (Fruktose), der im Verdacht steht, gesundheitliche Probleme zu verursachen. Fruchtzucker wird – im Gegensatz zu anderen Einfachzuckern wie z. B. Glukose – nach der Absorption im Dünndarm auf direktem Weg zur Leber weitergeleitet, wo er in Form von Energie gespeichert oder zu Fett umgewandelt wird. Eine Ernährung mit einem Übermaß an Fruchtzucker kann daher zu Leberschäden, Entzündungsreaktionen und Arterienverkalkung führen sowie das Risiko erhöhen, an Diabetes, Bluthochdruck, Nierenerkrankungen und Adipositas zu erkranken.

Dennoch wäre es vollkommen verkehrt, Obst deshalb komplett vom Speisezettel zu verbannen. Um den Organismus zu schädigen, müsste man über längere Zeit gewaltige Mengen verzehren – und trotzdem: Auch beim Obstkonsum gilt die gute alte Regel vom Maßhalten, die DGE empfiehlt 250 g Obst pro Tag. Viel gefährlicher für die Gesundheit ist der Fruchtzucker, der verarbeiteten Lebensmitteln zugesetzt wird, damit uns die köstliche Süße zum Kauf verlockt. Wer täglich Limonaden, Backwaren aus dem Supermarkt, Fertiggerichte oder Süßigkeiten konsumiert, nimmt schon allein dadurch ein Übermaß an Fruchtzucker auf. Das Stückchen Obst am Nachmittag oder der süße Smoothie sind dann allenfalls das Tüpfelchen auf dem i.

Ein Apfel zwischendurch schadet der Gesundheit auf keinen Fall – im Gegenteil.

Ist Olivenöl das gesündeste Speiseöl?

Olivenöl ist schmackhaft und äußerst gesund!

In Mittelmeerländern treten Herz-Kreislauf-Erkrankungen seltener auf als in Mitteleuropa. Der Grund dafür liegt u. a. in der dort üblichen Kost, die sich durch Obst, Gemüse, Fisch, Getreideerzeugnisse, aber auch reichlich Olivenöl auszeichnet.

Doch wie kann dies sein – trotz viel Speiseöl? Man konnte nachweisen, dass Olivenöl Herz und Blutgefäße wirksam schützt. Die beste Qualität weist das native Olivenöl aus erster *(extra vergine)* oder zweiter *(vergine)* Kaltpressung auf. Mit seiner gesundheitsfördernden Wirkung kann kein anderes Pflanzenöl mithalten: Es schont Magen und Darm und enthält viele einfach ungesättigte Fettsäuren. Außerdem finden sich darin gefäßschützende Vitamine und viele sekundäre Pflanzenstoffe. Darunter sind auch Flavonoide, die zellschädigende und an der Krebsentstehung beteiligte freie Radikale unschädlich machen können. Auch Oleuropein, das dem Öl einen leicht bitteren Geschmack verleiht, gehört zu den sekundären Pflanzenstoffen. Es ist ebenfalls im Olivenöl enthalten, wirkt antibakteriell, senkt den Blutdruck und hemmt die Bildung von Blutgerinnseln und entzündungsfördernden Stoffen. Die im Öl enthaltenen Polyphenole aktivieren zudem das Phase-II-Enzymsystem, das gefährliche Substanzen in wasserlösliche Stoffe umwandelt. Sie können dann mit dem Urin oder über die Galle ausgeschieden werden. In Fachkreisen geht man davon aus, dass ein Zusammenhang zwischen unvollständiger Entgiftung und bestimmten Krankheiten wie Krebs, Parkinson und chronischem Müdigkeitssyndrom besteht.

Olivenöl ist jedoch nur begrenzt haltbar. Geöffnete Flaschen sollten innerhalb von drei Monaten verbraucht werden. Das Öl sollte nicht an heißen Orten, auch nicht bei direkter Sonneneinstrahlung, sondern an einem moderat warmen Platz aufbewahrt werden. Eine Lagerung im Kühlschrank ist nicht empfehlenswert.

Rapsöl weist eine ähnlich günstige Zusammensetzung an Fettsäuren auf wie Olivenöl. Ihm fehlen jedoch die sekundären Pflanzenstoffe und die vielseitige Verwendbarkeit des hitzebeständigen Olivenöls: Rapsöl ist nur in raffinierter Form zum Braten geeignet. Man kann Olivenöl also als das gesündeste und bekömmlichste Speiseöl bezeichnen.

Warum dürfen Diabetiker keinen Orangensaft trinken, aber eine Orange essen?

Die Deutsche Gesellschaft für Ernährung (DGE) empfiehlt auch bei Diabetes (Typ 1 und 2) zwei Portionen Obst am Tag, wobei man eine Portion durch Nüsse oder Samen ersetzen kann. Ein kompletter Verzicht auf Obst ist nicht ratsam, da die Früchte jede Menge Vitamine, Mineralstoffe und gesunde Ballaststoffe liefern.

Diabetiker sollten jedoch wissen, dass Obst viel Zucker enthalten und damit den Blutzuckerspiegel in die Höhe treiben kann. Am besten greift man zu Früchten mit hohem Wasser- und Ballaststoffgehalt: Hierzu gehören z. B. Orangen. Der Blutzuckeranstieg lässt sich auch abschwächen, wenn man das Obst mit den richtigen Partnern kombiniert, z. B. Eiweiß und Fett. Wer ein paar Löffel Joghurt oder eine kleine Handvoll Nüsse zur Orange isst, tut seiner Gesundheit allein dadurch viel Gutes.

Bleibt zu klären, warum Diabetiker die Orange ohne schlechtes Gewissen essen, sich beim Orangensaft aber zurückhalten sollten: Durch das Entsaften der Frucht werden die gesunden Ballaststoffe weitestgehend entfernt, sodass der Zucker sehr schnell ins Blut gelangen kann. Zudem machen in flüssiger Form aufgenommene Kalorien viel weniger satt als die ganze Orange, sodass man in Versuchung gerät, eine größere Menge Saft zu trinken – das gilt natürlich nicht nur für Diabetiker.

Das Südtiroler Archäologiemuseum in Bozen zeigt, wie Ötzi möglicherweise aussah.

Was stand beim Steinzeitmann Ötzi auf der Speisekarte?

Als sich der mit dem Spitznamen Ötzi bezeichnete Steinzeitmann auf dem Tisenjoch in den Ötztaler Alpen an der heutigen Grenze zwischen dem österreichischen Tirol und dem italienischen Südtirol in 3200 m über dem Meeresspiegel zu seiner letzten Rast niederließ, genoss der durchtrainierte 45-Jährige ein köstliches Vesper: Mit einem aus dem Urweizen Einkorn gebackenen Vollkornbrot, Kräutern und gegrilltem oder luftgetrocknetem Steinbockbraten, vor allem aber mit reichlich Steinbockfett stärkte sich der Wanderer offensichtlich für den weiteren Weg. Das schlossen Forscher aus Bozen und Wien aus dem gut erhaltenem Inhalt von Magen und Darm der Gletschermumie.

Zuvor scheint Ötzi viel unterwegs gewesen zu sein, folgert ein Forscher aus Innsbruck aus den Blütenpollen, die er in seinem Darm fand: 33 Stunden vor seinem Tod hatte er in der Nähe der rund 2400 m über dem Meeresspiegel liegenden Waldgrenze Brot, Gemüse und Fleisch gegessen. Danach lief er ins Tal. Neun bis zwölf Stunden vor seinem Tod gab es in einem Eichenmischwald, wie er für wärmere Zonen in 1200 oder 1400 m Höhe typisch ist, eine weitere Mahlzeit mit Brot, das auf heißen Steinen gebacken wurde, und gegrilltem Hirschfleisch. Sein Gemüse verspeiste der Steinzeitmann dagegen roh.

Besonders oft standen Fleisch und tierische Fette auf Ötzis Speisekarte. Der Fettgehalt der Nahrung im Magen des Steinzeitmannes lag mit 46 % extrem hoch. Diese Kost liefert sehr viel Energie und damit den Treibstoff, den Ötzi auf seinen Hochgebirgstouren vor 5300 Jahren genau so benötigte, wie es heutige Marathonläufer auf ihrer 42-km-Strecke tun.

Sollte man auf Palmöl besser verzichten?

Es steckt in Brotaufstrichen und Tiefkühlpizzen, in Lippenstiften und Schokolade, Tütensuppen, Cremes und Waschmitteln. Nach Schätzungen der Naturschutzorganisation WWF enthält jedes zweite Produkt in den Regalen eines Supermarkts Palmöl.

Palmölplantagen wie diese hier in Indonesien werden von Naturschützern heftig kritisiert.

Diese weite Verbreitung hat durchaus ihre Gründe. Denn Ölpalmen wachsen enorm schnell und sind die wohl effizientesten pflanzlichen Öllieferanten der Welt. Zudem ist ihr Öl bei Raumtemperatur fest und geschmacksneutral, sodass es sich hervorragend zu den verschiedensten Produkten verarbeiten lässt.

Zugleich ist Palmöl aber auch eines der meistkritisierten landwirtschaftlichen Produkte überhaupt. Denn der Anbau von Ölpalmen, der nur in den Tropen möglich ist, hat vielerorts fatale Folgen. Zu den größten Produzenten gehören Indonesien und Malaysia, wo in den letzten Jahren unzählige Hektar Regenwald mitsamt ihrer enormen Artenvielfalt den Palmölplantagen weichen mussten. Deshalb fordern viele Naturschützer einen Verzicht auf Produkte, die Palmöl enthalten.

Allerdings stellt sich dann die Frage nach den Alternativen. Einfach auf andere Ölpflanzen wie Kokospalmen oder Raps, Sonnenblumen oder Soja umzusteigen, würde das Problem nach Einschätzung des WWF kaum lösen. Denn diese Pflanzen können zwar auch außerhalb der Tropen angebaut werden, sind aber deutlich weniger effizient als die Ölpalmen. Um die gleiche Menge Öl aus Soja zu gewinnen, würde man z. B. etwa die sechsfache Fläche benötigen. Deshalb engagieren sich etliche Naturschutzorganisationen, aber auch Hersteller und Supermärkte in gemeinsamen Initiativen wie der Palm Oil Innovation Group oder dem Forum Nachhaltiges Palmöl, die naturverträglicheres Palmöl gewinnen wollen, indem z. B. beim Anbau der Ölpalmen darauf geachtet wird, die Natur so wenig wie möglich zu beeinträchtigen.

Sind wieder aufgewärmte Pilzgerichte gefährlich?

Die Küchenregel, die besagt, dass man Pilze nicht wieder aufwärmen darf, stammt aus der Zeit vor der Erfindung des Kühlschranks: Damals verfügte man noch nicht über die Kühlmöglichkeiten, um einmal erwärmte Pilzgerichte aufzubewahren. Diese waren damit sehr anfällig für Bakterien, denn Pilze bieten – egal, ob sie frisch sind, aus der Tiefkühltruhe oder der Konserve kommen – wegen ihres hohen Wasser- und Eiweißgehalts Mikroorganismen einen guten Nährboden und verderben schnell.

Deshalb sollte man Pilze auch heute noch nie lange aufbewahren – Frischpilze im Kühlschrank bei maximal 4 °C höchstens einen Tag. Am besten ist es, sie nach dem Sammeln sofort zu putzen, zuzubereiten und zu verzehren.

Will man Pilzgerichte wieder aufwärmen, muss man vorsichtig sein und einige Regeln beachten.

Die Deutsche Gesellschaft für Ernährung (DGE) sieht jedoch keinen Grund, vom Wiedererwärmen einer Pilzmahlzeit abzuraten, wenn man einige Regeln beherzigt: So empfiehlt es sich, Pilzreste möglichst schnell herunterzukühlen, etwa im Eiswasserbad, und im Kühlschrank aufzubewahren – allerdings nicht länger als einen Tag. Beim neuerlichen Erhitzen muss unbedingt eine Temperatur von über 70 °C erreicht werden.

Auch die Annahme, beim zweiten Erwärmen könnten Giftstoffe entstehen, muss ins Reich der Küchenfabeln verbannt werden. Denn wenn es tatsächlich so wäre, dann dürfte auch eine mit Pilzen belegte Tiefkühlpizza nicht aufgewärmt werden.

Wird man leichter dick, wenn man viel Werbung für Pizza sieht?

Sie sieht einfach zum Reinbeißen aus: Knuspriger Boden, üppiger Belag, gekrönt von geschmolzenem Käse … Fast glaubt man, schon den appetitlichen Duft in der Nase zu haben – auch wenn man genau weiß, dass das bei einem Fernsehspot, einem Internetclip oder einem Plakat gar nicht möglich ist.

Tatsächlich entfaltet diese Art von Werbung messbare Wirkungen auf das Belohnungssystem im Gehirn. Ihre Kraft ziehen die Bilder aus den positiven Erfahrungen, die man früher beim Verspeisen der entsprechenden Nahrungsmittel gemacht hat. Diese merkt sich das Gehirn. Beim nächsten Mal muss man die Leckerei dann gar nicht real vor sich haben, um sie unbedingt mal wieder essen zu wollen.

So lässt ein gutes Foto von einem leckeren Gericht den meisten Betrachtern das Wasser im Mund zusammenlaufen wie dem berühmten Pawlow'schen Hund. Der hatte Anfang des 20. Jh. in einem Versuch gelernt, dass er beim Läuten einer Glocke etwas zu fressen bekam. Rasch hatte das Tier diesen Zusammenhang so verinnerlicht, dass bei ihm schon beim Klang der Glocke der Speichelfluss einsetzte. Beim Menschen scheint es ähnliche Lernprozesse zu geben, nur dass statt des Glockentons der Pizzaspot Auswirkungen zeigt. Werbung kann daher durchaus dazu führen, dass man mehr isst, als man müsste.

Aber nicht jeder ist gleich empfänglich dafür. Impulsive Menschen und solche, die auf Verzicht oft frustriert reagieren, greifen z. B. eher zu, genau wie solche, die dazu neigen, Stress „wegzuessen". Psychologische Experimente zeigen aber, dass man gegen-

Die lecker aussehende Pizza im Fernsehspot kann durchaus dazu verführen, häufiger und mehr zu essen.

steuern kann: Wer sich die langfristigen Folgen der Völlerei für Gesundheit und Figur gezielt vor Augen führt, entscheidet sich eher gegen die Verlockung.

Dürfen Schweizer Bauern ihre Rinder auf der Weide schießen?

Ja. Am 1. Juli 2020 trat in der Schweiz ein Lebensmittelgesetz in Kraft, nach dem alle Nutztiere auf der Weide oder auf dem Hof getötet werden dürfen. Für dieses Gesetz hatten sich der Bauer Nils Müller vom Hof Zur Chalte Hose auf dem Küsnachter Berg im Schweizer Kanton Zürich und Eric Meili vom Forschungsinstitut für biologischen Landbau (FiBL) in der Schweiz viele Jahre lang engagiert und zuverlässige Tötungsmethoden entwickelt.

Mit einem finnischen Jagdgewehr des Kalibers .22 Magnum steigt Nils Müller dazu auf einen Hochsitz gleich neben einer kleinen Koppel. Von dort zielt er sorgfältig auf eines seiner Tiere. Erst wenn er sich ganz sicher ist, den Kopf des Rindes exakt an der richtigen Stelle zu treffen, schießt er. Das Tier bricht wie vom Blitz getroffen zusammen und bleibt reglos liegen. Die anderen Rinder schauen zwar überrascht, werden aber gleich zurück auf ihre Weide getrieben und fressen dort anscheinend ungerührt weiter.

Dieser Schuss fällt dem Bauern extrem schwer, schon die ganze Nacht davor konnte er kaum schlafen, kennt er seine Rinder doch seit ihrer Geburt und liebt sie. Und er trägt bis zu ihrem Ende die Verantwortung für sie. Daher will Nils Müller seinen Rindern den Weg zum Schlachthof, auf dem die Tiere immer wieder panische Angst haben, ersparen. Auf der Weide grasen sie bis zuletzt friedlich, sterben in gewohnter Umgebung und empfinden bis zu ihrer letzten Sekunde keinen Stress.

Im Blut der im Schlachthaus getöteten Tiere finden FiBL-Studien dagegen oft große Mengen des Stresshormons Kortisol. Das wiederum mobilisiert größere Mengen des Zuckers Glukose, der sehr rasch viel Energie für eine schnelle Flucht oder eine beherzte Verteidigung liefern kann. Gleichzeitig bildet sich in den Muskeln Laktat, das den Geschmack des Rindfleischs deutlich verschlechtert. Beide Substanzen aber finden sich ebenfalls oft in relativ großen Mengen im Blut der Rinder, die im Schlachthof gerade getötet wurden.

Nach dem tödlichen Schuss müssen sich Nils Müller und der Metzger Patrick Föllmi sputen: Innerhalb von 90 Sekunden müssen sie das Tier an den Hinterbeinen hochhieven und es nach einem Kehlschnitt ausbluten lassen. In dieser kurzen Zeit kann auch ein Tier, das durch den Schuss eventuell nicht sofort getötet, sondern nur betäubt wurde, keinesfalls wieder aufwachen. Weitere 45 Minuten später müssen Müller und Föllmi dem Rind im Schlachtlokal des Metzgers das Fell abziehen, die Eingeweide entnehmen und den Schlachtkörper halbieren. Schließlich arbeiten die Mikroorganismen im Pansen des Tieres auch nach dessen Tod weiter, verdauen Gras und produzieren dabei Gase, die das tote Tier nicht mehr ausrülpsen kann. Würden dadurch die Eingeweide platzen, wäre das Fleisch ungenießbar. Ist die Entfernung zum nächsten Schlachthof zu groß, schaffen mobile Schlachtanhänger Abhilfe, die von einem normalen PKW gezogen werden können.

Ist rotes Fleisch tatsächlich krebserregend?

Die Menge macht das Gift – dies gilt auch für den Fleischkonsum. Laut DGE (Deutsche Gesellschaft für Ernährung) sollten wir pro Woche nicht mehr als 300–600 g Fleisch verzehren. In dieser Menge enthalten sind aber nicht nur das Steak oder Schnitzel zum Mittagessen, sondern auch die Wurst- und Schinkenscheiben, die wir uns abends aufs Brot legen.

Während weißes Fleisch (Geflügel) als gesundheitlich unbedenklich gilt, steht rotes Fleisch (von Rind, Schwein, Schaf, Ziege oder Wild) im Verdacht, Krebserkrankungen wie etwa Darmkrebs zu begünstigen. Hier gilt es jedoch zu differenzieren: Gefährlicher als unverarbeitetes Muskelfleisch etwa für einen Braten oder eine Roulade ist stark verarbeitete Ware, die gepökelt, fermentiert oder geräuchert wurde. Hierzu gehören z. B. Salami oder Würstchen. Wer die Empfehlungen der DGE beherzigt und in der Küche bevorzugt frisches, unverarbeitetes Fleisch zubereitet, braucht sich keine großen Sorgen zu machen – auch Krebsforscher fordern keinen kompletten Verzicht auf Fleisch.

Wer es mit dem Fleischkonsum nicht übertreibt, kann auch gelegentlich ein Steak genießen.

Die hohen Safranpreise erklären sich durch die aufwendige Herstellung des Gewürzes.

HISTORISCHE HÖCHSTPREISE

Viele Gewürze waren auch schon in historischen Zeiten absolute Luxusprodukte. Während der römischen Kaiserzeit kostete z. B. 1 Pfund Zimt etwa 1500 Denare, mehr als die meisten Römer in zehn Jahren verdienen konnten. Im Mittelalter war 1 Pfund Safran noch so viel wert wie ein Pferd, 1 Pfund Ingwer so viel wie ein Schaf, und Pfefferkörner wurden teilweise in Gold aufgewogen.

Ist Safran wirklich das teuerste Gewürz?

Der schon seit 5000 Jahren verwendete Safran zählt zu den kostbarsten Naturerzeugnissen. Ein einziges Gramm der höchsten Qualitätsstufe kostet bis zu 15 Euro. Der hohe Preis erklärt sich durch die aufwendige Herstellungsweise. Safran wird aus den Blütennarben des Safrankrokus gewonnen. Für 1 kg Safran müssen ungefähr 150 000–200 000 Blütennarben in mühevoller Handarbeit geerntet und getrocknet werden. Die Jahresproduktion des Gewürzes beträgt heute etwa rund 200 t, mehr als 90 % davon werden im Iran erzeugt. Weitere wichtige Erzeugerländer sind Griechenland, Spanien und Marokko. Unter den europäischen Sorten genießt der Safran aus der spanischen Landschaft La Mancha unter Feinschmeckern den besten Ruf.

Wirkt Salat beruhigend?

Dem Kräuterbuch von Leonhard Fuchs aus dem Jahr 1543 ist zu entnehmen, dass der in Mitteleuropa besonders beliebte Kopfsalat kein einheimisches Gewächs ist, sondern erst zu Beginn der Neuzeit als Züchtung entstand. Wie die anderen klassischen Gartensalate geht auch er auf den Wilden Zaunlattich zurück, eine Steppenpflanze, die von Südeuropa bis Vorderindien und Nordafrika verbreitet war.

Zu den ersten Völkern, die Lattich anbauten, gehörten in der Antike neben den Ägyptern die Griechen und Römer. Bei ihnen genoss der Lattich hohes Ansehen als Gemüse und Heilpflanze. Sie verwendeten ihn u. a. als Schlaf- und Beruhigungsmittel. Dazu schrieb der römische Arzt Galen im 2. Jh.: „Als ich alt zu werden begann und dennoch tief schlafen wollte, war ich nur dadurch imstande, mir den wohltuenden Schlaf zu verschaffen, dass ich abends eine Portion Salat verzehrte.“ Wegen seiner „einschläfernden“ Wirkung aß man damals den (Lattich-)Salat nicht vor dem Hauptgericht, wie dies heute meist üblich ist, sondern erst am Ende der Mahlzeit.

Ausschlaggebend für die beruhigenden, schlaffördernden Eigenschaften von Salat sind Inhaltsstoffe, die im weißlichen Milchsaft von Stängeln und Blüten aller Latticharten vorhanden sind, insbesondere die Bitterstoffe Lactucin und Lactucopikrin. Beide sind einerseits für den Wohlgeschmack des Salats verantwortlich, wirken andererseits aber auch appetitanregend, krampflösend und beruhigend. Dank dieser besonderen Qualitäten stellte man aus den Bitterstoffen früher neben Schlaf- auch Hustenmittel her und verwendete Lattich zusammen mit Bilsenkraut und Schierling in der Chirurgie als Betäubungsmittel.

Und auch heute noch wird Kopfsalat manchmal bei Schlaflosigkeit und nervösen Erregungszuständen als leichtes pflanzliches Beruhigungsmittel empfohlen – allerdings sollte man ihn nicht zu spät am Abend zu sich nehmen, weil Salat relativ schwer verdaulich ist. Den meisten Milchsaft führen übrigens Salatstrunk und Blattrippen, daher besser beim Putzen darauf achten, dass nicht ausgerechnet diese Teile des Salats im Abfall landen.

Hilft Schnaps bei der Verdauung?

„Jetzt erst mal einen Schnaps!" Diesen Stoßseufzer hat schon so mancher nach einem schweren und reichlichen Essen ausgestoßen, als sich das Völlegefühl unangenehm bemerkbar machte. Doch wer sich von Hochprozentigem Erleichterung erhofft, sitzt offenbar einem Mythos auf.

Das hat z. B. eine Studie des Universitätsspitals Zürich gezeigt, bei der 20 gesunde Männer und Frauen im Dienste der Wissenschaft ein Schweizer Käsefondue verspeisen durften. Einige bekamen dazu Weißwein zu trinken, die anderen schwarzen Tee. Nach der Mahlzeit wurde dann einer Testgruppe ein Kirschschnaps und der anderen ein Schluck Wasser zugeteilt. Anschließend haben die Forscherinnen und Forscher untersucht, wie sich die jeweiligen Getränke auf die Leerung des Magens und den Appetit der Versuchspersonen auswirkte.

Das Ergebnis sprach deutlich gegen den Verdauungsschnaps: Wer in der Studie Alkohol trank, dessen Magen leerte sich sogar langsamer als bei den Konsumenten alkoholfreier Getränke. Der Appetit entwickelte sich bei Tee- und Weintrinkern ähnlich, nahm aber bei jenen Menschen ab, die sowohl Wein als auch Schnaps getrunken hatten. Insgesamt scheint Alkohol die Verdauung also eher zu bremsen als zu fördern.

Trotzdem ist es möglich, dass sich die Konsumenten von Wein und Schnaps nach einer üppigen Mahlzeit kurzfristig besser fühlen. Denn Alkohol entspannt das Verdauungssystem und lindert so den unangenehmen Druck im Magen. Der Preis dafür ist aber, dass das Völlegefühl umso länger anhält.

Verdauung leicht gemacht

Wenn das Essen schwer im Magen liegt, empfehlen Experten statt des beliebten Verdauungsschnapses lieber eine halbe Stunde Spazierengehen an der frischen Luft. Denn Bewegung regt tatsächlich die Verdauung an.

Ingwer, Fenchel und andere Kräuter können ebenfalls Erleichterung verschaffen – sei es als Tee oder als Gewürz im Essen. Auch Koffein kann helfen, allerdings nur in der richtigen Dosis und Zubereitung. Ein Espresso nach dem Essen genügt, Milchkaffee stellt das Verdauungssystem dagegen vor zusätzliche Herausforderungen.

Liegt das Essen schwer im Magen, schwören viele auf einen Schnaps als Verdauungshilfe.

Die Sortenvielfalt bei Schokolade ist riesig – genau wie die Zahl der Gesundheitsfragen, die das Kakaoprodukt betreffen.

Ist Schokolade tatsächlich Nervennahrung?

Das oft auch als Glückshormon bezeichnete Serotonin ist ein körpereigener Botenstoff, der u. a. positiven Einfluss auf unsere Stimmung hat und uns entspannter und aktiver sein lässt. Ist nicht genug Serotonin vorhanden, kann dies umgekehrt Lustlosigkeit und depressive Verstimmungen zur Folge haben. Da der Serotoninspiegel im Körper auch von der Lichtintensität abhängt, erstaunt es kaum, dass viele Menschen im Winter ein Stimmungstief haben. Eine auffällige Erhöhung des Schokoladenverbrauchs, die in Nordeuropa jedes Jahr in der dunklen Jahreszeit auftritt, legt nahe, dass Schokolade Abhilfe schaffen kann.

Tatsächlich fand man in der Süßigkeit Tryptophan, eine Aminosäure, mit deren Hilfe Serotonin aufgebaut wird. Das geschieht aber nur, wenn gleichzeitig Kohlenhydrate, also Zucker vorhanden sind: Denn Zucker sorgt für die schnelle Ausschüttung des den Blutzucker regulierenden Insulins, das wiederum die Serotoninproduktion anregt und den Spiegel des Glückshormons im Blut kurzfristig anhebt. Da Schokolade neben Tryptophan auch viel Zucker enthält, ist sie – in Maßen genossen – als Nervennahrung durchaus geeignet.

Verursacht Schokolade Pickel?

Pickel und Akne entstehen infolge einer zu starken Produktion von Talg im Körper. Die fettige Substanz verstopft die Hautporen und begünstigt dort die Vermehrung von Bakterien, sodass es zu Entzündungen und Vereiterungen kommen kann.

Da Talg zur Gruppe der Fette gehört, liegt der Verdacht nahe, dass mit der Nahrung aufgenommene Fette die besonders unter Teenagern gefürchtete Akne auslösen. Vor allem Schokolade mit ihrem hohen Fettgehalt erscheint hierfür prädestiniert – und so wurde Generationen von Pubertierenden geraten, auf diese Süßigkeit lieber zu verzichten. Doch Ende der 1960er-Jahre rückte ein amerikanisches Forscherteam diesem Vorurteil zu Leibe. Man verabreichte Dutzenden Halbwüchsigen wochenlang große Mengen Schokolade. Dabei erhielt die Hälfte der Probanden echte Schokolade, während die Kontrollgruppe lediglich ein Kunstprodukt bekam, das nur so aussah und schmeckte wie Schokolade. Das Ergebnis überraschte, denn in beiden Gruppen trat Akne bei einigen Teilnehmern auf, bei anderen dagegen nicht.

Seit dieser Studie darf es also als widerlegt gelten, dass Schokolade für Pickel verantwortlich ist. Wenn jemand sehr viel Schokolade isst, könnte dies jedoch ein Hinweis darauf sein, dass sich diese Person nicht unbedingt sehr ausgewogen und gesund ernährt. Eine einseitige Ernährung hat meist negative Auswirkungen auf die Haut.

Regt Sekt den Kreislauf an?

Eine Anekdote berichtet, dass der berühmte Chirurg Prof. Sauerbruch seinen Patienten nach Operationen ein Glas Sekt – „aber nur eines!" – verordnet habe, und zwar nicht, wie er selbst schrieb, „um die Klinik in eine angeregte optimistische Stimmung zu versetzen, sondern weil Sekt ein hervorragendes, unschädliches Anregungsmittel des Kreislaufs ist".

Verantwortlich dafür sind zwei Bestandteile des Sektes: Kohlensäure und Alkohol. Kohlensäure fördert einerseits in Mund, Speiseröhre, Magen und Darm die Aufnahme des Alkohols – kohlensäurehaltige Alkoholika gehen also schneller ins Blut als „stille" wie etwa Wein. Zum anderen sorgt sie aber auch dafür, dass sich die Blutgefäße im Gehirn weiten, sodass das Blut besser zirkulieren kann und man sich wacher und angeregter fühlt. Alkohol wiederum erhöht in Konzentrationen, wie sie im Sekt vorliegen, den Blutdruck und regt den Kreislauf an, denn er ist in der Lage, die Blutgefäße kurzfristig durchlässiger zu machen. Sogar Muskelverspannungen können sich so lösen.

Allerdings verkehrt bereits ein zweites Glas diese Wirkung ins Gegenteil. Der zusätzliche Alkohol senkt den Blutdruck und macht vor allem eines – müde.

Gibt es in Europa auch im Winter frischen Spargel?

Nein, aber wer beim Einkaufen und Kochen auf regionales, saisonales Obst und Gemüse achtet, sollte im Winter ruhig einmal nach Schwarzwurzeln Ausschau halten. Nicht von ungefähr werden sie auch „Winterspargel" genannt, denn nicht nur rein äußerlich, sondern auch geschmacklich erinnern die geschälten Wurzeln an den bekannten Frühjahrsspargel. Bei der Zubereitung sollte man jedoch nicht unbedarft ans Werk gehen: Die Wurzeln enthalten einen weißlich-gelben, klebrigen Saft. Sobald er beim Schälen austritt, oxidiert er und verfärbt sich braun – und ist vor allem sehr hartnäckig. Man sollte deshalb bei der Zubereitung unbedingt Gummihandschuhe sowie eine Küchenschürze tragen. Damit die Stangen bis zur weiteren Verarbeitung ihre weiße Farbe behalten, empfiehlt es sich, sie direkt in Essig- oder Zitronenwasser, alternativ in Wasser, vermischt mit Mehl, zu legen. Je nach Rezept können Schwarzwurzeln aber auch mit der Schale gegart und anschließend erst gepellt werden. Der große Vorteil bei dieser Methode ist, dass kein Saft austritt. Schwarzwurzeln lassen sich nicht nur gegart, sondern auch roh auf vielfältige Art und Weise zubereiten sowie mit zahlreichen anderen Zutaten kombinieren.

Wie viel Eisen enthält Spinat wirklich?

Höchstwahrscheinlich war nur ein einfacher Kommafehler schuld daran, dass unzählige Kinder in aller Welt immer und immer wieder Spinat essen mussten. Obwohl der Irrtum in Deutschland bereits in den 1930er-Jahren berichtigt wurde, hat sich bis zum heutigen Tag in den Köpfen vieler Mütter und Väter die Überzeugung gehalten, dass Spinat das

Schwarzwurzeln werden auch als Winterspargel bezeichnet.

Aus jungen Spinatblättern lässt sich auch ein schmackhafter Salat zubereiten.

Der Spinat-Matrose

Popeye, der berühmteste Zeichentrick-Seemann aller Zeiten wurde 1929 von Elzie Segar erfunden und war fortan in zahllosen Comics und Zeichentrickfilmen zu sehen. Sein Markenzeichen: Sobald er eine Dose Spinat zu sich nimmt, bekommt er Bärenkräfte. Offenbar hatte Popeyes Spinatbegeisterung auch Auswirkungen auf sein amerikanisches Publikum. Die Inschrift auf dem Popeye-Denkmal in der texanischen Spinatmetropole Crystal City besagt jedenfalls, dass das Beispiel des Leichtmatrosen den Spinatabsatz um ein Drittel gesteigert hat.

mit Abstand eisenreichste Gemüse sei, das sie ihren Sprösslingen servieren könnten.

Darüber, wie es zu diesem folgenreichen Fehler kam, kursieren verschiedene Theorien. Fest steht immerhin, dass Ende des 19. Jh. eine der ersten Analysen von Spinat veröffentlicht wurde und darin dem grünen Blattgemüse mit 35 mg (pro 100 g) ein sensationell hoher Eisengehalt bescheinigt wurde. Glaubt man der bekanntesten Geschichte zu diesem Irrtum, geht die falsche Zahl auf einen simplen Tippfehler zurück, bei dem ein Komma fälschlicherweise nach rechts verschoben und damit der eigentliche Wert von 3,5 mg (pro 100 g) verzehnfacht wurde. Andere Quellen wiederum wollen wissen, dass der betreffende Wissenschaftler mit getrocknetem Spinatpulver experimentierte und dabei vergaß, dass verzehrfertiger Spinat im Unterschied dazu zu 90 % aus Wasser besteht – was den Wert drastisch nach unten korrigiert hätte.

Doch gleichgültig, wie es zu dem Irrtum gekommen sein mag, inzwischen steht der einstige Spitzenreiter Spinat an der richtigen Stelle der „Eisenhitparade" und muss sich gefallen lassen, dass Leberwurst (5,9 mg), Schokolade (6,7 mg) und Pistazien (7,3 mg) die Spitzenplätze innehaben.

Darf man Spinat wieder aufwärmen?

Der Glaube, Spinat werde beim zweiten Erhitzen zu Gift, stammt noch aus früherer Zeit, als der Spinattopf den ganzen Tag auf dem die Wohnung heizenden Herd köchelte und immer wieder kleine Kinder nach Spinatgenuss an der gefährlichen Blausucht erkrankten. Bakterien sorgen nämlich dafür, dass das im Spinat enthaltene Nitrat zu Nitrit umgewandelt wird. Da die Mikroorganismen sich umso schneller vermehren, je länger der Spinat steht und je höher die Temperatur ist, steigt damit auch ihre

Aus Steviablättern lässt sich ein konzentrierter Süßstoff herstellen.

Aktivität: Es kann also mehr Nitrit entstehen. Dieser Stoff ist aber für Babys und Kleinkinder bis drei Jahre gefährlich, da er den Sauerstofftransport im Blut behindern kann, was zur Blausucht führt. Erwachsene hingegen verfügen über Mechanismen, die diese Wirkung des Nitrits neutralisieren. Es spricht also nichts dagegen, Spinat wieder aufzuwärmen, solange man ihn nicht Kindern und Säuglingen vorsetzt, ihn nach dem ersten Kochen zügig abkühlt, sofort in den Kühlschrank stellt und beim Wiederaufwärmen gut und gleichmäßig durcherhitzt.

Ist Stevia eine gute Alternative zu Zucker?

Stevia ist ein Süßstoff, der aus der in Südamerika heimischen Pflanze *Stevia rebaudiana* gewonnen wird. Die süßende Wirkung ihrer Blätter ist den dortigen Ureinwohnern schon lange bekannt, genauer untersucht wurde sie aber erst zu Beginn des 20. Jh.

Stevia bietet einige Vorteile gegenüber herkömmlichem Haushaltszucker: Es ist nicht nur rund 30-mal süßer als dieser – zum Süßen werden also bedeutend kleinere Mengen benötigt –, sondern auch kalorienfrei und zahnfreundlich. Außerdem konnten für eine tägliche Maximaldosis von 4 mg Steviol pro Kilogramm Körpergewicht keinerlei gesundheitsschädliche Wirkungen festgestellt werden.

Gesünder oder „natürlicher" als andere Süßstoffe ist Stevia aber nicht. Bei der Herstellung werden die süßenden chemischen Verbindungen aus der Pflanze von deren restlichen Bestandteilen isoliert, sodass die wertvollen Inhaltsstoffe von *Stevia rebaudiana* verloren gehen. Zudem hat Stevia manchmal einen leicht lakritzartigen Beigeschmack, der nicht zu allen Süßspeisen passt. Bei Gebäck entsteht zudem das Problem, dass Zucker hier einen großen Anteil des Volumens einnimmt – würde er durch eine viel kleinere, aber genauso süße Menge Stevia ersetzt, müsste das Rezept geändert werden, wodurch sich auch die Eigenschaften des Gebäcks verändern würden.

Zucker vollständig ersetzen kann Stevia also nicht. Es ist aber unkompliziert möglich, einen Teil der täglichen Zuckermenge gegen Stevia auszutauschen. So kann es etwa als Süßungsmittel für Tee oder andere Getränke eingesetzt werden.

Wie super ist Superfood wirklich?

Da Superfood keine wissenschaftliche oder kontrollierte Qualitätsbezeichnung, sondern schlicht ein Werbebegriff ist, gibt es auch keine Regularien, anhand derer ermittelt werden könnte, ob Goji-Beere, Hanf oder Ostergras ihrem Superruf wirklich gerecht werden.

Geworben wird häufig mit besonders hohen Konzentrationen von Inhaltsstoffen, die Gesundheit und Wohlbefinden fördern. Exakten Untersuchungen halten diese Behauptungen allerdings oft nicht stand. So enthalten Goji-Beeren, die auf Deutsch übrigens Bocksdornfrüchte oder Chinesische Wolfsbeeren heißen, nicht mehr Vitamine und Mineralstoffe als andere Beeren und Gemüse. Ähnliches gilt auch für Hanf und Ostergras. Vor allem importiertes Superfood ist allerdings immer wieder durch einen sehr hohen Gehalt an Pflanzenschutzmitteln aufgefallen. Die Europäische Union hat daher bereits im Jahr 2007 die Vermarktung von Produkten unter der Bezeichnung Superfood stark eingeschränkt – lediglich Produkte, deren Nutzen von seriösen und strengen wissenschaftlichen Studien bestätigt wurde, dürfen mit diesem Begriff weiterhin beworben werden. Viele Ernährungswissenschaftler vertreten übrigens die Meinung, dass eine ausgewogene Ernährung mindestens so gesund ist wie Superfood, aber erheblich preiswerter zu haben sei.

Ist grüner Tee gesünder als schwarzer?

Im Gegensatz zu schwarzem Tee wird Grüntee nicht fermentiert, sondern nur mit heißem Dampf behandelt. Dies verhindert, dass Zellstrukturen aufbrechen, Oxidationsprozesse in Gang gesetzt werden und Vitamine sowie sekundäre Pflanzenstoffe entweichen können. Anders als in Schwarztee bleiben in Grüntee also praktisch alle wertvollen Inhaltsstoffe erhalten. Daher ist Grüntee tatsächlich gesünder als schwarzer Tee.

Außerdem werden beim Dämpfen Gerbstoffe freigesetzt. Dazu gehört auch das Epigallocatechingallat (EGCG), das hier in fünffach höherer Konzentration vorliegt als im schwarzen Tee. Es gilt derzeit als wichtigster Gerbstoff des Grüntees – vor allem deshalb, weil ihm nachgesagt wird, dass er sogenannte freie Radikale unschädlich machen könne. Die freien Radikale, die beispielsweise unter Einfluss von Alkohol, Nikotin, Ozon oder einseitiger Ernährung entstehen, sind gefährlich, weil sie im Körper Zellstrukturen angreifen und Krebs auslösen können. Doch damit nicht genug: Grüntee wird auch nachgesagt, er töte Bakterien und Viren ab, senke Blutdruck und Blutzuckerspiegel, beuge Herz-Kreislauf-Erkrankungen vor, stärke das Immunsystem und unterstütze die Leber bei ihrer Blutreinigungsfunktion.

Allerdings gilt es bei der Bewertung des Grüntees zu beachten, dass viele dieser Behauptungen aus Studien abgeleitet wurden, die in Fachkreisen umstritten sind – zumal es sich dabei oft um Tier- oder Laborversuche handelte und unklar ist, ob man sie ohne Weiteres auf den Menschen übertragen kann. Nichtsdestotrotz kann man aber davon ausgehen, dass es sich bei Grüntee um ein überdurchschnittlich gesundes Getränk handelt.

Wie man Grüntee zubereitet

Damit die Wirkung der Vitamine, aber auch der sekundären Pflanzenstoffe erhalten bleibt, darf grüner Tee nur mit heißem, aber nicht kochendem Wasser zubereitet werden. Er sollte zudem nur maximal drei Minuten ziehen, sonst wird er aufgrund der Gerbstoffe zu bitter. Viele Genießer schütten sogar den ersten Aufguss weg und trinken erst den zweiten, um eine noch mildere Geschmacksnote zu erzielen. Generell sollte man frisches, kalkarmes Wasser verwenden.

Grüntee wird mit heißem Wasser (meist zwischen 60 und 80 °C) aufgegossen.

Gäbe es ohne Fledermäuse keinen Tequila?

Wer an einer Margarita oder einem Tequila Sunrise nippt, denkt dabei nicht unbedingt an Fledermäuse. Dabei leisten diese Tiere für die Tequilaproduktion wertvolle Dienste. Denn Mexikos wohl bekannteste Spirituose wird aus dem Herzen der Blauen Agave gewonnen. Und diese Pflanze verlässt sich bei ihrer Bestäubung vor allem auf die Dienste verschiedener Blütenfledermausarten.

Wenn die Große und die Kleine Mexikanische Blütenfledermaus auf der Suche nach einer vegetarischen Mahlzeit durch die Nacht flattern, steuern sie mit Vorliebe die Blüten von Agaven an. Denn die locken mit süßem Nektar. Mit ihren langen Zungen und Schnauzen sind die Tiere perfekt darauf eingerichtet, an ihn heranzukommen. Während sie den Nektar fressen, bleibt jede Menge Pollen in ihrem Fell hängen, den sie zur nächsten Pflanze weitertragen. Es profitieren also sowohl Agaven als auch Fledermäuse von dieser engen Beziehung; möglicherweise könnte eine Seite ohne die andere nicht überleben.

Tequila wird heute aber vor allem aus kultivierten Agaven hergestellt, die größtenteils vegetativ vermehrt werden – also aus Ablegern. Dazu ist keine Bestäubung nötig. Deshalb werden die Pflanzen oft schon vor dem Blühen geerntet, und die Fledermäuse haben das Nachsehen. Auch für die Agaven hat diese Praxis allerdings Nachteile. Denn von ihrem Erbgut her sind die neuen Pflanzen Kopien der alten, sodass die genetische Vielfalt der Bestände sinkt. Und das macht die Gewächse anfälliger für Krankheiten und Schädlinge. Tatsächlich haben Pilz- und Bakterieninfektionen in den letzten Jahrzehnten schon beträchtlichen Schaden in den Agavenkulturen angerichtet.

Wissenschaftler, Tequilaproduzenten und Barkeeper haben sich deshalb zu einer Initiative namens Tequila Interchange Project zusammengeschlossen, die für einen fledermausfreundlich produzierten Tequila wirbt. Die beteiligten Betriebe lassen dabei einen kleinen Teil ihrer Pflanzen stehen, bis diese geblüht und Samen gebildet haben – und die Fledermäuse nehmen dieses Angebot gern an.

Wie wird Tofu hergestellt?

Heiß geliebt oder auch schon mal als Ökokost „abgestempelt“ – Tofu ist heute in jedem gut sortierten Supermarkt erhältlich. Die Grundlage für seine

Dass es eine Verbindung zwischen Agaven und Fledermäusen gibt, dürfte nur wenigen Tequilakonsumenten bewusst sein.

amit aus Sojabohnen Tofu
rd, ist eine Vielzahl von
beitsschritten notwendig.

Herstellung bilden Sojabohnen, die etwa zehn bis zwölf Stunden in Wasser eingeweicht werden. Dann werden sie mit Wasser unter hohem Druck gekocht; anschließend wird das Püree durch ein Sieb gegossen. Die dabei aufgefangene Sojamilch ist das Ausgangsprodukt für die nachfolgenden Schritte. Traditionell wird die Milch mit Nigari versetzt, einem Gerinnungsmittel aus der japanischen Küche, das auf der Basis von Meerwasser gewonnen wird. Alternativ kommt in der industriellen Produktion heute aber vermehrt Magnesiumchlorid, Calciumsulfat oder Zitronensäure zum Einsatz. Ähnlich wie bei der Käseherstellung hat sich am Ende des Gerinnungsvorgangs Molke gebildet, in der das ausgeflockte Sojaeiweiß schwimmt. Damit aus dem Eiweiß schließlich der feste Tofublock wird, muss die Masse im letzten Schritt noch kräftig ausgedrückt werden. Danach ist sie schnittfest und kann in beliebige Formen und Stücke portioniert werden.

Naturtofu ist aufgrund seines neutralen Geschmacks vielseitig in der Küche verwendbar. Daneben sind viele weitere Varianten auf dem Markt, bei denen der Tofu z. B. mit Gemüse oder Algen sowie ausgewählten Gewürzen verfeinert wurde. Auch frittiert, fermentiert oder geräuchert ist er erhältlich. Eine spezielle Variante ist der feine, cremige Seidentofu, der sich besonders gut für Saucen, Dips oder Desserts eignet.

Sind die grünen Teile von Tomaten giftig?

Tomaten gehören wie Kartoffeln zu den Nachtschattengewächsen, die in unreifem Zustand ein giftiges Alkaloid produzieren, mit dem sie sich vor dem vorzeitigen Gefressenwerden durch Schädlinge und Räuber schützen. Dieser Giftstoff, das Solanin, ist in allen grünen Pflanzenteilen der Tomaten zu finden, also auch im Stielansatz und im noch nicht ausgereiften Fruchtfleisch. Da Solanin hitzebeständig ist, kann es durch Kochen nicht zerstört werden; mit zunehmendem Reifegrad der Tomate nimmt seine Konzentration jedoch ab.

In grünen Tomaten wurde ein Solaningehalt von 9–32 mg pro 100 g gemessen, rote Tomaten enthalten im Gegensatz dazu nur noch verschwindend geringe Spuren des Giftes. Der kritische Wert, ab dem das Solanin im menschlichen Organismus Vergiftungserscheinungen auslöst, liegt bei etwa 25 mg; eine Dosis ab 400 mg gilt als tödlich – obwohl bisher noch kein derartiger Todesfall unter Erwachsenen dokumentiert ist.

Eine Solaninvergiftung ist nicht ungefährlich. Sie äußert sich in leichteren Beschwerden wie Brennen und Kratzen im Hals, Kopfschmerzen, Übelkeit, Erbrechen und Durchfall, kann bei entsprechender Dosierung aber auch ernsthafte Symptome wie Sehstörungen, Angstzustände, Atemnot, innere Blutungen und Bewusstlosigkeit zur Folge haben. Vor allem Kinder gehören dabei zur Risikogruppe, da sie aufgrund ihrer geringeren Körpermasse weniger Solanin vertragen als Erwachsene. Experten warnen deshalb eindringlich vor dem Genuss der grünen Teile von Tomaten und empfehlen, diese vor dem Verzehr komplett zu entfernen.

Damit geraten auch Konfitüren aus grünen Tomaten und süßsauer eingelegte grüne Tomaten in den Verdacht, giftig zu sein. Konfitüren gelten jedoch dank ihres hohen Zuckergehalts, der zu einer Verdünnung des Solanins führt, und wegen der kleinen Portionen, die man davon isst, als unbedenklich. Von eingelegten Tomaten in größeren Mengen wird dagegen tatsächlich abgeraten: Sie enthalten immerhin noch rund 90 % des ursprünglichen Solanins.

Die Tomatillo, deren Fruchthülle ein bisschen an einen Lampion erinnert, ist hierzulande noch wenig bekannt.

Worum handelt es sich bei der in Mexiko beheimateten Tomatillo?

Wer meint, hierbei würde es sich um eine Spielart der Tomaten handeln, irrt – obwohl die Frucht auch als grüne Tomate bezeichnet wird. Die Tomatillo *(Physalis philadelphica)* hat verwandtschaftliche Verbindungen mit der Familie der Blasenkirschen, die wiederum zu den Nachtschattengewächsen gehören. Eng verwandt ist sie u. a. mit der essbaren Kapstachelbeere *(P. peruviana)* und der nicht essbaren Lampionblume *(P. alkekengi)*, deren orangefarbene Blütenkelche bei uns im Herbst und Winter viele Gärten zieren. Genau wie die Lampionblume besitzt die Tomatillo eine Fruchthülle, die an eine Laterne erinnert. Im Inneren dieser Hülle wächst die Frucht heran, die einen Durchmesser von bis zu 10 cm erreichen kann und im Aussehen einer grünen Tomate ähnelt.

Geerntet wird die in Mexiko und Mittelamerika beheimatete Tomatillo, bevor sie ausgereift ist, damit sich ihre Süße gar nicht erst voll entfalten kann. Der Grund dafür liegt darin, dass die Tomatillo in der mexikanischen Küche nicht in Süßspeisen, sondern vor allem in pikanten grünen Salsas und Gemüsepfannen zum Einsatz kommt – oft in Kombination mit Chili.

Wer möchte, kann die frostempfindliche Frucht im Garten anbauen. Wenn man die Tomatillo ausreifen lässt, färbt sie sich gelb und schlägt herkömmliche Tomaten in puncto Süße um Längen. Im Handel findet man Tomatillos meist in Dosen, doch haben die schmucken Früchte inzwischen auch so manchen Gemüsemarkt erobert.

Warum leuchtet Tonic Water unter Schwarzlicht?

In einer Bar oder einer Diskothek ist es manchen Gin-Tonic-Liebhabern vielleicht bereits aufgefallen – unter Schwarzlicht leuchtet das Getränk bläulich. Warum eigentlich?

Vereinfacht gesagt besteht Tonic Water aus kohlesäurehaltigem Wasser, das mit dem Bitterstoff bzw. Aroma Chinin versetzt wird. Je nach Geschmacksrichtung werden Zucker und verschiedene Fruchtsäuren hinzugefügt. Chinin stammt aus Südamerika und wird aus der Rinde des Chinarindenbaums gewonnen. Ultraviolettes Licht (UV-Licht), das umgangssprachlich auch Schwarzlicht genannt wird, ist für das menschliche Auge unsichtbar. Es kann aber mithilfe fluoreszierender Stoffe sichtbar gemacht werden – und Chinin ist ein derartiger Stoff. Es absorbiert das kurzwellige Schwarzlicht und gibt es dann in deutlich längeren, sichtbaren Lichtwellen wieder ab. Die Flüssigkeit scheint nun bläulich zu leuchten.

Der bittere Chiningeschmack ist noch in einer Verdünnung von 1:50000 zu bemerken, und das Leuchten ist sogar bei einem Verhältnis von 1:100000 noch sichtbar. Chinin ist in Deutschland ein verschreibungspflichtiges Medikament und war früher ein wichtiges Mittel gegen Malaria. Das ist aber kein Grund zur Besorgnis, denn die in Lebensmitteln wie Tonic Water enthaltenen Chininmengen sind zu gering für eine medizinische Wirkung.

Abnehmen beim Sport

Viele Sportler betreiben ihre jeweilige Sportart nicht allein aus Freude am Sport, sondern auch deshalb, weil sie abnehmen möchten. Dann ist Traubenzucker als schneller Energielieferant ungeeignet: Die erhöhte Insulinproduktion, mit der der Körper auf die Zufuhr von Traubenzucker reagiert, senkt nicht nur den Blutzuckerspiegel; die Insulinausschüttung bewirkt zudem, dass der Abbau von Fett gehemmt wird. So unterbleibt also ein Teil der Fettverbrennung – und das ist kontraproduktiv, wenn man abnehmen will.

Steigert Traubenzucker die sportliche Leistung?

Traubenzucker gehört zu den Einfachzuckern, die für die Energiegewinnung im menschlichen Organismus eine tragende Rolle spielen, denn sie können im Bedarfsfall sehr schnell und effektiv Energie liefern. Besonders bei anhaltender sportlicher Belastung ist dies von Bedeutung, da der Körper dann rasch Energie verbrennt und die leeren Speicher zügig wieder auffüllen muss, um das Leistungsniveau zu halten. Hinzu kommt, dass Gehirn und die Nervenbahnen ihren Energiebedarf fast nur durch Kohlenhydrate bzw. Traubenzucker decken können. Geht hier der Brennstoff aus, leiden Konzentration sowie Bewegungskoordination – und die Leistungskurve bricht ein.

Um den drohenden Leistungsknick kurzfristig abzufangen, empfiehlt es sich daher, eine kleine Menge Traubenzucker zu sich zu nehmen – insbesondere bei Spielsportarten und Zwischenspurts sowie Kurzstrecken in der Leichtathletik. Der Traubenzucker wird direkt ins Blut aufgenommen, gelangt so schneller in die Körperzellen und sorgt bereits innerhalb weniger Minuten nach der Einnahme für den gewünschten Energieschub.

Als langfristiger Energielieferant ist Traubenzucker allerdings nicht geeignet. Der durch ihn bedingte Anstieg des Blutzuckerspiegels führt gleichzeitig zu einer vermehrten Ausschüttung von Insulin, das wiederum als Gegenreaktion den Blutzuckerwert rapide abfallen lässt. Die Folge sind erneut Unterzuckerung, Müdigkeit und Heißhunger nach Süßem. Wer beim Sport längerfristig leistungsfähig bleiben möchte, sollte daher auf längerkettigen Zucker, etwa aus Vollkornprodukten, zurückgreifen. Dieser geht langsamer ins Blut über, ohne dabei eine überschießende Insulinproduktion zu provozieren.

Für einen kurzfristigen Energieschub ist Traubenzucker gut geeignet.

Zumindest optisch sind vegane Fleischersatzprodukte kaum vom Original zu unterscheiden.

Veganer Fleischersatz

Ein veganes Schnitzel oder ein pflanzlicher Hackbraten besteht großteils aus Tofu, Seitan oder Erbseneiweiß und wird mit zusätzlichen Gaben von Zucker, Fett, Salz und anderen Zusatzstoffen angereichert. Je länger die Zutatenliste ist, desto vorsichtiger sollte man sein. Deutlich gesünder als die Produkte aus dem Supermarkt ist selbst gemachter veganer Fleischersatz, bei dem man genau weiß, welche Zutaten verwendet wurden. Beim Hackbraten sind dies z. B. Grünkern und verschiedene Hülsenfrüchte, die in Rote-Bete-Saft eingeweicht werden.

Woraus besteht eigentlich vegane Wurst?

Aus Sorge um Tierwohl und Klima hat sich ein Teil der Konsumenten dazu entschieden, auf eine fleischlose Ernährung zu setzen. Ganz auf Gerichte mit Wurst oder Fleisch verzichten möchten viele trotzdem nicht. Die großen Lebensmittelhersteller haben sich dieser Herausforderung gestellt und eine Vielzahl Wurst- und Fleischprodukte entwickelt, die ohne tierische Produkte auskommen, aber der vertrauten Mortadella oder Lyoner ähnlich sehen.

Aber was steckt eigentlich drin im veganen Aufschnitt, der wie Wurst schmecken soll, dabei jedoch rein pflanzlich ist? Die Stiftung Warentest ist dieser Frage nachgegangen und hat diverse „Wurstsorten" unter die Lupe genommen. Allen gemeinsam ist, dass es sich um stark verarbeitete Produkte handelt. Zu den Grundzutaten gehören pflanzliches Eiweiß aus Sojabohnen (Tofu), Weizen (Seitan bzw. Gluten) und Erbsen, dazu kommen oftmals größere Mengen Eiklar – in letzterem Fall ist die Wurst allerdings nicht mehr vegan, sondern lediglich vegetarisch. All diese Zutaten sind mehr oder weniger geschmacksneutral, daher werden u. a. Gewürze, Gemüse und mitunter Hefeextrakt zugesetzt. Geschmacklich konnte die vegane Lyoner am stärksten punkten, die Salami-Imitate kamen im Vergleich dazu schlechter weg. Positiv zu bewerten war der deutlich reduzierte Fett-, Salz- und Kaloriengehalt der pflanzlichen Spielarten gegenüber der konventionellen Wurst.

Was ist versteckter Zucker?

Wenn man Tee oder Kaffee mit einem oder zwei Stückchen Würfelzucker süßt, weiß man genau, wie viel Zucker man seinem Körper zuführt: nämlich maximal 6 g (ein Würfel ist etwa 3 g schwer).

Schwieriger ist der Überblick bei hoch verarbeiteten Lebensmitteln wie Tomatenketchup, Fruchtsnacks oder Fertiggerichten, die oftmals jede Menge versteckten, d. h. nicht auf ersten Blick erkennbaren, Zucker enthalten. Lebensmittelhersteller setzen ihn in Form verschiedenster Stoffe zu, um ihre Produkte geschmacklich zu optimieren und für ein Hochgefühl beim Essen zu sorgen.

Dieser versteckte Zucker ist auf der Zutatenliste nicht ohne Weiteres zu erkennen, denn unter dem Begriff Zucker muss nur der im Produkt enthaltene Haushaltszucker (Saccharose) deklariert werden. Unter den Zutaten findet man aber in den meisten Fällen auch andere Süßungsmittel mit oft unaussprechlichen Namen, die mitunter sogar gesund klingen, aber letztlich nichts anderes als zugesetzter Zucker sind. Hierzu gehören u. a. Agavendicksaft, Dextrose, Fruchtsaftkonzentrat, Gerstenmalz, Rübenzucker, Rohrzucker, Kokosblütenzucker oder Reissirup. Problematisch ist auch die zunehmende Verwendung von Maissirup mit hohem Fruchtzuckergehalt, der eine sehr hohe Süßkraft hat und billiger ist als normaler Haushaltszucker. Fruchtzucker wird in der Leber verstoffwechselt und kann bei zu hoher Aufnahme zu gesundheitlichen Problemen führen. Ein kritischer Blick auf die Zutatenliste ist also immer angebracht.

Warum sollten Veganer auf Vitamin B12 achten?

Vitamin B12 ist für den Menschen lebenswichtig und wird u. a. für die Blutbildung benötigt. Da unser Körper nicht in der Lage ist, dieses Vitamin selbst herzustellen, müssen wir es über die Nahrung aufnehmen. Das ist unproblematisch, solange wir tierische Produkte wie Fleisch, Fisch, Milcherzeugnisse und Eier essen, denn hier ist Vitamin B12 in ausreichender Menge vorhanden. Auch in manchen pflanzlichen Lebensmitteln ist Vitamin B12 enthalten, allerdings in so geringer Menge, dass Erwachsene ihren Tagesbedarf von etwa 4 µg darüber nicht decken können. Zudem ist das Vitamin B12, das beispielsweise in bestimmten Algen und Shiitakepilzen steckt, für den Menschen nicht oder nur eingeschränkt verwertbar.

Die DGE (Deutsche Gesellschaft für Ernährung) weist deshalb ausdrücklich darauf hin, dass Veganer darauf angewiesen sind, ein Vitamin-B12-Präparat einzunehmen – anders lässt sich die notwendige Versorgung in dieser Gruppe nicht gewährleisten. Auf jeden Fall sollte man bei veganer Ernährung regelmäßig seinen B12-Status überprüfen lassen, um Mangelerscheinungen vorzubeugen.

Rekorde

TOP-VITAMIN-B12-QUELLEN

Quelle	Vitamin-B12-Gehalt
Leber	bis 60–80 µg/100 g
Nieren	bis 60 µg/100 g
Kaninchen	bis 10 µg/100 g
Makrele	bis 9 µg/100 g
Hering	bis 8 µg/100 g

Wer den Preis eines Weines kennt, kann dessen Qualität nicht mehr unvoreingenommen prüfen.

Schmeckt teurer Wein besser als billiger?

Zahlreiche psychologische Studien zeigen, wie stark sich Menschen von Preisschildern beeinflussen lassen. Egal, ob es um Alkohol oder Fleisch, Medikamente oder technische Geräte geht: Das teurere Produkt gilt meist automatisch auch als das bessere – selbst wenn es objektiv betrachtet überhaupt keinen Vorteil bietet.

Wie groß die Macht der Etiketten ist, hat ein Team der INSEAD Business School im französischen Fontainebleau z. B. bei Weinverkostungen getestet. Die Versuchspersonen sollten dabei zwei Getränke beurteilen, die sich im Preis angeblich stark unterschieden. Den meisten Befragten schmeckte der teure Wein deutlich besser als der billige – und das, obwohl beide Flaschen genau das gleiche Produkt enthielten. Wie aber kommt es zu dieser unterschiedlichen Bewertung?

Bloße Angeberei wie „Ich als Feinschmecker schätze nur edelste Tropfen" scheint als Erklärung auszuscheiden. Weitere Versuche haben nämlich gezeigt, dass Preisinformationen tatsächlich das Nervensystem beeinflussen. So haben die Forscher die Hirnaktivitäten ihrer Weinverkoster mit einem

Rekorde

DIE TEUERSTEN WEINE DER WELT

Am teuersten war eine Flasche Screaming Eagle Cabernet Sauvignon (1992), die für 424 000 Euro versteigert wurde. Da der Preis aber auf einer Wohltätigkeitsveranstaltung erzielt wurde, steht dieser Rekord nicht in den offiziellen Ranglisten.

	Wein der jeweiligen Auktion, Jahrgang	Preis in Euro
1	Chateau Cheval Blanc, 1947	219 000
2	Château Lafite, 1869	195 000
3	Château Margaux, 1787	191 000
4	Château Lafite, 1787	132 000
5	Château Mouton Rothschild,1945	80 819

Magnetresonanztomografen untersucht. Bestimmte Bereiche des Denkorgans waren dabei stärker aktiv, wenn die Probanden die teure Variante zu trinken glaubten. Diese Regionen haben interessanterweise mit dem Belohnungsgefühl zu tun, das verschiedene Reize auslösen. Demnach scheinen die Probetrinker den angeblich wertvollen Tropfen tatsächlich als besser zu empfinden.

Was ist eigentlich weißer Tee?

Dieses von manchen Teegenießern als „König unter den Tees" angepriesene Getränk wird aus der gleichen Pflanzenart gewonnen wie schwarzer oder grüner Tee: aus der Teepflanze *Camellia sinensis*. Davon gibt es allerdings unterschiedliche Zuchtvarianten, von denen nur bestimmte für den weißen Tee verwendet werden. Dabei handelt es sich um Pflanzen, deren Knospen und Blätter von feinen, weißen Härchen bedeckt sind – daher der Name.

Verarbeitet werden diese Pflanzenteile nach einem speziellen Verfahren, das als besonders schonend gilt. Dabei finden oft nur die jungen Knospen, bei manchen Sorten auch die beiden jüngsten Blätter der Teesträucher Verwendung, die von Hand gepflückt werden. Diese lässt man zunächst welken und trocknet sie dann in speziellen Öfen. Da das schon kurz nach der Ernte passiert und die Blätter zudem nicht gewalzt oder geschnitten werden, haben die Inhaltsstoffe kaum Gelegenheit, mit dem Sauerstoff der Luft zu reagieren. Ohne diese sogenannte Oxidation bleiben diese Substanzen weitgehend erhalten, was dem weißen Tee einen sehr guten Ruf eingetragen hat. Er gilt als besonders mild und hochwertig, soll wegen seiner Inhaltsstoffe aber auch gesundheitsfördernde Wirkungen haben.

Ursprünglich stammt der weiße Tee aus der Provinz Fujian in China. Heute wird diese Variante aber auch in vielen anderen Anbaugebieten etwa in Indien, Sri Lanka oder Kenia produziert.

Die „Farben" des Tees

Grüner Tee Wie beim weißen Tee wird die Oxidation schon kurz nach der Ernte z. B. durch Erhitzen unterbunden.

Gelber Tee Bei diesen Sorten liegt der Anteil der oxidierten Teeblätter mit etwa 20 % etwas höher.

Oolong Diese Variante ist auch als halboxidierter Tee bekannt. Bei der Herstellung werden die Blätter immer wieder leicht gerieben und geschüttelt, damit der austretende Saft mit dem Sauerstoff der Luft reagieren kann. Je nachdem, wann man diesen Prozess durch Erhitzen stoppt, schmeckt dieser Tee eher wie grüner oder eher wie schwarzer Tee.

Roter Tee Dieser Tee wird in Deutschland als schwarzer Tee bezeichnet und entsteht, wenn man die Teeblätter vollständig oxidieren lässt.

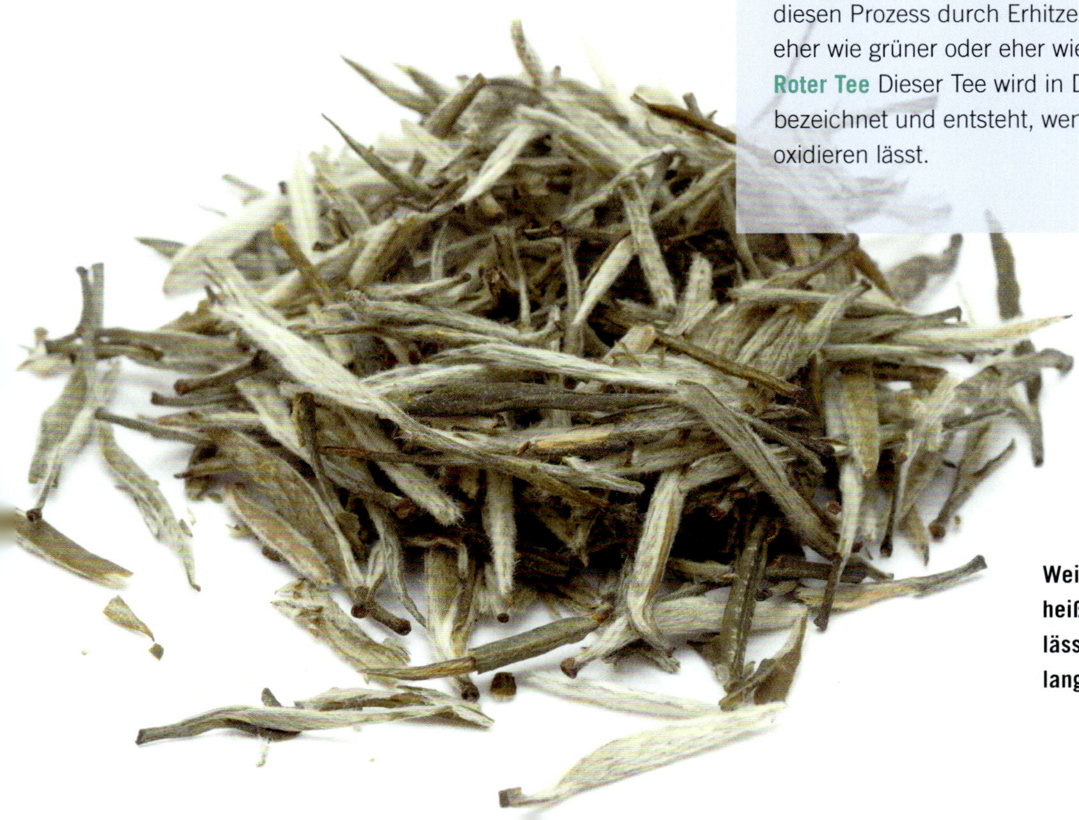

Weißer Tee wird mit etwa 70–80 °C heißem Wasser aufgegossen. Danach lässt man ihn zwei bis fünf Minuten lang ziehen.

Die lange Haltbarkeit von Whisky ist inzwischen bewiesen.

Die teuersten Whiskys der Welt

Einige Whiskyexperten verwahren ein paar Flaschen des edlen Getränks im Tresor, denn so manche Whiskysorte ist eine gute Kapitalanlage. Manchmal ist aber nicht nur der Inhalt für den Preis entscheidend, sondern die Flasche selbst – wie beim teuersten Whisky der Welt, dem Isabella's Islay. Über 6 Mio. US-Dollar kostet eine Flasche des 40 Jahre lang gereiften Scotch Whiskys. Allerdings ist die Flasche auch mit 8500 Diamanten besetzt. Um das Getränk an sich geht es dagegen beim zweitteuersten derzeit erhältlichen Whisky. Vom Macallan M (in einer 6-l-Flasche) gibt es nur noch wenige Flaschen. In Hongkong wurde 2014 eine davon für mehr als 628 000 US-Dollar verkauft.

Ist Whisky nach 100 Jahren noch genießbar?

Die Probe aufs Exempel konnten Fachleute nach einem überraschenden Fund im Jahr 2010 machen. Und das hatten sie der Crew eines der bekanntesten Polarforscher der Geschichte zu verdanken. Der Brite Ernest Shackleton und seine Begleiter hatten sich 1907 mit dem Schiff *Nimrod* auf den Weg zum Südpol gemacht. Nur rund 180 km vor dem Ziel mussten sie umkehren, weil die knappen Nahrungsmittel sonst nicht mehr für den Rückweg gereicht hätten. Trotzdem genoss Shackleton nach dieser Expedition bereits eine Art Heldenstatus, zu dem seine späteren Abenteuer noch einiges beitragen sollten.

Die Hütte am Cape Royds, die ihm als Basislager für die *Nimrod*-Expedition diente, steht bis heute. Der neuseeländische Antarctic Heritage Trust hat es sich zur Aufgabe gemacht, sie als historisches Erbe zu erhalten. Und die Mitarbeiter dieser Organisation staunten nicht schlecht, als sie im Januar 2010 unter dem Boden der Hütte drei Whisky- und zwei Brandykisten entdeckten, die dort seit Shackletons Zeiten buchstäblich auf Eis gelegen hatten. Eine davon haben Wissenschaftler des Canterbury Museums im neuseeländischen Christchurch vorsichtig aufgetaut und geöffnet – zum Vorschein kamen elf weitgehend unversehrte Flaschen Mackinlay-Whisky. Die genaue Zusammensetzung und das Aroma von Shackletons flüssigem Erbe interessierte Whiskyexperten natürlich sehr. Also reisten drei der wertvollen Flaschen im Januar 2011 per Privatflugzeug nach Schottland, wo der Inhalt von Fachleuten des Whiskyherstellers Whyte & Mackay und des Scotch Whisky Research Institute verkostet und chemisch analysiert wurde.

Das Getränk hatte die lange Zeit im Eis unbeschadet überdauert, sodass die Whiskyexperten den als „elegant und leicht" beschriebenen Geschmack der schon lange nicht mehr hergestellten Sorte wiederentdecken und imitieren konnten. In mehreren Auflagen hat Whyte & Mackay seither einen Blend aus verschiedenen modernen Whiskysorten kreiert, der Shackletons Whisky nachempfunden ist. Die drei Originalflaschen lagern inzwischen wieder in der Hütte in der Antarktis.

Haben Zitrusfrüchte den höchsten Vitamin-C-Gehalt?

Vitamin C – das auch als Ascorbinsäure bezeichnet wird – gehört zu den wasserlöslichen Vitaminen, die sich nicht im Körper anreichern können, sondern mit dem Urin wieder ausgeschieden werden. Da der Mensch dieses Vitamin nicht selbst herstellen kann, muss er es täglich mit der Nahrung aufnehmen. Für Jugendliche und Erwachsene wird eine Tagesdosis von 100 mg empfohlen. Jede erhöhte Belastung des Körpers, z. B. durch Medikamente, Schadstoffe oder auch durch höhere körperliche Betätigung, hat infolge des aktiveren Stoffwechsels automatisch auch eine Erhöhung des Vitamin-C-Bedarfs zur Folge. Schwangere müssen das Ungeborene mit Vitamin C aus dem eigenen Kreislauf versorgen, benötigen also ebenfalls eine größere Menge dieses Vitalstoffs – ebenso wie Kranke, deren Immunsystem eine höhere Vitamin-C-Dosis braucht.

Im Allgemeinen gelten Zitrusfrüchte wie Zitronen, Orangen oder Grapefruits als reichhaltigste Quellen für Ascorbinsäure. In Wahrheit nehmen diese Früchte in einer Rangliste nach Vitamin-C-Gehalt aber nur einen Platz im Mittelfeld ein. Platz eins unter den heimischen Früchten bleibt für die Hagebutten reserviert: 100 g enthalten abhängig vom Reifegrad 1250 mg und mehr Vitamin C. Weltweit nimmt die seltene Australische Buschpflaume mit 2300 bis 3150 mg pro 100 g Fruchtfleisch aber den Spitzenplatz ein.

Will man die notwendige Tagesdosis Vitamin C erreichen, muss man auch bedenken, dass Ascorbinsäure sehr anfällig für Sauerstoff, Licht und Hitze ist. Daher nimmt der Vitamin-C-Gehalt von Lebensmitteln mit jedem Tag Lagerzeit kontinuierlich ab. Es empfiehlt sich deshalb, Obst lieber täglich zu kaufen und frisch zu verzehren. Außerdem sollte man Vitamin-C-haltige Früchte möglichst wenig zerkleinern und nur kurz stehen lassen, denn über die größere Oberfläche kann der Sauerstoff aus der Luft das Vitamin C leichter angreifen und abbauen. Frisch gepresste Säfte sind ebenso anfällig und sollten daher sofort getrunken werden.

Der Vitamin-C-Gehalt von Zitrusfrüchten wird allgemein überschätzt.

Macht Zucker süchtig?

Die Ähnlichkeiten zu anderem Suchtverhalten wie dem Konsum von Alkohol oder Tabak sind beim Zuckerkonsum kaum zu übersehen: Oft ist das Verlangen nach etwas Süßem schwer zu bändigen, schließlich nimmt man sich doch noch ein Stück Kuchen oder Schokolade, obwohl man es eigentlich gar nicht möchte. Und nach einiger Zeit verlangt der Körper immer höhere Dosen. Ähnlich wie Alkohol und Drogen löst auch Süßes über den Botenstoff Dopamin im Gehirn ein angenehmes Gefühl aus. Und das gilt bei Menschen genauso wie bei Ratten.

Allerdings gibt es einen Unterschied zwischen Zucker und anderen Suchtstoffen: Zucker in seinen unterschiedlichen Erscheinungsformen ist auch ein ganz normaler Bestandteil der Ernährung. Ohne Essen können Menschen langfristig nicht überleben, ohne Alkohol, Tabak und Drogen dagegen schon. Die Frage, ob Zucker süchtig macht, lässt sich also nicht so einfach beantworten. Die beste Antwort ist wohl: Ja, aber weniger stark als Alkohol und Drogen.

Wie viel Zucker täglich ist gesund?

Eines ist sicher: Zu viel Zucker macht krank – hierüber sind sich die Deutsche Gesellschaft für Ernährung (DGE), die Deutsche Adipositas-Gesellschaft (DAG), die Deutsche Diabetes-Gesellschaft (DDG) und die Weltgesundheitsorganisation (WHO) einig. Wer sich bei Zucker nicht zurückhält, riskiert u. a. schwerwiegende Krankheiten wie Adipositas, Diabetes Typ 2 und Herz-Kreislauf-Erkrankungen.

Aber wie viel Zucker ist zu viel? Die Fachwelt lässt hier keinen Zweifel: Die Obergrenze liegt bei 50 g freiem Zucker pro Tag (unter freiem Zucker versteht man Speisen und Getränken zugefügten Zu cker, aber auch natürlichen Zucker, wie er in Honig, Sirup, Fruchtsaftkonzentraten und Fruchtsäften vorkommt). Das heißt aber nicht, dass die tägliche Aufnahme dieser Zuckermenge empfohlen wird. Die WHO ist hier deutlich zurückhaltender und regt an, nicht mehr als 25 g Zucker pro Tag zu konsumieren. Das entspricht 6 Teelöffeln. In Deutschland kommen Frauen aber durchschnittlich auf 61 g Zucker pro Tag,

Zuckergehalt ausgewählter Lebensmittel

50 g Schokomüsli = 12 g Zucker
200 ml Apfelsaft = 22 g Zucker
50 g Vollmilchschokolade = 28 g Zucker
200 ml Glühwein = 28 g Zucker

Zucker, überall Zucker! Es ist nicht einfach, seinen Zuckerkonsum gering zu halten.

Vergleicht man braunen und weißen Zucker in Bezug auf ihre schädliche Wirkung für den Menschen, schneiden beide gleich schlecht ab.

Männer auf rund 78 g. Bei Kindern und Jugendlichen sieht die Bilanz noch schlechter aus, da sie erhebliche Mengen Süßigkeiten, Limonade, Fruchtsaft und Fruchtnektar konsumieren.

Zucker versteckt sich häufig auch dort, wo man ihn gar nicht vermutet, nämlich in Fertigprodukten. Es lohnt sich also, einen Blick auf die Nährwerttabelle zu werfen: Dort ist neben den in 100 g enthaltenen Kohlenhydraten auch immer die Menge des enthaltenen freien und natürlichen Zuckers angegeben.

Ist brauner Zucker gesünder als weißer?

Weißer Haushaltszucker genießt zu Recht einen schlechten Ruf, denn er weist viele „leere" Kalorien auf, d. h., Zucker ist sehr energiereich, enthält dabei aber kaum Nährstoffe wie Vitamine oder Mineralien.

Außerdem greift Zucker die Zähne an, macht dick und steht auch noch im Verdacht, viele Zivilisationskrankheiten, z. B. Herz-Kreislauf-Erkrankungen, Stoffwechselkrankheiten und sogar Krebs zu begünstigen. Die wenigsten Verbraucher aber wissen, dass brauner Zucker ebenso wenig mit dem natürlichen Ausgangsstoff zu tun hat wie sein weißes Pendant und damit auch ebenso schädlich ist.

Den sogenannten Industriezucker gewinnt man mittels Raffinade aus der heimischen Zuckerrübe oder dem tropischen Zuckerrohr. Durch Reinigungsprozesse wird er seiner gesunden Anteile beraubt, sodass am Ende ein Produkt entsteht, das fast nur reinen Rüben- bzw. Rohrzucker (Saccharose) enthält.

Bei der Herstellung von Rübenzucker werden die Zuckerrüben, die etwa 16 % Zucker enthalten, zunächst gewaschen und zerkleinert. Mithilfe von heißem Wasser wird nun der Zucker aus den Pflanzenteilen herausgelöst. Der Rohsaft, den man so erhält, besteht zu 12–24 % aus Zucker. Nach dem Reinigen und Eindampfen wird ein Dicksaft gewonnen, der bereits einen Anteil von 55–60 % Zucker besitzt. Er wird erneut eingedickt; dabei kristallisiert brauner Zucker mit einem Saccharosegehalt von über 90 % aus. Zusätzlich kann dem braunen Zucker nun noch Zuckercouleur oder Melasse – ein Rückstand, der beim Herstellungsprozess anfällt – beigemengt werden. Der braune Zucker ist nun fertig. Bis auch der weiße Zucker raffiniert ist, muss der Rohzucker noch weitere Reinigungsschritte durchlaufen.

Brauner Zucker wird also genauso produziert wie weißer Zucker; er ist nur nicht ganz so rein. Weil die braune Farbe ihn so „natürlich" aussehen lässt, glauben viele, er sei naturbelassener und somit gesünder. Doch das ist ein Trugschluss: Außer geringen Resten von Mineralstoffen, Vitaminen und Spurenelementen besteht er ebenfalls fast nur aus Saccharose und führt dem Körper wie der weiße Zucker viel Energie ohne jede ernährungsphysiologische Bedeutung zu. Noch dazu schmeckt er weniger intensiv und verleitet so sogar zu noch kräftigerem Süßen.

Alltag, Gesellschaft und Geschichte

Eine bunte Vielfalt von Fragen führt den Leser in diesem Kapitel rund um den Globus aber auch tief in die Vergangenheit, hinein in die Welt der Politik und hin zu einigen scheinbar einfachen Alltagsfragen. Es ist erstaunlich, wie stark unser Wissen über all diese Themen von Vorurteilen geprägt wird.

Wurde der Bumerang von den Aborigines erfunden?

Den Bumerang – das Wort leitet sich von *wumera* ab, was in der Sprache der Aborigines „Wurfbrett" bedeutet – verbindet man zwar fast ausschließlich mit Australien, doch das Verdienst, ihn erfunden zu haben, gebührt nicht den Aborigines. Lange vor den Ureinwohnern des fünften Kontinents gingen z. B. die Ägypter mit Wurfhölzern auf die Vogeljagd. Auch die Pueblo-Indianer Nordamerikas und die Bewohner des südlichen Indiens entwickelten solche Geräte. Sogar die alten Germanen müssen zumindest eine ähnliche Wurftechnik gekannt haben, denn in ihrer Mythologie besaß der Gott Wotan einen Hammer namens Mjölnir, der nach dem Wurf zu ihm zurückkehren konnte. In Schöningen bei Braunschweig wurden zwei Wurfstöcke entdeckt, die rund 300 000 Jahre alt sind – bisher die ältesten, die weltweit gefunden wurden. Altsteinzeitliche Jäger konnten damit vermutlich bis zu 100 m weit werfen.

Auf einer ägyptischen Wandmalerei (um 1400 v. Chr.) ist eine Person mit einem Wurfholz zu sehen.

Die Urheberrechte auf den Bumerang werden nur deswegen den Aborigines zugeschrieben, weil die Reisenden, die Australien im 18. Jh. besuchten, ihn gern als Souvenir mit nach Hause brachten.

Wie die Ägypter benutzten die Aborigines den Bumerang zunächst als Jagdwaffe. Bald fanden sie aber heraus, dass ihr Wurfbrett mehr leisten kann. In einem bestimmten Winkel, möglichst parallel zum Boden und mit gleichmäßiger Rotation geworfen, beschreibt es eine kreisförmige Flugbahn und kehrt zum Werfer zurück. Die Beherrschung dieser Technik erfordert großes Geschick, und heute ist der Bumerang weltweit ein beliebtes Sportgerät.

Gibt es den Altweibersommer regelmäßig?

In rund sieben von zehn Jahren stellt sich in Mitteleuropa im September nach einem kurzen Vorstoß kaltfeuchter Luftmassen um die Monatsmitte zwischen der Nordsee und den Alpen warmtrockenes Wetter ein: der Altweibersommer. Meist beginnt er um den 25. September, doch auch ein bis zwei Wochen früher sind möglich. Das sonnige, tagsüber sommerlich warme, nachts aber schon recht kalte und neblige Wetter hält häufig bis in die erste Oktoberhälfte an. Ein über Mitteleuropa gelegenes Hochdruckgebiet ist für das schöne Wetter verantwortlich. Denn es blockiert die wichtigsten Zugbahnen atlantischer Tiefdruckwirbel und lenkt trockene Warmluft aus südlichen bis östlichen Himmelsrichtungen ins zentrale Europa.

Woher die markante herbstliche Schönwetterperiode ihren Namen hat, ist umstritten. Nach einer Theorie verbirgt sich im Begriff Altweibersommer das althochdeutsche Wort *weban*, was so viel wie „flechten", „knüpfen" oder „weben" bedeutet. Eine andere Theorie erklärt ihn mit dem Hinweis auf die zahlreichen mit Tau benetzten Spinnenfäden, die in dieser Zeit in der Luft schweben und an die langen, silbergrauen Haare älterer Frauen erinnern. Beide Theorien führen also hin zu den Spinnentieren, die in den warmen Jahreszeiten ihre Netze knüpfen oder wie die Baldachin- und Zwergspinnen Fäden produzieren, um sich an ihnen vom Wind zu neuen Lebensräumen treiben zu lassen. Durch den Tau, der sich in den kühlen Nächten des Altweibersommers an der Erdoberfläche absetzt, werden diese fein gesponnenen Gebilde, die man sonst kaum erkennt, in dieser Zeit des Jahres sichtbar.

Als Regelfall der Witterung ist der Altweibersommer beinahe weltweit bekannt: In der Schweiz spricht man vom Witwensömmerli, in den skandinavischen Ländern heißt das Phänomen Birgittasommer, und in Nordamerika kann man den Indian Summer erleben.

Gab es den Turmbau zu Babel wirklich?

Dort, wo einst der Turm zu Babel stand, findet man heute nur noch einen großen Tümpel. Und doch erhob sich an diesem tristen Ort einmal jenes gewaltige Bauwerk, das die Babylonier „Haus des Fundaments von Himmel und Erde“ nannten. Das Alte Testament erzählt, dass nach der Katastrophe der Sintflut der Herr die Menschen ein zweites Mal bestrafte, und zwar wegen der Freveltat, ein Gebäude zu errichten, das bis an den Himmel reichte. Er verfügte die Zerstörung des Turmes, die Verwirrung der Sprachen und die Zerstreuung der Menschen in alle Welt.

Tatsächlich begann die Arbeit am Turm, der das Hauptheiligtum des Gottes Marduk im mesopotamischen Babylon war, im 2. Jt. v. Chr. Erst im 6. Jh. v. Chr. erhielt das Bauwerk, das von Herodot in seinen Historien beschrieben wird und eher einer Stufenpyramide ähnelte, durch König Nebukadnezar II. seine endgültige Gestalt. Zu Beginn des 5. Jh. v. Chr. wurde der Turm auf Anordnung des persischen Eroberers Xerxes zerstört. Alexander der Große wollte ihn zwar noch einmal aufbauen, er starb jedoch, bevor

Rekorde

DIE HÖCHSTEN GEBÄUDE DER WELT

Im Vergleich zu den höchsten Gebäuden der heutigen Zeit wirkt der sagenumwobene Turm von Babel eher bescheiden: Auf einer antiken Tontafel, die von Archäologen bei Uruk entdeckt wurde, sind die genauen Maße der sieben Stockwerke des Turmes verzeichnet. Demnach war das erste Stockwerk 33 m, das zweite 18 m, das dritte bis sechste jeweils 6 m und das siebte 15 m hoch. Das ergibt eine Gesamthöhe von 90 m.

Höchstes Gebäude der Welt
Burj Khalifa, Dubai, VAE, 828 m

Zweithöchstes Gebäude der Welt
Shanghai Tower, Shanghai, China, 632 m

Dritthöchstes Gebäude der Welt
Makkah Royal Clock Tower, Mekka, Saudi-Arabien, 601 m

Höchstes Gebäude Frankreichs
Eiffelturm, Paris, 324 m

Höchstes Gebäude Großbritanniens
The Shard, London, 310 m

Höchstes Gebäude Deutschlands
Commerzbank Tower, Frankfurt, 259 m

Der hoch aufragende Burj Khalifa dominiert die Skyline von Dubai.

er seinen Plan verwirklichen konnte. 1899 entdeckte schließlich der deutsche Archäologe Robert Koldewey die kärglichen Überreste des Turmes in den Ruinen Babylons.

Für die Juden, die im 6. Jh. v. Chr. am Tigris ihr Babylonisches Exil durchlebten, war der Turm Sinnbild menschlicher Überheblichkeit. So haben sie ihm in ihren heiligen Schriften ein ewiges Denkmal gesetzt.

War der Sturm auf die Bastille der Beginn der französischen Revolution?

Ein Sturm war es nicht wirklich, der sich am 14. Juli 1789 vor der Bastille, dem Pariser Staatsgefängnis, entlud. Die Menge, die sich an diesem denkwürdigen Tag an diesem Ort versammelt hatte, verlangte zunächst nur ein paar Kanonen und zeigte an den wenigen dort noch inhaftierten Adligen, die im Übrigen in der Bastille ein recht komfortables Dasein führten, überhaupt kein Interesse. Doch die Stimmung war so aufgeheizt, dass die Verhandlungen mit dem Kommandanten de Launay aufgrund eines Missverständnisses in einem Tumult endeten, bei dem es sogar einige Tote gab.

So marginal diese Vorgänge auch erscheinen mögen, sie waren doch der Auftakt zu den nun folgenden revolutionären Ereignissen. Die Zeit der friedlichen Verhandlungen über Verfassungsfragen, die Macht des Königs und die Behebung der wirtschaftlichen Krise war endgültig vorbei. Radikalere Gesetze wurden erlassen, und das Terrorregime der verschiedenen politischen Gruppierungen gipfelte in der Ausrufung der Republik am 21. September 1792 und der Hinrichtung des Königs am 21. Januar 1793.

In der Rückschau ist der Sturm auf die Bastille glorifiziert und idealisiert worden. Trotzdem feiern die Franzosen keineswegs das falsche Datum, wenn sie alljährlich am 14. Juli ihren Nationalfeiertag begehen. Die symbolische Bedeutung des Aufstands gegen die bis dahin absolut regierende monarchische Staatsgewalt darf nicht unterschätzt werden. Als Sinnbild für Tyrannei und Unterdrückung wurde die Bastille 1790 dem Erdboden gleichgemacht.

Müssen Beete jedes Jahr umgegraben werden?

Oft ist weniger mehr, dies trifft nicht zuletzt auch auf die Bearbeitung des Bodens zu. Wenn man dessen Selbstregulierungskräften vertraut und so wenig wie möglich eingreift, gibt man den Nährstoffkreisläufen eine Chance und spart sich zudem viel unnötige Arbeit.

Die Kämpfe um die Bastille – hier auf einem zeitgenössischen Gemälde – lösten letztendlich die Französische Revolution aus.

Der Boden ist nicht nur Erde, in die Pflanzen ihre Wurzeln schlagen. Er ist Lebensraum für Pilze, Algen, Bakterien, Regenwürmer und vieles mehr. In einer Handvoll Gartenerde leben mehr Organismen, als es Menschen auf der Welt gibt. Durch tiefes Umgraben wird die gesunde Struktur des Bodens zerstört und das Zusammenspiel der Organismen massiv beeinträchtigt. Wertvoller Humus wird nach unten befördert, lichtempfindliche und an einen niedrigen Nährstoffgehalt angepasste Lebewesen der tieferen Schichten kommen nach oben und sterben ab, weil sie die veränderten Lebensbedingungen nicht vertragen. Auch die Gänge des Regenwurms, der den Boden durchlüftet und mit seinem Kot düngt, werden durch unsachgemäße Bodenbearbeitung zerstört.

Die Tiefenlockerung von stark verdichteten Böden ist nur sinnvoll, wenn gleich danach tief wurzelnde Gründüngungspflanzen gesät werden. Sonst sollte man mit Hacke oder Harke nur die obersten Bodenschichten lockern und die feinen Spalten und Ritzen unterbrechen, durch die die Bodenfeuchtigkeit andernfalls leicht verdunsten kann.

War der Stern von Bethlehem ein Komet?

Zur Frage, auf welchem Himmelsphänomen die biblische Erzählung vom Stern von Bethlehem beruht, gibt es unzählige Theorien. Folgten die „Sterndeuter aus dem Morgenland“, von denen das Matthäusevangelium spricht, einem Kometen, einem Meteor oder gar einer Supernova? Oder handelt es sich dabei nur um reine Dichtung? In jeder Zeit gehörten Kometen zum Katalog typischer Vorzeichen, die man, wie auch Sonnen- oder Mondfinsternisse, gern nachträglich mit besonderen Ereignissen in Verbindung brachte. So kann nicht ausgeschlossen werden, dass die Chronisten die Geburt Christi nach antiker Tradition, aber fiktiv, von einer Himmelserscheinung begleiten ließen.

Wer dem Bericht des Matthäus mehr Vertrauen schenkt, kann sich der von den meisten Astronomen bevorzugten Erklärung anschließen, die die sogenannte Tripelkonjunktion des Jahres 7 v. Chr. für den wahren „Stern“ von Bethlehem halten. Dreimal zogen Jupiter und Saturn dicht aneinander vorbei und leuchteten dadurch ungewöhnlich hell. Diese Erklärung erscheint auch deshalb überzeugend, da es sich um ein längere Zeit sichtbares Phänomen gehandelt haben muss, wenn es in der Lage gewesen sein soll, den Sterndeutern aus dem Morgenland den Weg nach Palästina zu weisen. Somit scheidet ein Meteor aus, der seine Bahn am Himmel nur sehr kurz zieht. Ein Komet jedoch wird von einigen Forschern noch als weitere Erklärungsmöglichkeit betrachtet – immerhin tauchte ein solcher, wie man nachweisen konnte, 5 v. Chr. am Himmel über Palästina auf. Man sollte sich aber nicht davon in die Irre führen lassen, dass der Stern mit Schweif zur Ausstattung fast jeder Weihnachtskrippe gehört, denn das ist eher Brauchtum als das Ergebnis wissenschaftlicher Forschungen. Auf jeden Fall passen beide astronomischen Möglichkeiten in den Zeitraum, in dem man heute die Geburt Jesu vermutet.

Da bis jetzt weder die Identität der biblischen Sterndeuter noch ihre Herkunft und die Dauer ihrer Reise bestimmt werden können, bleibt der Stern von Bethlehem auch in dieser Hinsicht ein Rätsel.

Betten aus vergangener Zeit sind, verglichen mit heutigen Schlafstätten, überraschend kurz.

Warum waren die Betten früher so kurz?

In vielen Heimatmuseen finden sich noch Betten unserer Vorfahren. Zu einem Nickerchen verlocken diese kurzen, manchmal fast kistenartigen Schlafstätten heute aber wohl höchstens noch Kinder. Eine Erklärung für die Kürze scheint schnell gefunden, ist doch bekannt, dass die Menschen früher kleiner gewesen sind.

Aber gar so klein waren unsere Ahnen nun auch wieder nicht! Auch Materialersparnis oder Mangel an ausreichend Platz für größere Betten gaben nicht den Ausschlag für die kurzen Betten – tatsächlich schlief man früher vielmehr im Sitzen und brauchte einfach keine längeren Betten. Grund für diese Schlafposition waren vor allem die weit verbreiteten Lungenerkrankungen. Diese stellten sich vor allem durch den wegen fehlender Kamine allgegenwärtigen Rauch, ständige Zugluft und Kälte ein und waren oft kaum noch auszukurieren. Da aber im Liegen das Atmen erschwert ist und deshalb wohl tatsächlich vermehrt Menschen in dieser Position starben, erschien das Schlafen im Sitzen einfach sicherer. Dafür lehnte man sich halb aufrecht ins Bett, polsterte den Rücken etwas aus und konnte leichter atmen. So nährte der Schlaf im Sitzen die Hoffnung, dem Tod möglichst lange zu entgehen. Und selbst als die gesundheitlichen Verhältnisse besser wurden, hielt sich dieser Glaube noch – erst allmählich wurde das Schlafen im Liegen zur Selbstverständlichkeit.

Gibt es Bibelzitate, die auf Übersetzungsfehlern beruhen?

„Leichter geht ein Kamel durch ein Nadelöhr, als ein Reicher in das Himmelreich kommt." Das soll Jesus zu seinen Jüngern gesagt haben, wie Matthäus (19,24) berichtet. Der Sinn dieses reichlich seltsam anmutenden Vergleichs erschließt sich erst, wenn man weiß, dass diese Übersetzung durch eine Verwechslung im Originaltext – dort steht *gamal*, Kamel, statt *gamta*, Schiffstau, – entstanden ist. Umso aussagekräftiger wird das Gleichnis, wenn

Luther war nicht der Erste

Bereits lange vor Luther wurde die Bibel aus dem Lateinischen übersetzt, und zwar um das Jahr 369. Damals übersetzte der Missionar Wulfila Teile der lateinischen Bibel in die Sprache der Westgoten, um ihnen den christlichen Glauben näherzubringen. Damit er die Übersetzung niederschreiben konnte entwickelte Wulfila sogar eine Schrift für das Gotische – eine Abwandlung der griechischen Schrift, die einige lateinische Buchstaben und auch Runen enthielt.

man bedenkt, dass die meisten Jünger Jesu Fischer waren und das Bild ihnen deshalb wahrscheinlich vertraut war.

Nicht nur das Original, auch die Übersetzungen der Bibel haben ihre Tücken. Das Hebräische kommt mit viel weniger Wörtern aus als das Deutsche. So kann man z. B. das Wort *ruach*, das im Alten Testament insgesamt 377-mal steht, mit Hauch, Geist, Atem, Wind, Gewissen oder Gesinnung übersetzen. Die Entscheidung, welcher Begriff jeweils zutrifft, ist schon der erste Schritt zur Interpretation und macht jede Übersetzung anfechtbar. Selbst die berühmte Stelle „Auge um Auge, Zahn um Zahn" (2. Mose 21,24) steht – zum Trost für alle, die dem Alten Testament den Aufruf zur Rache nicht zutrauen – so nicht im hebräischen Original. Dort heißt es *tachat*, was nicht „um", sondern „anstatt" bedeutet. Also handelt es sich hier in Wirklichkeit um die gerechte Regelung von Schadensersatz: Wer etwas verloren hat, soll dafür entschädigt werden, etwa durch Geld für den Verlust von Auge, Zahn oder einem anderen Körperteil.

Dass ein Kamel nicht durch ein Nadelöhr passt, mag einem zwar einleuchten, doch sollte dies wirklich so in der Bibel stehen?

Muss man Blumen mit abgestandenem Wasser gießen?

Abgestandenes Wasser enthält weniger Kohlendioxid (CO_2). Dadurch sinkt die Löslichkeit von Kalzium, und das Wasser wird weicher. Auch ist es nicht so kalt wie Leitungswasser direkt aus dem Hahn. Am Kalziumgehalt stören sich die meisten Pflanzen aber nicht, und kaltes Wasser schadet ihnen ebenfalls nicht, sondern führt schlimmstenfalls zur vorübergehenden Einschränkung der Wurzelaktivität.

Wahrscheinlich stammt der Tipp, nur mit abgestandenem Wasser zu gießen, aus einer Zeit, als das Trinkwasser zur Entkeimung noch stark chloriert wurde. Lässt man gechlortes Wasser mehrere Tage stehen, wird der Großteil des Chlors an die Luft abgegeben, und die Anzahl radikaler Chloratome im Wasser verringer sich. Chlor wirkt auf alle Organismen, also auch auf Pflanzen, giftig. Seit über 40 Jahren wird jedoch in größerem Umfang Ozon, ein besonders aktives Sauerstoffgas, zur Wasseraufbereitung benutzt. Es verbindet sich rasch mit möglichen schädlichen Inhaltsstoffen und verändert diese so, dass sie herausgefiltert werden können. Heute wird Chlor in geringen Mengen nur noch dann dem Trinkwasser beigegeben, wenn dies für die Entkeimung auf den Transportwegen erforderlich ist. Es ist also unnötig, den Pflanzen zuliebe das Leitungswasser erst einmal abstehen zu lassen.

Es gibt aber auch ein paar Ausnahmen: Rhododendren und Azaleen brauchen einen sauren Boden und vertragen stark kalziumhaltiges Wasser schlecht. Und Usambaraveilchen sowie andere Pflanzen mit haarigen Blättern neigen zu Blattflecken, wenn sie mit kaltem Wasser besprengt werden. In diesem Fall gießt man in die Erde.

Kann sich ein Börsencrash wie in den USA 1929 wiederholen?

Nachdem die Aktienkurse an der New Yorker Börse in den 1920er-Jahren fast kontinuierlich gestiegen waren, begannen sie während des Spätsommers 1929 leicht zu fallen. Am Donnerstag, den 24. Oktober 1929, gab es dann einen regelrechten Kurssturz. Viele Aktionäre wollten ihre Aktien zum herrschenden Kurs verkaufen, aber kaum jemand wollte sie haben. Die Kursmakler begannen, den Kurs für die Aktien zu senken, in der Hoffnung, dass sich in der Folge genügend Anleger für einen Kauf entscheiden würden. Doch an diesem Donnerstag fanden sich kaum Kaufinteressenten, sodass die Kurse fielen und fielen. Erst Kaufaufträge von Banken, die sich abgesprochen hatten, die Kurse zu stützen, verhinderten ein noch größeres Desaster.

Börsenmakler am Schwarzen Freitag (25.10.1929), an dem sich der Kurssturz des Vortags fortsetzte.

Heute wird an der New Yorker Börse der Handel bei starken Kursausschlägen unterbrochen. Doch dies verhindert weder einen Kursanstieg noch einen Kurssturz. Deswegen ist ein Börsencrash wie 1929 auch heute vorstellbar, wenn beispielsweise viele Aktionäre oder Großaktionäre ihre Aktien verkaufen wollen und kaum kaufwillige Interessenten bereitstehen. Eindrucksvoll zu beobachten war dieses Phänomen Anfang 2020, als infolge der weltweit durch die Regierungen vorgenommenen Lockdown-Maßnahmen während der Coronavirus-Krise z. B. der Kurs des Deutschen Aktienindex (DAX) am 12.03.2020 um rund 12,2 % einbrach – prozentual gesehen der zweitgrößte Tagesverlust des DAX in seiner Geschichte.

Welche Brände dürfen nicht mit Wasser gelöscht werden?

Einer der heimtückischsten Brände, die im Haushalt auftreten können, ist der Fettbrand. Fängt ein mit Öl oder Fett gefüllter Topf Feuer, darf nie mit Wasser gelöscht werden. Da Wasser schwerer ist als Fett, sinkt es nach unten. Das brennende Fett ist weitaus heißer als der Siedepunkt des Wassers, der bei 100 °C liegt. Das Wasser verdampft schlagartig und schleudert das brennende Fett aus dem Topf. Es kommt zu einer Fettexplosion, und nicht selten sind schwerste Verbrennungen die Folge. Wird der Topf jedoch sofort mit einem Deckel verschlossen, erstickt das Feuer infolge des Sauerstoffentzugs sehr schnell.

Auch brennende elektrische Geräte dürfen keinesfalls mit Wasser gelöscht werden, denn es besteht die Gefahr eines Stromschlags. Vielmehr sollte, falls möglich, der Netzstecker gezogen oder die Sicherung ausgeschaltet werden. Dann erstickt man den Brand mit einer Löschdecke.

Die verschiedenen brennbaren Materialien benötigen unterschiedliche Löschmittel. Über die Vor- und Nachteile sowie den richtigen Einsatz der zur Verfügung stehenden Mittel gibt die Feuerwehr Auskunft.

Können Bundeskanzler fristlos entlassen werden?

Jubel brandete im Plenarsaal auf den rechten Bänken der Unionsfraktion auf, mit versteinerter Miene registrierte Helmut Schmidt, dessen sozialliberale Regierungskoalition mit der FDP kurz zuvor zerbrochen war, das Abstimmungsergebnis. Nur wenige Augenblicke später gratulierte er Helmut Kohl von der CDU/CSU, der ihm im Amt des Bundeskanzlers folgte. An diesem 1. Oktober 1982 hatte sich Historisches ereignet: Zum ersten Mal in der Geschichte der Bundesrepublik Deutschland wurde ein Kanzler „fristlos entlassen".

Im eigentlichen Wortsinn kennt das deutsche Grundgesetz eine fristlose Entlassung des Bundeskanzlers allerdings nicht. Zwar ernennt und entlässt der Bundespräsident als Staatsoberhaupt Deutschlands den Kanzler formell, dessen Amtszeit endet jedoch regulär mit Ablauf der Legislaturperiode und der Wahl eines neues Bundestags.

Als einzige Ausnahme hat das Grundgesetz, das in den Jahren 1948 und 1949 entstand, die Möglichkeit eines konstruktiven Misstrauensvotums vorgesehen. Mit diesem wandten sich die Verfasssungsmütter und -väter gegen den destruktiven Vertrauensentzug, zu dem der deutsche Reichstag in den Jahren 1919 bis 1933 berechtigt war. Eine Mehrheit der Reichsabgeordneten konnte den Kanzler zum Rücktritt zwingen, ohne selbst eine Regierung bilden zu wollen. In den letzten Jahren der Weimarer Republik sorgte diese Möglichkeit für eine politische Instabilität und letztlich dafür, dass das Parlament regierungsunfähig wurde. Der deutsche Bundeskanzler hingegen kann nur durch den Bundestag abgewählt werden, wenn dieser gleichzeitig und mit absoluter Mehrheit einen neuen Kanzler ins Amt wählt.

Zweimal stellte bisher die Opposition einen Antrag für ein derartiges konstruktives Misstrauensvotum. Der Versuch im Jahr 1972, Willy Brandt (SPD) zu stürzen und durch Rainer Barzel (CDU) ablösen zu lassen, scheiterte noch an zwei Stimmen. Ein Erfolg, der sich aufgrund der geänderten Mehrheitsverhältnisse im Bundestag – die FDP hatte inzwischen die Seiten gewechselt – von Helmut Schmidt zehn Jahre später allerdings nicht wiederholen lassen sollte.

Helmut Schmidt wird im Oktober 1982 durch ein konstruktives Misstrauensvotum gestürzt.

Warum wird der Deutsche Bundestag immer größer?

Gesetzestexte müssen grundsätzlich genau gelesen werden. Das gilt auch für Paragraf 1 des Bundeswahlgesetzes. Dort heißt es: „Der Deutsche Bundestag besteht vorbehaltlich der sich aus diesem Gesetz ergebenden Abweichungen aus 598 Abgeordneten." Der geneigte Leser bekommt hier sofort zwei zentrale Informationen, nämlich dass der Bundestag aus 598 Abgeordneten besteht und dass es ein Aber gibt, das diese Zahl ändern kann.

In Deutschlands existieren insgesamt 299 Wahlkreise. In jedem einzelnen Wahlkreis wählen die Wähler mit ihrer Erststimme einen Abgeordneten direkt. Es gilt das einfache Mehrheitsprinzip: Der Kandidat, der die meisten Stimmen auf sich vereint, bekommt mit Sicherheit einen Sitz im Bundestag. Nun haben die Wähler aber noch eine zweite Stimme, die entgegen ihrer Bezeichnung die wichtigere von beiden ist. Denn das Zweitstimmenergebnis bestimmt das Kräfteverhältnis der Parteien im Bundestag untereinander: Neben den 299 direkt gewählten Abgeordneten werden 299 Mandate indirekt über die jeweiligen Listen vergeben, die die Parteien in den 16 Bundesländern aufgestellt haben – und zwar nach dem Verhältnisprinzip, also prozentual nach den Stimmanteilen, die auf diese entfielen. Das ergibt 598 Abgeordnete.

Doch nun das Aber: Hat eine Partei in einem Bundesland mehr Direktmandate errungen, als ihr nach der Zweitstimme zustehen würden, erhält sie für dieses Mehr an Direktmandaten ebenso viele sogenannte Überhangmandate zusätzlich. Um nun wiederum zu verhindern, dass kleinere Parteien mit weniger oder gar keinen Überhangmandaten benachteiligt werden, erhalten diese seit 2013 Ausgleichsmandate. Diese Regelung soll sicherstellen, dass die Parteien weiterhin entsprechend ihres Zweitstimmenanteils im Parlament vertreten sind. Schon 2013 hatte dies ein Anwachsen des Bundestags auf 631 Mitglieder zur Folge. Dass er auch 2017 größer wurde, liegt zugleich am Wahlverhalten der Deutschen. So konnten die beiden größten Parteien zwar immer noch die meisten Direktmandate, aber zusammen nur noch rund 53 % der Zweitstimmen erringen. Dies erforderte deutlich mehr Überhangmandate – 43 für CDU/CSU, drei für die SPD – und 65 Ausgleichsmandate; insgesamt zogen 709 Politiker ins Parlament ein.

Kritiker weisen auf die steigenden Kosten und die beeinträchtigte Arbeitsfähigkeit eines derart „aufgeblähten" Bundestags hin. Zu einer umfassenden Wahlrechtsänderung konnten sich die Parteien jedoch bis Ende 2020 nicht durchringen, man einigte sich nur auf eine kleine Korrektur: 2021 sollen bis zu drei Überhangmandate nicht mehr ausgeglichen werden, eine Verringerung der Wahlkreise wurde auf die Zeit danach verschoben.

Der Hammelsprung ist ein Abstimmungsverfahren, das viel Bewegung in den Deutschen Bundestag bringt, da zunächst alle Abgeordneten den Plenarsaal verlassen müssen.

Wieso springen Hammel durch den Bundestag?

Ein Schelm, wer Böses dabei denkt! Denn es sind natürlich keine Hammel, die durch den Bundestag „springen", sondern die Abgeordneten des deutschen Parlaments. Der Hammelsprung bezeichnet ein besonderes Abstimmungsprozedere, das dann zum Einsatz kommt, wenn eine Abstimmung durch Handheben oder Aufstehen zu knappen Ergebnissen führt. Ist sich der Sitzungsvorstand über den Ausgang uneins, fordert er die Abgeordneten zum Verlassen des Plenarsaals auf. Diesen betreten sie wieder durch eine von drei Türen, die mit „Ja", „Nein" oder „Enthaltung" gekennzeichnet sind. Schriftführer an den Türen zählen sie dabei laut mit. Auch wenn die Beschlussfähigkeit des Bundestags angezweifelt ist, kommt der Hammelsprung zum Einsatz.

Und woher kommt der Name? Vielleicht nimmt er tatsächlich Bezug auf eine Methode, Schafe zu zählen. Als der Hammelsprung in der Geschäfts-

ordnung des Reichstages für das deutsche Kaiserreich im Jahr 1874 eingeführt wurde, existierte der Begriff im parlamentarische Sprachgebrauch jedenfalls schon. 20 Jahre später schmückte eine Intarsienarbeit eine der Türen im Reichstag. Sie zeigt eine Episode aus der Odyssee, in der der geblendete Zyklop Polyphem seinen Widdern über den Rücken streicht, um sicher zu sein, dass sich auf ihren Rücken nicht Odysseus und seine Mannen den Weg in die Freiheit bahnen – in Wirklichkeit klammerten sich diese an die Bäuche der Tiere.

Warum bekommt man das Bundesverdienstkreuz?

Das Bundesverdienstkreuz, das auch als Verdienstorden der Bundesrepublik Deutschland bezeichnet wird, ist eine Auszeichnung, die auf eine Stiftung des ersten Bundespräsidenten Theodor Heuss zurückgeht. Im September 1951 unterschrieben er selbst sowie der damalige Bundeskanzler Konrad Adenauer und Bundesinnenminister Robert Lehr den Stiftungserlass, in dem der Sinn und Zweck des Ordens verankert ist: Verliehen wird das Bundesverdienstkreuz ausgewählten Personen aufgrund von außerordentlichen Leistungen, die sie im politischen, wirtschaftlich-sozialen, karitativen oder geistigen Bereich zum Wohl des Gemeinwesens erbracht haben.

Laut Statuten kann jeder Vorschläge für die Verleihung des Ordens an eine verdienstvolle Person einreichen. Zuständig für die Anträge ist die Staats- bzw. Senatskanzlei des Bundeslandes, in dem der jeweilige Auszuzeichnende seinen Wohnsitz hat. Wenn die Person im Ausland wohnt oder Ausländer ist, muss der Vorschlag dem Auswärtigen Amt zugestellt werden.

Im nächsten Schritt werden die Anträge geprüft und über sie entschieden. Nur die Regierungschefs der 16 Bundesländer bzw. der Bundesminister des Auswärtigen Amts sind schließlich berechtigt, dem Bundespräsidenten formale Anträge zukommen zu lassen. Übrigens können auch Anträge auf Aberkennung gestellt werden.

Verliehen wird das Bundesverdienstkreuz vom Bundespräsidenten, faktisch überreicht wird es jedoch normalerweise vom zuständigen Ministerpräsidenten, einem Minister des Bundes oder des Landes, dem jeweiligen Regierungspräsidenten, dem Landrat, dem Oberbürgermeister oder dem Bürgermeister. Im Fall von ausländischen Personen oder deutschen Bürgern, die im Ausland leben, überreicht meist der zuständige deutsche Botschafter den Orden.

Orden ist nicht gleich Orden

Unterschieden werden mehrere Stufen, die von der Verdienstmedaille (rechts) bis zu einer Sonderstufe des Großkreuzes reichen. Wer zum ersten Mal mit einem Orden ausgezeichnet wird, erhält in der Regel die Verdienstmedaille oder das Verdienstkreuz am Bande.

Wie viele Menschen arbeiteten gleichzeitig an der Cheopspyramide?

Dass die Cheops-Pyramide allein mit menschlicher Muskelkraft gebaut wurde, erscheint kaum vorstellbar. Auch der weit gereiste griechische Geschichtsschreiber Herodot fand dafür im 5. Jh. v. Chr. nur eine Erklärung: Mindestens 100 000 Menschen müssen an dem Bau beteiligt gewesen sein. Heute weiß man, dass etwa 2 Mio. Steine von jeweils 2–3 t Gewicht bewegt wurden, um das Wunderwerk zu errichten. Trotzdem ist die von Herodot genannte Zahl viel zu hoch – ohnehin hätten so viele Personen die Arbeiten eher behindert als gefördert. Tatsächlich waren es nach neueren Forschungen nicht mehr als 5000 Menschen, die das monumentale Grabmal von Pharao Cheops schufen. Dabei handelte es sich übrigens nicht etwa – wie man früher glaubte – um Sklaven, sondern um Bauern. Diese hatten in mühsamer Arbeit über mehrere Jahre hinweg in der erntefreien Zeit insgesamt 210 Lagen Stein zu stemmen. Die Technik war vermutlich sehr einfach: An der Baustelle wurden Rampen aus Erde aufgeschüttet und die Steine einzeln hinaufgezogen.

Nur der Pharao konnte es sich leisten, für seine Grabstätte einen derartigen Aufwand zu treiben. Geld spielte keine Rolle, wenn es darum ging, für die königliche Mumie eine repräsentative Ruhestätte zu schaffen. Schon um 2600 v. Chr. hatte sich Djoser als erster König eine Pyramide bauen lassen. Offiziell war die Lage der reich ausgestatteten Grabkammer im Innern streng geheim. Doch keine der etwa 80 erhalten gebliebenen Pyramiden ist von Grabräubern verschont geblieben, auch nicht die drei berühmten Bauwerke bei Gizeh, die zwischen 2545 und 2457 v. Chr. von den Pharaonen Cheops, Chephren und Mykerinos errichtet wurden.

Fast 1000 Jahre später zog Pharao Thutmosis II. daraus die Konsequenzen und ließ als Erster statt einer Pyramide eine einfache Grabkammer im Tal der Könige bauen. Doch auch hier störten Räuber immer wieder die königliche Ruhe.

Wuchtig erhebt sich die riesige Cheopspyramide hinter der Großen Sphinx von Gizeh – ein Anblick, der jeden Besucher sofort in seinen Bann schlägt.

Daumen hoch: Immer eine tolle Geste?

Jeder hat bei dieser Geste schnell seine eigenen Bilder im Kopf: den Kumpel, der cool signalisiert, dass alles bestens ist; wohlwollende Eltern, die ihre Sprösslinge loben; oder auch den mächtigen römischen Imperator, der mit dieser Daumenbewegung das Leben eines Gladiators rettet. So verschieden die Assoziationen auch sein mögen, sie alle scheinen Positives zu vermitteln. Doch schon der Blick zurück ins alte Rom lässt Zweifel aufkommen: Es gibt weder schriftliche Quellen noch Abbildungen, die eindeutig belegen, dass beim Kampf der Gladiatoren „Daumen hoch" eine positiv besetzte Geste war und „Daumen runter" dem Todesurteil gleichkam. Mitunter heißt es sogar, „Daumen hoch" habe genau das Gegenteil, nämlich das gehobene Schwert bedeutet.

Was bleibt, sind ein paar wenige Fakten: Überliefert ist der Ausdruck *pollicem premere* („den Daumen drücken", Glück wünschen, Wohlwollen zum Ausdruck bringen). Abbildungen zeigen dabei einen auf die Faust gelegten Daumen. Ebenso bekannt war der Ausdruck *pollice verso* bzw. *converso* („mit umgedrehtem/verdrehtem Daumen"). Ob es sich dabei allerdings um die uns bekannte Geste „Daumen nach unten" handelt, weiß niemand. Für „Daumen hoch" schließlich fehlen gänzlich jegliche Hinweise.

Die Bilder in unserem Kopf scheinen vielmehr von der Historienmalerei des 19. Jh. geprägt. So zeigt das Gemälde *Pollice verso* aus dem Jahr 1872 von Jean-Léon Gérôme eine Arena, in der ein Gladiator seinen Gegner bezwungen hat und die Masse mit gesenkten Daumen den Tod des Verlierers fordert. Es waren wohl solche Darstellungen, die dann schließlich dem Monumentalfilm als Vorbild dienten.

Es ist also Vorsicht geboten, wenn es um die Interpretation dieser scheinbar so eindeutigen Geste geht. Und selbst heute ist sie noch mehrdeutig: Neben dem gemeinhin bekannten „Alles okay" drückt sie in Brasilien auch Dank aus; in China steht sie auch für die Ziffer 5. In einigen Mittelmeerländern oder beispielsweise manchen Regionen des Mittleren und Nahen Ostens, ist – so wird behauptet – „Daumen hoch" sogar eine anrüchige Geste. Inwieweit durch die Globalisierung das „Alles okay" den anderen Bedeutungen zunehmend den Rang ablaufen wird, bleibt abzuwarten. Wer auf Nummer sicher gehen will, tut auf jeden Fall gut daran, so wenig wie möglich zu gestikulieren.

Hatten Denisova-Menschen und Neandertaler gemeinsame Kinder?

Als russische Archäologen in der Denisova-Höhle weit im Süden Sibiriens den Knochensplitter einer jungen Frau entdeckten, glaubten sie zunächst, entweder die Überreste eines Neandertalers oder eines Denisova-Menschen ausgegraben zu haben. Schließlich hatten Johannes Krause und Svante Pääbo vom Max-Planck-Institut für evolutionäre Anthropologie (EVA) in Leipzig erst 2009 aus einem Fingerknöchelchen, das in der gleichen Höhle gefunden worden war, das Erbgut isoliert und eine verblüffende Entdeckung gemacht: Der winzige Knochen stammte von einer bisher völlig unbekannten Menschenlinie, die seither nach ihrem Fundort als Denisova-Mensch oder Denisovaner bezeichnet wird.

In einem Zehenknochen aus der gleichen Höhle entdeckten die EVA-Forscher aber auch Neandertaler-Erbgut. Dort lebten über einen Zeitraum von mehr als 50 000 Jahre sowohl Neandertaler wie auch Denisovaner. Beide hatten daher reichlich Zeit für Begegnungen – und wohl auch für intime Beziehungen. Tatsächlich fanden die EVA-Forscher im Denisovaner-Erbgut ein halbes Prozent Neandertaler-Anteil. Irgendwann sollten die beiden Linien also gemeinsame Kinder gehabt haben.

Einen schlagenden Beweis für solche Techtelmechtel präsentierten die EVA-Forscher Svante Pääbo und Viviane Slon dann 2018. Sie hatten das Erbgut in dem 2012 geborgenen Knochensplitter der junge Frau analysiert, die vor rund 90 000 Jahren durch ein Tal im Altaigebirge in Zentralasien gewandert war: Die Mutter der mindestens 13-Jährigen war eindeutig eine Neandertaler-Frau, während der Vater ein Denisovaner war.

Ein solches gemeinsames Kind zwischen den beiden Menschenlinien war kein Einzelfall. So fanden die EVA-Forscher deutliche Hinweise, dass sich auch unter die Vorfahren des Denisovaner-Vaters in den letzten 300 bis 600 Generationen mindestens ein, vielleicht aber auch mehrere Neandertaler gemischt hatten (siehe auch S. 157).

Gattung Homo

Die Denisovaner gehörten wie der moderne Mensch und auch der Neandertaler zur Gattung *Homo*. Ihre Entwicklungslinie trennte sich vor mehr als 400 000 Jahren von der der Neandertaler. Sie lebten wohl eher in den weiter östlich liegenden Regionen Asiens, während die Neandertaler im Westen und in Europa zu Hause waren. Dabei gab es insgesamt anscheinend mehr Denisovaner als Neandertaler. Benannt sind diese Menschen nach der Denisova-Höhle im Altaigebirge, wo sie in einem Zeitraum zwischen 52 000 und 195 000 Jahren vor unserer Zeit lebten. Bis 2019 war diese Höhle auch die einzige Denisovaner-Fundstelle. Dann identifizierten die EVA-Forscher Jean-Jacques Hublin und seine Kollegen einen im Hochland von Tibet auf 3280 m Höhe gefundenen Unterkiefer mittels Proteinanalysen ebenfalls als Denisova-Menschen. Der hatte dort vor mindestens 160 000 Jahren gelebt.

Wie aus dem Nichts füllten sich nach der Währungsreform im Juni 1948 die Kaufhäuser in den Westzonen Deutschlands – und die Kunden strömten neugierig hinein.

Begann mit der Einführung der D-Mark das Wirtschaftswunder?

Die D-Mark wurde am 20. Juni 1948 in den drei Westzonen eingeführt. In den Tagen nach der Währungsreform verschwand der bis dahin existierende Schwarzmarkt für Güter aller Art, die Einzelhändler boten wieder Waren feil, und die Produktionen liefen an. Das war aber nicht das „Wirtschaftswunder". Die baldige Einführung einer neuen Währung war damals allgemein erwartet worden. Kein Händler wollte seine „gute Ware" gegen altes, „schlechtes" Geld hergeben. Deshalb wurden die Waren gehortet und erst nach der Währungsreform angeboten.

Das eigentliche „Wirtschaftswunder" begann erst im Jahr 1952. Damit werden verbunden: wachsende Produktion, zunehmende Beschäftigung, steigende Löhne, stabile Preise und Exportüberschüsse. Bis das jedoch erreicht war, erlebte die Wirtschaft starke Schwankungen der Preise und zeitweilige Engpässe in der Versorgung. Während des Koreakriegs (1950–1953) drohte der Bundesrepublik sogar die Zahlungsunfähigkeit, weil sie zu viele Güter aus dem Ausland kaufte.

Geht das Ei des Kolumbus auf Christoph Kolumbus zurück?

„Einfach, aber man muss darauf kommen." Auf diese Formel könnte man das berühmte Experiment von Christoph Kolumbus bringen, der es schaffte, ein gekochtes Ei aufrecht hinzustellen, indem er die Spitze leicht eindrückte. Anlass zu dieser Darbietung soll die Behauptung neidischer Zeitgenossen gewesen sein, dass ihnen die Entdeckungen des Genuesers ebenso hätten gelingen können. Glaubt man dem Italiener Benzoni in seiner *Historia del mondo nuovo* von 1565, dann hat sich diese Szene 1493 bei einem Gastmahl des Kardinals Mendoza abgespielt, kurz nach der Rückkehr von Kolumbus von seiner ersten Amerikareise. Benzoni hielt so den Einfallsreichtum des Entdeckers für die Nachwelt fest.

Ob der aber wirklich so schlagfertig war, kann sicher weder bestätigt noch dementiert werden. Dem Erbauer des Doms von Florenz, Filippo Brunelleschi, wird eine ähnliche Begebenheit zugeschrieben, und gerade in Spanien soll diese Demonstration einer leichten Lösung für ein schwieriges Problem schon lange bekannt und sogar als Redensart verbreitet gewesen sein. Vielleicht hat Kolumbus also nur ein dem spanischen Publikum bereits bekanntes Bild verwendet. Doch selbst wenn er nicht der Urheber sein sollte, ist das Ei des Kolumbus durch ihn immerhin sprichwörtlich geworden.

Woran erkenne ich Fake News?

Fake News – falsche Nachrichten, Lügen – verbreiten sich zunehmend schneller und werden immer professioneller erzeugt. Gerade wenn es um brisante Themen geht, werden sie geschickt in die Nachrichtenflut gemischt. Sie sind oft manipulierend und werden gezielt eingesetzt, um zum Handeln zu animieren. Im Fall von Fake News im Internet heißt das: Schnell mal ein Like anklicken, eine E-Mail weiterleiten oder Ähnliches. Doch so werden nicht nur die Lügen schnell weiterverbreitet, häufig wird auch der Computer durch ein Computervirus verseucht. Bereits mit einfachen Mitteln ist es jedoch möglich, eine Nachricht als verdächtig zu identifizieren.

Schlagzeilen und der Schreibstil sprechen schon Bände: Ist der Artikel in einem sensationslüsternen und emotionalen Stil geschrieben, der zudem durch den Einsatz von optischen Auszeichnungen (z. B. Wörter in Großbuchstaben oder fett gesetzte Schrift) und markanten Satzzeichen (z. B. Ausrufezeichen) untermauert wird, ist Vorsicht geboten.

Gute Berichte argumentieren dagegen sachlich und betrachten ein Thema aus verschiedenen Perspektiven. Generell gilt: Zitate, Zahlen und Fakten müssen aktuell bzw. zeitgemäß und durch Quellenangaben nachzuprüfen sein. Bloße Behauptungen sind verdächtig. Hilfreich ist es auch, zu schauen, was andere Quellen und Berichte zum Thema der „verdächtigen" Nachricht sagen: Gibt es überhaupt andere Quellen? Und wenn ja, inwieweit beziehen sie sich auf die verdächtige Nachricht bzw. berücksichtigen sie? Bei einem Vergleich kann sich manchmal herausstellen, dass Fakten in einem falschen Zusammenhang dargestellt und so verzerrt wurden. Schon durch eine ungeschickte Übersetzung in eine andere Sprache können sich Fehler einschleichen.

Jede Nachricht muss einen Urheber haben, der eindeutig identifizierbar sein sollte. Websites z. B., die kommerziellen Zwecken dienen, müssen ein Impressum haben, das Kontaktdaten enthält.

Wer darüber hinaus noch recherchieren möchte, kann u. a. auch bei sogenannten Faktencheckern nachschauen, ob die Nachricht dort aufgeführt ist, oder spezielle Suchmaschinen einsetzen, um beispielsweise Videos und Bilder auf Manipulation hin zu untersuchen. Denn oft ist es nicht nur der geschriebene Text, der falsche Fakten streut.

Ist Fasching ein heidnischer Brauch?

Christlich ist am Fasching tatsächlich nur der Zeitpunkt. Bevor die Fastenzeit beginnt, besteht noch einmal die Gelegenheit, ausgelassen zu feiern und nach Herzenslust zu essen und zu trinken. In Baden, im Elsass, in der deutschsprachigen Schweiz und in Vorarlberg heißt der Fasching darum auch Fastnet, was ebenso wie das in vielen Regionen gebräuchliche Wort Fastnacht auf den Vorabend der Fastenzeit hinweist.

Der Ursprung dieses Festes liegt jedoch weit vor der christlichen Ära und reicht bis in die Zeit der alten Germanen zurück. Zu Anfang des Frühlings wollte man die Winterdämonen vertreiben, und um die bösen Geister zu erschrecken, haben sich die Menschen seit alters mit Masken und Kostümen verkleidet und bei Umzügen möglichst viel Lärm verursacht. Als nach dem Siegeszug des Christentums die Kirche eine 40-tägige Fastenzeit bis Ostern festlegte, nutzte man, in Anknüpfung an diese heidnischen Bräuche, die davor liegende Zeit zum wilden närrischen Treiben.

Die schwäbisch-alemannische Fastnacht (hier: Radolfzell) zeichnet sich durch eine große Vielfalt an Masken aus.

In Basel gehen die Uhren anders

In Basel wird die Fastnacht später gefeiert als in Deutschland: Die Baseler eröffnen ihre Straßenfastnacht erst am Montag nach Aschermittwoch um 4 Uhr morgens mit dem sogenannten Morgenstreich. Dieser Brauch besteht seit dem 16. Jh., als die Protestanten die Fastenzeit samt Fasching abschafften und Basel sich daraufhin diesen Sondertermin setzte.

Aus den gemeinsamen Anfängen entwickelten sich bald unterschiedliche Formen des Faschings. In den heutigen Hochburgen am Rhein feiert man die noch fastenfreie Zeit als Karneval. Der Begriff geht wahrscheinlich auf das lateinische *carne vale* zurück und bezeichnet den vorübergehenden Abschied vom Fleischgenuss.

Welche Feiertage haben Botschafter, die im Ausland arbeiten?

Die Bundesrepublik Deutschland unterhält derzeit 153 Botschaften im Ausland. Obwohl deren Mitarbeiter natürlich im jeweiligen Gastland leben, gilt für sie dieselbe Feiertagsregelung wie für die Bewohner des Bundeslands Berlin – ob sie nun in Litauen sitzen, in Ruanda, Uruguay oder Oman. Am Frauentag, dem 8. März, der innerhalb Deutschlands nur in Berlin ein gesetzlicher Feiertag ist, haben Botschafter also auch arbeitsfrei.

Zusätzlich dürfen die Botschaftsmitarbeiter bis zu drei der Feiertage ihres Gastlands auswählen. Da das Auswärtige Amt seinen Angestellten jedoch keine zusätzliche Freizeit gewähren darf, muss die Zeit für diese Wahlfeiertage vor- oder nachgearbeitet werden.

Ist Gold eine sichere Anlagemöglichkeit?

Eine sichere Vermögensanlage sollte drei Eigenschaften haben: Sie schützt den Anleger vor einer Entwertung durch Inflation, sie verspricht möglichst sichere Zinsen, und sie verhindert einen Werteverlust des Vermögens.

Gold übt nicht nur auf risikobewusste Anleger eine große Faszination aus – was zahllose Bücher und Filme beweisen.

Betrachtet man nun Gold unter diesen Aspekten, stellt man Folgendes fest: Gold bietet keinen Schutz vor Inflation, und es gibt auf Gold auch keine Zinsen. Der Käufer kann nur darauf setzen, dass der Goldpreis steigt und er mit Gewinn wieder verkaufen kann – sein Vermögen also größer wird. Doch der Goldpreis schwankt beträchtlich. Gold schützt also auch nicht vor einem Werteverlust des Vermögens.

Andererseits fällt infolge der Niedrigzinspolitik der Notenbanken weltweit der Nachteil, dass es auf Gold keine Zinsen gibt, nicht mehr so stark ins Gewicht – dadurch wird Gold attraktiver, und der Preis könnte steigen. Nicht von der Hand zu weisen ist zudem die Tatsache, dass das Edelmetall von vielen Investoren als Absicherung vor Krisen verstanden wird, weshalb Gold insbesondere in Zeiten von Unsicherheit an Wert gewinnen kann. Ferner spielen beim Kauf von Gold auch psychologische Motive eine Rolle, etwa die (falsche) Vorstellung, dass Gold an sich schon wertvoll sei und deswegen immer einen gewissen Preis habe.

Warum heißt die Verfassung Deutschlands Grundgesetz?

Das deutsche Grundgesetz erfüllt die Funktionen einer Verfassung, es begründete 1949 einen neuen Staat, und seine Einhaltung wird vom Bundesverfassungsgericht überwacht. Und doch heißt es nicht Verfassung.

1948, drei Jahre nach dem Ende des Zweiten Weltkriegs, hatte sich die Teilung Deutschlands längst abgezeichnet. Auf der Londoner Sechsmächtekonferenz (23. Februar bis 2. Juni 1948) hatten die drei Westalliierten die Bildung eines Weststaats beschlossen. Hierauf erhielten die Ministerpräsidenten der drei westdeutschen Besatzungszonen in den Frankfurter Dokumenten den Auftrag zur Einberufung einer verfassungsgebenden Versammlung. Die Ministerpräsidenten erhoben jedoch Einspruch – sie wollten dem neuen Weststaat nicht den Status eines vollwertigen Nationalstaats geben. Die Spaltung Deutschlands war für sie nur vorübergehend. Der Kompromiss: Es wurde keine Nationalversammlung direkt vom Volk gewählt, sondern man einigte sich auf die Bildung eines Parlamentarischen Rates, der durch die drei Länderparlamente gewählt werden und ein vorläufiges „Verwaltungsstatut" ausarbeiten sollte. Auch sollte dieses nicht durch einen Volksentscheid ratifiziert werden. Denn wie der zu gründende Staat galt es lediglich als Provisorium, was der Name Grundgesetz schließlich zum Ausdruck brachte.

Bei der Wiedervereinigung Deutschlands 1990 entschieden sich die Vertreter der beiden deutschen Staaten dagegen, gemäß Artikel 146 eine verfassungsgebende Versammlung einzuberufen. Schließlich, so die Befürworter einer Verfassungskontinuität, hatte sich das Grundgesetz längst bewährt. Auch sollte die Wiedervereinigung möglichst schnell vollzogen werden. Und so wurde das Grundgesetz in den fünf neuen Bundesländern auf der Grundlage des damaligen Artikels 23 „nach deren Beitritt in Kraft" gesetzt. Aus dem Provisorium wurde damit ein endgültiger Zustand.

Auch wenn man Handwerksburschen heute seltener sieht, ist die Walz no[ch] immer aktuell.

Gehen Handwerksburschen heute noch auf die Walz?

Die Tradition der Walz ist etwa 800 Jahre alt. „Die Walz" bedeutet, dass der Geselle seinen Heimatort verlassen und auf Wanderschaft gehen muss. Je nach Schacht – so heißen die Bruderschaften, in denen sich die Gesellen organisieren – gelten spezielle Regeln für die Wanderschaft. Bei den meisten Schächten darf der Geselle seinem Heimatort während einer Dauer von drei Jahren und einem Tag nicht näher als bis auf 50 km kommen. Die Voraussetzungen für ein solches Leben sind streng: Der Geselle muss schuldenfrei, unverheiratet, kinderlos und jünger als 30 Jahre sein. Er darf kein Auto besitzen und während dieser Zeit nur zu Fuß oder per Anhalter unterwegs sein. Der Geselle muss zudem seinen Lebensunterhalt in Handwerksbetrieben seines Berufs verdienen, darf aber bei Bäckern und Fleischern um Essen bitten, wenn er gerade kein Einkommen hat.

Früher sollte der Geselle auf der Walz Erfahrungen und Fertigkeiten sammeln und so seine Ausbildung vervollständigen, bevor er Meister werden konnte. Oft gab es auch keine Arbeit im Heimatort des Gesellen. Aber der Geselle sollte und soll auch heute noch lernen, sich durchzusetzen und erwachsen werden. In den 1970er-Jahren waren in Deutschland nur noch wenige Gesellen auf der Walz, Schätzungen gehen von 20 Gesellen pro Jahr aus. Mittlerweile ist das Interesse daran wieder größer, pro Jahr sind etwa 500–600 Gesellen unterwegs – eine genaue Zahl gibt es nicht.

In Deutschland existieren noch immer mehrere Schächte, beispielsweise der Rolandsschacht und der Fremden Freiheitsschacht. Die Mitglieder haben Bauberufe, sind Maurer, Zimmerer, Schreiner, Dachdecker, Steinmetz oder Fliesenleger. Die Schächte Axt & Kelle und Freier Begegnungsschacht, die in den 1980er-Jahren entstanden, nehmen auch Frauen auf.

Warum darf man Hecken nicht zu jeder Zeit schneiden?

Eine Hecke im Haus- oder Schrebergarten erfüllt eine Vielzahl von Funktionen. Sie bietet Sichtschutz, hält den Wind ab, dämmt eventuellen Lärm und ist dekorativ. Abhängig von der Art des Gehölzes werden die meisten Hecken ein- oder zweimal im Jahr geschnitten.

Dabei sollte man aber nicht vergessen, dass dieser „lebende Zaun" nicht nur unzählige nützliche Insekten beherbergt. Viele Kleinsäuger wie der Igel suchen in ihm Schutz, und Vögel wie Amsel, Mönchsgrasmücke, Nachtigall und Grünfink finden hier ihren Nistplatz. Da alle europäischen Vogelarten besonders geschützt sind, ist es verboten, ihr Brutgeschäft zu beeinträchtigen und im Bau befindliche oder schon besetzte Nester zu entfernen oder zu zerstören. Gerade durch den Heckenschnitt werden die Vögel aber beim Nestbau behindert und aufgescheucht, manchmal so sehr, dass sie ihre Brut aufgeben. Im Sinn des Tierschutzes sollte also während der regional sehr unterschiedlichen Fortpflanzungs- und Brutzeit, die meist im Sommerhalbjahr ansteht, der Heckenschnitt tabu sein.

Naturnahe Hecken aus heimischen Wildgehölzen und Blütensträuchern, die nur selten geschnitten werden müssen, ermöglichen es, die Tierwelt zu schützen und zugleich alle Vorteile einer Hecke zu genießen.

Warum steht das Hermannsdenkmal auf der Grotenburg?

Auf der Grotenburg bei Detmold wurde 1875 das Hermannsdenkmal eingeweiht, das mit seinem Sockel über 53 m hoch aufragt. Seitdem blickt der Germanenfürst auf einen Wald, der Schauplatz seiner berühmten Schlacht im Freiheitskampf gegen die Römer gewesen sein soll.

Unter der Führung des Cheruskers Arminius besiegten im Jahr 9 n. Chr. germanische Verbände die Legionen des römischen Feldherrn Varus. Sechs Jahre später entdeckten Truppen des Römers Germanicus den Schlachtort und bestatteten die Gefallenen. Nach den Angaben des römischen Historikers Tacitus lag dieser für die Römer wenig schmeichelhafte Ort *haud procul Teutoburgiensi saltu*, also nicht weit vom Teutoburger Wald entfernt.

Als man sich in Deutschland im 16. Jh. für die eigene germanische Vergangenheit zu interessieren begann, wurde der römische Name Arminius – der Germane hatte sogar das römische Bürgerrecht besessen – in Hermann eingedeutscht. Und da der Name des Waldes längst nicht mehr bekannt war, verwandelte man kurzerhand einen bis dahin Osning genannten Höhenzug am Nordostrand der Münsterschen Bucht in den Teutoburger Wald des Tacitus. Hier wurde dann das Denkmal errichtet.

Neuere Forschungen haben allerdings gezeigt, dass der Schauplatz der Schlacht möglicherweise viel weiter nördlich, bei Kalkriese in der Nähe von Osnabrück, liegt. Archäologische Funde zeugen von einer großen Schlacht, die dort genau zur Zeit des Arminius stattfand. Ob es sich dabei wirklich um die Schlacht gegen Varus handelte, ist zwar weiterhin umstritten, man kann aber mit großer Sicherheit davon ausgehen, dass das Hermannsdenkmal am falschen Platz steht.

Das mehr als 53 m hohe Hermannsdenkmal gehört zu den bekanntesten Denkmälern in Deutschland.

Der Hexen-Bestseller

Mit insgesamt 30 Auflagen bis zum Jahr 1669 war der *Malleus maleficarum* ein echter Bestseller – und noch dazu ein Longseller. Denn das Werk von Heinrich Institoris und Jakob Sprenger war 1487 zum ersten Mal veröffentlicht worden. Das Buch der beiden Dominikanermönche beschrieb auf der Grundlage der Hexenbulle von Papst Innozenz VIII. das Hexenwesen im Detail und gab Anleitungen zu seiner Bekämpfung. Unter dem Namen Hexenhammer ist das Buch in die Geschichte eingegangen. In späteren Auflagen allerdings wurde nur noch Institoris als Autor genannt – ob Sprenger tatsächlich am Hexenhammer mitgearbeitet hat, ist daher umstritten.

Wann fand der letzte Hexenprozess statt?

Die Hinrichtung der Magd Anna Göldin am 13. Juni 1782 im schweizerischen Glarus war das letzte Kapitel in der fast 400-jährigen Geschichte der Hexenverfolgungen in Europa. Das Gericht hatte es als erwiesen angesehen, dass sie dem Kind der Familie, bei der sie diente, durch Hexerei Schaden zugefügt hatte.

Anfang des 15. Jh. war durch Kriege, wirtschaftliche Not, vor allem aber durch die Pest und die religiösen Zweifel der Reformationszeit ein geistiges Klima entstanden, in dem der Glaube an den Teufel und seine Helferinnen, die Hexen, sehr gut gedeihen konnte. Diesen wurden magische Fähigkeiten zugeschrieben, und so konnte man sie für jedes Unglück verantwortlich machen. Brannte ein Haus, war die Ernte schlecht oder wurde jemand krank, fand der Volkszorn schnell eine Frau, der man die Schuld gab. Zum Hexenwahn trug wesentlich die Erfindung des Buchdrucks bei, denn jetzt war es möglich, Traktate über das Hexenwesen zu vervielfältigen und an Hexenjäger in ganz Europa zu verteilen. Weil man den Beschuldigten immer die gleichen Fragen stellte, waren zwangsläufig auch ihre Aussagen identisch.

Die Reformation, die dieses Phänomen mit ausgelöst hatte, setzte ihm auch ein Ende. Die Protestanten betonten den reinen Glauben an Gott und maßen dem Teufel und seinen vermeintlichen Helferinnen weniger Bedeutung bei. Seit Ende des 16. Jh. kam es nur noch sporadisch zu Verurteilungen. Der Magd Anna Göldin bleibt der traurige Ruhm, das letzte Opfer des Irrglaubens gewesen zu sein.

Wie lange dauerte der Hundertjährige Krieg?

Sicher ist, dass der Hundertjährige Krieg zu den längsten militärisch geführten Auseinandersetzungen gehört. Die Frage, wie lange er genau dauerte, ist allerdings gar nicht so einfach zu beantworten. Die Ursache des Kriegs immerhin ist klar: Es ging um nichts weniger als den französischen Thron, den der englische König nach dem Aussterben der französischen Kapetinger für sich beanspruchte. Er war zugleich als Herzog von Aquitanien im Südwesten Frankreichs ein widerspenstiger Vasall der französischen Krone – sehr zum Missfallen der neuen Regenten Frankreichs aus dem Hause Valois.

Auftakt der kriegerischen Auseinandersetzungen war 1337 der Befehl Philipps VI. von Frankreich, die aquitanischen Güter seines Kontrahenten Eduard III. von England mit Waffengewalt einzuziehen. Daraufhin ernannte sich Eduard 1340 zum König von Frankreich und setzte mit Truppen über den Ärmelkanal. Der Krieg hatte endgültig begonnen. Unterteilen lässt er sich in drei Phasen: von 1337 bis 1386, von 1415 bis 1435 und von 1436 bis 1453. Damit dauerte der Krieg an sich zwar 116 Jahre, zwischendurch ruhten die Waffen aber immer wieder.

Jeanne d'Arc, Johanna von Orléans, spielte eine wichtige Rolle in der Endphase des Hundertjährigen Kriegs.

Und wie endete er? Lange hatte England die Oberhand. Ab 1415 brachte es sogar weite Teile Nordfrankreichs unter seine Herrschaft, bis sich schließlich der französische Widerstand um die Symbolfigur der Jeanne d'Arc formierte und die Schlacht von Castillon 1453 die Niederlage Englands besiegelte.

Rekorde

DER LÄNGSTE KRIEG DER GESCHICHTE

In diesem Krieg gab es weder einen Kampf noch Todesopfer. Geführt wurde er zwischen den Niederlanden und den Scilly-Inseln im Ärmelkanal, auf denen sich englische Royalisten nach ihrer Niederlage im Englischen Bürgerkrieg 1651 verschanzt hatten. Noch bevor es zu einer Schlacht kam, mussten die Royalisten gegenüber dem englischen Admiral Robert Blake kapitulieren. Zu einem Friedensschluss zwischen den Inseln und den Niederländern kam es dabei nicht. Der offizielle Kriegszustand wurde erst 1986 beendet – 335 Jahre nach der Kriegserklärung –, nachdem ein Historiker über diese „Randnotiz der Geschichte" gestolpert war.

Können auch Privatpersonen einen Insolvenzantrag stellen?

Insolvenz heißt Zahlungsunfähigkeit – die eingegangenen Zahlungsverpflichtungen können also nicht mehr erfüllt werden. Bei einer Privatperson entsteht dieser Zustand meist aus Überschuldung, d. h., sie kann die Zins- und Tilgungszahlungen auf ihre Kredite nicht mehr leisten.

Ein Insolvenzrecht für Privatpersonen gibt es schon seit längerer Zeit. Doch die Bedingungen waren früher sehr streng: Die Gläubiger konnten 30 Jahre lang die restlichen Schulden eintreiben, während die Privatperson oft nicht einmal mehr in der Lage war, auch nur die Zinsen für die Kredite zu zahlen. Seit dem 1. Januar 1999 gilt jedoch ein neues Verbraucherinsolvenzverfahren, das 2013 reformiert wurde:

Der Betroffene muss sich zuerst um eine außergerichtliche Einigung mit den Gläubigern bemühen. Scheitert dies, kann anschließend ein Verfahren beim zuständigen Gericht beantragt werden. Das Gericht versucht dann, alle Gläubiger zur Zustimmung zu einem Schuldenbereinigungsplan zu bewegen. Lehnen die Gläubiger diesen Plan ab, wird ein vereinfachtes Verfahren angewandt.

Der überschuldete Privathaushalt muss sechs Jahre lang den pfändbaren Teil seines Einkommens an einen Dritten abtreten. Ist diese Bedingung erfüllt, kann das Gericht beschließen, den Privathaushalt von seinen Restschulden zu befreien. Die Reform von 2013 räumt u. a. die Möglichkeit ein, das Insolvenzverfahren auf drei oder fünf Jahre zu verkürzen. Dazu muss allerdings ein wesentlich größerer Teil der Schuldensumme innerhalb dieses Zeitraums zurückgezahlt werden als bei der sechsjährigen Laufzeit des Verfahrens.

Ein Gemälde in der römischen Kirche San Luigi dei Francesi zeigt die Geburt Christi.

Wurde Jesus im Jahr 0 geboren?

Jesus kann allein schon deshalb nicht im Jahr 0 geboren worden sein, weil es dieses Jahr nicht gibt. Auf das Jahr 1 v. Chr. folgte direkt das Jahr 1 n. Chr.

Verantwortlich für die Festlegung des Geburtsjahrs Jesu war der Mönch Dionysius Exiguus, der 525 den päpstlichen Auftrag erhielt, für die nächsten 95 Jahre den Termin des Osterfestes zu berechnen.

Zeitrechnungen der großen Religionen

Während die Zeitrechnung der Christen mit der Geburt Jesu einsetzt, zählen die Juden die Jahre seit der Erschaffung der Welt, die nach ihren Berechnungen im Jahr 3761 v. Chr., dem jüdischen Jahr 1, stattfand. Im Herbst 2020 begann also das jüdische Jahr 5781. Die Jahreszählung im buddhistischen Kalender startet mit dem Todesjahr Buddhas (543 v. Chr.) als Jahr 1, d. h. 2020 entspricht dem buddhistischen Jahr 2563. Die islamische Zeitrechnung beginnt mit der Flucht Mohammeds von Mekka nach Medina (622 n. Chr., am 15. oder 16. Juli). Beim islamischen Kalender handelt es sich um einen Mondkalender, der nur 354 bzw. 355 Tage hat. Am 20. August 2020 begann daher das islamische Jahr 1442.

Dazu bediente er sich einer neuen Jahreszählung ab Christi Geburt, die er in das Jahr 754 nach der Gründung Roms legte. Er stützte sich dabei auf die Kalkulationen des römischen Antiquars Varro, nach denen Rom am – umgerechnet – 21. April 753 v. Chr. gegründet worden sein soll.

Das genaue Geburtsdatum Jesu ist bis heute nicht bekannt. Nach Lukas und Matthäus lebte der 4 v. Chr. gestorbene Herodes noch, als der Heiland zur Welt kam. Andererseits fand die bei Lukas erwähnte Volkszählung erst nach 6 n. Chr. statt.

Wird Jesus im Islam ebenfalls verehrt?

Eine große Zahl von Berichten über das Leben und Wirken Jesu Christi ist im Koran enthalten. Da das heilige Buch des Islam als das direkte Wort Gottes gilt, stellen diese Berichte für Moslems eine nicht zu widerlegende Wahrheit dar. Überhaupt sieht der Islam im Christentum wie auch im Judentum Offenbarungsreligionen, die allerdings noch nicht im Besitz der vom Propheten Mohammed empfangenen und vermittelten allumfassenden Wahrheit gewesen sind. Daher hat auch Abraham, der Stammvater des Volkes Israel, einen festen Platz in der islamischen Religion.

Jesus gilt dem Islam als der letzte große Prophet vor Mohammed. Der Islam erkennt die Jungfräulichkeit Marias an, die er im Übrigen zu den „vier besten Frauen auf Erden" zählt. Die Kreuzigung Jesu wird hingegen nicht als ein Faktum akzeptiert. So heißt es in der 4. Sure: „Nicht haben sie ihn getötet und nicht gekreuzigt, sondern es erschien ihnen nur so. Vielmehr erhöhte ihn Allah zu sich, und Allah ist allmächtig und weise." Im Koran erscheint Christus im Gegensatz zur Bibel auch nicht als der Erlöser, da der Islam den christlichen Gedanken der Erbsünde nicht kennt.

Wann wurde der erste Joint geraucht?

Archäologen der Chinesischen Akademie der Wissenschaften haben 2013 und 2014 am Taxkorgan-Fluss im Pamirgebirge, mehr als 3000 m über dem Meeresspiegel, einen rund 2500 Jahre alten Friedhof untersucht. Dort wunderten sich die Forscher über mehrere Gefäße aus Holz, in denen teilweise verkohlte Kieselsteine lagen. Als Nicole Boivin, Robert Spengler und Yimin Yang vom Max-Planck-Institut für Menschheitsgeschichte in Jena an den Innenwänden dieser Gefäße eine Art „Fingerabdruck" der darin enthaltenen chemischen Verbindungen erstellten, fanden sie zu ihrer Verblüffung Hinweise auf Hanfpflanzen, aus deren Blüten Marihuana und aus deren Harz heute Haschisch gewonnen wird.

Zwar bauen Menschen seit mehr als 6000 Jahren in Ostasien Hanf an, um aus den Samen ein Öl zu pressen und aus den Fasern der Pflanze Seile sowie

Möglicherweise wird Hanf schon sehr lange für die Herstellung von Drogen verwendet.

ein Gewebe für Tücher und Kleidung zu fertigen. Diese Pflanzen enthalten jedoch nur sehr geringe Mengen der Cannabinoide genannten Inhaltsstoffe. Diese reichen keinesfalls aus, um von einem daraus gedrehten Joint high zu werden. In den Räuchergefäßen aus dem Jirzankal-Friedhof fanden die Max-Planck-Forscher aber Spuren von deutlich größeren Cannabinoid-Mengen, als sie in Nutzpflanzen für Fasern oder Hanföl normalerweise vorkommen sollten. Offenbar hatten die Menschen im Pamirgebirge also bewusst Pflanzen gesammelt oder angebaut, die als Psychopharmaka und als bewusstseinsverändernde Drogen verwendet werden konnten.

In dieser großen Höhe könnte der starke ultraviolette Anteil der Sonnenstrahlung die Produktion der Cannabinoide in den Pflanzen angekurbelt haben. Vielleicht sind die Hanfsorten, die heute für medizinische Zwecke und für die Herstellung von Drogen dienen, dort also ganz natürlich entstanden und von den Heilern und Schamanen entdeckt worden. Entlang der Seidenstraße könnten Haschisch und Marihuana später in die westlichen Länder gekommen sein.

Wurden Keuschheitsgürtel im Mittelalter wirklich getragen?

Wie viele Frauen tatsächlich gezwungen wurden, einen Keuschheitsgürtel zu tragen, ist unbekannt. In manchen Kreisen wird sogar angezweifelt, dass er je zum Einsatz kam; er soll nur dazu gedient haben, der Untreue verdächtigte Frauen einzuschüchtern. Das ist aber eine falsche Vermutung, deren Anhänger nicht glauben wollen, dass Männer tatsächlich zu diesem Mittel gegriffen haben, um Seitensprünge ihrer Ehefrauen oder Geliebten zu verhindern.

Ein wichtiger Hinweis für den tatsächlichen Gebrauch von Keuschheitsgürteln sind bis heute erhaltene Exemplare, die aus dem 16. und 17. Jh., also der Neuzeit, stammen. Die Erfindung des Keuschheitsgürtels liegt aber viel weiter zurück. Manche datieren sie ins 11. oder 12. Jh., in die Zeit der Kreuzzüge, und behaupten, sie sei eine Vorsichtsmaßnahme jener Ritter und Abenteurer gewesen, die sich über mehrere Monate in der Fremde aufhielten.

Dieser Keuschheitsgürtel ist in der Festung Hohensalzburg ausgestellt.

Das früheste Exemplar fertigte vermutlich um 1400 ein gewisser Francesco Carrara aus Florenz; zum ersten Mal wurde es 1405 im Kyeser-Codex abgebildet und beschrieben. In dem Codex, den man heute in der Göttinger Universitätsbibliothek einsehen kann, heißt es zudem, der Keuschheitsgürtel sei von der Damenwelt in Florenz tatsächlich getragen worden, was auch seinen Beinamen Florentiner Gürtel erklärt.

Wie lassen sich sehr fest verschlossene Konservengläser leichter öffnen?

Konservengläser müssen fest verschlossen sein, denn nur so wird der Inhalt gut vor Beschädigung und Verunreinigungen geschützt. Um dies zu erreichen, wird das Füllgut heiß eingebracht und das Glas dann mit einem Twist-off-Verschluss verschlossen, einem Schraubdeckel, in den meist zusätzlich eine Gummidichtung eingelassen ist. Wenn der Inhalt abkühlt, zieht sich die im Glas verbliebene Luft zusammen, und ein Unterdruck entsteht. Je stärker der ist, desto besser schließt der Deckel. Durch die federelastischen Eigenschaften der Dichtung entsteht beim Zuschrauben des Deckels zudem eine Vorspannung des Gewindes, die zusätzlich verhindert, dass sich der Deckel bereits bei kleinen Erschütterungen vom Glas löst.

Ein Schlag auf den Boden des Glases setzt das Lösemoment aber etwas herab. Zudem versetzt das Füllgut dem Deckel einen Schlag von innen, sodass er leicht angehoben wird. Etwas Luft dringt ein – gelegentlich hört man das Zischen –, und die Vorspannung wird verringert. Jetzt kann man den Deckel leichter abschrauben.

Falls sich eine Konserve auch diesem Verfahren widersetzt, hilft es, wenn man den Rand des Deckels mit einem Löffelstiel etwas anhebt.

Ein Schlag auf den Boden des Glases kann beim Öffnen helfen.

Charles Lindbergh am 20. Mai 1927 vor der *Spirit of St. Louis* – kurz vor dem Beginn seines Rekordflugs.

Überflog Charles Lindbergh als Erster den Atlantik?

Hunderttausende Franzosen waren am 21. Mai 1927 auf den Pariser Flughafen geströmt, um Charles Lindbergh zu empfangen. Der Amerikaner hatte geschafft, was sechs andere Flieger vor ihm mit dem Leben bezahlt hatten: den ersten Nonstop-Flug über den Atlantik von New York nach Paris. Durch eine Sammlung bei Geschäftsleuten aus St. Louis hatte er die 10580 Dollar für das Flugzeug aufgebracht; ihnen zu Ehren gab er ihm den Namen *Spirit of St. Louis*. Außer einem Tank, der 2000 l Treibstoff fassen musste, um die 5760 km zu bewältigen, hatte er wenig an Bord. Nach 33,5 Stunden war Lindbergh am Ziel.

Das Spektakel um den populären Piloten ließ diejenigen, die tatsächlich als Erste den Atlantik nonstop überquert hatten, in Vergessenheit geraten:

Rekorde

DIE SCHNELLSTE UMRUNDUNG DER ERDE

Im Jahr 1995 flog eine Concorde in Rekordzeit einmal um die Erde – von New York nach New York. Laut der Fédération Aeronautique Internationale dauerte die 36 784 km lange Reise der Air-France-Piloten Michel Dupont und Claude Hetru sowie ihrer Passagiere trotz Zwischenlandungen in Toulouse, Dubai, Bangkok, Guam, Honolulu und Acapulco gerade einmal 31 Stunden, 27 Minuten und 49 Sekunden – zwei Stunden weniger als Lindberghs Atlantikflug.

John Alcock und Arthur W. Brown waren bereits im Juni 1919 von Neufundland nach Irland geflogen. Damit gebührt Lindbergh eigentlich nur die Ehre, als Erster allein nonstop über den Atlantik geflogen zu sein. Dafür hatte er aber eine sehr lange Strecke gewählt – und eine, auf der ihm viel Aufmerksamkeit sicher war.

Hat Luther seine Thesen wirklich an eine Kirchentür angeschlagen?

Martin Luther war zweifellos ein streitbarer Mann, der im Kampf gegen den Papst und die anderen kirchlichen Autoritäten auch nicht vor harscher Polemik zurückschreckte. Aber hat der große Reformator wirklich jene Tat vollbracht, die von allen seinen Unternehmungen am nachhaltigsten im Gedächtnis der Menschen haften geblieben ist? Im Oktober 1517 soll der damals knapp 34-jährige Doktor der Theologie und Professor für Bibelexegese die berühmten 95 Thesen an das Portal der Schlosskirche zu Wittenberg geschlagen haben. Die Thesen waren eine Kampfansage insbesondere an den Ablasshandel der Kirche, die den Gläubigen gegen Geld die Vergebung der Sünden versprach.

Aller Wahrscheinlichkeit nach muss diese Geschichte jedoch in das Reich der Fabeln verbannt werden. Luther selbst hat nie davon gesprochen, und Augenzeugen für den Vorgang hat es auch nicht gegeben. Erst nach Luthers Tod stellte der Reformator Philipp Melanchthon eine entsprechende Behauptung auf. Aber warum hätte Luther eigentlich zu einem derartig spektakulären Mittel greifen sollen? Denn er wollte ja nicht die Öffentlichkeit, sondern Vertreter der Kirche auf die Missstände aufmerksam machen. Die aber erreichte er am besten auf dem direkten Weg, und diesen wird der Reformator höchstwahrscheinlich auch eingeschlagen haben. So dürfte er die 95 Thesen in der Form eines auf Latein verfassten theologischen Diskussionsbeitrags an die kirchlichen Würdenträger adressiert haben.

Dass Luther das innerkirchliche Gespräch und nicht den Beifall der Öffentlichkeit gesucht hat, geht auch aus einer anderen Tatsache hervor: Als die Thesen mithilfe des Buchdrucks sehr bald in großer Auflage verbreitet wurden, geschah dies ohne seine Zustimmung und möglicherweise sogar ohne sein Wissen.

Das Logo „Made in Germany" steht heute für hohe Qualität. Das war aber nicht immer so.

War „Made in Germany" schon immer ein Qualitätssiegel?

Ab Mitte des 19. Jh. verschlechterte sich die Position der bis dahin führenden englischen Industrie. Deutsche Hersteller kopierten britische Produkte und konnten sie deshalb in Großbritannien billiger verkaufen als die dortigen Hersteller, die dadurch in starke Bedrängnis gerieten. So suchten sie politische Unterstützung gegen die deutsche Industrie. Als Reaktion führte das britische Parlament am 23. August 1887 per Gesetz (Merchandise Marks Act Chapter XXVIII, Section 16) das Logo „Made in Germany" ein. Jedes deutsche Produkt, das nach England verkauft wurde, musste fortan diesen Herkunftsnachweis tragen. Der war nun keinesfalls als Qualitätssiegel gedacht, denn die Qualität der deutschen Produkte ließ nach Ansicht der englischen Industrie oft zu wünschen übrig. Das Logo „Made in Germany" sollte die englischen Käufer im Gegenteil über die – angeblich – qualitativ schlechteren deutschen Produkte informieren, es sollte also eine Warnung sein. Indirekt war es gleichzeitig eine Aufforderung, einheimische Produkte zu kaufen.

Doch die deutsche Industrie tüftelte neue Herstellungsverfahren aus, die eine Produktion nach planvollen, strengen und berechenbaren Regeln ermöglichten. Staatliche Stellen entwickelten Vorgaben für die Herstellung, etwa für Werkstoffe, Chemikalien, Eisen und Stahl. Der im Jahr 1856 gegründete Verein Deutscher Ingenieure versammelte Experten für die Standardisierung und Normierung von Rohstoffen und Bearbeitungsverfahren. Die Qualität der deutschen Produkte verbesserte sich dadurch so sehr, dass das als Warnhinweis eingeführte Zeichen nach kurzer Zeit zum Ausweis hochwertiger Produkte wurde. „Made in Germany" entwickelte sich zum Qualitätssiegel und zu einem der wichtigsten Qualitätskennzeichen im 20. Jh. Die Standards und Normen der deutschen Wirtschaft wurden in aller Welt nachgeahmt.

War Fernando Magellan der erste Weltumsegler?

Von Spanien aus und im Dienst spanischer Auftraggeber stach im September 1519 der Portugiese Fernando Magellan mit fünf Schiffen und 260 Mann Besatzung in See. Sie suchten einen neuen Weg nach Südostasien und zu den Molukken, von wo man die so begehrten Gewürze importierte. Seit die Portugiesen den Indischen Ozean beherrschten, war die Passage für spanische Händler schwierig geworden, und man wollte erkunden, ob eine Umfahrung Südamerikas als Alternative infrage käme.

Magellan musste schon bald mit Meutereien und Stürmen kämpfen, gelangte aber dennoch im Oktober 1520 zur Südspitze Südamerikas. Während der folgenden drei Monate und 20 Tage dauernden Überquerung des Pazifiks gab es dann keinerlei Nachschub an frischen Lebensmitteln, und viele der Besatzungsmitglieder erkrankten an Skorbut. Im März 1521 erreichte das Schiff endlich die Philippinen, wo Magellan jedoch bei einer Stammesfehde von Indigenen erschlagen wurde. Das Kommando übernahm Juan Sebastiano del Cano, unter dessen Führung die Expedition im September 1522 zurückkehrte. Nur ein Schiff, Magellans *Victoria*, war übrig geblieben, und nach drei Jahren Fahrt konnten nur 18 Seeleute wieder spanischen Boden betreten.

Der erste Kommandant, der eine Erdumseglung auch selbst beendete, war der englische Admiral Sir Francis Drake, der von 1577 bis 1580 Magellans Spuren folgte.

IN NUR 40 TAGEN UM DIE WELT

2017 umsegelte Francis Joyon bei der Jules-Verne-Trophäe mit seiner Crew die Welt in nur 40 Tagen, 23 Stunden, 30 Minuten und 30 Sekunden. Seitdem hält er den Rekord für die schnellste Weltumsegelung.

Gibt es einen reinen Männerstaat?

Das kleine Staatswesen auf dem östlichen Finger der griechischen Halbinsel Chalkidike umfasst eine Fläche von 321 km² und ist damit etwa fünfmal größer als die Republik San Marino. Es zählt rund 1800 Einwohner, die hauptsächlich aus verschiedenen Ländern Ost- und Südosteuropas stammen, hat 20 größere und viele kleinere Siedlungen, eine Hauptstadt (Karyés), eine eigene Verfassung, Volksvertretung und Regierung. Dieser Staat gehört zwar zu Griechenland, genießt aber den Status einer autonomen

Seit 1988 gehören die Klöster auf dem Berg Athos zum UNESCO-Weltkulturerbe.

Republik, so wie viele andere Länder der Erde. In einem wichtigen Punkt unterscheidet sich Athos (Agion Oros) jedoch vom Rest der Welt: Die Republik hat ausschließlich männliche Einwohner, die als Mönche verschiedener orthodoxer Glaubensgemeinschaften in 20 Großklöstern und vielen Einsiedeleien nach strengen asketischen Regeln leben.

Im Jahr 963 entstand am Fuß des Berges Athos das erste große Kloster. Rund 100 Jahre später wurde in der Mönchsrepublik das Gesetz erlassen, dass keine weibliche Person den heiligen Boden von Athos betreten dürfe. Trotz einer Aufforderung des EU-Parlaments, das diskriminierende Verbot aufzuheben, ist Frauen der Zugang bis heute strikt untersagt, und auch Männer benötigen zum Besuch eine amtliche Genehmigung. Touristen können jedoch an einer Bootsfahrt entlang der steilen Küste teilnehmen und dabei von fern einen Blick auf die malerisch an die Felsen gebauten Klöster und Einsiedeleien werfen.

Ist Mark Twain ein Pseudonym?

Rief der Kapitän eines Mississippi-Dampfers *mark twain*, dachte er sicher nicht an den berühmten Schriftsteller dieses Namens, sondern er forderte damit seinen Lotsen auf, die Tiefe des Wassers festzustellen und, wie die wörtliche Übersetzung lautet, „zwei Faden" Tiefe zu markieren. Während seiner Tätigkeit als Lotse auf dem größten Strom Nordamerikas hatte ein gewisser Samuel Langhorne Clemens diesen Befehl so oft gehört, dass er ihn zu seinem Pseudonym machte.

Theoretisch hätte Mr. Clemens seinen Künstlernamen auch aus einigen anderen Berufsfeldern auswählen können. Ursprünglich hatte er eine Lehre als Setzer gemacht, war dann als Goldgräber nach Kalifornien gezogen und hatte schließlich in San Francisco als Reporter gearbeitet.

Reichtum und Ruhm erwarb er jedoch erst als Autor zahlreicher Bücher und Kurzgeschichten. Am bekanntesten sind die beiden Jugendbücher, die er in der Kleinstadt Hannibal, in der er selbst aufgewachsen war, spielen ließ. 1876 erschien *The Adventures of Tom Sawyer* (*Die Abenteuer von Tom Sawyer*), 1884 folgte die Fortsetzung *The Adventures of Huckleberry Finn* (*Die Abenteuer von Huckleberry Finn*). Humorvoll und lebensnah schildert Twain die Abenteuer seiner Hauptfiguren, die er nach eigener Aussage zum großen Teil selbst erlebt hatte.

Im Übrigen war Samuel Clemens nicht der Erste, der auf die Idee kam, sich das Pseudonym Mark Twain zuzulegen. So hatte sich bereits ein gewisser Isiah Seller genannt, seines Zeichens ebenfalls ein ehemaliger Mississippi-Lotse und Schriftsteller – allerdings eher erfolglos in diesem Beruf. Der ungleich berühmtere Mark Twain hatte sich sogar den Spaß erlaubt, die literarischen Versuche seines Namensvetters in Zeitungsartikeln zu parodieren.

"...the extensive view up and down the river is ... one of the most beautiful on the Mississippi"
Mark Twain

In Hannibal, wo Mark Twain seine Kindheit verbrachte, gibt es am Mississippi eine Anlegestelle, die mit einem Mark-Twain-Zitat aufwartet.

Wie bringt man Messing wieder zum Glänzen?

Messing ist die Bezeichnung für Legierungen aus Kupfer und Zink, wobei der Kupferanteil je nach Verwendungszweck bei 56–90 % liegt. Legierungen mit hohem Kupfergehalt werden bevorzugt zu Kunstgegenständen oder Schmuck verarbeitet; solche mit geringem Kupfergehalt zu Rohren oder Armaturen. Je nach Kupferanteil reicht das Farbspektrum von Goldrot bis hin zu Hellgelb. Der Werkstoff zeichnet sich durch gute Verformbarkeit, hohe Festigkeit und eine ausgezeichnete Korrosionsbeständigkeit aus.

Wird es der Luft ausgesetzt, überzieht sich Kupfer mit einem grünlichen Schutzfilm, der sogenannten Patina. Auch unbehandeltes Messing wird im Lauf der Zeit von einer schwärzlich grünen, grafitähnlichen Oxidschicht bedeckt und erscheint dadurch dunkler. Bei Gebrauchsgegenständen kann Messing noch andere Bestandteile wie Aluminium, Eisen oder Nickel enthalten, die ebenfalls oxidieren können.

Man kann die Patina aber mit einer Zitrone entfernen. Dazu reibt man mit der Schnittfläche einer halbierten Zitrone über die stumpfe Messingoberfläche, lässt die Säure kurz einwirken und poliert dann unter kräftigem Druck mit einem Tuch sorgfältig nach. Für empfindliche, hochwertige Gegenstände empfiehlt es sich aber, einen handelsüblichen Messingreiniger zu verwenden, der weniger aggressiv ist.

Dürfen Mormonen mehrere Frauen haben?

Dem Farmersohn Joseph Smith, der die Church of Jesus Christ of Latter-Day Saints (LDS; Kirche Jesu Christi der Heiligen der letzten Tage) 1830 im amerikanischen Bundesstaat New York ins Leben rief, ging es vor allem um die Wiederherstellung der Urkirche.

Der Mormonentempel in Salt Lake City darf nur von Mitgliedern der Glaubensgemeinschaft betreten werden.

Er sah sich als Prophet dieser neuen Religion, und seine Offenbarungen und Erscheinungen wurden zur Grundlage eines Buches mit dem Titel *Mormon*, nach dem man den Mitgliedern der rasch wachsenden Gemeinde den Namen Mormonen gab. Smith schrieb von einer angeblichen Einwanderung biblischer Stämme nach Amerika und von einem dortigen Wirken Christi. Der Gründer der „einzig wahren christlichen Kirche auf Erden" propagierte auch die Vielehe: Sie entspreche den Wünschen Gottes und sei wichtig für die Arterhaltung. Er wurde deswegen angefeindet und 1844 von aufgebrachten Gegnern ermordet.

In Utah fanden die Mormonen 1847 eine neue Heimat. Sie gründeten Salt Lake City, bauten dort einen großen Tempel und kultivierten das unfruchtbare Land. Die angestrebte Aufnahme Utahs als Bundesstaat in die Union scheiterte zunächst an der von den Mormonen weiter praktizierten Polygamie. Aus diesem Grund – und weil man das Schicksal von Smith nicht vergessen hatte – wurde Letztere 1890 offiziell abgeschafft.

Weltweit gibt es aber auch heute noch Mormonen mit mehreren Ehefrauen. Im August 2001 z. B. wurde in Salt Lake City der Mormone Tom Green wegen Vielweiberei zu fünf Jahren Haft verurteilt. Und 2017 erregte in Kanada das Urteil gegen einen früheren Mormonenbischof Aufsehen, der 24 Ehen zugleich führte. Der wegen Polygamie verurteilte Mann gehörte jedoch einer fundamentalistischen Mormonengruppe an, die sich bereits Anfang des 20. Jh. von den LDS abgespaltet hatte.

Stimmt es, dass Essig Mürbeteig feiner macht?

Mürbeteig ist ein fettreicher Teig, der kaum aufgeht, da er weder Hefe noch Backpulver enthält. Das Fett, dessen Anteil etwa 35 % beträgt, trennt die Mehlkörner voneinander und macht den Teig so mürbe. Die wasserunlöslichen Eiweißbestandteile des Mehls, Gliadin und Glutenin, werden von einem feinen Fettfilm umhüllt und können weniger Flüssigkeit binden. Die Kleberbildung, die im Rührteig die Masse lockert, ist beim Mürbeteig unerwünscht und wird durch den Fettfilm gehemmt. Je höher die Fettmenge, desto zarter der Teig. Die Zutaten müssen kühl sein und so schonend und rasch wie möglich verarbeitet werden, da der Teig durch starkes Kneten zäh wird. Essig würde den Teig brüchig machen und könnte zudem einen unangenehmen Beigeschmack hinterlassen.

Früher fügte man dem Teig für Hartkekse Essig zu, damit er geschmeidiger wurde. Hartkeksteig hat jedoch einen Fettanteil von nur 10–15 %; ein Backtriebmittel wird beigesetzt, um ihn mürbe zu machen, und er wird mindestens 30 Minuten bei etwa 40 °C geknetet. Im Englischen werden sowohl der Hartkeks als auch der Mürbekeks als *biscuit* bezeichnet. Die Behauptung, dass man mit Essig einen besonders feinen Mürbeteig erhält, ist wahrscheinlich auf diese Doppelbedeutung zurückzuführen.

Alter Essig

In Ägypten und China war bereits vor rund 5000 Jahren bekannt, dass aus alkoholhaltigen Flüssigkeiten, die länger lagerten, Essig gewonnen werden konnte. Er wurde beispielsweise bei Ohrenschmerzen als Heilmittel verwendet. In Ägypten setzte man ihn dann ab etwa 2000 v. Chr. auch zum Konservieren von Lebensmitteln ein.

Mürbeteigplätzchen sind eine beliebte Weihnachtsleckerei.

Kann man heute noch irgendwo mit Muschelgeld bezahlen?

Muscheln und Schneckenhäuser sind ein uralter Bestandteil des Geld- und Warenverkehrs indigener Völker. Muschel-, Mollusken- oder Kaurigeld war lange in weiten Teilen Afrikas, Asiens, Amerikas bzw. Ozeaniens verbreitet. In den meisten Gegenden gehören diese Zahlungsweisen heute längst der Vergangenheit an, und moderne Zahlungsmethoden haben Einzug gehalten. Doch in Papua-Neuguinea etwa, bei den Tolai auf der Insel Neubritannien, ist das Muschelgeld, das dort „Tabu" genannt wird, als Komplementärwährung noch immer in Benutzung. Es kann gekauft (hierfür gibt es fixe Wechselkurse) oder von einer Muschelbank „abgehoben" werden. Es bedeutet viel Aufwand, die Schalen zu sammeln und weiterzuverarbeiten. Obwohl das auf Schnüre aufgefädelte Geld bei den Tolai vor allem bei rituell bedeutenden Anlässen verwendet wird und u. a. bei Taufen als Geschenk oder bei Hochzeiten als Brautgeld fungiert, kann es auch noch immer bei Einkäufen eingesetzt werden. Die Bestände der Muscheln sind zwar stark zurückgegangen, doch das Muschelgeld der Tolai wird immer wieder neu in Umlauf gebracht: Bei Beerdigungen wird das Tabu des Verstorbenen unter der Trauergemeinde aufgeteilt.

Hat der *Homo sapiens* die Neandertaler verdrängt?

Die Neandertaler waren keine Vorläufer des modernen Menschen, des *Homo sapiens*, sondern gehörten selbst zu jenem frühen, altsteinzeitlichen Homiden-Typus, mit dem die Geschichte des vernunftbegabten Menschen begann: Vor ca. 600000 Jahren trennte sich im Stammbaum des Menschen eine Entwicklungslinie von der des *Homo erectus*, des aufrecht gehenden Menschen. Ein Teil der zu dieser Linie Gehörenden machte sich von Afrika aus auf, die Welt zu entdecken, und so entstanden schließlich zwei Populationen: In Afrika entwickelte sich vor etwa 200000 Jahren der *Homo sapiens*, und im heutigen Europa entstand vor ähnlich langer Zeit der Neandertaler. *Homo sapiens* und Neandertaler waren also recht eng miteinander verwandt.

Benannt ist der Neandertaler nach dem Neandertal bei Düsseldorf, wo im Jahr 1856 das erste Skelett dieses Typus gefunden wurde. Gelebt hat er aber nicht nur in Europa, sondern auch in Usbekistan und im Nahen Osten. Neben dem charakteristischen großen Gehirn hatte er eine flache Stirn und

Rekonstruktion eines Neandertalers, die im Neanderthal Museum in Mettmann zu sehen ist.

ein Spitzgesicht. Das rauere Klima im eiszeitlichen Europa sorgte für den im Vergleich zum *Homo sapiens* gedrungeneren Körperbau des Neandertalers und für seine stabileren Knochen und seine kräftige Muskulatur.

Auch der *Homo sapiens* blieb nicht nur in Afrika, er begab sich ebenfalls auf Wanderschaft – Fossilienfunde lassen darauf schließen, dass er vielleicht schon vor etwa 50 000 Jahren Europa erreichte, wo er, wie Jahrtausende zuvor bereits im Nahen Osten, zwangsläufig auf den Neandertaler traf. Diese aufgrund der geringen Zahl der Neandertaler wahrscheinlich eher seltenen Begegnungen waren aber nach Ansicht der meisten Wissenschaftler nicht der Grund für das Verschwinden der Neandertaler vor etwa 39 000 Jahren. Viel wahrscheinlicher als Kämpfe zwischen *Homo sapiens* und Neandertaler ist, dass die Zahl der Neandertaler über einen langen Zeitraum allmählich kleiner wurde, dass sie mit dem ständig schwankenden Klima Probleme bekamen, nicht genug erjagen konnten oder dass Seuchen einzelne Gruppen auslöschten. Der Neandertaler hatte vielleicht schlicht „evolutionäres Pech".

Völlig verschwunden ist der Neandertaler aber nicht – er steckt in gewisser Weise sogar in uns. Die Begegnungen von Neandertaler und *Homo sapiens* blieben zumindest in einer Hinsicht nicht folgenlos: Als es gelang, das Erbgut der Neandertaler aus Knochenfunden zu rekonstruieren, stellte man fest, dass rund 2 % der DNS heutiger Europäer und Asiaten auf den Neandertaler zurückgehen. Neandertaler und *Homo sapiens* hatten also Kinder miteinander (siehe auch S. 137).

Wer hat eigentlich Nordamerika entdeckt?

Gemeinhin wird die Entdeckung Amerikas mit Christoph Kolumbus in Verbindung gebracht. Vielmehr aber gebührt den Wikingern die Ehre, als erste Europäer den „neuen" Kontinent betreten zu haben. Von Norwegen aus starteten sie ihre großen Fahrten über See auf der Suche nach neuem Land. Der Weg führte sie Richtung Westen bis zu den Färöern und von dort aus über Island bis nach Grönland und schließlich Neufundland.

Bjarni Herjólfsson gilt als der erste skandinavische Seefahrer, der Neufundland sichtete, wobei er dies mehr dem Zufall verdankte: Auf der Fahrt von Island nach Grönland, wo sein Vater Herjólfr siedelte, geriet sein Schiff in einen Sturm, der die Mannschaft vom Kurs abbrachte und Richtung Westen trieb. Herjólfsson erkundete das Land allerdings nicht weiter. Dieser Ruhm gebührt Leif Eriksson. Er war der Sohn von Erik dem Roten, dem Gründer der ersten skandinavischen Siedlung auf Grönland, das übrigens geografisch schon zu Nordamerika gehört und dessen Küste bereits vor Erik dem Roten von dem norwegischen Wikinger Gunnbjörn Úlfsson gesichtet worden sein soll.

Als Leif von dem vermeintlich neuen Land hörte, stach er 992 zu einer großen Entdeckungsreise in See. Der Kurs führte ihn zur heutigen Baffininsel (Helluland) und von dort über Labrador (Markland) weiter bis nach Neufundland (Vinland), wo die Mannschaft den Winter verbrachte. Im Frühjahr kehrte Leif nach Grönland zurück. Es folgten noch weitere Expeditionen – eine unter dem Kommando von Leifs Bruder Thorvald und eine unter Thorfinn Karlsefni –, wobei es immer wieder zu Auseinan-

Vor der beeindruckenden Hallgrímskirkja im isländischen Reykjavík steht eine Statue des Entdeckers Leif Eriksson.

Bei nicht selbst befruchtenden Obstsorten übernehmen u. a. Bienen die Aufgabe, die Pollen zu transportieren.

dersetzungen mit den Ureinwohnern Neufundlands kam. Thorvald fand letztlich bei einer der Streitigkeiten den Tod.

Neben diesen wagemutigen Helden erzählen die sogenannten Sagas von Freydís, einer unehelichen Tochter Eriks des Roten. Gemeinsam mit ihren Brüdern Helge und Finnbog brach auch sie nach Neufundland auf, wo sie am Ende ihre Brüder töten ließ und schließlich selbst die fünf mitgereisten Frauen aus der Gruppe umbrachte.

Die Sagas sind eine wichtige Quelle für die Erforschung der Wikingerzeit. Sie dienen als Wegweiser auf der Suche nach alten Siedlungsspuren. So wurde schon in den 1960er-Jahren die um 1000 gegründete Siedlung L'Anse aux Meadows im Norden Neufundlands entdeckt und archäologisch untersucht. Die Funde – u. a. Reste von Gebäuden und Kleinfunde – sprechen eindeutig für eine skandinavische Herkunft. Seit 1978 gehört die Stätte zum Weltkulturerbe der UNESCO.

Müssen von Obst immer zwei Exemplare gepflanzt werden?

Neben Standort, Nährstoffversorgung, Bewässerung und Schnitt spielt im Obstanbau die Auswahl der Sorten eine wichtige Rolle. Von der richtigen Zusammenstellung hängt die Befruchtung und damit auch der Ertrag ab.

Unter Befruchtung versteht man die Übertragung des Blütenpollens auf die Narbe derselben oder einer anderen Blüte, wo er mit der Eizelle im Innern des Fruchtknotens verschmilzt. Sie ist die Voraussetzung für die Entwicklung des Fruchtknotens zur Frucht. Bei vielen Obstarten benötigen die meisten Sorten eine Fremdbefruchtung durch den Blütenpollen anderer Sorten derselben Obstart, da sie sich nicht oder nicht ausreichend selbst befruchten können. Beide Sorten müssen zur gleichen Zeit blühen. Den Transport des Pollens übernehmen der Wind oder Bienen und Hummeln. Wenn sich im Umkreis von 500 m nur wenige verschiedene Sorten einer Obstart befinden, sollte man im eigenen Garten unterschiedliche Sortenvertreter anpflanzen. Zu den Fremdbefruchtern gehören Süßkirschen, Äpfel und Birnen.

Darüber hinaus müssen bei Apfel und Birne noch gute von schlechten Pollenspendern unterschieden werden. Bei der komplizierten Sortenauswahl lässt man sich am besten von einem Fachmann beraten.

Gedeihen Pflanzen mit ökologischen Düngemitteln besser?

Pflanzen gedeihen gut, wenn sie all die Nährstoffe in ausreichender Menge bekommen, die sie für ein gesundes Wachstum benötigen. Ob diese im Boden natürlich vorkommen oder über Düngemittel, gleich welcher Art, zugeführt werden, spielt für die Pflanzen letztlich keine Rolle. Als Hauptnährstoffe brauchen sie Stickstoff, Phosphor, Kalium, Kalzium und Magnesium, als Spurennährstoffe u. a. Eisen und Mangan. Nicht alle diese Stoffe sind in jedem Boden immer vorhanden und müssen daher durch Düngemittel zugesetzt werden. Pflanzen dürfen aber auch nicht überdüngt werden. Sie gedeihen in diesem Fall nicht besser, sondern werden sogar anfälliger für Schädlinge und Krankheiten.

Auch wenn das Gedeihen der Pflanzen nicht von der Art der Düngemittel abhängt, so haben die ökologischen, also alle organischen Dünger Vorteile: Sie schonen das Grundwasser und fördern die längerfristige Fruchtbarkeit des Bodens. Da sie meist aus tierischen Abfallprodukten bestehen, müssen sie erst durch die im Boden lebenden Mikroorganismen aufgespalten werden, bevor die Nährstoffe für die Pflanzen verfügbar sind. Sie wirken daher langsam.

Mineraldünger basieren dagegen auf anorganischen Stoffen. Sie werden industriell hergestellt, stammen teilweise aber auch, wie etwa die Kalisalze, aus natürlichen Vorkommen. Sie werden schnell von den Wurzeln der Pflanzen aufgenommen und wirken daher rasch. Allerdings können sie durch Regenwasser leicht ins Grundwasser geschwemmt werden und auf längere Sicht den Boden versalzen. Sie müssen zudem sehr genau dosiert werden, damit es nicht zu einer Überdüngung kommt.

Auch Kaffeesatz ist ein ökologischer Dünger.

Warum werden Orden nur verliehen?

Wenn heute in Deutschland ein Orden vergeben wird, bleibt er dauerhaft im Besitz des Geehrten und nach dessen Tod im Besitz der Familie – sofern die Statuten nichts anders besagen. Das war jedoch nicht immer so, denn früher mussten Orden normalerweise nach dem Tod des Geehrten wieder zurückgegeben werden, d. h. sie wurden im eigentlichen Wortsinn nur „verliehen“. Noch heute sprechen wir daher von einer Ordensverleihung, auch wenn die Auszeichnung keine Leihgabe mehr ist. In manchen Ländern besteht die Rückgabepflicht allerdings nach wie vor.

Dass Orden einst zumeist nur verliehen wurden, hängt mit ihrem Materialwert und den hohen Herstellungskosten zusammen: Gold und Silber beispielsweise wurden in speziellen Juweliergeschäften verarbeitet, in denen Goldschmiede, Emaillierer, Polierer, Maler und Zusammensetzer ihr Handwerk aufs Beste verstanden. Hinzu kamen mitunter Bänder und Ketten als weitere wertsteigernde Ordensbestandteile. Um nun die Staatsausgaben so gering wie möglich zu halten, mussten die Orden von den Erben des Ausgezeichneten in der Regel zurückgegeben werden. Es gab allerdings auch die Möglichkeit, beim Hersteller ein Duplikat anfertigen zu lassen und dieses der Krone auszuhändigen. Ausgenommen von der Rückgabepflicht waren Brillanten wie im Fall der höchsten preußischen Auszeichnung, dem Schwarzen Adler: Sie galten nicht als Staatsbesitz, sondern als Geschenk des Regenten und durften daher dauerhaft im Besitz der Familie des Geehrten verbleiben.

Das Ende der Monarchie im Jahr 1918 bedeutete zugleich auch das vorläufige Aus für die Verleihung von Orden. Das Ordensverbot der 1919 erlassenen Weimarer Verfassung schrieb fest, dass keine Orden mehr verliehen werden und Angehörige des Reiches auch keine ausländischen Auszeichnungen mehr entgegennehmen durften. Rückgaben früher verliehener Orden erfolgten hingegen auch weiterhin. Grundlegend ändern sollten sich die Verhältnisse schließlich erst nach 1945.

Vier Palmenflughunde verdösen den Tag in einem Baum hängend.

Was bringen Palmenflughunde der afrikanischen Wirtschaft?

Wenn auf dem Gelände eines Militärkrankenhauses in Accra, der Hauptstadt des westafrikanischen Staates Ghana, 152000 Palmenflughunde im Geäst der Bäume hängen und mitten in der Millionenstadt den Tag verschlafen, döst dort ein wichtiger Wirtschaftsfaktor. Denn die fliegenden Säugetiere verbreiten die Samen von Dattelpalmen, Mangos und anderen Früchten über riesige Entfernungen und können so allein in Ghana jedes Jahr 800 ha abgeholzte Flächen wieder aufforsten, hat Dina Dechmann vom Max-Planck-Institut für Verhaltensbiologie in Radolfzell und der Universität Konstanz herausgefunden.

Diese großen Verwandten der Fledermäuse legen auf der Suche nach Futter große Strecken zurück. Bei Sonnenuntergang fliegen die Tiere bis zu 95 km weit zu einem Baum voller Früchte, um zu fressen. Danach geht es auf der gleichen Strecke zurück nach Accra. Unterwegs arbeitet die Verdauung der Tiere eifrig, und die Flughunde entledigen sich der Reste dieses Vorgangs bereits in der Luft. In ihrem Kot aber stecken die Samen der Feigen oder des Afrikanischen Teaks, die sie zum Abendessen verzehrt haben. Jede Nacht verteilen die Tiere dieser Kolonie daher etwa 338000 Samen auf den längst abgeholzten Flächen rund um Accra. Nach einigen Jahren können die Menschen von den gewachsenen Bäumen dann Früchte ernten oder später auch das Teakholz verwerten. Jedes Jahr sichern die Flughunde auf diese Weise allein in Ghana rund 700000 Euro Gewinn.

Und dieser fliegende Wirtschaftsfaktor verteilt seine Samen-Luftfracht nicht nur dort, sondern überall im afrikanischen Regenwald, von der Elfenbeinküste am Atlantik bis hinüber nach Kenia am Indischen Ozean. Allerdings wird diese „Gans", die goldene Eier legt, vielerorts auch geschlachtet: Menschen schießen mit Schrotflinten in die Kolonie der Palmenflughunde und sammeln die verletzt aus den Bäumen fallenden Tiere auf. Mit einem Schuss treffen sie mit etwas Glück gleich mehrere Tiere, von denen jedes auf dem Markt in Accra einen US-Dollar bringt. Das ist in Westafrika viel Geld. Da Palmenflughunde nicht nur als Delikatesse in den Kochtopf wandern, sondern mancherorts auch als Arznei in der traditionellen Medizin begehrt sind, schrumpfen die Bestände deutlich – und damit auch die Wirtschaftskraft.

In dem Film *Die Päpstin* (2009) von Sönke Wortmann übernahm Johanna Wokalek die Titelrolle.

Gab es einmal einen weiblichen Papst?

Eine Frau an der Spitze der von Männern beherrschten katholischen Kirche? Eine unglaubliche Vorstellung – und doch entspricht sie der Wahrheit. Leider ist aber die Tatsache, dass es einen weiblichen Papst gegeben hat, die einzige Gewissheit in dieser mysteriösen Angelegenheit. Unzählige Mythen und Legenden ranken sich um die Gestalt, sodass noch nicht einmal ihr Name und ihre Lebenszeit mit Sicherheit ermittelt werden können.

Über Jahrhunderte hinweg hat die erste und einzige Frau auf dem Stuhl Petri als positives wie abschreckendes Beispiel herhalten müssen. Für Frauenrechtlerinnen etwa ist sie, da sie die „männlichste" aller Domänen erobert hat, Protagonistin im Kampf gegen eine von Männern dominierte Welt. Protestantische Theologen haben ihre Existenz vehement bestätigt, ihre katholischen Kollegen dagegen haben sie ebenso heftig bestritten – aus Furcht, das Beispiel könne Schule machen und die Welt des Vatikans in Aufruhr versetzen. So passte jeder die Geschichte seinen eigenen Interessen an und trug dazu bei, dass die Rekonstruktion der realen Ereignisse immer schwieriger wurde.

In den Listen der Päpste taucht Johanna, wie sie seit dem 14. Jh. in den Quellen genannt wird, nicht auf. Die Spekulationen darüber, wann sie gelebt hat, reichen daher von der Mitte des 9. bis zum Anfang des 11. Jh. Fest steht jedoch, dass die frühesten Aufzeichnungen nicht an ihrer Existenz zweifeln. Voller Entrüstung wird dort von einer Frau berichtet, die sich Männerkleider angelegt und es dank ihrer Bildung und einer gehörigen Portion Ehrgeiz bis auf den Papstthron geschafft habe. Doch schließlich habe eine ganz und gar unpäpstliche Schwangerschaft die Wahrheit an den Tag gebracht. Manche Quellen behaupten, die Päpstin habe das Kind auf der Straße gebären müssen und sei dabei gestorben. Andere Aufzeichnungen berichten dagegen, sie sei später aufgrund eines Gerichtsurteils gesteinigt worden.

Die Kleriker Roms indes waren seitdem darum bemüht, eine Wiederholung des unsäglichen Vorfalls zu verhindern. Und der Legende nach mussten neu gewählte Päpste gar eine Überprüfung ihrer Männlichkeit auf einem Stuhl, der in der Mitte mit einem Loch ausgestattet war, über sich ergehen lassen.

Wieso gibt es „linke" und „rechte" Parteien?

Vereinfacht gesagt – und ohne extremistische Positionen einzubeziehen –, können politische Parteien grob in zwei Lager eingeteilt werden: Rechte Parteien gehören dem konservativen Spektrum an. Ihr Ziel ist es, den Status quo der politischen, gesellschaftlichen und sozialen Verhältnisse zu erhalten. Linke Parteien hingegen wollen genau diese verändern. Doch woher stammt diese Unterscheidung?

Wie so vieles in den westlichen Demokratien der Neuzeit hat sie ihren Ursprung in Frankreich, genauer gesagt in der Sitzordnung der Nationalversammlung, die sich nach der Französischen Revolution von 1789 etablierte. Diese wurde später von den Parlamenten in anderen europäischen Ländern übernommen. Selbst wenn die Trennlinie zwischen linken und rechten Positionen längst nicht mehr so scharf gezogen werden kann, ist die Sitzordnung bis heute geblieben – auch im deutschen Bundestag, in dem, wohlgemerkt aus der Sicht des Präsidiums und nicht von der Besuchergalerie aus, Die Linke, die SPD sowie das Bündnis 90/Die Grünen auf der linken und die CDU/CSU, die FDP sowie die AfD auf der rechten Seite sitzen.

Rekorde

KOCHFELDTEMPERATUREN

Diese Temperaturen werden direkt auf dem Kochfeld erreicht:

1	Gasherd	im Flammenkern ca. 850 °C, im Flammensaum bis zu 1500 °C
2	Cerankochfeld	600 °C
3	Gusseisenkochfeld	400 °C
4	Induktionsplatte	bleibt kühl, wird nur passiv durch das Kochgeschirr leicht erhitzt

Warum sollte man eine heiße Pfanne nicht mit kaltem Wasser spülen?

Beim Braten geht es heiß her: Damit das Steak, die Kartoffelscheiben oder das Spiegelei appetitliche Röstaromen bekommen, muss die Pfanne stark erhitzt werden – je nach Bratgut sind bis zu mehrere Hundert Grad nötig. Die Metalle der Pfanne dehnen sich aufgrund der großen Hitze ein wenig aus. Lässt man nun direkt nach dem Braten kaltes Wasser in die Pfanne laufen, sorgt der jähe Temperaturabfall dafür, dass sich das Material schlagartig, aber nicht unbedingt gleichmäßig abkühlt. Dabei kann sich die Pfanne verziehen – eventuell liegt der Pfannenboden danach nicht mehr gleichmäßig auf der Herdplatte auf. Die Folge: Das Bratgut gart ungleichmäßig. Gibt man dann z. B. Pfannkuchenteig in die Pfanne, könnte dieser an den Stellen, an denen die Pfanne über dem Kochfeld „schwebt", noch halb roh sein, während er an anderen Stellen schon verbrennt. Um die Lebensdauer einer Pfanne nicht zu verkürzen, empfiehlt es sich also, sie nach der Nutzung langsam abkühlen zu lassen, bevor man sie spült.

Um Schäden zu vermeiden, empfiehlt es sich, Pfannen vor dem Spülen abkühlen lassen.

Wurden die Pferde in den Wilden Westen exportiert?

Auch wenn nordamerikanische Indianer und Pferde in unserer Vorstellung untrennbar verbunden sind, trafen sie erst aufeinander, nachdem die Spanier im 16. Jh. die ersten Pferde nach Nordamerika brachten. Richtig ist aber, dass die urzeitlichen Vorfahren der heutigen Pferde aus Nordamerika stammen.

Die Entwicklungsgeschichte der Pferde ist verschlungen und kompliziert: Ursprünglich gab es die Vorfahren der Huftiere sowohl in Nordamerika als auch in Europa, doch auf unserem Kontinent verschwanden sie im Oligozän (vor 34–23 Mio. Jahren), während die Entwicklung zum Pferd in Nordamerika weiterging. Dort entstanden infolge von Klimaveränderungen die Vorfahren der Pferde, die Gras fraßen und an das Leben in der Steppe angepasst waren. Ihr Nachfolger im Evolutionsprozess war der *Pliohippus*, der bereits stark unseren Pferden ähnelte und vor 5–16 Mio. Jahren lebte. Diese Tiere wanderten weit umher und gelangten so über die damals noch bestehende Landbrücke zwischen Asien und Amerika nach Asien, Europa und Afrika. Weitere Klimaveränderungen und Eiszeiten führten dazu, dass die Nachfahren dieser Pferdeahnen im Quartär vor 2,5 Mio. Jahren in Nordamerika ausstarben. Die Entwicklung des Pferdes setzte sich nun in Zentralasien fort. Dort entstanden schließlich vor etwa 70 000 Jahren in der Altsteinzeit die Wildpferde. Zu ihnen gehörten u. a. der Tarpan sowie zwei Unterarten des europäischen Waldwildpferdes.

Die Domestizierung der Wildpferde nahm dann vermutlich 5500 v. Chr. ihren Anfang, eventuell auch früher. Im 3. Jt. v. Chr. wurden Pferde als Fleisch- und Milchlieferanten sowie als Last- und Zugtiere und ab etwa 1500 v. Chr. zudem als Reittier genutzt. Erst diese domestizierte Form kam wieder nach Nordamerika.

Wie nehmen Pflanzen Dünger auf?

Pflanzen ernähren sich hauptsächlich, indem sie über ihre Wurzeln die notwendigen Nährstoffe aus der Erde entnehmen. Dabei spielt es keine Rolle, ob die Nährstoffe natürlich vorkommen oder durch Düngung hinzugefügt wurden. Manche Flüssigdünger können aber auch über die Blätter der Pflanzen

Przewalski-Pferde gelten heute als verwilderte Nachfahren von domestizierten Pferden.

Düngung für haltbare Äpfel

Äpfel lassen sich durch eine spezielle Blattdüngung haltbarer machen. Dazu werden die Blätter und Früchte von Apfelbäumen ab dem Sommer bis kurz vor der Ernte regelmäßig mit Kalziumdünger bespritzt. Damit beugt man der Stippe vor, einer Stoffwechselkrankheit, die durch Kalziummangel entsteht. Die Behandlung wirkt auch gegen Fleischbräune und andere Lagerkrankheiten, die Äpfel können also länger aufbewahrt werden.

aufgenommen werden, wenn man sie direkt auf die Blattoberflächen spritzt. Die Blattdüngung hat den Vorteil, dass sie sehr rasch wirkt, denn die Nährstoffe werden in gelöster Form schnell absorbiert. Sie wird häufig im Obst- und im Weinbau angewendet, aber auch bei Getreide kann sie bei Bedarf eingesetzt werden.

Für den Hobbygärtner hat die Blattdüngung zwar nur geringere Bedeutung, aber in Notfällen ist sie sehr hilfreich. Wenn im Garten Obstgehölze und Gemüsepflanzen unter Mangelerscheinungen leiden, beispielsweise bei lang anhaltender Trockenheit, oder wenn Wurzeln krank sind und dringend mit Nährstoffen versorgt werden müssen, kann man mit der Blattdüngung gute Erfolge erzielen.

Als Blattdünger kommt vor allem Harnstoffdünger – ein hochkonzentrierter Stickstoffdünger – sowie flüssiger Volldünger infrage. Vor der Anwendung werden beide mit Wasser verdünnt und dann mit einem Spritzgerät aufgebracht. Wenn Niederschlag angekündigt ist, muss die Düngung verschoben werden, sonst wäscht der Regen die Lösung ab, bevor sie aufgenommen wird und ihre Wirkung entfaltet.

Auch wenn Zimmerpflanzen oder Topf- und Kübelpflanzen auf Balkon oder Terrasse kränkeln, ist Blattdünger ein verlässlicher Helfer in der Not. Nach dem Besprühen erholen sie sich schnell wieder.

Vorsicht ist bei Pflanzen mit behaarten Blättern geboten, denn Letztere könnten fleckig werden. Empfindliche Blüten sollte man nicht besprühen. Für alle Pflanzen gilt: Die Blattdüngung darf nicht bei direkter Sonneneinstrahlung ausgebracht werden, denn die Blätter können sonst Verbrennungen erleiden.

Gibt es den Fluch des Pharaos wirklich?

Mit dem Tod von Lord Carnavon am 6. April 1923 entstand die Legende vom Fluch des Pharaos. Nach dreiwöchigem Leiden erlag der Mann, der Howard Carters Erforschung des Grabes von Pharao Tutenchamun finanziert hatte, den Folgen eines Insektenstichs. Kritiker, die meinten, man dürfe die ewige Ruhe des Pharaos nicht stören, sahen sich bestätigt, als weitere beteiligte Archäologen starben. Die Presse, die den Arbeiten im Tal der Könige eine nie dagewesene Aufmerksamkeit gewidmet hatte, „vergaß" allerdings meist zu erwähnen, dass fast alle Todesfälle natürlicher Art waren. Das angeblich 21. Opfer des Fluches der Pharaonen beispielsweise war schon vor den Ausgrabungen krank gewesen und hatte seine Tätigkeit abbrechen müssen.

Lord Carnavon (links) und Howard Carter öffnen Tutenchamuns Grab.

Als Erster konnte der deutsche Archäologe Georg Steinhoff 1933 belegen, dass der Fluch in das Reich der Fabel gehört. Weder findet er sich auf den Grabinschriften, noch auf den kleinen magischen Figuren, die man den Toten mit ins Grab gab. Zu lesen war dort nur der Wunsch, der Feind des Osiris – der Verstorbene wurde mit dem ägyptischen Totengott gleichgesetzt – solle, in welcher Gestalt er auch immer komme, vertrieben werden. Eine Fluchformel, die auf den Tod von Grabstörern zielte, gibt es nicht.

Bis heute aber hat der angebliche Fluch der Pharaonen nichts von seiner Zugkraft eingebüßt. Schon oft hat die Wissenschaft einsehen müssen, dass Fiktion spannender ist, als es Tatsachen sind. Und so findet die Legende noch immer Anhänger.

Verwirrung um ein Wort

Die Bezeichnung „Eskimo", mit der man die Völker der nördlichen Polarregion oft zusammenfasst, war in der Vergangenheit in Verruf gekommen, vor allem weil man glaubte, Eskimo bedeute ursprünglich „Rohfleischesser". Dies gilt aber als widerlegt – vermutlich leitet sich der Begriff vom Wort für Schneeschuhflechter ab. Um dem Problem aus dem Weg zu gehen, sollte man „Inuit" verwenden, was „Mensch" bedeutet. Doch damit entstanden neue Probleme: Als Inuit bezeichnen sich selbst nur die kanadischen und grönländischen Volksgruppen, die auf der russischen Tschuktschen-Halbinsel und Alaska nennen sich dagegen Yupik oder Inupiat – sie verwenden „Eskimo" als Oberbegriff ähnlich wie wir den Begriff „Europäer" teilweise sogar selbst.

Wieso haben die Völker der nördlichen Polarregion so viele Wörter für Schnee?

Die Linguisten vergleichen Sprache oft mit einem Netz, das über die Wirklichkeit geworfen wird, dessen Maschen in den einzelnen Sprachgemeinschaften aber verschieden groß sind. Während es z. B. im Deutschen, Französischen und Englischen für den Begriff „Reis" jeweils nur eine einzige Bezeichnung gibt, kennen die Japaner, auf deren Speisezettel Reis weitaus wichtiger ist, gleich acht Wörter dafür.

Ganz ähnlich verhält es sich mit der Art und Weise, wie man weit im Norden sprachlich mit Schnee umgeht. So ist er beispielsweise im nörd-

Wenn Schnee, wie hier auf Grönland, alltäglich ist, gibt es auch viele verschiedene Worte dafür.

lichen Kanada und an den Küsten Grönlands, wo im größten Teil des Jahres Winter herrscht, allgegenwärtig, und folglich ist auch das sprachliche Netz für Schnee bei den dort lebenden Ureinwohnern, den Inuit, sehr viel engmaschiger als etwa bei den Kontinentaleuropäern.

So gibt es allein schon die vier Wörter *aniu*, *cellallir*, *qanir* und *qanunge*, derer sie sich bedienen können, wenn sie ganz grundsätzlich über Schnee sprechen wollen. Auf dem Boden liegender Schnee wird mit einem dieser vier Grundwörter *(aniu)* beschrieben, er kann aber auch *apun* oder *qanikcaq* heißen. Leicht fallenden Schnee nennen sie *kanevvluk*, Tiefschnee, in den man einsinken kann, *muruaneq* und den, der auf dem Wasser liegen bleibt, *qanisqineq*. Driftender Schnee wird mit *natquik* bezeichnet, klebender mit *nevluk*. Auch der frisch gefallene Schnee hat sein eigenes Wort *(nutaryuk)*, während verkrusteter Schnee zwei ähnliche Begriffe erhalten hat und entweder *qerretrar* oder *qetrar* heißen kann. Ein Schneeblock wird als *utrak* und eine Wechte – der Schnee, der beispielsweise an einem Grat überhängt – als *navqak* bezeichnet.

Insgesamt sind es also 16 Begriffe, die für Schnee zur Verfügung stehen. Zudem ist es möglich, einen längeren Gedanken durch ein einziges Wort auszudrücken. So wird aus dem Satz „Der Schnee auf dem Boden ist weich und schmilzt" *aniullugtuc*, in dem das Grundwort für Schnee *(aniu)* nur eine Silbe einnimmt.

Was ist ein Pyrrhussieg?

„Noch ein solcher Sieg, und wir sind geschlagen." Glaubt man dem antiken Biografen Plutarch, so kommentierte Pyrrhus (griech. Pyrrhos) mit diesen Worten den Sieg, den er gerade bei Asculum in Apulien gegen die Römer errungen hatte. Pyrrhus (319/318–272 v. Chr.), König in Epirus auf dem Balkan, war ein griechischer Feldherr, der aus so mancher Schlacht siegreich hervorgegangen war. Er bewies sich u. a. in den Diadochenkriegen um das Erbe Alexanders des Großen als gewiefter Stratege. Eben jenen Strategen rief 280 v. Chr. das griechische Tarent, das mit den nach Unteritalien expandierenden Römern in Konflikt geraten war, zur Hilfe. Und Pyrrhus, der selbst darauf spekulierte, sein Königreich auszuweiten, eilte herbei. Mit rund 25 000 Mann und 20 Elefanten – den ersten auf italienischem Boden – landete er an der Stiefelspitze. Noch im selben Jahr schlug er die Römer bei Heraclea, 279 v. Chr. dann bei Asculum. Doch Rom konnte die Verluste viel besser verkraften als Pyrrhus, der in den beiden Schlachten Schätzungen zufolge bis zu 16 500 Mann verlor. Pyrrhus setzte nun nach Sizilien über, wo er zwar abermals Siege errang, seine Ziele letztlich jedoch nicht erreichte. Geschwächt kehrte er nach Unteritalien zurück, um 275 v. Chr. bei Benevent ein letztes, unentschieden endendes Gefecht mit den Römer auszufechten. Sein Krieg mit diesen war aber verloren.

Der griechische Feldherr Pyrrhus siegte oft – und verlor letztlich gerade deshalb dann doch.

Wenig später kehrte er in seine Heimat zurück, wo er endgültig den Bogen überspannte. Im Bestreben, nun Griechenland zu unterwerfen, wurde er in einer Straßenschlacht getötet – der Legende nach von einem Dachziegel, den ein altes Mütterchen aus einem Fenster geworfen hatte. So blieb Pyrrhus der Nachwelt vor allem für seine beiden „Pyrrhussiege" gegen Rom in Erinnerung: Siege, die zu teuer erkauft sind und den vermeintlichen Sieger so sehr schwächen, dass er zwar die Schlacht gewinnt, aber den Krieg verliert.

Beruht die Sage vom Rattenfänger auf realen Ereignissen?

Kein anderer hat so sehr zum Ruhm der Stadt Hameln beigetragen wie der sagenumwobene Rattenfänger. Jedes Kind kennt die Geschichte von dem Pfeifenspieler, dem statt der Ratten die Kinder aus der Stadt gefolgt sind.

Weniger bekannt ist aber, dass die Geschichte einen wahren Hintergrund hat. Als bei der Besiedlung Mährens im 12. und 13. Jh. Bedarf an jungen Männern und Frauen bestand, schickte der Bischof von Ölmütz seine Lokatoren aus, wie man im Mittelalter diejenigen nannte, die mit der Gründung und Besiedlung einer Stadt beauftragt waren. Aus Hameln folgte eine große Zahl junger Menschen deren Aufruf zur Auswanderung in die Fremde.

Um die Mitte des 15. Jh. erschien eine Handschrift, die diese historische Begebenheit mit einer damals beliebten Geschichte um einen Pfeifer verband, der Ratten vertreiben konnte. Nach dieser Version hat der Rattenfänger im Jahr 1284 insgesamt 130 Kinder aus der Stadt Hameln geführt.

Statue am Rattenfänger-Brunnen in Hameln.

Muss man eine Rechnung im Lokal nach drei vergeblichen Versuchen nicht mehr bezahlen?

Sobald der Gast die Bestellung aufgegeben hat, besteht zwischen ihm und dem Wirt ein Vertrag. Wenn der Gast während und nach dem Essen keine Reklamationen hat, ergibt sich daher für ihn die Pflicht zur Bezahlung. Kommt der Wirt trotz deutlich wahrnehmbarer, mehrfacher Aufforderung nicht zum Kassieren, ändert das nichts an dieser Pflicht. Verlässt der Gast nun einfach das Lokal, kann ihm Zechprellerei vorgeworfen werden. Diesem Vorwurf kann der Gast zwar begegnen, indem er beispielsweise Zeugen aufbietet, die bestätigen, dass er mehrmals die Rechnung verlangt hat. Aber die Abwehr des Vorwurfs der Zechprellerei kann viel Aufwand – Anwalt, Ermittlungsverfahren sowie Vernehmungen – bedeuten und weitere Kosten verursachen.

Um deutlich zu machen, dass er zu zahlen gewillt ist, sollte der Gast wenigstens dreimal auf die Rechnung drängen – gehen darf er dann frühestens nach 30 Minuten (auch diese Wartezeit sollte man mithilfe von Zeugen beweisen können). Und dann sollte man dem Personal im Lokal Namen, Anschrift und Telefonnummer hinterlassen. Damit kann der Wirt seine Forderung zu einem späteren Zeitpunkt geltend machen, beispielsweise indem er dem Gast die Rechnung zustellt.

Am Hildesheimer Dom wächst ein uralter Rosenstock.

Der Rosenstock von Hildesheim

Der Legende nach erblühte der älteste Rosenstock der Welt vor rund 1000 Jahren neben dem Ort, an dem bald danach der Hildesheimer Dom erbaut wurde – und dort kann man ihn noch heute bewundern. Phänomenal ist nicht nur das Alter dieser einzigartigen Pflanze (wahrscheinlich sind es tatsächlich „nur" weit über 700 Jahre), sondern auch ihre Widerstandskraft. Als während des Zweiten Weltkriegs im Jahr 1945 der Dom bei einem Bombenangriff zerstört wurde, verbrannte ein Teil des Rosenstocks. Seine Wurzeln wurden jedoch nicht beschädigt. Der Stock trieb bald wieder aus und rankte sich an einer Außenmauer des wieder aufgebauten Doms empor.

Kann man neue Rosen an den gleichen Standort pflanzen wie die alten?

Blütenkaskaden von Kletterrosen, dichte Rosensträucher, ein Blütenteppich von bodendeckenden Rosen oder edle Einzelrosen – der Anblick lässt jedes Gärtnerherz höher schlagen. Rosen können viele Jahre gut gedeihen – doch was tun, wenn sie allzu sehr in die Jahre gekommen sind und ihre Pracht sich nicht mehr entfalten kann? Entgegen landläufiger Meinung kann man durchaus am selben Standort neue Rosen anpflanzen. Wenn Rosen, die an der alten Stelle gepflanzt werden, nicht richtig wachsen, kann das ein Anzeichen für Bodenmüdigkeit sein. Dies ist zwar oft auf Vermehrungsflächen von Baumschulen ein Problem, im Privatgarten jedoch selten. Wählt man besonders widerstandsfähige Rosensorten, ist der Austausch einfach. Dann reicht es, nach dem Entfernen des alten Stocks den Boden tief zu lockern, von Pflanzenresten zu befreien und vor dem Einpflanzen der neuen Rosen organische Substanz einzuarbeiten.

Fällt die Wahl aber auf Rosen, die nicht ausgesprochen widerstandsfähig sind, sollte man vorsichtiger vorgehen. Dazu hebt man den Boden zunächst ungefähr 50 cm tief aus. So werden alle Bakterien und schädlichen Substanzen entfernt, die von den Vorgängerrosen stammen. Danach füllt man frische Erde ein, die zuvor mit Kompost, Horn-, Knochen- und Steinmehl vermischt wurde, und pflanzt die neuen Rosen ein.

Haben Indianer das Skalpieren erfunden?

Die Gefahr, den Skalp zu verlieren, bestand für Reisende früherer Zeit nicht nur in Nordamerika. Schon lange vor den „Rothäuten", die besonders wegen dieser grausamen Praxis als barbarisch angesehen wurden, nahmen in vielen anderen Kulturen siegreiche Kämpfer ihren unterlegenen Gegnern als Trophäe ein Stück behaarter Kopfhaut ab.

Schon im 5. Jh. v. Chr. war dieser Brauch dem griechischen Geschichtsschreiber Herodot zufolge beim Volk der Skythen im heutigen südlichen Russland verbreitet. Auch den alten Persern und einigen westsibirischen Stämmen sagte man einen derartigen Umgang mit ihren Feinden nach. Bei den nordamerikanischen Indianern galt der am Gürtel hängende Skalp als Ausdruck ihrer Würde als Krieger. Bekannt war der Brauch zunächst nur im Südosten der heutigen USA, vor allem am Unterlauf des St.-Lorenz-Stroms. Von dort breitete er sich unter den indianischen Stämmen im Westen aus.

Wahrscheinlich muss in diesem Zusammenhang sogar das gängige Bild von den Indianern als Täter und den weißen Siedlern als Opfer korrigiert werden. Historiker und Ethnologen halten es nämlich für möglich, dass zumindest einige Indianerstämme das Skalpieren überhaupt erst durch die Einwanderer aus Europa kennenlernten. Auf getötete Indianer wurden von den Weißen Kopfprämien ausgesetzt. Der Skalp diente dabei als Beweis und als Voraussetzung für die Auszahlung des Geldes.

War die Sklaverei Anlass für den amerikanischen Bürgerkrieg?

Beim amerikanischen Sezessionskrieg (1861–1865) standen auf der einen Seite die industrialisierten Staaten des Nordens, auf der anderen stand der landwirtschaftlich geprägte Süden, auf dessen Baumwollplantagen Millionen Sklaven arbeiteten. Zum Wortführer der Kritiker der Sklaverei machte sich Abraham Lincoln, der 1860 zum Präsidentschaftskandidaten der Republikanischen Partei gewählt worden war. Daraufhin erklärte South Carolina im Dezember 1860 den Austritt aus der Union; dem Beispiel folgten weitere Südstaaten, die zusammen die Gruppe der Konföderierten gründeten. Dass es 1861 zum bewaffneten Konflikt kam, lag vor allem am Interesse Lincolns und der Union, die bedrohte politische Einheit der Vereinigten Staaten zu wahren.

Dennoch darf die Rolle der Sklaverei zumindest als politisches und den Krieg rechtfertigendes Argument nicht unterschätzt werden. Am 1. Januar 1863 erklärte Lincoln die Sklaven in den konföderierten Staaten für frei, um auch die europäischen Großmächte für seine Sache zu gewinnen.

Geschichte der Sklaverei

Im alten Griechenland gab es die Schuldknechtschaft: Konnte man einem Gläubiger seine Schulden nicht zurückzahlen, wurde man dessen Sklave. Römische Sklaven waren oft Kriegsgefangene. Von den Bewohnern eroberter Städte wurden meist nur die Frauen und Kinder versklavt, während man die Männer tötete. Für Sklaven gab es in Rom immerhin die Chance, nach einer gewissen Zeit freigelassen zu werden. Der Aufstand der Sklaven unter Spartacus (73–71 v. Chr.), später oft als Widerstandsbewegung glorifiziert, zielte in Wirklichkeit nur auf die persönliche Freiheit der Beteiligten ab. Im Mittelalter erlebte die Sklaverei im Zusammenhang mit der Missionierung in Osteuropa und in den Kämpfen mit den Arabern einen neuen Höhepunkt.

Auf den Baumwollfeldern des amerikanischen Südens schufteten Millionen Sklaven unter unmenschlichen Bedingungen.

Profitierten europäische Kolonialmächte von der Sklaverei?

Schon im Altertum waren Sklaven eine wichtige Wirtschaftsgrundlage, und in den Ländern Nordafrikas hielt sich die Sklaverei, die im Lauf der Geschichte weltweit zu finden war, bis in die Neuzeit. Doch nie erreichte sie ähnliche Ausmaße wie bei den europäischen Kolonialmächten zwischen dem 16. und dem 18. Jh.

Diese Phase begann 1517 mit der von Kaiser Karl V. erteilten Erlaubnis, afrikanische Sklaven in die spanischen Kolonien Amerikas zu verkaufen. Allmählich nahm der organisierte Sklavenhandel immer größere Ausmaße an. Kamen im 16. Jh. durchschnittlich 1800 Menschen im Jahr als Sklaven nach Nord- und Südamerika, waren es im 17. Jh. bereits 13 400. Im 18. Jh. wurde mit 55 000 der Höhepunkt des lukrativen Sklavenhandels erreicht: Mit einem einzelnen Sklavenschiff konnten englische Kaufleute rund 750 Pfund Gewinn erzielen – damals eine riesige Summe –, um 1860 war ein männlicher Sklave gar 500 US-Dollar wert. Seriöse Schätzungen gehen davon aus, dass die Kolonialmächte mehr als 9 Mio. Schwarze in die Neue Welt verschleppten.

Wieso lautet der internationale Notruf SOS?

Die Geschichte des Seenot-Funkzeichens SOS beginnt mit dem Untergang der *Titanic* im April 1912. Zu dieser Zeit verständigten sich Schiffe und Küstenfunkstellen üblicherweise über den Morsefunk, wobei international die Signalfolge CQD als Notfunkzeichen verwendet wurde. CQ kündigte ursprünglich nur eine Nachricht an. Wurde das um ein D ergänzt, bedeutete dies, dass die folgende Nachricht dringend war. CQD ergab im Morsealphabet die Signalfolge -.-. --.- -.. (lang, kurz, lang, kurz, zweimal lang, kurz, lang, lang, zweimal kurz). SOS war mit der Sequenz ... --- ... (drei mal kurz, dreimal lang, dreimal kurz) zwar viel zweckmäßiger, hatte sich bis dahin aber noch nicht durchsetzen können.

Beim Untergang der *Titanic* hatte sich der CQD-Code als praxisfern erwiesen, denn im Durcheinander der Funknachrichten konnte er leicht untergehen. Daher einigte man sich auf einer Schiffssicherheitskonferenz noch 1912 auf das unverwechselbare SOS als allein gültiges internationales Notfunkzeichen.

Im Funkverkehr werden viele Buchstabenkürzel verwendet, die man sich mit einfachen Eselsbrücken merkt. So wurde aus CQD *Come Quickly, Danger* (Komm schnell, Gefahr) und aus SOS nicht nur *Save*

Der Untergang der *Titanic* zog große Verbesserungen bei der Seenotrettung nach sich – z. B. entstand ein neues Seenot-Funkzeichen.

Our Souls (Rette unsere Seelen) sondern auch *Save Our Ship* (Rette unser Schiff) – was das Missverständnis provozierte, die Sätze hätten zu den Buchstabenkombinationen geführt.

Warum findet man im Frühjahr „neue" Steine im Garten?

Jedes Jahr im Frühjahr schauen sich viele Hobbygärtner verwundert im Garten um. Wie es scheint, sind im Lauf des Winters Steine aus dem Boden gewachsen. Auch wer im Frühjahr einen Spaziergang an Feldern unternimmt, kann den Eindruck gewinnen, im Winter seien auf geheimnisvolle Weise Steine über den Acker gestreut worden. Was fast übernatürlich wirkt, hat jedoch eine handfeste Ursache, die Geologen als Frosthebung oder Frosthub bezeichnen – ein Phänomen, das vor allem in Gegenden mit steinigem Boden zu beobachten ist.

Der Erdboden besteht aus festen Bestandteilen, den Körnern, die je nach Bodenart unterschiedlich groß sind. Sandkörner sind z. B. größer als Tonkörner. Zwischen den Körnern liegen Hohlräume, die Bodenporen genannt werden und ebenfalls verschieden groß sind. Die Poren sind mit Wasser oder Luft oder mit beidem gefüllt. Wenn im Winter an einem sonnigen Tag der Boden erwärmt wird, erwärmen sich auch die Steine, die versteckt unter der Oberfläche liegen. Sie leiten die Wärme an ihre Unterseite. Dort bildet sich im Porenraum des Bodens Wasserdampf, der zu Wasser kondensiert, sobald der Boden wieder kälter wird. Bei Bodenfrost gefriert das Wasser in den Poren zu Eis. Wasser dehnt sich aber beim Gefrieren aus, d. h., das Volumen der mit Wasser gefüllten Poren nimmt zu. So entstehen Druckkräfte, die den Boden unter den Steinen anheben. Bei Tauwetter schmilzt das Eis wieder, und feine Körner fallen

Scheinbar „nachwachsende" Steine haben ihre Ursache in einem einfach zu erklärenden Phänomen.

durch die großen Bodenporen nach unten. Scheint die Sonne, bildet sich unter den Steinen erneut Wasserdampf, der sich beim Abkühlen verflüssigt und bei Frost wieder gefriert. Je öfter Frost und Tauwetter sich abwechseln, desto mehr Wasser sammelt sich im Porenraum unter den Steinen. Diese werden bei Frost immer weiter nach oben gedrückt und kommen schließlich an die Oberfläche. Im Frühjahr hat es dann den Anschein, als seien die Steine neu aus der Erde gewachsen. Wenn die Steine im Garten stören, bleibt nichts anderes übrig, als sie aufzusammeln. Verhindern lässt sich das „Nachwachsen" nicht.

Wie kann der Präsident der USA ohne Stimmenmehrheit gewählt werden?

Fast 66 Mio. Stimmen entfielen im November 2016 auf Hillary Clinton, knapp 63 Mio. auf Donald Trump – und dennoch: Am 20. Januar 2017 wurde Immobilienmogul und Republikaner Trump zum 45. Präsidenten der USA vereidigt. Und als 2020 Joe Biden gegen Trump antrat, sah es zunächst so aus, als ob sich dies wiederholen würde. Biden hatte klar mehr Stimmen bekommen, aber Trump schien dennoch der Wahlsieger zu sein. Der Grund hierfür liegt im seit 1789 kaum veränderten Wahlsystem der USA: Die Wähler geben ihre Stimmen genaugenommen nicht einem der Kandidaten, sondern sogenannten Wahlmännern. Und diese werden für jeden der 50 Bundesstaaten sowie den District of Columbia mit der Bundeshauptstadt Washington nach dem Prinzip „The winner takes all" gewählt – theoretisch genügt also eine Stimme Vorsprung, damit ein Anwärter aufs Präsidentenamt alle Wahlmänner des jeweiligen Staates auf sich vereint. Zudem bildet die Anzahl der Wahlmänner die Einwohnerzahl eines Bundesstaates nur ungenau ab. Während z. B. in Wyoming ein Wahlmann nur rund 193 000 Einwohner repräsentiert, sind es in Kalifornien fast 720 000.

Obwohl er 3 Mio. Stimmen weniger erhielt als Hillary Clinton, siegte Donald Trump 2016 bei der US-Wahl.

Beides zusammen ermöglicht eine verzerrte Wiedergabe des Wählerwillens: Denn gewinnt ein Kandidat in vielen kleineren Bundesstaaten mit einer knappen Mehrheit, während sein Gegner in einwohnerstarken Staaten deutlich siegt, kann auch der eigentliche Wahlverlierer am Ende mit einem Siegerlächeln in die Kameras grüßen. Insgesamt fünfmal in der Geschichte kam es bisher zu diesem Kuriosum, zuletzt 2000, als Al Gore rund 0,5 % vor George W. Bush lag und eben 2016, als Clinton und Trump gar satte 2 % trennten.

Kann man alle Sträucher im Herbst zurückschneiden?

Damit Sträucher ihre volle Blütenpracht entwickeln, ist in den meisten Fällen ein regelmäßiger Rückschnitt erforderlich. Dadurch bleiben sie gesund und können besser neue Blüten treibende Zweige entwickeln. Wichtig ist dabei vor allem der Zeitpunkt des Rückschnitts.

So schneidet man Sträucher richtig

Jeder Trieb, der Blüten getragen hat, wird bis zu einer nach außen gerichteten Triebansatzstelle (Auge) oder Knospe zurückgeschnitten. Dabei entfernt man auch abgestorbene, beschädigte und kranke Triebe bis ins gesunde Holz hinein. Beim Rhododendron muss man besonders umsichtig vorgehen: Hier knipst man die verwelkten Blüten vorsichtig mit den Fingern ab und entfernt dann ausschließlich Frost- und Altersschäden.

Achtung: Langsam wachsende Sträucher wie Japanischen Ahorn, Magnolie, Zaubernuss, Perückenstrauch und Goldregen schneidet man möglichst gar nicht. Höchstens vorsichtiges Auslichten alle paar Jahre ist erlaubt. Ein Rückschnitt verhindert bei diesen Sträuchern, dass sich ihre natürliche Wuchsform entwickelt.

Bei der Pflege von Rhododendronsträuchern ist besonders viel Fingerspitzengefühl gefragt.

Denn es gibt einige Sträucher, die nicht im Herbst geschnitten werden sollten. Dies sind die Spätwinter- und Frühlingsblüher, die ihre Blüten am vorjährigen Holz tragen. Letztere werden vor dem Herbst angelegt, und die Knospen gehen im kommenden Spätwinter oder im Frühjahr auf. Schneidet man diese Sträucher im Herbst zurück, entfernt man einen Teil oder alle Blütenansätze, und im Folgejahr blühen sie dann schwach oder gar nicht. Der Rückschnitt sollte bei diesen Gehölzen direkt nach der Blüte, also spätestens im Juni, ausgeführt werden. Dann bilden die Sträucher gleich wieder neue Triebe mit Blütenknospen für das kommende Jahr aus.

Zu den Sträuchern, die den Rückschnitt im Herbst nicht vertragen, gehören Kornelkirsche, Winterjasmin, Zierquitte, Goldglöckchen – auch Forsythie genannt –, viele Arten von Zierkirsche und Mandel, alle Weiden und einige Schneeballarten, zudem u. a. Flieder, Kolkwitzie, Zierjohannisbeere, Schneespiere und Rhododendron.

Warum darf man Opfer eines Stromschlags nicht anfassen?

Einen Menschen zu berühren, der gerade einen Stromunfall erleidet, kann lebensgefährlich sein. Bei einem Stromschlag gerät der Körper in einen Stromkreis, und zwar meist zwischen einem Gegenstand aus Metall, der Strom führt, und der Erde – der Körper steht also im Wortsinn unter Strom. Fasst man den Betroffenen an, wird der Strom auch über den eigenen Körper zur Erde weitergeleitet, man erfährt also selbst einen Stromschlag, der tödlich sein kann.

Wie sich ein Stromschlag im Einzelfall konkret auswirkt, hängt von der Stromstärke ab, von der Dauer der Einwirkung des Stroms und vom Weg des Stroms durch den Körper. Liegt das Herz im Stromfluss, kommt es z. B. zu Herzrhythmusstörungen. Solange der Strom auf den Betroffenen einwirkt, verkrampfen sich seine Muskeln. Eindeutiges Zeichen für einen Stromschlag sind auch die sogenannten Strommarken: Brandwunden an den Stellen, an denen der Strom in den Körper ein- und wieder austritt. In vielen Fällen leidet der Betroffene außerdem unter Benommenheit und Schwindel, im Extremfall wird er bewusstlos, oder es kommt sogar zu einem Herzstillstand.

The Big Hole von Kimberley ist eine Hinterlassenschaft der Kimberley-Diamantenmine, die bis 1914 in Betrieb war.

Ist Südafrika der größte Diamantenproduzent weltweit?

Die Rangfolge der in der Förderung von Diamanten weltweit führenden Länder hat sich im Lauf der Zeit je nach der Entdeckung und Ausbeutung der Lagerstätten sowie der Nachfrage nach dem härtesten Mineral der Erde immer wieder stark geändert. Klassische Diamantenländer wie Indien oder Indonesien tauchen heute unter den wichtigsten Produzenten nicht mehr auf. Brasilien, seit dem 18. Jh. für lange Zeit der erste Produzent in der Neuen Welt, nimmt jetzt nur noch einen der hinteren Ränge ein. Dafür dominieren afrikanische Staaten neben Russland, Australien und Kanada bei der Gewinnung von Diamanten, zumindest im Hinblick auf die geförderten Mengen.

An der Spitze der Diamanten fördernden Ländern steht nun Russland. Mit großem Abstand folgt auf Platz zwei Botswana, wo vor gut 50 Jahren neue Diamantenfelder entdeckt wurden und das heute mit den Minen Orapa und Iwaneng zwei der wichtigsten der Erde besitzt. Der Aufschwung der Diamantenindustrie in dem einst bettelarmen Land lässt sich mit dem Südafrikas vergleichen. Dort entdeckten spielende Kinder 1866 bei Kimberley glänzende „Kiesel". Die Steine entpuppten sich als Diamanten, und schon vier Jahre später schürften ca. 50000 Männer auf den Diamantenfeldern von Kimberley. Heute nimmt Südafrika den siebten Rang unter den Förderländern ein – nach Botswana folgen noch Australien, die Demokratische Republik Kongo, Kanada und Angola. In der Republik am Kap der Guten Hoffnung werden vor allem Industriediamanten gefördert, und ein großer Anteil wird synthetisch hergestellt.

Taut Tiefkühlkost in kaltem Wasser schneller auf als in warmer Luft?

So unglaublich es auch klingen mag: In kaltem Wasser taut Tiefkühlkost schneller auf als in warmer Luft. Es kommt beim Auftauen nämlich nicht nur auf die Temperatur an, von der ein Tiefkühlprodukt umgeben ist. Die Ursache des Phänomens ist vielmehr darin zu suchen, dass Luft und Wasser unterschiedliche Stoffeigenschaften haben.

Mithilfe von Computersimulationen untersuchten Wissenschaftler, wie sich Tiefgekühltes beim Auftauen in kaltem Wasser und in warmer Luft verhält. Beim Vergleich wurden in der Simulation Eisblöcke gleicher Form und Größe, die eine Anfangstemperatur von −18 °C hatten, in 8 °C kaltem Wasser sowie bei 60 °C und 100 °C Lufttemperatur aufgetaut: Über die Kontaktfläche zwischen Eisblock und Umgebung fließt ein Wärmestrom von der höheren zur niedrigeren Temperatur. Wie schnell dieser Wärmestrom fließt, hängt von einer bestimmten physikalischen Größe der beteiligten Materialien ab, der sogenannten Wärmeeindringzahl, auch Wärmeleitwert genannt. Dieser Wert ergibt sich aus der Wärmeleitfähigkeit, der spezifischen Wärmekapazität und der Dichte des jeweiligen Materials. Da der Wärmeleitwert von Luft wesentlich niedriger ist als der von Wasser und Eis, verläuft der Wärmetransport aus der Luft ins Eis erheblich langsamer als der aus dem Wasser ins Eis. In kaltem Wasser taut ein Eisblock deshalb schneller auf, d. h., er erreicht schneller eine mittlere Temperatur von 2 °C. Bei 100 °C Lufttemperatur taut der Eisblock zwar erwartungsgemäß rascher auf als bei 60 °C, aber immer noch langsamer als in kaltem Wasser. Entsprechend länger dauert der Auftauvorgang bei Raumtemperatur (22 °C).

Das bedeutet aber nicht, dass man Tiefkühlkost zum Auftauen immer in kaltes Wasser legen sollte. Viele Tiefkühlprodukte kann man sofort zubereiten, nachdem sie dem Gefriergerät entnommen wurden. Manche taut man am besten langsam im Kühlschrank auf, z. B. Fleisch, das schnelles Auftauen nicht verträgt, weil es dann trocken wird und an Geschmack verliert. Auch ganze Fische, Torten, Butter und Käse taut man besser im Kühlschrank auf, genauso wie Früchte, die roh verzehrt werden sollen, und Teige, die man vor dem Backen noch formen muss.

Wo ist Trauerkleidung weiß?

Die meisten Europäer und Amerikaner würden es als äußerst unpassend ansehen, käme jemand in weißer Kleidung zu einer Trauerfeier. Auch heute noch ist es ein ungeschriebenes Gesetz, dass man in Schwarz – oder zumindest dunkel gekleidet – zu erscheinen hat, sei es, weil man sich früher, wie manche Sittenforscher meinen, nach altem Volksglauben auf diese Weise vor den bösen Totengeistern zu verstecken suchte, sei es, weil man die Farbe Schwarz im Allgemeinen mit negativen Empfindungen verbindet. Andere Kulturen wiederum haben ganz andere Bräuche. In Indien, China und Japan kommen die Trauergäste tatsächlich in weißer Kleidung, weil diese Farbe das himmlische Licht symbolisiert. Bunt erscheint man in Syrien, der Türkei und in Armenien bei der Beerdigung: Hier tragen die Kondolierenden Violett.

Bei dieser buddhistischen Trauerfeier in Phnom Penh tragen die meisten Trauergäste weiße Oberteile.

Das Trojanische Pferd, das für den Film *Troja* (2004) gebaut wurde, kann heute in der türkischen Stadt Canakkale bestaunt werden.

Hat der Krieg um Troja tatsächlich stattgefunden?

Nach dem Bericht Homers, der aus dem 8. Jh. v. Chr. stammt, war Troja an der kleinasiatischen Küste der Schauplatz einer der größten kriegerischen Auseinandersetzungen der frühen griechischen Geschichte. Den griechischen Angreifern gelang es erst nach einer zehnjährigen Belagerung dank Odysseus' berühmter List mit dem Trojanischen Pferd, die Stadt des Königs Priamos zu stürmen und zu zerstören.

Aufgrund der geografischen Angaben in Homers Ilias identifizierte der deutsche Kaufmann Heinrich Schliemann 1870 einen Hügel beim türkischen Ort Hissarlik als das antike Troja. Nachfolgende Ausgrabungen deutscher und amerikanischer Archäologen ergaben das Bild einer Siedlung mit mehreren Kulturschichten, die den Nachweis erbrachten, dass Troja ein wichtiger, mehrfach zerstörter Fürstensitz gewesen war. Jüngste Forschungen haben gezeigt, dass die Stadt auch wirtschaftliche Bedeutung hatte.

Den Trojanischen Krieg mit den Helden Odysseus, Agamemnon und Achilles hat es allerdings nicht gegeben. Der Mythos hat jedoch einen historischen Kern. An der kleinasiatischen Küste unternahmen die mykenischen Griechen im 12. Jh. v. Chr. mehrere Eroberungs- und Plünderungszüge, auf denen Homers Epos basiert.

Spekulierte man einst mit Tulpen?

Tulpen, genauer gesagt Tulpenzwiebeln, waren Anfang des 17. Jh. in Holland tatsächlich ein Spekulationsobjekt – sie wurden in der Erwartung gekauft, sie später zu einem höheren Preis wieder verkaufen zu können. Angesichts steigender Preise für Tulpenzwiebeln schien das für viele Menschen ein sicheres Geschäft zu sein. Eine Zwiebel der Sorte *Semper Augustus* kostete 1623 beispielsweise 1000 Gulden, 1624 dann 1200 Gulden, 1625 schon 2000 Gulden und im Jahr 1636 ungefähr 5500 Gulden – so viel wie ein Amsterdamer Haus in bester Lage. Zum Vergleich: Das Jahreseinkommen eines Arbeiters betrug damals 300 Gulden. Viele, die an der Spekulation mit Tulpenzwiebeln teilnahmen, taten das mit geliehenem Geld.

Im Februar 1637 kippte der Markt dann schließlich, und die Preise begannen zu fallen. Warum das so war, ist allerdings unbekannt. Diejenigen, die Kredite aufgenommen hatten, um mit Tulpenzwiebeln handeln zu können, mussten jetzt schnell wieder verkaufen, bevor die Preise weiter sanken und damit ihre Verluste noch größer wurden. Gleichzeitig aber blieb die Nachfrage nach Tulpenzwiebeln aus, weil fast niemand mehr in dieses Geschäft einsteigen wollte. Deshalb fielen die Preise noch viel schneller. In wenigen Monaten hatten die einst kostbaren Zwiebeln bis zu 90 % ihres Wertes eingebüßt.

Historische Spekulationen

Bekannte Spekulationen in der Wirtschaftsgeschichte betrafen neben den Tulpenzwiebeln auch die Südsee-Gesellschaft (1720) sowie die Mississippi-Gesellschaft (1719–1720). Beide Unternehmen waren Aktiengesellschaften. Die Südsee-Gesellschaft (London) hielt Wertpapiere des englischen Staates, die pro Jahr Zinsen von 576 000 Pfund abwarfen, und hatte das Monopol auf den Handel mit den spanischen Kolonien in Südamerika, der hohe Gewinne versprach. Der Aktienkurs stieg stark an, bis er im Sommer 1720 einbrach. Die Mississippi-Gesellschaft (Paris) hatte ein Handelsmonopol auf alle Gebiete in Nordamerika, durch die der Mississippi floss, erhielt die Kontrolle über die staatlichen Münzprägeanstalten und die Kontrolle über alle Steuereinnahmen in Frankreich. Auch der Kauf dieser Aktien schien lohnend zu sein – bis der Markt im Juni 1720 kollabierte.

Die meisten Verträge könnten – zumindest theoretisch – auch nur per Handschlag geschlossen werden.

Müssen rechtsgültige Verträge immer schriftlich abgefasst sein?

Ein mündlich abgeschlossener Vertrag gilt genauso wie ein schriftlicher – ohne Abstriche. Ansprüche aus einem derartigen Vertrag sind auch vor Gericht jederzeit durchsetzbar. Für einige Vertragsarten ist jedoch die schriftliche Form gesetzlich vorgeschrieben – beispielsweise für Bürgschaften, Testamente und Grundstückskäufe. Diese Verträge sind für die Vertragspartner finanziell und rechtlich besonders bedeutend. Ganz bewusst wurde in diesen Fällen deshalb den Parteien ein zusätzlicher Aufwand vorgeschrieben, bevor der Vertrag zum Abschluss kommen kann. Dies dient dem Schutz unwissender oder unerfahrener Vertragspartner. Sie sollen keine leichtfertigen Verpflichtungen eingehen, sondern beide Vertragspartner sollen gezwungen sein, die Folgen des Vertrags genau zu bedenken.

Obwohl also mündlich abgeschlossene Verträge gültig sind, empfiehlt sich trotzdem meist die schriftliche Form. Sie wird auch recht oft gewählt, denn bei einem eventuellen späteren Streit der Partner über die Vertragsauslegung muss häufig etwas bewiesen werden – beispielsweise dass der Wille zum Vertragsabschluss schon lange erkennbar war und kein Missverständnis vorliegt. Dann hat der schriftliche Vertrag gegenüber dem mündlichen eine ungleich höhere Beweiskraft, weil alle Beteiligten den Vertrag nachweislich bestätigt haben.

Sind Währungen durch Gegenwerte gedeckt?

Früher war das tatsächlich so: Zwischen 1890 und 1914 nahmen viele Länder Amerikas und Europas am System des sogenannten Goldstandards teil, bei dem die Währung durch Gold gedeckt war. Jeder Teilnehmer legte den Wert seiner Währung im Verhältnis zu dem Edelmetall fest. Für den US-Dollar waren dies beispielsweise 20,67 US-Dollar pro Feinunze Gold. Auf Verlangen musste jeder Dollar in diesem Verhältnis in Gold umgetauscht werden. Allen Dollars stand also eine ganz bestimmte Menge Gold als „Deckung“ gegenüber.

Der Goldstandard endete 1914, als die meisten Länder aufhörten, den Wert ihrer Währungen in Relation zum Gold zu bestimmen. Nach dem Zweiten Weltkrieg machten nur noch die USA den Wert eines Dollars am Gold fest, der Kurs betrug lange Zeit 35 US-Dollar pro Feinunze. Viele andere Länder richteten nun den Wert ihrer Währung am Dollar aus. So entsprach 1 D-Mark lange 4,20 US-Dollar. In diesem Verhältnis konnte man D-Mark gegen Dollar tauschen. Die D-Mark war damit durch Dollar und Gold „gedeckt“.

Dieses System wiederum endete am 15. August 1971. Seitdem tauschen die USA den US-Dollar nicht mehr in einem festen Verhältnis in Gold um. Deutschland hob am 18. März 1973 den festen Wert der D-Mark gegenüber dem Dollar auf. Danach war der Wert einer D-Mark durch keinen Gegenwert mehr „gedeckt“.

Elefanten als Teil einer weihnachtlichen Szenerie wirken zwar befremdlich, lassen sich aber historisch erklären.

Weshalb stehen in vielen Weihnachtskrippen Elefanten?

Neben Ochs und Esel, Schafen und Hirtenhund stehen in manchen Weihnachtskrippen zur Überraschung der meisten Betrachter auch ein Kamel und ein Elefant. Das Kamel passt natürlich sehr gut zu den Weisen aus dem Morgenland: Dort sind die „Wüstenschiffe" ja noch heute zu Hause und schaukeln bisweilen Touristen über Sanddünen. Viel mehr wundert man sich dagegen über den Elefanten, der in der Weihnachtskrippe gern den oft mit dunkler Hautfarbe als Hinweis auf Afrika dargestellten König Caspar begleitet. Zwar lebten Elefanten einst durchaus im Nahen Osten, sie wurden vermutlich aber rund 800 Jahre vor Ankunft der Heiligen Drei Könige im Stall bei Bethlehem nicht nur im heutigen Syrien, sondern auch überall sonst in Vorderasien ausgerottet. Wo also kam vor gut 2000 Jahren der Dickhäuter her, der als Vorbild für den Krippen-Elefanten diente?

Der Zoologe und langjährige Direktor des Kölner Zoos Gunther Nogge vermutet, dass Elefanten auch nach ihrer Ausrottung im Nahen und Mittleren Osten immer wieder aus Indien importiert und in Gefangenschaft gehalten wurden. Daran waren wohl besonders die Heerführer interessiert, die mit Elitesoldaten besetzte Elefanten bereits vor 3100 Jahren als eine Art lebende Kampfpanzer nutzten, denen Pfeile und Lanzen wenig anhaben konnten. So erbeutete Alexander der Große in der Schlacht von Gaugamela am 1. Oktober 331 v. Chr. im Norden des heutigen Iraks von den Persern 15 Kriegselefanten. Später verstärkte er seine Truppen mit weiteren 200 Elefanten, die er schließlich mit nach Europa brachte.

Auch die römischen Legionen kämpften mehr als einmal gegen Elefanten. So hatte bereits König Pyrrhus an der Spitze einer mit 26 Elefanten verstärkten griechischen Armee 280 und 279 v. Chr. gegen die Römer gekämpft. 218 v. Chr. zog der punische Feldherr Hannibal aus Karthago mit einer riesigen Armee und 37 Elefanten über die Alpen nach Norditalien und fügte den Römern empfindliche Niederlagen zu. Und auch in römischen Arenen mussten Elefanten kämpfen. Als die Heiligen Drei Könige vor mehr als 2000 Jahren im damals römisch regierten Nahen Osten nach Bethlehem zogen, dürften sie also Elefanten gekannt und vielleicht sogar genutzt haben. Da wundert es nicht, wenn die Dickhäuter noch heute in Weihnachtskrippen auftauchen.

Trugen Wikinger Hörnerhelme?

Der gehörnte Helm gehört als Klischee zu den Wikingern wie die Lederhose zu den Bayern. Doch nicht nur, dass ihre Helme in Wirklichkeit gar keine Hörner hatten – wie es scheint, haben sich nur die reichsten Männer überhaupt Metallhelme leisten können. Aus der Blütezeit der Nordmänner im 10. Jh. ist nur ein einziges und selbstverständlich hornloses Exemplar dieser Kopfbedeckung erhalten.

Von vielen Abbildungen aus der Wikingerzeit weiß man aber, dass sie einen kegelförmigen Helm, vermutlich aus Leder, trugen. Dass man sich diesen mit Hörnern vorstellt, liegt wohl an der Fehlinterpretation altnordischer Bildquellen aus dem religiösen Bereich. Hier finden sich tatsächlich geflügelte Kopfbedeckungen, die aber Teil ritueller Kostüme waren und nicht von Kriegern getragen wurden.

Zur Ausrüstung des Wikingers gehörte neben dem kegelförmigen Helm vor allem ein Schild, meist aus Holz gefertigt, mit einem Durchmesser von bis zu 1 m und in der Mitte mit einem Eisenbuckel verstärkt. Er war meist in grellen Farben bemalt und mit Bildern von Drachen, Göttern und Helden verziert. Als Waffen verwendeten die Krieger kurze, scharfe Dolche oder auch hölzerne Lanzen mit Metallspitzen, die sehr gefürchtet waren. Pfeil und Bogen – der bis zu 2 m lang war – konnten sich nur die wohlhabenden Wikinger leisten, gelegentlich auch eine Art Kettenhemd, die sogenannte Brünne.

…alistische Darstellung …nes Wikingerkämpfers, …sgestattet mit einem …tallhelm – ohne …rner!

Gibt es im Islam ein Zinsverbot?

Im Koran heißt es: „Diejenigen, die Zins nehmen (verzehren), sollen nicht anders auferstehen, als einer aufersteht, den Satan mit Wahnsinn geschlagen hat. Dies, weil sie sprechen: ‚Handel ist gleich Zinsnehmen', während Allah doch Handel erlaubt und Zinsnehmen untersagt hat." Wörtlich genommen müsste dieses strikte Zinsverbot sogar die Existenz islamischer Banken verhindern. Doch tatsächlich gibt es in vielen islamischen Ländern Banken, die profitabel arbeiten, denn die Bedeutung des Zinsverbots ist umstritten. Nach Ansicht von Experten gibt es aber eine Mehrheitsmeinung: Einen Zins auf Kredite zu nehmen, die dem Kauf von Verbrauchsgütern dienen, ist nicht gestattet. Dagegen ist ein Zins auf Kredite, die Unternehmen für Produktionszwecke aufnehmen, grundsätzlich möglich. Im Alltag folgt man eher dieser Interpretation des Zinsverbots.

Es wird aber als unfair angesehen, vom Unternehmen einen im Voraus festgelegten und unveränderlichen Zins zu fordern. Denn dann würde der Kreditgeber auch noch „gewinnen", wenn das Unternehmen schon Verluste erzielt. Die Kreditvergabe an Unternehmen wird vielmehr als Hilfe verstanden. Die Kredite gelten als Risikokapital, das sowohl einen Ertrag als auch einen Verlust erwirtschaften kann. Der oder die Kreditgeber sind an beidem beteiligt, sie haben sowohl eine Gewinnchance als auch ein Verlustrisiko. Es handelt sich somit um ein Beteiligungsmodell. Wenn das Unternehmen Gewinne erwirtschaftet, dann leistet die Bank auf die Guthaben ihrer Kunden Ausschüttungen nach einem vorab festgelegten Verteilungsschlüssel. Die Kunden sind aber auch am Verlust beteiligt. Ein fester Zins auf Guthaben bei Banken ist dagegen ausgeschlossen.

Tiere und Pflanzen

Nicht nur die exotische Fauna und Flora ferner Länder bietet Anlass für erstaunliche Fragen, auch in Bezug auf unsere heimischen Tiere und Pflanzen werden wir immer wieder mit überraschenden, neuen Entdeckungen konfrontiert – und so manches lieb gewonnene Klischee entpuppt sich im Nachhinein als falsch.

Wie profitieren Adeliepinguine vom Klimawandel?

Eigentlich scheinen Adeliepinguine perfekt an das Leben im und am eisbedeckten Meer angepasst zu sein. Doch ausgerechnet in Jahren, in denen die geschlossene Eisdecke im Meer vor ihren Kolonien weniger weit reicht, ziehen Adeliepinguine besonders erfolgreich Nachwuchs auf, während in auffallend eisreichen Jahren kaum Küken durchkommen.

Als japanische Wissenschaftler vom Polarforschungsinstitut in Tokio 175 Adeliepinguine einer Kolonie in der Lützow-Holm-Bucht in der Ostantarktis mit kleinen Geräten ausrüsteten, die nicht nur die exakte GPS-Position, sondern auch Bewegungsdaten der Tiere übermittelten, kamen sie dem rätselhaften Paradox auf die Spur: Während die Vögel in eisreichen Sommern eine ganze Weile an der Küste oder auf dem Meereis watschelten, bis sie eine offene Wasserstelle zum Tauchen fanden, war ihr „Arbeitsweg" in Jahren mit wenig Eis viel kürzer. Die dadurch zur Verfügung stehende zusätzliche Zeit nutzten die Tiere aber nicht zum Faulenzen, sondern für viel längere Tauchgänge nach ihrer Leibspeise in Form kleiner Krebstierchen, dem Krill. Obendrein entfiel die zeitraubende Suche nach offenen Stellen im Eis, an denen die Tiere während der Nahrungssuche zum Atmen auftauchen müssen. Da ohne Eis zudem mehr Algen im Wasser wachsen, die der Krill abweidet, leben die Pinguine im eisfreien Wasser wie im Schlaraffenland und profitieren so vom Klimawandel.

Wie gut sehen Adler wirklich?

Adler haben wie alle Greifvögel gut entwickelte Augen und sehen sechs- bis achtmal schärfer als ein Mensch. Dennoch ist das Auge eines Adlers im Prinzip genauso aufgebaut wie das eines Säugetiers: Auf der Rückseite des Auges befindet sich die Netzhaut, auch Retina genannt, in die die Sinneszellen (Rezeptoren) eingebettet sind. Dabei handelt es sich um Stäbchen, die dem Dämmerungssehen dienen, und um Zapfen, die für das Helligkeitssehen und die Wahrnehmung von Farben verantwortlich sind. Doch während ein Mensch nur etwa 200000 Lichtsinneszellen pro Quadratmillimeter besitzt, haben Greifvögel ungefähr 1 Mio. pro Quadratmillimeter.

Zudem besitzen die Augen eines Adlers zwei sogenannte Foveas statt nur einer wie die der Menschen. Die Fovea ist der Punkt der höchsten Sehschärfe in der Netzhaut, da dort die Dichte der Zapfen am größten ist. Und weil Adler tagaktive Vögel sind,

Nach langer Watschelzeit am Saum des Meereises angekommen, springen die Adeliepinguine ins Wasser, um auf Nahrungssuche zu gehen.

Was immer sich am Boden bewegt – das Adlerauge sieht es.

Die gegenseitige Fellpflege, das sogenannte *grooming*, dient vor allem sozialen Zwecken.

befinden sich in ihrer Netzhaut ohnehin mehr Zapfen als Stäbchen. Deshalb können sie am Tag sehr viel weiter und schärfer sehen als ein Mensch. Umgekehrt besitzen nachtaktive Greifvögel wie Eulen übrigens sehr viel mehr Stäbchen als Zapfen.

Dank ihrer hoch entwickelten Augen sind Greifvögel sogar in der Lage, im schnellen Flug Beutetiere zu entdecken und Jagd auf sie zu machen. Um eine genauso gute Wahrnehmung wie die Greifvögel zu haben, müssten Menschen durch ein Fernglas mit ungefähr siebenfacher Vergrößerung schauen. Wir erkennen eine Maus vielleicht gerade noch aus 50 m Entfernung, ein Adler erspäht sie aus 350 m Abstand!

Zudem haben Adler ein viel größeres Gesichtsfeld als Menschen. Während die Augen bei uns nach vorn blicken und deshalb das Gesichtsfeld zur Seite hin eingeschränkt ist, sitzen die Augen der Greifvögel an den Seiten des Kopfes. So kann jedes Auge unabhängig vom anderen in einem Winkel von 150° sehen – Adler haben also einen nahezu perfekten Rundumblick.

Suchen Affen im Fell ihrer Artgenossen nach Läusen?

Auch wenn es so aussieht, als ob Affen Läuse im Fell ihrer Artgenossen suchen und diese dann fressen – in Wirklichkeit führen sie Partikel von Salzkrusten, die sich auf der Haut abgelagert haben, sowie abgestorbene Hautschuppen oder Zecken zum Maul. Wenn ab und zu tatsächlich eine Laus dabei ist, dann handelt es sich um Zufälle, denn im Allgemeinen sind Affen sehr saubere Tiere und haben daher nur selten Läuse.

Das hingebungsvolle „Lausen" dient in erster Linie dem Zusammenhalt der Affenhorde. Die Fellpflege baut Aggressionen und Konflikte zwischen den einzelnen Tieren ab und wird, wie Forscher herausgefunden haben, sogar ganz gezielt zum Aufbau sozialer Bindungen und zur Festlegung der Rangfolge eingesetzt. Bei der intensiven Fellpflege nehmen Affen Kontakt miteinander auf, schließen Freundschaft, umwerben Artgenossen oder versuchen, sich mit dem Anführer der Affengruppe gut zu stellen.

Südafrikanische Forscher gehen sogar davon aus, dass dieses Verhalten als „Währung" auf dem „Markt der Bedürfnisse" der Affen dient. Mit der Fellpflege können sich die Tiere bestimmte Privilegien regelrecht erkaufen. Hat ein junges Pavianweibchen beispielsweise das Fell einer Affenmutter gekrault, darf es dafür das Junge der Mutter halten. Gibt es in einer Gruppe wenige Babys, muss länger gekrault werden, als wenn mehrere Babys vorhanden sind. Wenn rangniedere Tiere ranghöhere Artgenossen „lausen", wollen sie sich bei ihnen einschmeicheln oder an Nahrung herangelassen werden. Oft wird die Pflege des Fells auch mit gleicher Münze zurückbezahlt: Dann kraulen sich die Tiere gegenseitig.

Ein derart von Algen überwucherter Fluss ist ein bizarrer Anblick.

Algen: vielfältig einsetzbar

Algen sind aus unserem Alltag nicht wegzudenken. Seit der Antike werden in Küstengebieten Algen gewonnen und zu Dünger verarbeitet. Schon vor 4000 Jahren wurden sie beispielsweise in China als Mittel gegen Vitamin-Mangelkrankheiten eingenommen.

Heute verzehrt man Algen im Sushi, in Suppen, als Gemüse oder in Form von Saucen. Die Blätter des Meersalats werden in Südamerika oder Westindien auch wirklich als Salat gegessen, in Schottland wird Zuckertang sogar zu einer Art Marmelade verarbeitet.

In der Lebensmittel-, aber auch in der Kosmetikindustrie sind Algen unverzichtbar. Aus ihnen gewinnt man Alginsäure, Carrageen und Agar-Agar, die die Konsistenz von Nahrungsmitteln fester und geleeartig machen.

Was passiert bei der Algenblüte?

Was umgangssprachlich mit dem Begriff Algenblüte beschrieben wird – das massenhafte Auftreten von Algen in Seen oder im Meer –, hat mit Blühen eigentlich nichts zu tun, wohl aber mit Vermehrung. Algen können überhaupt nicht blühen, denn sie gehören nicht zu den Blütenpflanzen. Bei der sogenannten Algenblüte handelt es sich vielmehr um eine Massenvermehrung von mikroskopisch kleinen, einzelligen Algen, die sich durch Zellteilung vervielfachen.

Die explosionsartige Vermehrung erfolgt vor allem dann, wenn zu viele Nährstoffe wie etwa Nitrat und Phosphat durch Abwasser oder über die Luft in das Wasser eingetragen werden. Diese Substanzen wirken wie ein Dünger. Steigt dann zusätzlich im Frühsommer die Wassertemperatur an, finden die Algen ideale Wachstumsbedingungen – und verderben uns die Lust am Baden. Doch nicht nur das: Manche Algen sorgen mit ihrer „Blüte" nicht nur für einen unappetitlichen Anblick, sondern können sogar zu einem Fischsterben führen.

So sind winzige, einzellige Meeresalgen, beispielsweise die Dinoflagellaten, verantwortlich für die sogenannten Roten Tiden. Bei diesem Phänomen wird das Meerwasser durch den Farbstoff der sich extrem vermehrenden Algen rot gefärbt. Manche dieser Algen produzieren zudem giftige Inhaltsstoffe, die sich in der Nahrungskette anreichern. Menschen können nach dem Verzehr von Muscheln oder Fischen, die mit solchen Giften belastet sind, sogar krank werden.

Übrigens: Es gibt auch auf dem Land Algen! Sie leben beispielsweise in Symbiose mit Pilzen und bilden mit diesen sogenannte Flechten. So können sie Baumrinden besiedeln und sogar Felsen mit ihrem oft bunten Gewebe überziehen. Und sie sind weit verbreitet – in nur 1 g Ackerboden lassen sich hierzulande sage und schreibe bis zu 100 Mio. Algenzellen nachweisen.

Halten Ameisen „Haustiere"?

Eine Reihe von Ameisenarten hat sich tatsächlich auf eine ganz besondere Nahrungsquelle spezialisiert: Während andere Ameisen kleine Insekten jagen und fressen, ernähren sich diese Arten von den Ausscheidungen von Blatt- und Schildläusen. Diese Läuse stechen die Leitgefäße von Pflanzen mit ihrem Rüssel an und saugen sich mit den zuckerhaltigen Pflanzensäften voll. Meist nehmen sie dabei so viel zu sich, dass sie gar nicht alles verwerten können. Ein großer Teil der Nahrung wird deshalb unverdaut als sogenannter Honigtau wieder ausgeschieden. Und dieser Honigtau ist für die Ameisen hochwertige und energiereiche Kraftnahrung.

Um an den Honigtau zu gelangen, hat sich zwischen Ameisen und Läusen ein regelrechtes Ritual entwickelt. Sobald die Ameisen mit ihren Fühlern die Körper der Blattläuse betasten, heben diese ihren Hinterleib an und scheiden tröpfchenweise Honigtau aus, der von den Ameisen sofort aufgesogen wird.

Zu den Ameisenarten, die sich auf das Zusammenleben mit Blattläusen spezialisiert haben, gehören z.B. die bei uns heimischen Wiesenameisen. Sie halten die Blattläuse fast wie Viehherden, legen Straßen zu den Blattlauskolonien an und ernten regelmäßig bei „ihren" Läusen den süßen Honigtau. Manchmal tragen die Ameisen die Läuse sogar zu besonders geeigneten Futterpflanzen und bringen sie abends, oder wenn Regen und Unwetter drohen, in den Ameisenbau zurück, wo sie geschützt sind.

Die Blattläuse profitieren aber auch noch in ganz anderer Hinsicht von ihren „Hirten": Die Ameisen töten andere Insekten, die den Blattläusen gefährlich werden könnten – beispielsweise Marienkäferlarven oder andere Blattlausjäger. So sind die von den Ameisen gehaltenen Läuse vor ihren natürlichen Fressfeinden sicher, und die Nahrungsquelle der Ameisen bleibt erhalten.

Besondere Lebensgemeinschaft: Ameisen und Blattläuse.

Schaden Schottergärten dem Artenreichtum?

Schottergärten sind im Trend: Sie brauchen nicht viel mehr als eine Ladung Kies, der statt Büschen und Gras den Boden rund um viele Häuser in Mitteleuropa bedeckt. Splitt, Geröll oder eben Schotter anstelle von Beeten gelten nicht nur als modern, sondern vor allem als pflegeleicht. Doch Letzteres ist falsch, weil die Steine rasch von einer dicken Schicht aus Staub und Moos überzogen werden und sehr aufwendig gereinigt oder gar ersetzt werden müssen. Vor allem aber finden Insekten und Spinnen, Mäuse und Igel, Vögel und Eidechsen in einer solchen Steinwüste kaum etwas zu fressen und auch wenig Unterschlupf. Zudem heizt die Sonne im Sommer Schotter und Kies rasch bis zu einer unerträglichen Temperatur auf, und das Mikroklima für Tiere und Menschen verschlechtert sich bis zur Unbewohnbarkeit. Schottergärten schaden also nicht nur der Artenvielfalt, sie vernichten sie regelrecht.

Mit Schottergärten nicht zu verwechseln sind übrigens Steingärten, in denen größere Felsbrocken und gröbere Steine dominieren: Sie sind meist an Südhängen angelegt und ahmen alpine Bedingungen nach, in denen eine an Trockenheit angepasste Flora und Fauna gedeiht.

Macht sein Artenreichtum Urwaldboden fruchtbar?

Von allen Wäldern der Erde hat der tropische Regenwald die längste Geschichte, denn sie reicht mehrere Millionen Jahre zurück. Er beherbergt zudem viele schon vor langer Zeit entstandene Arten, ist also tatsächlich in doppelter Hinsicht ein echter „Urwald". Wegen ihrer langen Entwicklung weisen die Regenwälder auch eine große Artenvielfalt auf. In ganz Mitteleuropa gibt es z. B. rund 3000 Arten von Blütenpflanzen, in Venezuela dagegen mindestens 42 000. Bei dieser Fülle liegt der Gedanke nahe, dass die Pflanzenwelt von einem besonders fruchtbaren Boden genährt wird. Doch der tropische Regenwald gilt vielmehr als reicher Wald auf armem Boden.

Infolge der tropischen Temperaturen und der vielen Niederschläge laufen die Bodenbildungsvorgänge rasch ab: Das Sickerwasser spült Nährstoffe aus, sodass selbst ursprünglich nährstoffreiche Böden schnell ausgelaugt sind. Eisen, das ebenfalls ausgewaschen wird, lagert sich einige Meter unter der Bodenoberfläche ab und bildet für Wurzeln eine harte, fast undurchdringliche Sperrschicht. Hinzu kommt, dass in den Tropen vor allem jene Tonmineralien entstehen, die kaum Nährstoffe speichern. Die Versorgung von Pflanzen ist deshalb nur möglich, wenn die in toten Pflanzen- und Tierresten gebundenen Nährstoffe schnell durch Verwesung freigesetzt werden und den Pflanzen wieder zur Verfügung stehen. Dies geschieht in den obersten Bodenschichten, weshalb Regenwaldbäume sehr flach wurzeln.

Wann ist ein Boden dann aber fruchtbar? Meist gilt, dass ein Boden umso ertragreicher ist, je mehr Organismen in ihm leben. Die im Erdboden heimischen Lebewesen (Pilze, Algen und Tiere) haben drei Aufgaben: Sie zersetzen die Reste abgestorbener Pflanzen sowie Tiere und setzen die darin enthaltenen Nährstoffe frei. Zudem fügen sie diese zu verwitterungsbeständigen Verbindungen aus mineralischen und organischen Substanzen zusammen und verhindern so, dass die wertvollen Stoffe ausgewaschen werden. Schließlich lockern sie das Erdreich und sorgen für eine bessere Sauerstoffversorgung.

Ein gewaltiges Heer von Organismen beteiligt sich an diesen Aufgaben. In einem 1 m^2 großen Bodenausschnitt leben bis in 30 cm Tiefe beispielsweise durchschnittlich 1 Mrd. Pilze, 10 Mrd. Strahlenpilze und gar 500 Mrd. Geißeltierchen. 1 Mio. Fadenwürmer und 1 Mrd. Wimpertierchen kommen vor, und auch größere Tiere wie Schnecken, Käfer, Asseln und Regenwürmer sind im Boden noch in Beständen zwischen 50 und 150 Exemplaren vertreten.

Üppige Vegetation und eine reiche Tierwelt prägen das Bild des Urwalds.

Halten Bären Winterschlaf?

Lange galten Braun- und Schwarzbären nicht als echte Winterschläfer, weil sie ihren Körper auch während ihrer winterlichen Ruhephase auf recht hohen Temperaturen halten und relativ leicht aufzuwecken sind. Inzwischen sind etliche Forscher aber der Meinung, dass auch Bären durchaus einen Winterschlaf halten – u. a., weil die Tiere ihren Stoffwechsel während dieser Zeit sehr stark drosseln.

Allerdings nimmt sich längst nicht jeder Braunbär eine solche Auszeit. Während sich manche Tiere im Norden Skandinaviens für bis zu sieben Monate

Kaum ist der Grizzly erwacht, kann – und muss – er sofort wieder auf die Jagd gehen.

in eine Höhle oder einen selbst gegrabenen Bau zurückziehen, bleiben ihre Artgenossen im Norden Spaniens oder in Slowenien mitunter das ganze Jahr hindurch wach und aktiv. Je weiter südlich ein Bär lebt, umso weniger schläft er in der Regel. Dabei spielen nicht nur die höheren Temperaturen, sondern auch das bessere Nahrungsangebot eine bedeutende Rolle.

Wenn sie sich aber in den Winterschlaf begeben, verzichten Braunbären während der gesamten Zeit nicht nur auf Futter und Wasser, sie geben auch kaum Kot oder Urin ab. Monatelang zehren sie ausschließlich von ihren Fettreserven. Die Männchen magern dabei um mindestens 20% ab. Bei den Weibchen, die im Winter ihre Jungen zur Welt bringen, kann der Gewichtsverlust sogar bis zu 40% betragen. Um Energie einzusparen, schlägt das Herz der schlafenden Tiere nur noch zehn- statt 75-mal pro Minute; Aussetzer von bis zu 20 Sekunden Länge kommen vor.

Wissenschaftler interessieren sich brennend dafür, was während der winterlichen Auszeit im Körper von Bären vorgeht, denn sie hoffen, daraus auch neue Erkenntnisse für die Humanmedizin gewinnen zu können. Beispielsweise würden sie gern wissen, wie es die Tiere schaffen, monatelang keinen Muskel zu rühren und dabei trotzdem kerngesund zu bleiben. Bei Menschen würden in einer solchen Situation Muskelschwund, Thrombosen und Diabetes drohen. Die Bären jedoch wachen einfach wieder auf und gehen ihrer Wege.

Von wegen Gemütlichkeit!

Bären gelten als behäbige Zeitgenossen. Außerhalb ihrer Ruhezeit streifen Bären mit einer Geschwindigkeit von 3–5 km/h durch ihre Lebensräume – für sie ein recht gemütliches Tempo. Bei Gefahr oder einem Angriff können die pelzigen Jäger jedoch auch 50 km/h schnell werden. Grizzlys, die nordamerikanische Unterart des Braunbären, erreichen ein Tempo von über 60 km/h, Eisbären sogar 70 km/h. Selbst ein trainierter 100-m-Läufer, der kurzzeitig fast 40 km/h erreichen kann, hat dagegen keine Chance.

Schlafen Bäume nachts?

Bei Blumen ist es besonders deutlich sichtbar: Wenn es dunkel wird, schließen sich die Blüten, am Morgen entfalten sie sich wieder. Und auch von anderen Pflanzen ist bekannt, dass sie die Spaltöffnungen ihrer Blätter, durch die der Gasaustausch stattfindet, für die Nacht schließen. Pflanzen unterliegen also genauso einem Tag-Nacht-Rhythmus mit Ruhephasen wie Menschen und Tiere. Sogar bei Bäumen konnten Forscher diesen Effekt nachweisen. Mithilfe von Laserscans, deren Infrarotlicht die Bäume nicht beeinflusste, vermaßen sie einige Birken über mehrere Nächte hinweg. Das Ergebnis: Auch Bäume haben eine Schlafstellung. Die Blätter und Äste sinken leicht, aber doch merklich um einige Zentimeter nach unten. Am stärksten lassen sie sie einige Stunden vor Sonnenaufgang hängen, bevor die Zweige nach und nach wieder in ihre ursprüngliche Position zurückkehren. Es wird vermutet, dass diese Bewegungen mit dem Wasserhaushalt der Bäume zusammenhängen.

Der General Sherman hält den Rekord in Sachen Stammdurchmesser.

Rekorde

REKORDBÄUME

Der höchste Baum ist mit über 115,5 m eine Küstensequoie in einem Nationalpark in Kalifornien. Übertroffen wurde sie allerdings von einem Baum, den man im Jahr 1872 fällte. Es handelte sich um einen Königseukalyptus im australischen Bundesstaat Viktoria, der 160 m hoch gewesen sein soll.
Der dickste Baum mit einem einzelnen Stamm ist ein Mammutbaum im kalifornischen Sequoia-Nationalpark. Dieser Baum mit dem Namen General Sherman hat einen Umfang von 31 m und ist vermutlich über 2200 Jahre alt.

Sind Bäume die ältesten Lebewesen?

Ihren Namen tragen die Langlebigen Kiefern nicht ohne Grund: Einige Exemplare sind erwiesenermaßen über 4000 Jahre alt, ein Baum sogar mehr als 5000 Jahre. Diese Kiefernart, die in den White Mountains in den USA vorkommt, wächst so langsam, dass ihr Umfang in 100 Jahren nur etwa 3 cm zunimmt.

Doch obwohl 5000 Jahre ein stolzes Alter sind, gibt es noch ältere Lebewesen auf der Erde. Als rekordverdächtig unter den Tieren gilt ein Riesenschwamm der Art *Anoxycalyx joubini* im antarktischen Wedellmeer. Schwämme bilden keine Jahresringe aus, anhand derer sich ihr Alter ablesen ließe, und so protokollierte man für einen Zeitraum von zehn Jahren das Wachstum des Schwamms und maß, wie viel Sauerstoff er verbrauchte. Man geht davon aus, dass ein Tier umso weniger Sauerstoff verbraucht, je langsamer sein Stoffwechsel funktioniert und je langsamer es wächst. Aus den ermittelten Daten schloss man, dass der Schwamm über 10 000 Jahre alt sein muss.

Interessante Sonderfälle gibt es auch im Reich der Pflanzen. Die einzelnen Triebe eines bis zu 2 m hohen und 20 m langen Kreosotbuschs in der Wüste von Palm Springs sind zwar nur 100 bis 200 Jahre alt. Das ganze System der Pflanze, inklusive abgestorbener Pflanzenteile mit ihren genetisch identischen Zellen, soll aber stolze 11 700 Jahre zählen. Ähnlich verhält es sich bei Pando, einer Kolonie der Amerikanischen Zitterpappel in Utah. Zwar werden auch hier die Stämme der Bäume nicht übermäßig alt, doch bilden sie unterirdisch ein zusammenhängendes Sprossachsensystem, sodass sie als ein einziges Lebewesen betrachtet werden – und das schätzen Forscher auf ein Alter von 80 000 Jahren!

Welche Bäume trotzen dem Klimawandel?

Die Blätter der Silberlinde sind oben dunkelgrün, auf der Unterseite aber silbrig hell.

Bringt der Klimawandel den Städten Mitteleuropas häufiger Hitzewellen und Dürreperioden wie in den Sommern 2018, 2019 und 2020, hilft es wenig, an den Straßen statt Winterlinden Palmen zu pflanzen. Zwar werden auch die Winter milder und knackige Dauerfröste wie 2012, als die Temperaturen eine Woche lang um –15 °C lagen, seltener. Aber eine solche Frostperiode alle 20 oder 30 Jahre genügt, um die Exoten reihenweise absterben zu lassen.

Stadtgärtner sollten sich bei der Bepflanzungsplanung im Hinblick auf den Klimawandel daher von Gegenden inspirieren lassen, die schon vor Jahrhunderten längere Hitzeperioden samt Dürre im Sommer und manchmal eisige Winter hatten. Dazu gehören der Südosten Europas zwischen Ungarn, Bulgarien und dem Balkan, aber auch Regionen in Nordamerika sowie in den Bergen Japans und Chinas.

In sengender Sonne drehen z. B. die Silberlinden aus Südosteuropa ihre Blätter im oberen Bereich der Krone einfach um. Die silbrig glänzende Unterseite, die dem Baum seinen Namen gegeben hat, ist jetzt oben und reflektiert die Sonnenstrahlen mitsamt der darin steckenden Energie. Dadurch heizt der Baum weniger stark auf und verträgt Hitzewellen besser. Er kommt aber auch mit Frost klar, wie eine seit 2009 in mehreren Städten laufende Versuchsreihe der Bayerischen Landesanstalt für Weinbau und Gartenbau (LWG) in Veitshöchheim zeigt.

Auch Ungarische Eichen, Roteschen und Rebonaulmen aus Nordamerika haben Hitzestress und Dürre, aber auch Kältewellen gut verkraftet. Dazu kommen der Dreizähnige Ahorn aus den Bergen Japans und der Guttaperchabaum aus China, der als einziger „Gummibaum" Frost bis –30 °C verträgt, sowie die Morgenländische Platane und die Manna- oder Blumenesche aus Südosteuropa und Kleinasien. Der in Südeuropa, Nordafrika und dem Westen Asiens heimische Zürgelbaum, der in den großen Städten Südeuropas einer der wichtigsten Straßenbäume ist, eignet sich in Mitteleuropa allerdings nur für die wärmeren Regionen wie das Oberrheintal, Nordrhein-Westfalen oder auch den Berliner Raum.

Zwar befürchten Naturschützer, dass im Kronendach der Bäume aus Südosteuropa die Artenvielfalt leidet, nach ersten Untersuchungen sind diese Kronen aber alles andere als ökologische Wüsten, auch dort leben sehr viele Arten. Der Artenvielfalt im Klimawandel könnte man also auf die Sprünge helfen, wenn man statt Monokulturen aus heimischen Ahornbäumen oder Eschen Mischalleen mit heimischen und südosteuropäischen Baumarten pflanzt.

Sind Erdbeeren Beeren?

Nein, Erdbeeren sind Sammelnussfrüchte. Darunter verstehen Botaniker Früchte, bei denen sich nach der Blüte der Blütenboden verdickt. Dieser Blütenboden besteht aus dem weißlichen, zylinderförmigen

Mark und der fleischigen, rot gefärbten Rinde. Die eigentlichen Früchte sind die kleinen Nüsschen, die außen auf der Erdbeere sitzen. Sie entwickeln sich aus den Fruchtblättern, ihre Fruchtschalen sind hart und miteinander verwachsen – daher die Bezeichnung „Nüsschen". Aus ihnen können, wenn sie im Boden keimen, wieder neue Pflänzchen entstehen. Meist werden Erdbeeren aber über Ableger vermehrt. Übrigens: Auch Brom- und Himbeeren sind keine Beeren; sie gehören zu den Sammelsteinfrüchten.

Beeren dagegen sind Früchte, deren Fruchtschalen saftig und fleischig sind. Bei ihnen sind die Samen im Innern der Frucht eingeschlossen und können erst keimen, wenn die Frucht verrottet oder gegessen wird und dadurch die Samen freigesetzt werden. Zu ihnen gehören Stachel-, Heidel- und Preiselbeeren sowie Weintrauben – aber auch Früchte, von denen man nicht vermutet, dass die Botaniker sie zu den Beeren zählen, etwa Tomaten, Gurken, Bananen, Datteln, Avocado, Kiwi und Melonen.

Den Stich in menschliche Haut bezahlen Bienen in der Regel mit ihrem Leben.

Sterben Bienen nach jedem Stich?

Ein Bienenstachel besteht aus zwei gezähnten, stilettförmigen Teilen, die beim Stechen abwechselnd auf einer Führungsschiene verschoben werden. In der Mitte liegt der Giftkanal. Die Zähne der Stilette wirken wie Widerhaken. Wenn Bienen einen Menschen stechen, bleibt der Stachel in der weichen und elastischen menschlichen Haut hängen. Beim Versuch, die Angreiferin nach dem äußerst schmerzhaften Bienenstich loszuwerden, reißt man meist den gesamten Stechapparat aus dem Hinterleib der Biene, und an dieser Verletzung stirbt das Tier.

Eigentlich ist ein Bienenstachel dafür gedacht, dass eine Biene ein anderes Insekt sticht. Dringen Hornissen oder andere sechsbeinige Räuber in den Bienenstock ein, so wehren die Bienen die Angreifer mit Stichen ab. Aus dem harten Chitinpanzer können Bienen ihren Stachel problemlos herausziehen und dann auch wiederholt stechen. Den Stachel bekommen übrigens nicht nur Feinde, sondern auch Artgenossen zu spüren. Überzählige Königinnen oder Drohnen, die nach der Paarung nicht mehr gebraucht werden, werden durch Stiche vertrieben.

Wie setzt man Blutegel in der Medizin ein?

Erste Berichte über den Einsatz von Blutegeln stammen bereits aus der Zeit um 1500 v. Chr. aus Babylonien. Ägypter, Inder und Chinesen setzten die zu den Ringelwürmern gehörenden Tiere ebenso zur Therapie ein. Im 2. Jh. v. Chr. wurden Blutegel auch in Griechenland verwendet. Vom Mittelalter bis zur Mitte des 19. Jh. dauerte die Hochzeit der Behandlung mit Blutegeln in Europa – nicht zuletzt deshalb, weil sich die arme Bevölkerung keine andere Behandlung als diese leisten konnte. Aber mit dem Aufkommen der modernen Medizin verschwanden die Egel nach und nach aus den Behandlungszimmern.

Erst als in Amerika um die Mitte der 1980er-Jahre Blutegel für die Transplantationschirurgie wiederentdeckt wurden, erlebten die Würmer ein Comeback: Medizinische Blutegel werden heute z. B. bei Hauttransplantationen aufgesetzt, um die Durchblutung zu fördern und den Fluss von Blut und Lymphflüssigkeit anzuregen, sodass das transplantierte Gewebe besser anwachsen kann. Sie können aber auch bei vielerlei anderen Beschwerden wie

Rheuma, Blutergüssen, Krampfadern oder Arthrose helfen. Wenn die Tiere sich mit ihrem sternförmigen Kiefer in der Haut festbeißen, saugen sie nicht nur Blut, sondern geben auch Speichel ab. Dieser enthält Substanzen wie Hirudin, Histamin und Hyaluronidase. Diese Stoffe hemmen die Blutgerinnung und wirken schmerzlindernd und entzündungshemmend. Zudem fördern sie die Immunabwehr sowie die Durchblutung.

Aus hygienischen Gründen kommt heute jeder Blutegel nur einmal zum Einsatz und wird dann vernichtet. Die Patienten haben weniger mit Schmerzen als mit Ekelgefühlen zu kämpfen. Denn man spürt nur ein leichtes Brennen, und nach etwa einer Stunde lassen die Egel von selbst los.

Wie orientieren sich Brieftauben?

Lange war es rätselhaft, wie Tauben über große Strecken zielstrebig nach Hause finden – selbst wenn sie mit einem Lastwagen in die Ferne geschafft wurden und den Weg daher gar nicht aus der Luft kennen können. Untersuchungen an den Universitäten Frankfurt und München lieferten deutliche Hinweise, wie diese phänomenale Leistung möglich wird: Die auch sonst mit hervorragenden Sinnen ausgestatteten Vögel orientieren sich vor allem am Erdmagnetfeld. Man fand kleine Körnchen aus Magnetit in einem Nerv im oberen Teil des Schnabels, der über das Auge ins Gehirn führt. Schon eine schwache Änderung des Magnetfelds bringt die Magnetitkörnchen in Bewegung, was die Taube zu bemerken scheint. Sie „sieht" offenbar beim Fliegen Magnetfeldveränderungen. Das ist sehr nützlich, denn die Stärke des Erdmagnetfelds variiert je nach Region und nimmt in Nord-Süd-Richtung zu den Polen hin deutlich zu.

In dieser Hinsicht lieferten weitere Forschungen eine Bestätigung für den Magnetsinn: Die Vögel finden in Nordsüd-Richtung besser zum Taubenschlag zurück als in Ostwest-Richtung.

Orientierungshilfen

Tauben nutzen noch andere Möglichkeiten zur Orientierung. Wie viele andere Vögel entwickeln sie anhand von Sternen und der Sonne eine Art Landkarte im Kopf. In Kombination mit ihrer inneren Uhr können sie so ihre Position genau bestimmen. In einem bekannten Umfeld nutzen sie zudem Landmarken wie Bäume, Flüsse, Berge und Häuser als Fixpunkte. Der Hör- und Geruchssinn der Tiere ist ebenfalls sehr gut entwickelt, was ihnen zusätzlich hilft, nach Hause zu finden.

Das „Lächeln" der Delfine kann täuschen: Sie sind Raubtiere.

Sind Delfine wirklich freundliche Wesen?

Bei all den Berichten über hochintelligente und menschenfreundliche Delfine wird häufig vergessen, dass sie eigentlich Raubtiere sind. Sie jagen und fressen Fische und haben es dabei zu einem außerordentlichen Geschick gebracht.

Auch im Kontakt mit Artgenossen ist der „liebe Flipper" nicht immer der freundliche Meeressäuger, den viele Menschen in ihm sehen wollen. Bei einigen Arten wird die Rangordnung in einer Gruppe durch aggressive Kämpfe festgelegt. Narben bei rangniederen Tieren zeigen, dass es dabei manchmal durchaus blutig zugeht. In Meeresaquarien gehaltene Delfine legen ebenfalls eine Hierarchie fest. So verjagen ranghöhere Männchen rangniedere, junge Tiere mit Bissen oder einem kräftigen Schlag ihres Schwanzes, wenn diese versuchen, sich einem Weibchen zu nähern. Forscher haben zudem beobachtet, dass Große Tümmler, so zutraulich sie auch zu lächeln scheinen, andere Delfinarten wie etwa die mit ihnen nah verwandten Schweinswale angreifen, verjagen oder sogar töten. Vor der schottischen Küste wurden mehrere tote Schweinswale gefunden, die eindeutig Bissspuren von Großen Tümmlern aufwiesen.

Aber es gibt es auch Berichte, nach denen Menschen von Delfinen gerettet wurden. So wird u. a. behauptet, dass sie in einem neuseeländischen Aquarium einen scheinbar Ertrinkenden an die Wasseroberfläche gehoben haben.

Haben Delfine eine Sprache?

Delfine verfügen über ein erstaunliches Lautrepertoire: Sie können pfeifen, zirpen, quieken, stöhnen oder ächzen. Ein lautes Klappern mit den Kiefern und das Schlagen des Schwanzes signalisieren Ärger. Glucksen hört man Delfine, wenn sie miteinander schmusen, und das Pfeifen scheint der Identifizierung der einzelnen Tiere zu dienen. Doch entschlüsselt haben die Wissenschaftler die Sprache der Delfine bis heute nicht. Niemand weiß also wirklich, was die einzelnen Laute oder Lautfolgen bedeuten. Allerdings ist es auch sehr schwierig, die Bedeutung der Laute zu enträtseln, da Delfine meist in Gruppen auftreten und dabei „durcheinanderreden". Außerdem geben sie die Laute in rascher Folge von sich.

Dass Delfine wirklich kommunizieren können, zeigen Versuche, sie eine Zeichensprache zu lehren, die der Gebärdensprache der Gehörlosen ähnelt. Die Delfine mussten Fragen beantworten, indem sie Schilder mit „Ja" oder „Nein" berührten. Dabei lernten sie, mehrere Dutzend Begriffe in Form von Symbolen zu unterscheiden. Selbst nach einer sechsmonatigen Pause hatten sie das Gelernte nicht vergessen.

Sicher ist auch, dass Schall im Leben der Meeressäuger eine entscheidende Rolle spielt. Mit ihrem Echolotsystem senden sie Ultraschalltöne aus, mit denen sie das Meer beispielsweise nach Beutefischen regelrecht ausloten – Menschen hören diese Geräusche als Klicklaute. Die Laute werden wahrscheinlich entweder im fettartigen Gewebe in der Stirn, der sogenannten Melone, oder mithilfe der Schädelknochen gebündelt und ausgestrahlt. Über das Echo kann der Delfin wahrnehmen, wie groß und wie weit entfernt ein Objekt ist.

Wie lange kommen Dromedare ohne Wasser aus?

Dromedare und die zweihöckrigen Trampeltiere leben in den heißesten und trockensten Gebieten der Erde. Sie sind daher auf vielfältige Weise an ein Leben angepasst, in dem das Wasser manchmal knapp ist. Wie lange sie ohne Wasser auskommen können, hängt stark davon ab, wie heiß es ist und was sie zu fressen bekommen. Bei relativ niedrigen Temperaturen und saftiger Nahrung kann ein Dromedar mehr als 14 Tage darauf verzichten, Wasser zu trinken.

Die Tiere haben mehrere Strategien zum Wassersparen entwickelt. Zum einen können sie mit einem kräftigen Muskel die Nasenlöcher verschließen, sodass der Wasserdampf in der ausgeatmeten Luft in der Nase wieder aufgenommen werden kann. Darm und Niere sind in der Lage, Wasser im Körper zurückzuhalten. Deshalb ist der nur kastaniengroße Kot von Dromedaren sehr trocken und der Urin im Vergleich zu anderen Tieren hoch konzentriert.

Am wichtigsten ist jedoch die Anpassung der Körpertemperatur: Die Tiere können in Trockenzeiten nachts ihre Körpertemperatur auf 34 °C absenken und am Tag auf 41 °C erhöhen. Am Tag schwitzen sie dank der hohen Körpertemperatur nicht, weil ein sehr viel geringeres Gefälle zwischen der Körper- und der Außentemperatur besteht. Die Tiere nehmen die Wärme nur langsam in den kühleren Körper auf. Zusätzlich wirken Höcker und Fell wie eine Isolierschicht gegen die Hitze der Sonne – man hat festgestellt, dass geschorene Kamele viel stärker schwitzen als Tiere mit einem normalen Fell.

Dromedare und Trampeltiere können zudem einen Wasserverlust von mehr als einem Viertel ihres Körpergewichts verkraften (bei Menschen sind 10 % lebensbedrohlich). Dies ist möglich, da ihr Blut auch bei einer höheren Körpertemperatur nicht dickflüssig wird und so weiterhin über die Haut Wärme abgeben kann. Erreichen die Tiere nach einer Wüstenwanderung wieder eine Oase, können sie den Flüssigkeitsverlust in ihrem Körper in kürzester Zeit wieder ausgleichen: Sie sind in der Lage, etwa 120 l Wasser in kaum zehn Minuten zu trinken.

Kein Wasserspeicher

Auch wenn Kamele nach langem Aufenthalt in der Wüste mit schlaffen Höckern zurückkehren – die Höcker enthalten kein Wasser, sondern Fett, das als Energiespeicher dient. Die Konzentration des Körperfetts auf eine Körperstelle ist sinnvoll: Das isolierende Fett schützt einerseits vor Sonnenstrahlen, andererseits kann über die fettfreien Körperpartien leichter überschüssige Körperwärme abgegeben werden. Sind Nahrung und Wasser knapp, wird das Fett des Höckers im Körper abgebaut und liefert Energie.

Dromedare sind an ihren heißen und trockenen Lebensraum optimal angepasst.

Wenn der Weinstein ausgeschliffen ist, wird das Fassholz mit einem Eichenholzfeuer wiederaufbereitet.

Holzhärten ermitteln

Fichte, Erle oder Kiefer gehören zu den einheimischen Weichhölzern, Eiche und Buche zu den Harthölzern. Übertroffen werden unsere einheimischen Bäume in Sachen Härte jedoch von tropischen Hölzern.

Eine absolute Härte gibt es beim Holz allerdings nicht. Sie ist nicht nur abhängig vom Zellaufbau, sondern auch vom Feuchtigkeitsgrad des Holzes und von seinem Ursprungsort. Daher können Härteangaben schwanken. Eichenholz hat beispielsweise eine Härte von 34 bis 41 Brinell. Brinell ist die nach dem schwedischen Ingenieur Johan August Brinell benannte Maßeinheit, mit der die Härte von Stoffen angegeben wird. Dazu wird eine Stahlkugel mit 10 mm Durchmesser unter langsam steigender Belastung mit bis zu 500 Newton in das Holz gedrückt. Anschließend wird die Größe der Vertiefung gemessen und die jeweilige Härte berechnet.

Warum nutzt man für Parkett gern Eichenholz?

Stabil und langlebig sollen Möbelstücke und Holzböden sein, da liegt der Gedanke nahe, eine möglichst harte Holzart als Material zu verwenden. Das Holz der Eiche gilt gemeinhin als das härteste einheimische – doch genau genommen ist es das der Buche. Dieses ist allerdings wesentlich schwerer zu verarbeiten und reißt leichter. Das Holz der Eiche ist damit das Bauholz, das von keiner anderen einheimischen Baumart in der Kombination von Härte, Festigkeit und Elastizität übertroffen wird. Der Wert des Eichenholzes rührt auch daher, dass es sehr enge Jahresringe hat – und davon oft viele, denn die Bäume werden nicht selten bis zu 1000 Jahre alt. Deshalb ist es vor allem für die Herstellung von Furnieren geeignet. Eichen haben zudem einen hohen Anteil an festem, unempfindlichem Kernholz; die äußere, für Pilz- und Insektenbefall empfindliche Splintholzschicht misst nur 2–5 cm.

Eichenholz enthält darüber hinaus eine Vielzahl verschiedener Gerbstoffe, die es unempfindlich gegen Verwitterung machen. Diese Gerbstoffe kann man an frisch geschlagenem Eichenholz am leicht säuerlichen Geruch wahrnehmen. So ist Eichenholz auch unter Wasser fast unbegrenzt haltbar. Im Moor unter Luftabschluss liegende Eichenstämme bleiben jahrhunderte- oder jahrtausendelang unversehrt, auch wenn sich ihr Holz braun- bis blauschwarz verfärbt.

Das härteste Eichenholz ist das Holz der Stieleiche. Sie kommt in fast ganz Europa und in Kleinasien vor. Ihr Holz wird u. a. auch für Cognac- und Whiskyfässer verwendet. Auch Weinfässer wurden früher fast ausschließlich aus Eichenholz hergestellt.

Leben Eintagsfliegen nur einen Tag lang?

Eintagsfliegen leben tatsächlich nur wenige Stunden bis einen Tag. Ihr kurzes Leben dient allein der Fortpflanzung: Zwischen April und Oktober schwärmen sie in der Dämmerung aus. Die Männchen führen dann ihre Hochzeitstänze auf, bei denen sie in dichten Wolken über dem Wasser schweben. Die Weibchen fliegen in den Schwarm hinein. Jedes Männchen packt ein Weibchen mit seinen Vorderbeinen, die es um die Brust des Weibchens schlingt. Mit Greifzangen hält es das Hinterende des Weibchens fest und vollzieht die Paarung. Dabei hat das Männchen die Flügel über dem Rücken zusammengeklappt, das Weibchen hat die seinen ausgebreitet. So schweben beide nach unten. Dann trennen sich die Paare, und das Weibchen legt die Eier ins Wasser ab.

Nach der Paarung ist der Lebenszweck der Eintagsfliegen erfüllt, die Tiere sterben. In ihrem kurzen Leben fressen sie nicht einmal, weshalb ihre Mundwerkzeuge verkümmert sind und ihr Darm für die Verwertung von Nahrung unbrauchbar ist. Ihr wissenschaftlicher Name *Ephemeroptera* leitet sich denn auch vom griechischen Wort *ephemeros* ab, was so viel bedeutet wie „nur einen Tag lebend".

Die zarten Insekten sind nicht mit den Fliegen verwandt. Meist haben sie einen schlanken, länglichen Körper mit drei langen Schwanzfäden – dem typischen Erkennungszeichen der Eintagsfliegen – sowie vier durchsichtige, geäderte Flügel. Eintagsfliegen gehören zu den entwicklungsgeschichtlich ältesten geflügelten Insekten der Welt; es gibt sie seit etwa 300 Mio. Jahren. Heute existieren noch etwa 1000 verschiedene Arten.

So kurz das Leben der erwachsenen Eintagsfliegen ist, so lange dauert ihre Entwicklung vom Ei zum fertigen Tier. Die Spanne reicht je nach Art von einigen Monaten bis zu drei Jahren! Diese Zeit verbringen die Larven im Wasser. Sie bevorzugen Fließgewässer, aber man findet sie auch in Seen. Sie ernähren sich von Blattresten und Algen und atmen mit Kiemen an ihrem Hinterleib. Acht- bis 30-mal, bei einigen Arten sogar bis zu 50-mal müssen sich die Larven während ihres Lebens im Wasser häuten.

Gibt es ein Elefantengedächtnis?

Manche Berichte über Elefanten, die sich noch nach vielen Jahren an einstigen Quälgeistern rächen, sind eindeutig übertrieben. Aber Elefanten haben wirklich ein sehr gutes Gedächtnis und können sich noch an Jahre zurückliegende Ereignisse erinnern.

Versuche einer Verhaltensforscherin im Amboseli-Nationalpark in Kenia ergaben beispielsweise, dass sich die grauen Riesen die Rufe von über 100 verschiedenen Artgenossen merken können. Die Wissenschaftlerin spielte weiblichen Elefanten die Kontaktrufe von Tieren vor, die zu verschiedenen Elefantenfamilien gehörten. Kannten die Elefantendamen die Tiere, riefen sie zurück. Rufe von Elefanten, mit denen sie nur locker Bekanntschaft gemacht hatten, wurden ignoriert. Rufe fremder Elefanten lösten dagegen Unruhe aus. Selbst wenn die Herde manche Tiere jahrelang nicht getroffen hatte, erkannten die Dickhäuter die Rufe wieder.

Ganz ähnliche Ergebnisse brachten Versuche mit in Gefangenschaft gehaltenen Elefanten. Tiere, die in Dressuren lernten, zwölf verschiedene Töne und Tonreihen zu unterscheiden, erkannten nach

Sich die Wege für ihre langen Wanderungen merken zu können, ist für Elefanten überlebenswichtig.

18 Monaten Pause immerhin noch neun Töne. Ein anderer Elefant lernte insgesamt 13 Bildpaare zu unterscheiden. Ein Jahr später erkannte er zwölf Bildpaare auf Anhieb wieder. Andere Exemplare, mit denen ähnliche Versuche durchgeführt wurden, erinnerten sich noch über 30 Jahre später an den Ablauf der Versuche. Die Motive erkannten sie aber nicht mehr.

Ein gutes Gedächtnis ist für die grauen Riesen überlebensnotwendig. So weiß man, dass Elefanten in der freien Wildbahn ein gutes Ortsgedächtnis haben. Noch nach Jahren können sie sich an Wege zu weit entfernten Weiden erinnern, und sie spüren auch in Trockenzeiten Wasserlöcher wieder auf, die viele Kilometer entfernt sind.

Können Elefanten springen?

Zumindest was die erwachsenen Rüsseltiere angeht, sind sich Experten einig: Nein, können sie nicht – jedenfalls hat sie bisher niemand dabei beobachtet. Einer der Gründe dafür liegt wohl im Körperbau der größten Landbewohner, die heute noch auf der Erde leben. Ein ausgewachsener Elefant bringt je nach Art und Geschlecht zwischen knapp 3 und über 6 t auf die Waage. Seine säulenförmigen Beine aber sind im Vergleich zu seinem massigen Körper schlank. Offenbar können sie einfach nicht genug Kraft aufbringen, um das Gewicht in die Luft zu katapultieren.

Zudem ist auch der Knochenbau der Elefanten nicht der eines guten Springers. Betrachtet man ihr Skelett, sieht man, dass sie auf den Zehenspitzen stehen und dass die Beinknochen gerade nach unten ausgerichtet sind. Dieses Design hält zwar den Körper aufrecht, es ist aber nicht geeignet, um sich aus den Füßen federnd nach oben abzustoßen.

Wahrscheinlich ist es für einen Elefanten gesünder, mit den Füßen auf dem Boden zu bleiben. Denn bei einem so massigen Körper würden Sprünge ein hohes Verletzungsrisiko bergen. Aus der Sicht der Tiere gibt es auch wenig Grund für derlei Akrobatik. Die meisten Sprungkünstler nutzen ihr Talent schließlich vor allem, um vor Feinden zu fliehen. Elefanten dagegen setzen da eher auf Größe und haben außer dem Menschen kaum Feinde.

Entgegen anderslautenden Gerüchten sind sie allerdings nicht die einzigen Sprungverweigerer unter den Säugetieren. So haben z. B. auch Faultiere und Flusspferde an Land für diese Art der Fortbewegung nichts übrig.

Stehlen Elstern Glitzerndes?

Die „diebische Elster“ gehört zu den Irrtümern über das Tierreich, die nicht auszurotten sind. Weder in irgendeinem ornithologischen Standardwerk noch in dem berühmten Nachschlagewerk *Grzimeks Tierleben* findet sich eine einzige Bestätigung dafür, dass frei lebende Elstern tatsächlich glänzende Gegenstände in ihrem Schnabel davontragen. Ganz im Gegenteil: Kein Vogelforscher konnte bisher in den Nestern von Elstern gestohlene glitzernde Gegenstände entdecken. Denkbar ist allenfalls, dass zahme Elstern, die in der Obhut des Menschen leben, sich an irgendwelchen silbrigen Gegenständen vergriffen haben, denn Elstern sind, wie alle Rabenvögel, neugierige und intelligente Tiere. Es gibt Berichte darüber, dass zahme Rabenvögel von glänzenden Gegenständen angezogen werden und mit ihnen spielen.

Zu Unrecht als freche Diebe verschrien: Elstern.

Woher die Mär von der diebischen Elster stammt, bleibt unklar. Möglicherweise entstand der schlechte Ruf auch dadurch, dass sie wie viele andere Rabenvögel die Angewohnheit haben, in Zeiten mit großem Nahrungsangebot Futter zu verstecken. Sie hacken dann Löcher in den Boden, geben die Futterbrocken hinein und decken sie mit Erde und Pflanzenresten zu – da liegt der Verdacht nahe, dass die Vögel auf dieselbe Weise ihr angebliches Diebesgut verstecken. Zudem sind Elstern Allesfresser und vergreifen sich ab und zu an den Eiern fremder Vögel oder rauben sogar Jungvögel aus dem Nest. Das gibt Minuspunkte auf der Sympathieskala der Menschen, und so traut man den Tieren auch ohne Weiteres zu, diebisch zu sein.

Sind Esel dumm?

Wissenschaftler sind sich einig, dass Esel keinesfalls dumm sind– sie gelten bei ihnen sogar als ausgesprochen klug. Was uns wie Dummheit erscheint, ist in Wirklichkeit nichts anderes als gelebte Vorsicht. Wenn Gefahr droht, rennen Esel nicht einfach kopflos davon, wie es etwa Pferde tun, sondern bleiben erst einmal stehen und studieren die Situation. Sie überlegen, wie sie am besten auf Ungewohntes reagieren sollten, und verhalten sich in gefährlichem Terrain ausgesprochen umsichtig. Esel weigern sich z. B. oft, über unsichere Stege oder schwankende Brücken zu gehen. Und nur weil sie sich dem Menschen nicht einfach unterordnen und ihm nicht blind folgen, sondern ihren eigenen Kopf haben und entsprechende Entscheidungen treffen, werden sie häufig als stur, störrisch und damit letztlich auch als dumm bezeichnet.

Doch meist hat diese Sturheit ihren Grund und entpuppt sich als rettender Umstand, nicht immer nur für das Tier. So heißt es in einem spanischen Sprichwort: „Folge einer Ziege, und du wirst in einen Abgrund stürzen. Folge einem Esel, und er führt dich ins Dorf."

Angesichts solcher Aussagen überrascht es nicht, dass die Partnerschaft zwischen Mensch und Esel bereits sehr alt ist: Aus dem Nubischen Wildesel wurden schon vor etwa 6000 Jahren im unteren Niltal die ersten Hausesel gezüchtet. Die Grautiere erwiesen sich als treue Gefährten ohne große Bedürfnisse. Selbst bei sehr kargem Nahrungsangebot sind sie noch in der Lage, schwere Arbeit zu verrichten.

Statt sofort die Flucht zu ergreifen, „analysieren" Esel eine potenziell bedrohliche Situation erst einmal.

Können Fische seekrank werden?

Auf den ersten Blick scheinen Fische in Sachen Seekrankheit auf der sicheren Seite zu sein. Wenn ihnen das Wasser zu unruhig wird, ziehen sie sich einfach an geschützte Stellen oder in tiefere Regionen zurück, wo sie Ruhe vor zu viel Wellengang und Turbulenzen haben. Allerdings gibt es Situationen, in denen das nicht funktioniert.

Fischzüchter stecken die Tiere z. B. mitunter in kleine Aquarien und fahren sie darin im Auto durch die Gegend. Dabei nehmen die Fische die Schaukelei nicht nur wahr – sie reagieren mitunter auch ähnlich wie Menschen auf einem schwankenden Schiff. Es kommt dann durchaus vor, dass sie sich erbrechen. Und ihre Drehungen und Purzelbäume im Wasser verraten Orientierungsprobleme.

Genau diese Orientierungsschwierigkeiten sind es, die bei Menschen wie Tieren die Seekrankheit auslösen. Im menschlichen Innenohr befindet sich das Gleichgewichtsorgan, das sich an der Schwerkraft der Erde orientiert. Es besteht im Prinzip aus kleinen Steinchen, die von Nervenzellen umgeben sind. Da diese Steinchen von der Schwerkraft nach unten gezogen werden, drücken sie immer auf die Nervenzelle, die sich zwischen ihnen und dem Mittelpunkt der Erde befindet. Auf diese Weise kann man selbst im Handstand problemlos feststellen, wo oben und unten ist. Auf einem Schiff meldet das Gleichgewichtsorgan, dass der Körper hin- und herschwankt. Die Augen dagegen sehen gleichzeitig bewegungslose Gegenstände in der Kabine. Mit diesem Widerspruch aber ist das Gehirn überfordert. Einer Theorie zufolge interpretiert es die Diskrepanz der Sinneseindrücke als eine Art Vergiftungserscheinung, was Kopfschmerzen und Übelkeit auslöst.

Da Fische rechts und links in ihren Köpfen ähnliche Gleichgewichtsorgane haben wie der Mensch, können auch sie in einem Strudel oder in einem schwankenden Aquarium seekrank werden.

Steinalte Flechten

Flechten wachsen extrem langsam. Bei manchen Arten, die als Krusten Gesteine oder Pflanzen bedecken, beträgt der Zuwachs nur 0,1–2 mm pro Jahr. Dafür werden Flechten oft weit über 1000 Jahre alt. Wenn die Wachstumsrate genau bekannt ist, lässt sich aus der Größe der Krustenflechte das Alter der Oberfläche berechnen, auf der sie sich angesiedelt hat. Dieses Verfahren wird u. a. in der Geologie zur Altersbestimmung von Gesteinsblöcken angewendet.

Wie reagieren Flechten auf die Luftqualität?

Flechten sind robuste Lebewesen, die selbst unter härtesten Klimabedingungen noch existieren können. Auf Schadstoffe in der Luft reagieren viele Arten jedoch äußerst empfindlich. Vor allem Gase wie Schwefeldioxid oder die Stickstoffoxide, die Säuren bilden, schädigen Flechten. Hinzu kommen Belastungen durch Schwermetalle wie Blei oder Cadmium sowie durch Zement- und Kalkstaub. Der seit Beginn des Industriezeitalters zunehmenden Luftverschmutzung sind daher in Mitteleuropa zahlreiche Flechtenarten zum Opfer gefallen. Allein in Schleswig-Holstein waren dies 35 % des einstigen Bestands.

Aus diesem Sachverhalt lässt sich ein Schluss ziehen: Dort, wo bestimmte Flechten heute noch in größerer Artenzahl vorkommen, ist die Schadstoffbelastung der Luft meist gering. Zu diesen Reinluftgebieten gehören besonders die Küsten und die Gebirge abseits der Großstädte, Industriereviere und Verkehrsachsen. Die mit Abgasen belasteten Stadtzentren sind dagegen meist „Flechtenwüsten“, in denen lediglich ein paar der unempfindlichsten Arten gedeihen.

Aber: Nur die Flechten, die auf Baumrinden und kalkfreien Gesteinen bzw. Baustoffen wachsen, zeigen zuverlässig saubere Luft an. Auf kalkhaltigem Untergrund neutralisiert der Kalk die Säuren und bewahrt die Flechten so vor Schädigungen.

Flechtenbewuchs kann ein Indikator für die Luftqualität der Umgebung sein.

Nur die wenigsten Fledermäuse ernähren sich tatsächlich von Blut.

Sind Fledermäuse Vampire?

Fledermäuse pauschal als Vampire zu bezeichnen, ist falsch. Vor allem die in den Tropen lebenden Fledermäuse ernähren sich nur von Früchten und Blüten aller Art oder saugen Blütennektar. Andere Arten, auch unsere einheimischen Fledermäuse, jagen verschiedenste Insekten. Und es gibt sogar richtige Nahrungsspezialisten – eine Fledermausart, das Große Hasenmaul aus Südamerika, ernährt sich ausschließlich von Fischen: Diese Fledermaus taucht aus dem Flug mit ihren langen Hinterbeinen ins Wasser, packt mit den starken Krallen einen Fisch und fliegt mit ihm davon. Um ihre Nahrung gut zerkleinern zu können, besitzt sie spitze Zähne. Insgesamt gibt es auf der Erde 18 verschiedene Fledermausfamilien mit über 900 Arten. Alle bis auf drei Arten ernähren sich auf eine der genannten Methoden.

Eine einzige Fledermausfamilie, der diese drei Arten angehören, hat sich darauf spezialisiert, Blut zu saugen. Sie sind die einzigen Fledermäuse, die die Bezeichnung „Vampir" zu Recht tragen, und alle leben in Südamerika. Ihre bevorzugten Opfer sind Rinder und Pferde, manchmal auch Vögel oder Reptilien. Nur in sehr seltenen Fällen werden auch Menschen angegriffen.

Wenn diese „Vampire" ein Opfer gefunden haben, umkreisen sie es zunächst im Flug, landen in der Nähe und kriechen vorsichtig an das schlafende Tier heran, um es nicht zu wecken. Sie suchen sich eine geeignete Stelle an Rücken oder Hals, saugen sich so fest, dass sie die Haut zwischen den Schneidezähnen einklemmen können, beißen ein kleines Stück Haut ab, lassen das Opfer los und spucken die Haut aus. Erst dann kehren sie wieder zurück und saugen das Blut aus der offenen Wunde. Vampire schaden ihrem Wirt nicht, da sie durchschnittlich nur 20 ml Blut aufnehmen können.

Sind Füchse wirklich so schlau?

Wenn wir jemanden, dessen raffinierte Intelligenz uns beeindruckt, als „schlauen Fuchs“ bezeichnen, dann ist dieser Vergleich durchaus berechtigt. Die Intelligenz von Füchsen ist unbestreitbar. Sie zeigt sich z. B. daran, dass die Tiere geschickt Köder aus Fallen stehlen können, ohne selbst in Gefahr zu geraten. Füchse wenden sogar Tricks an, um Beute zu machen. Rollen sich beispielsweise Igel zu einer stacheligen Kugel zusammen, schubsen die Füchse sie ins Wasser, sodass die Igel ihre Schutzhaltung aufgeben müssen, um nicht zu ertrinken. Nun können die Füchse sie problemlos überwältigen.

Ein russischer Tierfotograf bewies mit einer Fotoserie ebenfalls die Schlauheit der Füchse: Um Aasfresser wie Krähen anzulocken, stellte sich der kleine Jäger tot. Näherten sich die Vögel dem vermeintlich toten Fuchs, griff dieser an.

Übrigens bedeutet die Bezeichnung Reineke Fuchs nichts anderes als „der durch seine Schlauheit Unüberwindliche“.

Aufmerksam beobachtet der Fuchs seine Umgebung – Beute in Sicht?

Warum sind Geparden so schnell?

Geparden beschleunigen in wenigen Sekunden auf knapp 100 km/h – und sind damit so schnell wie ein Sportwagen und die schnellsten Landtiere der Welt. Sie erreichen Höchstgeschwindigkeiten von bis zu 120 km/h und können bis zu 7 m weit springen. Allerdings halten sie diese Geschwindigkeit nicht besonders lang durch: Nach etwa 800 m muss ein Gepard die Hetzjagd beenden, ob sie erfolgreich verlaufen ist oder nicht. Anschließend braucht er eine rund 30 Minuten lange Pause, bevor er eine etwaige Beute fressen kann.

Dass Geparden perfekte Sprinter sind, kann man schon an ihrem Körperbau erkennen. Mit ihren hohen, schlanken Beinen haben sie eher die Gestalt eines Windhunds als die einer Katze. Der Kopf ist

Rekorde

SCHNELL, SCHNELLER, AM SCHNELLSTEN?

Schneller als die anderen zu sein, spielt für viele Tiere eine lebenswichtige Rolle: Entweder müssen sie ihren Feinden entkommen, oder sie müssen in der Lage sein, ihre Beute einzuholen. Sehr unterschiedlich ist aber die Ausdauer. Während Geparden zu den ausgesprochenen Kurzstreckensprintern zählen, beweist der Gabelbock Durchhaltevermögen: Über eine Strecke von 5 km kann er eine Geschwindigkeit von über 80 km/h halten! Damit laufen Gabelböcke den Geparden über lange Strecken den Rang der schnellsten Landtiere ab. Relativ zu ihrer Körpergröße hält jedoch die Milbe *Paratarsotomus macropalpis* den Geschwindigkeitsrekord. Sie kann in einer Sekunde 322-mal ihre Körperlänge zurücklegen – sie ist allerdings auch nur 0,7 mm groß. Ein Gepard schafft hingegen „nur“ 16 Körperlängen pro Sekunde.

klein und der Rumpf lang gestreckt, schmal und flach. So ist der Luftwiderstand beim Laufen gering. Außerdem ist die Wirbelsäule des Gepards extrem biegsam. Im Zusammenspiel mit den langen Beinen werden so das hohe Tempo und die weiten Schritte möglich. Auch die Nasenlöcher und die Lunge sind extrem groß, sodass die Tiere genug Sauerstoff für ihre Sprinthöchstleistung aufzunehmen vermögen. Schließlich können Geparden im Gegensatz zu anderen Katzen ihre Krallen nicht ganz einziehen. Diese wirken dann beim Sprint wie Spikes.

Übrigens: Im alten Ägypten machte man sich die enorme Geschwindigkeit von Geparden und ihr Jagdverhalten zunutze. Die Tiere wurden gezähmt und ähnlich wie heute Hunde bei Hetzjagden eingesetzt.

Haben Giraffen mehr Halswirbel als andere Säugetiere?

Auch wenn ausgewachsene Giraffenbullen ihren Kopf bis zu 6 m über dem Boden tragen, haben sie wie fast alle Säugetiere nur sieben Halswirbel. Allerdings ist jeder dieser Halswirbel stark verlängert und misst etwa 40 cm. Dies führt dazu, dass ein Giraffenhals ziemlich steif und längst nicht so beweglich ist, wie er uns erscheint. Gestützt wird der Hals durch eine sehr kräftige Muskulatur.

Der hochragende Hals ist das Ergebnis einer langen evolutionären Entwicklung: Während die Vorfahren der Giraffen noch kurze Hälse hatten, und auch das nah verwandte Okapi noch heute mit einem normal langen Hals durch die Urwälder Afrikas zieht, haben sich Giraffen an das Leben in der Savanne angepasst. Um an die von anderen Tieren nicht abgefressenen Blätter hoch in den Kronen der Laubbäume zu gelangen, bildete sich der typische Giraffenhals aus.

Doch wenn die Länge des Halses auch die Nahrungsaufnahme erleichtert, so behindert sie die Tiere beim ebenso lebenswichtigen Trinken: Giraffen können den Boden durch einfaches Senken des Kopfes nicht erreichen und müssen daher mit den Vorderbeinen in die Grätsche gehen – erst dann kommen sie mit dem Kopf bis zum Wasser hinab.

Gegenbeispiele zur Giraffe sind übrigens die im Wasser lebenden Säugetiere wie Wale und Delfine. Bei ihnen sind die sieben Halswirbel im Lauf der Evolution so extrem verflacht, dass ihr Hals für den Laien im äußeren Erscheinungsbild gar nicht mehr zu erkennen ist.

Rekorde

MEHR ODER WENIGER?

Die meisten Wirbeltiere besitzen sieben Halswirbel, aber es gibt Ausnahmen:

Säugetier	Halswirbel
Dugongs (Seekühe)	6
Zweifingerfaultier	6
Dreifingerfaultier	9
Reptilien – je nach Art	7–8
Vögel – je nach Art	10–25
Plesiosaurier (†)	bis zu 72

Die porenartigen Löchlein rund um das Maul der Haie sind die sogenannten Lorenzinischen Ampullen, mit denen die Tiere Beute aufspüren können.

Welche Sinnesorgane helfen Haien beim Jagen?

Als Jäger besitzen Haie ausgezeichnete Sinne. Ihr Geruchssinn ist dabei geradezu legendär: Die Knorpelfische erkennen Gerüche über mehr als 100 m Entfernung! Graue Riffhaie beispielsweise können Extrakte von Barschen noch in einer Verdünnung von 1 : 10 Mrd. Teilen riechen, wie Meeresbiologen herausgefunden haben. Dabei ist die Nase der Haie vor allem auf die Wahrnehmung von Aminosäuren spezialisiert – das sind die Substanzen, aus denen Fleisch und Blut bestehen.

Aber auch durch Geräusche kann sich ein potenzieller Beutefisch in Gefahr bringen. Haie können Geräusche über mehrere Kilometer wahrnehmen, was auch daran liegt, dass sich Schall im Wasser vier- bis fünfmal schneller fortbewegt als in der Atmosphäre. Geräusche sind daher im Wasser nicht nur viel besser zu hören als in der Luft, sondern auch über viel größere Entfernungen. Haie nehmen vor allem niederfrequente Töne unter 100 Hz wahr. So können sie das Geräusch eines zappelnden Fisches beispielsweise problemlos von den vielen anderen Tönen – etwa von Wellen – unterscheiden. Versuche mit harpunierten Fischen zeigten, dass Haie durch deren Geräusche schon aus großer Entfernung angelockt wurden. Die Jäger erfassen den Schall dabei nicht nur mit ihrem Gehör, sondern auch mit dem sogenannten Seitenlinienorgan, das sich vom Kopf aus über beide Seiten des Körpers bis zum Schwanz zieht und eine Art Drucksensor bildet. Dank ihm können Haie Schall und Erschütterungen am ganzen Körper spüren.

Sind sie der Beute schon recht nah, nutzen Haie zudem ihre Augen. Zwar reicht die Sicht unter Wasser auch bei besten Bedingungen nur etwa 50 m weit, doch sind Haiaugen so aufgebaut, dass Restlicht verstärkt wird – die Tiere sehen bei Dämmerung sogar besser als nachtjagende Landraubtiere wie Katzen.

Aber selbst wenn es vollkommen dunkel ist, können Haie Beute aufspüren, denn sie haben ein besonderes Sinnesorgan, mit dem sie elektrische Felder wahrnehmen: die sogenannten Lorenzinischen Ampullen. Diese sitzen in Form winziger Löcher rund um das Maul der Haie. Sie bestehen aus unzähligen kleinen Kanälen und Hohlräumen, die mit einer gallertartigen Masse gefüllt sind. Damit können Haie die äußerst schwachen elektrischen Felder spüren, die durch die Muskelaktivitäten und die elektrochemische Reaktionen im Körper eines jeden Lebewesens erzeugt werden – da gibt es für den Beutefisch kein Entkommen mehr.

Warum gibt es braune und weiße Hühnereier?

Bezüglich der Farbe von Hühnereiern kursieren verschiedene Theorien. Der Gedanke, dass weiße Hühner weiße Eier und braune Hühner braune Eier legen, liegt zwar nahe, erweist sich aber schnell als Trugschluss, wenn man das Legeverhalten der Vögel beobachtet: Es ist nämlich nicht ungewöhnlich, dass ein Huhn mit braunem oder schwarzem Gefieder weiße Eier legt und umgekehrt. Auch die Ernährung der Tiere spielt keine Rolle für die Schalenfärbung; sie beeinflusst lediglich die Farbe des Eidotters. Der entscheidende Faktor für das Aussehen der Eierschale ist vielmehr die Genetik: Die Farbe ist von der Rasse des Huhns abhängig. Im Legedarm von Hühnern befindet sich die sogenannte Schalendrüse, die aus dem roten Blutfarbstoff Hämoglobin Pigmente produziert. Während das Hämoglobin im Legedarm abgebaut wird, lagern sich rote Pigmente gemeinsam mit gelben Pigmenten aus dem Gallenfarbstoff auf der Kalkschale des entstehenden Eis ab – sie wird braun. Bei Hühnerrassen, deren Schalendrüsen eine niedrigere Konzentration der Farbstoffe oder sogar gar keine Farbstoffe produzieren, bleiben die Eierschalen hingegen heller cremefarben oder gänzlich weiß.

Es gibt eine Möglichkeit, die Farbe der Eierschalen mit einiger Wahrscheinlichkeit vorherzusagen: Unterhalb der Ohren eines Huhns befindet sich die sogenannte Ohrscheibe, ein Hautlappen. Ist diese weiß, legt das Huhn weiße Eier, ist sie rot, sind die Eierschalen vermutlich stärker pigmentiert. Mehr als eine grobe Faustregel ist das allerdings nicht; Ausnahmen durch bestimmte Züchtungen oder Rassenmischungen sind möglich. Fest steht jedoch, dass die Farbe eines Eis nichts über dessen Qualität aussagt.

Ob schwarz, braun oder weiß – die Gefiederfarbe sagt nichts über die Schalenfärbung der Eier aus.

Faire Flieger

Hummeln stechen nicht nur sehr selten, sondern warnen vorher sogar noch. Reckt eine Hummel ein mittleres Bein ihrer drei Beinpaare in Richtung Angreifer, wird sie gleich zustechen. Will sie noch deutlicher drohen, brummt die Hummel sehr laut, dreht sich auf den Rücken und streckt ihr Hinterteil nach oben.

Können Hummeln stechen?

Hummeln können genauso stechen wie Bienen, Wespen oder Hornissen. Die behäbig wirkenden Brummer haben nur deshalb den viel „besseren" Ruf, weil sie dies sehr selten tun.

Stechen können außerdem nur die weiblichen Tiere, also Arbeiterinnen und Königinnen. Die männlichen Drohnen haben keinen Stachel, da sie ihr kurzes Leben ausschließlich der Fortpflanzung widmen.

Hummeln sind jedoch so wenig aggressiv, dass sie nur in absoluten Notsituationen stechen – z. B. wenn man ein Tier einfängt oder es daran hindert, den Bau zu verlassen. Der Stich ist zudem relativ harmlos, denn im Gegensatz zu Wespen, die einen Feind chemisch markieren, sodass er auch von Artgenossen verfolgt und gestochen werden kann, ist dies Hummeln nicht möglich.

Für Menschen sind Hummeln normalerweise ungefährlich. Die Muskulatur ihres Stechapparats ist derartig schwach ausgeprägt, dass die Tiere nicht ausreichend Kraft haben, um den Wehrstachel durch unsere feste Haut zu bohren. Möglich ist das nur, wenn man die Hummel festhält, sodass sie sich abstützen kann, oder wenn das Tier rücklings auf dem Boden liegt. In diesem Fall bietet ihr der feste Untergrund so viel Widerstand, dass sie genug Kraft hat, um einen Menschen zu stechen. Widerhaken hat ein Hummelstachel nicht, sodass er – anders als der Stachel einer Biene – nicht in der Haut stecken bleiben kann. Der Stich kann jedoch durchaus schmerzhaft sein; zudem ist eine allergische Reaktion auf das Hummelgift möglich.

Wie verschaffen sich Hummeln Futter?

Weckt milde Frühlingsluft die Hummeln zeitig im Jahr, stehen die Insekten oft vor einem Problem: Anders als Honigbienen müssen sie jedes Jahr eine neue Kolonie gründen – wie aber gelingt das, wenn die Pflanzen noch nicht blühen, von denen die Hummeln nahrhafte Pollen ernten? Forscher der Eidgenössischen Technischen Hochschule Zürich (ETHZ) haben herausgefunden, dass Hummeln an den Blättern der betroffenen Pflanze knabbern, um diese schneller zum Blühen zu bringen.

Dazu beißen die Insekten geschickt und in wenigen Sekunden einige Löcher in Blätter, fressen das Grün aber nicht und schleppen es auch nicht in ihre Nester. Ähnlich wie eine Dürreperiode ist dieser Biss ein Stresssignal, das die Pflanze anregt, früher als gewöhnlich zu blühen. Diesen Trick kennen anscheinend mehrere Hummelarten, die nahe verwandten Honigbienen konnten die Forscher dagegen bisher noch nicht bei solchen anregenden Bissen beobachten.

Wie vertragen sich Hunde und Katzen?

Das Zusammenleben zwischen Hunden und Katzen muss nicht grundsätzlich schwierig sein – die beiden Arten vertragen sich fast wie von selbst, wenn sie miteinander aufgewachsen sind. Dann haben sie von Anfang an die Chance, die „Sprache" des anderen zu erlernen. Denn die unterschiedlichen Verhaltensweisen, Laute und Körpergesten sind der Hauptgrund dafür, dass die beiden liebsten Haustiere des Menschen so leicht aneinandergeraten: Hebt ein Hund die Pfote, so fordert er sein Gegenüber zum Spielen auf. Für eine Katze ist diese Geste jedoch eine Drohgebärde. Während Hunde vor Freude mit dem Schwanz wedeln, tun Katzen dies aus Ärger und Erregung. Legt ein Hund die Ohren zurück, zeigt er, dass er sich unterordnet, und signalisiert zudem den Wunsch nach Streicheleinheiten. Eine Katze, die die Ohren anlegt, hat schlechte Laune und ist zum Angriff bereit. Dagegen missversteht ein Hund das behagliche Schnurren der Katze als Knurren. Die Streitigkeiten beruhen also meist schlicht auf Kommunikationsproblemen. Einen Beweis für eine angeborene Abneigung zwischen Hund und Katze gibt es nicht.

Ob auch ältere Katzen und Hunde sich aneinander gewöhnen oder einen jungen Neuankömmling der anderen Art akzeptieren, hängt im Wesentlichen davon ab, wie der Mensch auf die Tiere eingeht und welche Erfahrungen sie miteinander machen. Im Allgemeinen ist es einfacher, eine Katze in einen Hundehaushalt zu integrieren, als umgekehrt, denn als Rudeltiere werden Hunde einen neuen Mitbewohner recht schnell akzeptieren. Wer den Tieren genug Zeit lässt, sich aneinander zu gewöhnen und ihnen keinen Anlass für Eifersüchteleien gibt, bereitet den Weg für ein gutes Miteinander. Die Freundschaft kann schließlich sogar so weit gehen, dass beide einträchtig aus demselben Futternapf fressen.

Wie intelligent sind Hunde?

Dass Hunde über eine große Intelligenz verfügen, wurde bereits in objektiven, wissenschaftlich überwachten Tests bewiesen. So fand ein brasilianischer

Hier gibt es wohl keine Missverständnisse ...

Frisch ausgebildete Covid-19-Spürhunde erleichtern die Eindämmung der Coronapandemie.

Verhaltensforscher beispielsweise heraus, dass Hunde bis zu einem gewissen Grad „zählen“ können: Bei den Experimenten zeigte man den Tieren einige Leckerlis und verdeckte anschließend die Sicht darauf mit einem Schirm. Gab der Forscher Leckerlis dazu oder nahm welche weg und entfernte dann den Sichtschutz wieder, reagierten die Tiere irritiert und starrten länger auf die Futterbrocken, als wenn die Anzahl unverändert geblieben war. Erklärt werden die „mathematischen“ Fähigkeiten damit, dass Haushunde wie ihre wilden Vorfahren Rudeltiere sind und daher noch über deren Verhaltensmuster verfügen – und diese mussten jederzeit überblicken können, wie viele Verbündete und wie viele Gegner sie in ihrem Rudel haben.

Wahre Meister sind Hunde jedoch darin, Gestik und Mimik des Menschen zu interpretieren. Darin übertreffen sie Wissenschaftlern zufolge sowohl Katzen als auch Schimpansen. Beispielsweise sollten in vergleichenden Versuchen mit Hunden und Schimpansen Vertreter beider Arten verstecktes Futter finden, auf das der Trainer mit einem Blick oder einem Fingerzeig hinwies. Für die Hunde war das kein Problem: Neun von elf Probanden verstanden die Geste. Bei den Schimpansen gelang das nur zwei von elf Tieren. Verwunderlich ist dies nicht: Man vermutet, dass die Domestizierung des Wolfes zum Hund vielleicht schon vor 100 000 Jahren begann (andere Schätzungen gehen von „nur“ 12 000 bis 35 000 Jahren aus). Hunde leben also schon seit Jahrtausenden eng mit dem Menschen zusammen.

Je nach Zuchtziel haben Hunderassen unterschiedliche Stärken: Beagles, Border Collies oder Berner Sennenhunde lernen zwar schnell und haben ein gutes Gedächtnis, schneiden aber bei Problemlösungstests schlecht ab. Terrier, Schnauzer oder West Highland White Terrier sind dagegen findig im Lösen von Problemen, lernen dafür aber schwerer und vergessen auch vieles wieder. Besondere Leistungen erbringen bekanntermaßen Such- und Blindenhunde verschiedener Rassen, die sich durch hohe Lernbereitschaft bei sanftem Temperament auszeichnen.

Die intelligentesten Haustiere sind Hunde indes übrigens nicht: Schweine haben da die Nase vorn. Nach Versuchen an der niederländischen Universität Wageningen lernen Schweine nicht nur schneller, sondern lassen sich auch leichter dressieren. Und immerhin machen schon erste Drogenschweine im Dienst bei der Polizei den Spürhunden Konkurrenz – ihr Geruchssinn soll besser sein.

Können Hunde Krankheiten erkennen?

Hunde sind begnadete Schnüffler und wittern zuverlässig Gerüche, die Menschen nicht wahrnehmen können. Kein Wunder: Ihr Geruchssinn ist millionenfach besser als der menschliche. Zudem haben sie eine extrem gut ausgeprägte Wahrnehmungsfähigkeit. Ihre Riech- und Beobachtungskompetenzen sind nicht nur für ihren Einsatz als Lawinen-, Rettungs- oder Drogensuchhunde entscheidend, sondern können sogar in der Medizin nützlich sein. Entsprechend begabte Vierbeiner warnen beispielsweise Diabetiker rechtzeitig vor einer drohenden Unter- bzw. Überzuckerung oder alarmieren Epileptiker vor einem Anfall.

Hunde können aber auch bereits bei der Erkennung von Krankheiten helfen. Trainierte Vierbeiner erschnüffeln z. B. verschiedene Krebsarten in Urin-, Stuhl- oder Atemproben, indem sie Stoffe wahrnehmen, die ein Tumor absondert. Andere Hunde wurden nach Beginn der Coronapandemie 2020 für die Erkennung von Covid-19-Erkrankungen ausgebildet. Für jeden Test hat man Gegenproben im Labor ausgewertet: Bei den meisten Studien erzielten Hunde

eine beeindruckende Genauigkeit in der Diagnosestellung, die teils über 95 % erreichte. Allerdings sind die Spürnasen anfällig für Stressfaktoren und dürfen zur Vermeidung von Falschtestungen weder überlastet noch unterfordert werden. Insbesondere weil keineswegs jeder Hund für die Aufgabe geeignet ist, aber auch, weil nicht gänzlich geklärt ist, wie die Vierbeiner genau arbeiten, steht der Einsatz von Hunden in der Diagnostik noch am Anfang.

Beißen Hunde, die bellen, wirklich nicht?

Wie und aus welchem Grund ein Hund bellt, hängt ganz von den Umständen ab. Hunde können laut bellen, weil sie zum Spiel auffordern oder weil sie ihrer Freude Ausdruck geben wollen. Das Bellen kann jedoch auch eine Drohung sein und davor warnen, dass das Tier gleich zubeißt. Entscheidend ist die Körpersprache: Bellt der Hund und wedelt gleichzeitig heftig mit dem Schwanz, geht kaum eine Gefahr von ihm aus. Sind jedoch die Nackenhaare gesträubt und beim Bellen die Zähne gefletscht, ist der Hund bereit anzugreifen. Aggressive Hunde richten ihren Körper außerdem hoch auf, um größer zu erscheinen und dem Gegenüber zu imponieren. Auch schauen sie ihrem Gegner starr in die Augen. Wenn einem ein Hund derart aggressiv begegnet, sollte man stehen bleiben, dem Hund nicht in die Augen sehen und ihn nicht reizen.

Für Aggression gibt es verschiedene Gründe. Hunde, die Angst haben oder verunsichert sind, beißen leichter zu als selbstbewusste Artgenossen. Manche Hunde verteidigen auch nur ihr Revier. Andere wollen ihre Familie vor einem vermeintlichen Angriff schützen oder verteidigen im Übereifer z. B. „ihre" Kinder, wenn diese mit Freunden Streit haben.

Meist sind bissige Hunde aber das Ergebnis falscher Behandlung. Denn normalerweise haben Hunde schon im Welpenalter eine sogenannte Beißhemmung entwickelt, die jedoch unter besonderen Umständen ausgeschaltet werden kann. Hunde, die bereits auf Schärfe gezüchtet und sogar für Kämpfe abgerichtet wurden, sind schwer zu bändigen und müssen sehr vorsichtig behandelt werden.

Bellen allein sagt noch nicht viel – die Körpersprache ist entscheidend.

Warum gibt es keine riesigen Insekten?

Ob Käfer, Ameise oder Libelle – im Vergleich zu vielen Wirbeltieren sind Insekten verhältnismäßig kleine Lebewesen. Das liegt hauptsächlich an ihrer Art zu atmen. Bei Wirbeltieren werden die inneren Organe und Gewebe über das Blut mit Sauerstoff versorgt. Bei Insekten hingegen dient ein System aus feinen Röhren (Tracheen) zur Sauerstoffversorgung: Diese Röhren gehen von winzigen, verschließbaren Öffnungen, sogenannten Stigmen, seitlich an Brust und Hinterleib der Tiere aus und verzweigen sich zur Körpermitte hin in immer feinere Kanäle. Die Atmung erfolgt, indem Sauerstoff durch die Tracheen in den Körper der Insekten geleitet wird und von dort aus per Diffusion ins Gewebe der Tiere übergeht.

Doch das Tracheensystem hat Nachteile: Je größer das Insekt ist, desto mehr Platz braucht auch sein Atmungssystem, um das Tier noch ausreichend mit Sauerstoff zu versorgen. Dabei wächst der Tracheendurchmesser nicht linear mit der Größe der Insekten, sondern überproportional, sodass das Tracheensystem bei größeren Insekten prozentual einen viel größeren Anteil der Körpermasse ausmacht als bei kleineren.

Wissenschaftler in den USA haben herausgefunden, dass in Sachen Größe insbesondere die feinen Insektenbeine ein limitierender Faktor sind. Sie untersuchten Käfer mithilfe eines speziellen Röntgengeräts und konzentrierten sich dabei besonders auf die Stellen, an denen der Rumpf in die Extremitäten übergeht. Sie konnten nachweisen, dass hier mehr und mehr Platz von den Atemröhren eingenommen wurde, je größer die untersuchten Tierchen waren. Anhand dieser Daten errechneten die Forscher für Käfer eine

Riesenlibellen

Fossilien belegen, dass es auf der Erde einst deutlich größere Insekten gegeben hat. Die Riesenlibelle der Gattung *Meganeura* beispielsweise hatte einen Rumpfdurchmesser von fast 3 cm und eine Flügelspannweite von bis zu 70 cm. Sie lebte vor etwa 300 Mio. Jahren im Karbonzeitalter. Ihr Riesenwuchs war möglich, weil die Atmosphäre damals mit 33–35 % wesentlich mehr Sauerstoff enthielt, als das heute der Fall ist. Derzeit sind es nur 21 %.

Auch heute sind Libellen recht beeindruckende Insekten, doch vor 300 Mio. Jahren gab es noch wesentlich größere Exemplare.

theoretische Maximalgröße: knapp 20 cm. Tatsächlich wird die größte derzeit lebende Käferart, der südamerikanische Riesenbockkäfer, bis zu 17 cm lang.

Was ist Islandmoos?

Islandmoos ist – anders als der Name vermuten ließe – kein Moos, sondern eine Flechte. Damit gehört es zu jenen Lebewesen, die sich aus zwei Organismen zusammensetzen. Denn Flechten bestehen zum einen aus Algen und zum anderen aus Pilzen, die Symbionten bilden.

Von Symbiose spricht man, wenn zwei Organismen aus verschiedenen Arten zum gegenseitigen Nutzen zusammenleben. Auch Pilz und Alge profitieren voneinander: Denn nur die Algen enthalten den grünen Farbstoff Chlorophyll und können Photosynthese betreiben – d.h. aus Licht, Wasser und Kohlendioxid Zucker herstellen. Diese Zucker- oder Stärkemoleküle sind Lebensgrundlage für die Pilze, die mit sogenannten Saughyphen in die Algen eindringen und die lebensnotwendigen Stoffe aufnehmen. Umgekehrt bieten die Pilze den Algen Schutz vor Austrocknung und liefern ihnen Mineralien. So können Flechten auch unwirtliche Lebensräume besiedeln und sogar auf Glas oder Blech wachsen.

Die als Islandmoos bekannte Flechte hat heute noch eine große Bedeutung als Heilmittel gegen Husten, Entzündungen, Akne und Verdauungsstörungen.

Wie groß sind Kängurubabys bei der Geburt?

Ob Hasenkänguru, Wallaby oder Riesenkänguru – alle Kängurubabys sind eigentlich Frühgeburten. Sie werden nach einer kurzen Tragzeit von nur 30 bis 40 Tagen geboren und sind deshalb noch sehr unterentwickelt – und dementsprechend klein. Je nach Art sind manche nur so groß wie eine Kaffeebohne, andere messen immerhin 3 cm. Das Neugeborene eines Roten Riesenkängurus wiegt beispielsweise gerade einmal 0,75–1 g. Augen und Ohren der Minibeuteltiere sind noch nicht richtig entwickelt, sodass sich die Tiere nur mithilfe ihres Geruchssinns orientieren können.

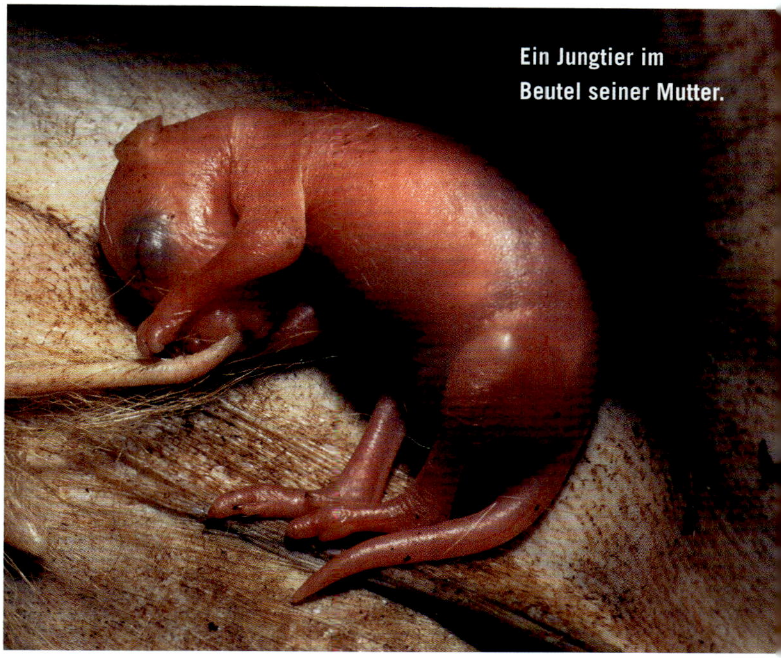
Ein Jungtier im Beutel seiner Mutter.

Sofort nach der Geburt kriecht das winzige Baby mit schlängelnden Bewegungen selbstständig in den schützenden Beutel. Dabei hält es sich mit den Zehen und Krallen der Vorderfüße im Fell der Mutter fest. Die Mutter leckt hinter ihm Schleim und Blut weg. Im Beutel schließt das Junge sein Mäulchen um eine Zitze, die dann knollenartig anschwillt. So ist dafür gesorgt, dass es die Zitze nicht verliert und verhungert.

Die Babys eines Roten Riesenkängurus wachsen etwa 235 Tage im Beutel der Mutter und wiegen schließlich 2–4 kg. Dann ist es Zeit für den ersten Ausflug. Doch der Beutel bleibt zunächst ein wichtiger Zufluchtsort für das Jungtier, und auch gesäugt wird dieses weiterhin. Ist es schließlich zu groß, um in den Beutel zu schlüpfen, steckt es zum Trinken nur noch den Kopf hinein. Übrigens: Wird die Kängurumutter erneut befruchtet, solange noch ein Junges im Beutel ist, fällt das neue Baby in eine Art Keimruhe, bis das ältere Geschwister dem Beutel entwachsen ist.

Die berühmte Fotoserie von Étienne Jules-Marey zeigt, wie Katzen sich im Fall drehen, um sicher auf den Beinen zu landen.

Wieso landen Katzen immer auf den Beinen?

Um herauszufinden, wie Katzen Stürze aus großen Höhen unversehrt überleben und dabei auf ihren Beinen landen, begann die französische Akademie der Wissenschaften im Jahr 1894 mit einer Studie. Aufklärung brachten noch im gleichen Jahr die sensationellen Filmaufnahmen des französischen Professors Étienne Jules-Marey: Der Film zeigte, dass Katzen, die mit dem Rücken nach unten fallen, sich in der Luft blitzschnell um die eigene Achse drehen können und so mit den Beinen voraus auf dem Boden ankommen. Ursache dafür ist der Stellreflex.

Nach den Gesetzen der Physik bleibt der Drehimpuls eines Körpers konstant, solange keine weiteren Kräfte von außen auf ihn einwirken. Dreht die Katze also den Vorderkörper nach links, müsste der Hinterleib eigentlich automatisch nach rechts drehen – wodurch sich der Katzenkörper in sich verdrehen würde und trotzdem nicht alle vier Beine gleichzeitig nach unten ausgerichtet würden.

Um dem entgegenzuwirken, setzen Katzen einen Trick ein, den jeder Eiskunstläufer vom Pirouettendrehen kennt: Mit angezogenen Armen erhöht sich die Geschwindigkeit, mit ausgestreckten wird die Bewegung langsamer. Katzen ziehen beim Fallen zuerst die Vorderbeine eng an den Körper und strecken die Hinterbeine im rechten Winkel vom Körper weg. Nun drehen sie den Vorderkörper rasch um 180°. Die automatische Gegenbewegung des Hinterleibs wird so viel langsamer und die Drehung kleiner. Dann strecken die Katzen die Vorderbeine vom Körper weg, ziehen die Hinterbeine an und drehen das Hinterteil in dieselbe Richtung wie vorher den Vorderkörper, der sich dabei wegen der „bremsenden" Beine nur wenig in die Gegenrichtung dreht. Die exakte Steuerung der Bewegung erfolgt durch Korrekturen mithilfe feinster Bewegungen der Muskulatur und der Schwanzwirbel. Für diesen hochkomplexen Bewegungsablauf benötigt eine Katze gerade mal eine Achtelsekunde.

Übrigens: Verbindet man Katzen die Augen, plumpsen sie recht ungeschickt zu Boden. Katzen orientieren sich demnach beim Fallen vor allem mit den Augen und erst in zweiter Linie mithilfe ihres Gleichgewichtssinns. Die Verletzungsgefahr für die Tiere hängt nicht zuletzt von der Fallhöhe ab: Je tiefer Katzen fallen – also je länger die Fallzeit ist –, umso mehr Zeit bleibt den Tieren, um sich zu drehen. Ab 30 m Fallhöhe haben sie zudem ihre maximale Fallgeschwindigkeit erreicht. Werden sie nicht mehr schneller, verschwindet für sie das Gefühl der Beschleunigung. Daraufhin entspannt sich ihr Körper, und die Beine werden optimal für die Landung ausgerichtet. Doch auch wenn Katzen solche Stürze überleben können: Freiwillig springen die Tiere nicht aus diesen Höhen.

Wie finden Katzen über große Distanzen nach Hause?

Katzen finden den Weg nach Hause, auch über weite Entfernungen, und auch dann, wenn sie sich in einem ihnen unbekannten Gebiet befinden. Genau erforscht ist dieses Phänomen noch nicht, wenngleich Untersuchungen gezeigt haben, dass Katzen wirklich so etwas wie ein Heimfindevermögen besitzen. So konnten vor allem ältere Katzen auch dann den Weg zurückfinden, wenn sie über 12 km von zu Hause entfernt ausgesetzt wurden.

Über wie viele Kilometer diese Fähigkeit reicht, ist aber nicht bekannt. Ebenso wenig weiß man, wie genau Katzen sich zurechtfinden. Da an ihrem Körper angebrachte Magnete die Tiere verwirrten und vom rechten Weg abbrachten, geht man davon aus, dass sie sich ähnlich wie Zugvögel in erster Linie am Magnetfeld der Erde orientieren. Zusätzlich haben Katzen ein sehr genaues optisches und akustisches Bild von ihrer Umgebung, sodass für das Heimfinden in der näheren Umgebung vermutlich auch Geräusche und Bilder ihrer Heimat eine Rolle spielen.

Doch auch anderen Haustieren wie Hunden, Pferden und Schafen werden solche Fähigkeiten nachgesagt. Unumstritten ist das Heimfindevermögen der Tauben, die seit vielen Jahrhunderten vom Menschen als Briefboten eingesetzt werden. Berühmt wurde der Orientierungssinn von Haustieren u. a. durch den Walt-Disney-Film *Die unglaubliche Reise*, in dem eine alte Siamkatze, ein Bullterrier und ein Neufundländer gemeinsam über 500 km den Weg nach Hause finden.

Haben Katzen sieben Leben?

Auch wenn es oft behauptet wird: Katzen haben natürlich ebenfalls nur ein Leben. Den anderslautenden Mythos haben vermutlich diverse Faktoren geprägt.

Einer davon ist der Stellreflex. Dieser sorgt dafür, dass Katzen immer auf ihren Pfoten landen, wenn sie von etwas herunterfallen – und dies oft sogar unverletzt überleben. Das Phänomen faszinierte die Menschen von jeher, und bis man es erforschte, lag der Gedanke, Katzen erstünden nach einem tödlichen Sturz wieder auf, nahe.

Zudem war im Mittelalter der Aberglaube, Katzen stünden mit Hexen in Verbindung, weit verbreitet. Urheber war vermutlich die Kirche, der die Katze als Symbol heidnischer Götter galt. Später hielt man (schwarze) Katzen für verwandelte Hexen. Aus Angst ersonnen die Menschen fürchterliche Methoden, um Katzen zu töten, z. B. wurden die Tiere von Kirchtürmen geworfen. Häufig überlebten sie diese Stürze jedoch, wodurch „bewiesen“ war, dass Katzen Dämonen sein mussten, die mehrere Leben hatten.

Der Grund dafür, dass es ausgerechnet sieben Leben sein sollten, ist vermutlich ebenfalls im Zusammenhang mit dem Christentum zu suchen. Die Zahl hat dort einen hohen Symbolwert, wie sich etwa an den sieben Todsünden zeigt.

Insbesondere schwarze Katzen wurden einst mit Hexen assoziiert.

Sind Korallen Pflanzen?

Korallen wachsen ortsfest im Meer und gehören trotzdem nicht zu den Pflanzen. Korallen sind Tiere – genauer gesagt gehören sie zu dem großen und artenreichen Stamm der Hohltiere, zu dem auch Quallen, Seeanemonen und Seenelken zählen. Es gibt rund 2500 verschiedene Korallenarten. Sie sind polypenförmig und scheiden an ihrer Fußscheibe nach außen ein hartes Steinskelett ab. Dieses besteht aus dem Mineral Aragonit, das sich wiederum vor allem aus Kalziumkarbonat zusammensetzt. Die Polypen haben wie alle Hohltiere eine große Körperhöhle, die der Verdauung der Nahrung dient. Dieser Magen ist durch Scheidewände, sogenannte Mesenterien, unterteilt und von Tentakeln umgeben, mit denen die Korallen ihre Beute fangen, die aus Zooplankton besteht.

Der einzelne Polyp ist sehr klein. Ihre Größe erhalten Korallen erst dadurch, dass sich sehr viele Tiere zusammenschließen und durch das Ausscheiden des Kalkskeletts Riffe bilden. Je nach Korallenart sehen die Kalkgebilde sehr unterschiedlich aus: Sie können krusten-, platten- oder pilzförmig sein – oder auch halbkugelig oder baumartig verzweigt. In ruhigeren Gewässern findet man fein verästelte Korallen, solche in bewegten Meereszonen sind dick und robust. Je nach Standort kann dieselbe Korallenart aber auch verschiedene Wuchsformen ausbilden.

Korallen findet man überwiegend in tropischen Gewässern, aber auch in kalten Gewässern haben Forscher schon Korallen entdeckt. Während viele Korallen selbstständig leben, sind die Riffe bildenden Arten auf die Symbiose mit bestimmten Algen angewiesen, die in ihrem Körpergewebe leben. Sie existieren deshalb meist nur in Tiefen, die noch vom Licht erreicht werden.

Rekorde

DAS GRÖSSTE KORALLENRIFF

Das Great Barrier Reef vor der australischen Ostküste besteht aus knapp 3000 einzelnen Korallenriffen, die zwischen 30 und 250 km vor der Küste liegen. Insgesamt umfassen die Riffe eine Fläche von etwa 350 000 km². Damit ist das Great Barrier Reef das größte Korallenriff der Welt – Astronauten können es sogar vom Weltraum aus sehen. Es erstreckt sich über eine Länge von 2000 km und reicht an manchen Stellen bis zu 300 m in die Tiefe. Rund 340 verschiedene Korallenarten sind an diesem größten „Bauwerk", das von Lebewesen je geschaffen wurde, beteiligt.

Sie sehen aus wie Sträucher oder Blumen, sind aber Tiere: Korallen.

Warum sterben die Korallenriffe in der Karibik?

Die Karibik gilt als eines der artenreichsten Meeresgebiete der Erde. Zugleich ist das Karibische Meer die bedeutendste Riffprovinz des Atlantiks – doch seit einigen Jahrzehnten sterben die Korallenriffe ab. Auf manchen Riffen ist die von lebenden Korallen bedeckte Fläche schon auf nur noch 10 % geschrumpft; vielerorts haben Schwämme die Lücken erobert und den Lebensraum Riff verändert.

Innerhalb von nur zehn Jahren sind auf Karibikriffen z. B. über 90 % der Elchgeweihkorallen abgestorben. Der Grund ist eine Krankheit: Die Stöcke dieser Korallenart überziehen sich mit weißen Pocken, das Gewebe löst sich auf, und nur das Skelett bleibt übrig. Die Hauptverursacher sind Bakterien aus menschlichen Fäkalien, die aus den Städten und Touristenzentren ins Meer gelangen.

Andere Korallenarten sind von sogenannten Korallenbleichen betroffen. Sie sind nicht zuletzt der menschgemachten globalen Erwärmung geschuldet, durch die die Temperatur der Meere ansteigt. In dem wärmeren Wasser stoßen die hitzegestressten Korallenpolypen jene Algen ab, die sie eigentlich mit Nährstoffen versorgen. Ohne die Nährstoffe können die Korallen jedoch nur wenige Wochen überleben, danach gehen sie zugrunde. Zwar ist es möglich, dass sich Riffe innerhalb von Jahrzehnten von Korallenbleichen erholen, doch müssen während dieser Erholungsphase ideale Bedingungen herrschen. Weitere Schädigungen und Störfaktoren, etwa durch Dynamitfischerei, Sonnencremeüberreste im Wasser, Überdüngung und Übersäuerung des Meeres, verkraften die empfindlichen Ökosysteme nicht.

Trauriger Anblick: durch die Korallenbleiche abgestorbene Korallen

Gibt es in der Nordsee Korallenriffe?

Wer an Korallenriffe denkt, hat meist eine bunte Unterwasserwelt in warmen Tropenmeeren vor Augen. Erst seit wenigen Jahrzehnten ist bekannt, dass sich solche Schatzkammern der Artenvielfalt auch in der Tiefe kalter Meere verbergen. So lebt in der nördlichen Nordsee und im Nordostatlantik eine Kaltwasser-Steinkoralle namens *Lophelia pertusa*, die beispielsweise vor Norwegen große Riffe bildet.

Dort steht sie vor ganz anderen Herausforderungen als ihre tropischen Verwandten. Sie wächst in der Tiefsee, oft Hunderte Meter unter der Oberfläche. Ihr Lebensraum ist nicht nur kalt, sondern auch dunkel, weshalb diese Koralle nicht wie jene in den Tropen mit Algen zusammenlebt, die ihr zusätzliche Nahrung liefern würden. Aus diesem Grund gedeiht die *Lophelia pertusa* nur an Stellen, an denen die Strömung genügend Plankton vorbeitreibt, das sie aus dem Wasser fischen kann.

Auch wenn das Nahrungsangebot gut ist, wachsen Kaltwasserkorallen nur sehr langsam (4–6 mm im Jahr). Trotzdem ist es ihnen gelungen, kilometerlange Riffe aufzubauen, in denen Schwämme und Schlangensterne, Muscheln, Krebse und andere Wasserbewohner leben. In manchen dieser Ökosysteme haben Biologen mehr als 700 Arten nachgewiesen. Darunter sind auch viele wirtschaftlich interessante Fische, sodass über den Riffen oft Fangflotten operieren. Das aber gefährdet die Tiefseeparadiese, weil Schleppnetze die Korallen zerstören können. Eine weitere, eher schleichende Gefahr ist die Versauerung der Meere durch das Treibhausgas Kohlendioxid: Unter solchen Bedingungen können die Korallen ihre Kalkskelette nicht mehr richtig bilden.

Können Krokodile weinen?

Krokodile vergießen tatsächlich Tränen. Allerdings tun sie dies nicht aus Trauer oder sonstigen Gefühlsregungen, sondern einfach dann, wenn sie besonders große Stücke eines Beutetiers verschlingen. Passen diese Fleischbrocken kaum noch in ihren Rachen, ist das Hinunterwürgen für sie so anstrengend, dass ihnen ein tränenähnliches Sekret aus den Augen läuft.

Diese Flüssigkeit wird von den sogenannten Harderschen Drüsen ausgeschieden, die in der Oberlippe sitzen und neben kleinen Tränendrüsen dafür verantwortlich sind, die Augen der Krokodile feucht zu halten. In Unkenntnis dieser nüchternen Erklärung berichtete im 13. Jh. ein französischer Mönch, dass Krokodile aus Trauer über die von ihnen getöteten Menschen weinen, und auch eine englische Satire aus dem 16. Jh. erzählt vom weinenden Krokodil. Noch heute gelten Krokodilstränen sprichwörtlich als ein Zeichen für vorgetäuschte, falsche Reue.

Können diese Augen lügen? Offenbar, denn wenn hier Tränen fließen, sind keine Gefühle im Spiel.

Stürzen sich Lemminge kollektiv zu Tode?

Berichte, Bilder oder Filmaufnahmen, die einen „Massenselbstmord“ von Lemmingen beschreiben oder angeblich zeigen, sind gefälscht und gehören ins Reich der Legende. Zu diesem Irrglauben kam es vermutlich ursprünglich deshalb, weil die Zahl der Lemminge sehr großen Schwankungen unterliegt.

Ein deutsch-finnisch-französisches Forschungsteam hat das Verhalten der kleinen Nagetiere im Nordosten Grönlands in einer Langzeitstudie untersucht und herausgefunden, dass die Zahl der Lemminge im Vierjahresrhythmus schwankt. Wenn die Population groß ist, wandern mehr Lemminge, um noch Nahrung zu finden. Dabei kann es vorkommen, dass einzelne Tiere beim Durchschwimmen eines Gewässers sterben und durch die Strömung an bestimmten Stellen angeschwemmt werden. Massenwanderungen wurden aber nie beobachtet.

Der Grund für die starken Bestandsschwankungen der Tiere ist das Wechselspiel zwischen den Lemmingen und ihren vier Raubfeinden: Hermelin, Polarfuchs, Schnee-Eule und Falkenraubmöwe. Die wichtigste Rolle spielen die Hermeline, die das ganze Jahr über Lemminge jagen. Ist die Jagdsaison für

Lebensmüde? Im Gegenteil: Um zu überleben, unternehmen Lemminge mitunter gefährliche Wanderungen.

die Räuber erfolgreich, geht die Zahl der Lemminge stark zurück. Als Folge sinkt zeitlich versetzt auch die Zahl der Lemmingräuber, da diesen die Nahrung ausgeht. Diese Chance nutzen die Lemminge zur Vermehrung. Da sie öfter und mehr Junge werfen als ihre Feinde, kann sich ihr Bestand rasch wieder erholen, und der Zyklus beginnt von vorn.

Sind Maulwürfe blind?

Maulwürfe haben winzig kleine Augen, die gerade mal so groß sind wie der Kopf einer Stecknadel. Außerdem sind sie so tief im dichten, plüschigen Fell versteckt, dass sie kaum zu erkennen sind. Zwar können Maulwürfe mit diesen Augen nicht besonders gut sehen – man vermutet, dass sie lediglich hell und dunkel unterscheiden können –, völlig blind sind sie aber nicht.

Wer fast sein ganzes Leben in dunklen Gängen unter der Erde verbringt, muss sich ohnehin auf andere Sinne als das Sehen verlassen. Deshalb ist z. B. die Schnauze der Maulwürfe rüsselartig verlängert und bildet ein hervorragendes Riech- und Tastorgan. Auch das Hinterteil des Maulwurfs ist mit einem sensiblen Tastorgan versehen, denn der kurze, fast nackte Schwanz dient quasi als Blindenstock, mit dem der Maulwurf genau fühlen kann, was sich hinter ihm befindet. Und Maulwurfsohren, so klein und muschellos sie sein mögen, sind außergewöhnlich leistungsfähig, sodass die pelzigen Gesellen sehr gut hören können.

Maulwürfe hamstern

Maulwürfe müssen pro Tag in etwa so viel fressen, wie sie selbst wiegen, denn ihr Stoffwechsel funktioniert sehr schnell. Deshalb kommen sie nicht lange ohne Nahrung aus, schon zwölf Stunden Fasten kann für sie lebensgefährlich sein. Um auch in schlechten Zeiten ausreichend Nahrung zu haben, sammeln sie Insektenlarven und vor allem Regenwürmer in ihren Nestern. Den Regenwürmern beißen die Maulwürfe den Kopf und einige Körpersegmente ab. Die Tiere sind dann noch am Leben und bleiben frisch, können aber nicht mehr fliehen. Manche Maulwürfe scheinen dabei besonders besorgt um ihr leibliches Wohl zu sein: In einem Maulwurfsbau fand man die rekordverdächtige Menge von 18 Engerlingen und 1280 Regenwürmern.

Blindenstock unnötig – Maulwürfe sind perfekt an ihre Lebensweise im Dunkeln angepasst.

Meeresleuchten wie hier vor Japan ist ein spektakulär anzusehendes Phänomen.

Biolumineszenz auf dem Trockenen

Organismen, die Licht ausstrahlen, bevölkern die verschiedensten Lebensräume – von der Tiefsee über Höhlen bis zu den tropischen Regenwäldern. Auf dem Land leben u. a. die Leuchtpilze, die wie der auf totem Holz angesiedelte Hallimasch im Dunkeln leuchten, oder die artenreiche Gruppe der Leuchtkäfer, von denen einige Arten so hell sind, dass sie von den Ureinwohnern Südamerikas als Lampe benutzt wurden. Die weniger hellen Vertreter sind in unseren Gefilden als Johanniskäfer oder Glühwürmchen bekannt.

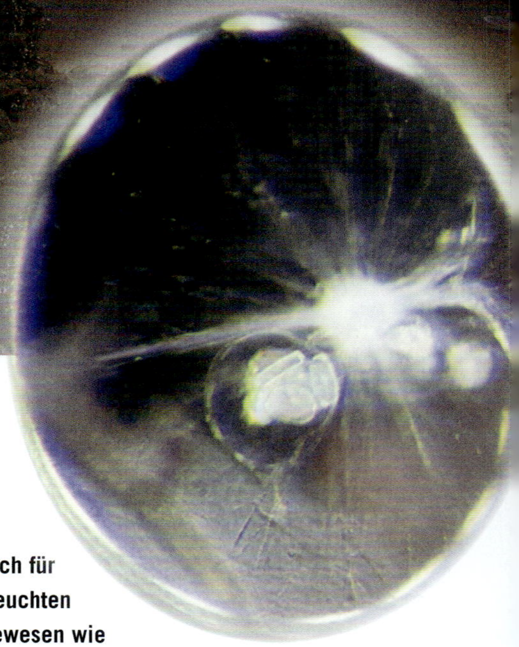

Verantwortlich für das Meeresleuchten sind Kleinstlebewesen wie das Meeresleuchttierchen.

Wie entsteht Meeresleuchten?

Die Oberfläche des Meeres oder auch der Strand leuchten im Dunkeln manchmal blau, seltener grün oder gelb. Dieses Phänomen ist vor allem in warmen Sommernächten und bei leichter Wellenbewegung zu beobachten. Verursacht wird es nicht durch Algen, sondern durch winzig kleine Leuchtorganismen, die unter günstigen Bedingungen massenhaft auftreten. Vom Nachtlaternchen (auch: Meeresleuchttierchen), einem Einzeller, kommen mitunter in 1 l Meerwasser rund 100 000 Tierchen vor. Dieses „Glühwürmchen des Meeres“ verleiht beispielsweise der Nordsee in manchen Nächten ein mehr oder weniger großflächig schimmerndes Leuchten.

Zu den Organismen, die das Meeresleuchten verursachen, gehören aber noch viele andere Lebewesen aus den unterschiedlichsten Tiergruppen – etwa die Vielborster aus der Klasse der Gliederwürmer oder verschiedene Krebs- und Manteltiere. Das Licht, das die Organismen ausstrahlen, ist immer ein sogenanntes „kaltes Licht“. Es entsteht vor allem in den Zellen durch die chemische Aufspaltung bestimmter Stoffe und dient wahrscheinlich zur Erkennung von Artgenossen.

Sind Muränen für Taucher gefährlich?

Muränen haben ein bedrohliches Gebiss und können tatsächlich auch Taucher angreifen und kräftig zubeißen. Ihr Biss kann große Wunden hinterlassen, die sich schnell entzünden, weil sich im Maul der Tiere große Mengen Bakterien befinden. Von den weltweit rund 200 Muränen-Arten, die in tropischen und subtropischen Meeren leben, besitzen einige an der Basis der Zähne sogar Giftdrüsen, die sich beim Zubeißen entleeren.

Tagsüber halten sich Muränen in Löchern und Spalten in Felsen und Korallenbänken verborgen. Richtig aktiv werden sie erst bei Dämmerung: Dann kommen sie aus ihren Verstecken hervor und gehen auf Nahrungssuche. Die meisten Muränen fressen Fische, manche aber auch Krebse, Muscheln und Schnecken.

Im Grund sind Muränen sehr friedliche Tiere. Sie greifen nur an, wenn sie sich bedroht fühlen. Sicher ist auch, dass die meisten Berichte über angreifende Muränen übertrieben sind, denn die Fische mit dem schlangenförmigen, muskulösen Körper sind zwar eine beeindruckende Erscheinung – manche Arten können bis zu 3 m lang werden –, leben aber sehr versteckt. Ein Grundsatz für Taucher ist deshalb, nie in Löcher oder Spalten zu greifen oder gar Muränen, die den Kopf aus ihrem Versteck strecken, zu berühren. Denn dann könnte ein äußerst schmerzhafter Biss die Folge sein.

Solche Zähne möchte niemand in der Hand spüren. Muränen ärgert man daher besser nicht.

Stimmt es, dass in Höhlen uralte Organismen leben?

Oberflächlich betrachtet sind Höhlen unwirtliche Lebensräume in ständiger Dunkelheit, mit knappem Nahrungsangebot und beengtem Raum. Andererseits bieten die Hohlräume Schutz vor Feinden und der aggressiven ultravioletten Strahlung der Sonne. Somit weisen sie ein ausgesprochenes Schonklima mit geringen Temperaturschwankungen, ausreichend Feuchtigkeit und selten stärkeren Luftbewegungen auf.

Eine ganze Reihe von Tiergruppen hat sich deshalb im Lauf der Erdgeschichte in die Höhlen und mit Wasser gefüllten Klüfte des Gesteins zurückgezogen. In dieser Umgebung blieben sie auch von den verschiedenen oberirdischen Massensterben verschont. Die meisten urtümlichen Höhlentiere sind nur wenige Millimeter groß. Dazu gehören die Brunnen- oder Höhlenkrebse, die als lebende Fossilien die letzten Vertreter einer fast ausgestorbenen Gruppe von Urkrebsen darstellen und deren Überreste man sonst vor allem in mehr als 300 Mio. Jahre alten Steinkohleschichten findet. Noch weiter in die Vergangenheit zurück reicht die Geschichte der Doppelschwänze, die zu den Urinsekten gehören und im Unterschied zu den meisten jüngeren Insekten keine Flügel besitzen.

Typische Höhlentiere sind blind und haben eine dünne, farbstofflose Haut wie der Grottenolm. Dieser vor allem in der slowenischen Höhlenlandschaft rund um die Postojnska jama (Adelsberger Grotte) heimische Lurch gehört zu den urtümlichen Schwanzlurchen, die es seit etwa 150 Mio. Jahren auf der Erde gibt. Seine nächsten Verwandten, die Furchenmolche, leben in Höhlen und Gewässern in Nordamerika.

Die Dülmener Pferde leben frei, echte Wildpferde sind sie aber nicht.

Gibt es noch wild lebende Pferde in Deutschland?

Bei den einzigen wild lebenden Pferden Deutschlands handelt es sich um die Dülmener Pferde. Sie leben in einem nur 400 ha großen Gebiet nahe Dülmen in Westfalen, dem Merfelder Bruch. Dort finden diese Pferde zwischen Moor, Heide und verschiedenen Wäldern noch genug Weideflächen. Ihr Bestand ist sehr klein und umfasst etwa 400 Tiere. Die Pferde leben das ganze Jahr im Freien, nur in sehr strengen Wintern wird Heu zugefüttert. Da sie ganz ohne menschliche Hilfe auskommen, haben sie sich zu einer sehr robusten Pferderasse entwickelt.

Als Wildpferde kann man die Dülmener Pferde allerdings nicht bezeichnen. Zwar haben viele von ihnen ein graues oder falbfarbenes Fell wie die Urwildpferde, dennoch sind züchterische Einflüsse nicht zu leugnen. Der Herde, die bereits 1316 erwähnt wurde und seit etwa 700 Jahren in freier Wildbahn lebt, wurden u. a. auch Konik-Pferde zugeführt, um Inzucht zu vermeiden und die Herde zu vergrößern.

Echte Wildpferde gibt es übrigens mit einiger Wahrscheinlichkeit heute gar nicht mehr. Lange hat man angenommen, die Przewalski-Pferde, die frei lebend zuletzt 1969 in der eurasischen Steppe gesichtet wurden, aber noch in Zoos gezüchtet werden, seien die einzige noch existierende Wildpferdeform der Welt. Doch eine Studie von 2018 legt nahe, dass die Tiere vermutlich Nachfahren von vor ca. 5000 Jahren verwilderten Botai-Pferden sind, die der Mensch bereits domestiziert hatte. Die Vorfahren der Hauspferde sind Przewalski-Pferde ebenfalls nicht: Genetiker haben das männliche Y-Chromosom von Hauspferden und Przewalski-Pferden untersucht und herausgefunden, dass diese sich deutlicher unterscheiden, als man bisher annahm. Vermutlich entwickelten sich vor 120 000 bis 140 000 Jahren die genetischen Linien von Haus- und Przewalski-Pferd auseinander.

Können Pflanzen Sonnenbrand bekommen?

Verfärbungen des Blattgrüns müssen nicht zwingend auf eine Erkrankung der betroffenen Pflanze hindeuten, denn auch Pflanzen können in der Sonne Schaden nehmen. Obwohl sie wegen der Fotosynthese auf Sonnenlicht angewiesen sind, kann intensive Strahlung Pflanzen sogar eingehen lassen.

Die Sonne entzieht der Pflanze ihre gesamte Feuchtigkeit und somit auch die grüne Farbe – die Blätter werden heller, beigefarben oder gar bräunlich. Im wahrsten Wortsinn brenzlig wird es vor allem dann, wenn die Strahlungsbelastung nach einer längeren Regenperiode rasant zunimmt oder ein vormals schattiger Standort plötzlich der prallen Sonne ausgesetzt ist und die Pflanze daher nicht genügend Schutzpigmente gegen die für sie schädlichen UV-B-Strahlen ausbilden konnte.

Um zu verhindern, dass eine Pflanze einen Sonnenbrand bekommt, sollte sie langsam an die Sonne gewöhnt bzw. vor zu viel Strahlung geschützt werden, insbesondere in den Mittagsstunden. Wichtig ist außerdem, dass man Pflanzen nicht bei direkter Sonne gießt: Wenn das Gießwasser über die Blätter fließt, bündeln die Wassertropfen das Sonnenlicht wie Lupen, sodass das Grün schneller verbrennt.

Werden alle Pflanzen von Insekten bestäubt?

Bei der Bestäubung auf Insekten angewiesen sind zwar viele, aber nicht alle Pflanzen. Etwa 80 % der Blütenpflanzen locken mithilfe leuchtender Farben, Düfte oder ihres Nektars Insekten wie Bienen oder Hummeln an, 20 % setzen auf andere Methoden.

In tropischen Regionen sorgen z. B. Nektar suchende Vögel wie die Kolibris für die Bestäubung, und auch Fledermäuse übertragen Pollen von Blüte zu Blüte. Weltweit verlassen sich zudem Gräser sowie Nadelhölzer und Laubbäume wie Pappeln, Eichen und Erlen darauf, dass ihre Pollen vom Wind weitergetragen werden. Diese Windbestäubung wird sogar als Urform der Bestäubung bei Samenpflanzen angesehen. Ein seltenes Phänomen ist hingegen die Bestäubung mithilfe von Wasser. Naturgemäß kommt diese vor allem bei Wasserpflanzen vor, z. B. beim Hornblatt.

Andere Pflanzen wiederum bestäuben sich selbst; dazu gehören etwa die Erbse und der Weizen. Damit Selbstbestäubung möglich ist, muss die Blüte zwittrig, also zweigeschlechtlich sein. Manche Gewächse bilden sogar Samen, ohne dass überhaupt eine Bestäubung nötig ist. Zu ihnen gehören u. a. das Habichtskraut und der Frauenmantel.

Können Pflanzen Brandblasen verursachen?

Manche Pflanzen enthalten derart aggressive Stoffe, dass sie bei Menschen Hautreizungen bis hin zu Brandblasen verursachen können. Zu unrühmlicher Bekanntheit gelangte z. B. der Riesenbärenklau, aber nicht wegen seiner imposanten Größe – er wird bis zu 3,5 m hoch und entwickelt Blütendolden mit einem Durchmesser von 0,5–1 m –, sondern aufgrund seiner giftigen Inhaltsstoffe, die die Haut verbrennen. Berührt man das ursprünglich aus dem Kaukasus stammende und im 19. Jh. nach Europa eingeschleppte Gewächs, gelangen die sogenannten Furocumarine über die Haut in den Körper. Scheint außerdem noch die Sonne stark auf die Haut, entsteht nicht nur eine Dermatitis (Hautentzündung), sondern es entwickeln sich richtige Brandblasen.

Ein Kolibri beschafft sich Frühstück – und trägt gleichzeitig Pollen von Blüte zu Blüte.

Solche Hautschäden können ausgesprochen langwierig und schwer zu heilen sein; von Medizinern werden sie zu den Verbrennungen zweiten Grades gezählt. Manchmal verursachen die Furocumarine auf der Haut auch hartnäckige Verfärbungen.

Besonders gefährdet sind Kinder, die die dicken Stängel des Bärenklaus zum Spielen verwenden. Die Schädigung der Haut lässt sich manchmal noch begrenzen, wenn man den Pflanzensaft nach dem Hautkontakt schnell mit Wasser abwäscht. Ab und zu können jedoch schon die Dämpfe Schaden anrichten. Sie entstehen, wenn die Inhaltsstoffe der Pflanze an heißen Tagen im Sonnenlicht verdampfen.

Doch auch harmlos anmutende Pflanzen können sich als Gefahrenherd entpuppen: So bewirken etwa die Inhaltsstoffe der als Naturheilmittel bewährten Pflanzen Johanniskraut, Baldrian und Arnika, dass die Empfindlichkeit der Haut gegenüber Sonnenstrahlen stark erhöht wird. Auch die ätherischen Öle der Weinraute führen vor allem bei gleichzeitiger Sonnenbestrahlung zu Jucken und Blasenbildung. Und selbst Gemüsesorten wie Sellerie oder Möhren haben es in sich: Werden sie von einem bestimmten Schimmelpilz befallen, produzieren die normalerweise harmlosen Gewächse plötzlich große Mengen Furocumarine, die eine Dermatitis auslösen.

Woher wissen Pflanzen, wann sie blühen müssen?

Jedes Jahr aufs Neue sind Tulpen, Osterglocken und andere Frühlingsboten demselben Problem ausgesetzt: Wenn sie ihre Blüten zu früh entfalten, könnten sie erfrieren, oder es sind noch nicht genügend Insekten unterwegs, die sie bestäuben könnten. Erblühen sie allerdings zu spät, hat sich die Konkurrenz zwischenzeitlich womöglich einen Vorteil verschafft – sobald die Bäume Blätter treiben, wird es vielen Frühblühern am Waldboden beispielsweise rasch zu dunkel.

Um den richtigen Zeitpunkt abpassen zu können, haben Pflanzen ein System von Messfühlern und Regulationsprozessen entwickelt. Sobald die Sonne im Frühjahr wieder kräftiger scheint, dringt ein Teil ihrer Strahlung in die oberste Bodenschicht ein. Dies ist für die Pflanzen ein Wecksignal: Sie beginnen zu wachsen. Wann der ideale Zeitpunkt gekommen ist, um Blüten zu treiben, verraten ihnen die Tageslänge und die Temperatur. In ihren Blättern haben Pflanzen Moleküle, die auf Licht reagieren. Mit diesen Lichtrezeptoren nehmen sie den Wechsel zwischen Hell und Dunkel wahr. Sobald die Tageslänge eine bestimmte Schwelle überschreitet, geben diese „inneren Augen" ein erstes Blühsignal.

Doch es muss noch eine zweite Bedingung erfüllt sein, damit Schneeglöckchen, Tulpe und Osterglocke ihre Kelche öffnen, denn sonst müssten sie jedes Jahr zur gleichen Zeit blühen, egal wie hart der Winter war: Es muss eine Mindesttemperatur erreicht sein. Wie genau Pflanzen Temperatur wahrnehmen, wird noch immer erforscht. Es gibt aber Hinweise darauf, dass sie bestimmte Lichtrezeptoren (Phytochrome) auch als Temperatursensor nutzen. Abhängig vom Lichteinfall wechseln diese Phytochrome tagsüber stetig zwischen dem aktiven und dem inaktiven Zustand hin und her, oft innerhalb von Millisekunden. Das signalisiert der Pflanze: wachse! Bei Dunkelheit jedoch gehen die Phytochrome nur langsam vom aktiven in den inaktiven Zustand über. Wie lange dieser Vorgang dauert, zeigt der Pflanze, welche Temperaturen in

Krokusse müssen es wissen: Es wird Frühling.

ihrer Umgebung herrschen, denn bei Kälte dauert er länger als bei Wärme. Dies stimuliert das Pflanzenwachstum und letztlich die Blüte.

Sind Pflanzen Schädlingen hilflos ausgeliefert?

Einige Pflanzen sind durchaus in der Lage, sich gegen gefräßige Schädlinge und Krankheitserreger zu wehren. So wie Pflanzen angenehme Duftstoffe entwickeln, mit denen sie Insekten zur Bestäubung anlocken, können sie auch Substanzen produzieren, die Schädlinge vertreiben oder giftig für die Angreifer sind. Diese sogenannten Phytonzide wurden durch die Arbeiten des russischen Forschers und Biologen Boris P. Tokin zwischen 1930 und 1940 bekannt. Er entdeckte, dass z. B. die Inhaltsstoffe des Knoblauchs Keime abtöten.

Ein weiteres Beispiel für ein pflanzliches Abwehrsystem ist der Walnussbaum. Er hält mit seinen Ausdünstungen Fliegen und Mücken fern, ein Verfahren, das auch Wermut und Eukalyptus einsetzen. Nachdem das Interesse an den Phytonziden mit der Entwicklung chemischer Pflanzenschutzmittel nach dem Zweiten Weltkrieg nachgelassen hatte, werden diese Kenntnisse heute von Hobby- und auch immer mehr professionellen Gärtnern wiederentdeckt.

Pflanzen geben nicht nur über die oberirdischen Pflanzenteile Abwehrstoffe ab, auch über die Wurzeln werden Phytonzide ausgeschieden. Genutzt wird dies bei Mischkulturen, in denen z. B. die Studentenblume mit ihren Abwehrstoffen im Boden lebende Pflanzenschädlinge auch von Nachbarpflanzen fernhält. Doch nicht nur tierische Schädlinge können Pflanzen auf diese Weise vertreiben: Manche Wurzelphytonzide hemmen das Wachstum benachbarter Gewächse, die zur Konkurrenz um Wasser und Nährstoffe werden könnten.

Weitere Abwehrmechanismen der Pflanzen sind Dornen und Stacheln, die hungrige Mäuler vom Fressen abhalten, und brennende Haare (Brennnessel), die einen starken Juckreiz auslösen und potenzielle Fressfeinde verjagen.

Gibt es Pflanzen in der Antarktis?

Das Bild völlig unbelebter Eis- und Felswüsten, das man aus vielen Fernsehsendungen über das zu 97 % seiner Fläche vergletscherte Antarktika vor Augen hat, täuscht. Verglichen mit anderen Regionen der Erde ist die Pflanzenwelt des Südpolargebiets zwar sehr artenarm, aber Biologen zählten auf dem Kontinent mindestens 300 Algenarten, über 200 verschiedene Flechten, etwa 85 Moose, zwei Dutzend Lebermoose und sogar zwei Blütenpflanzenarten – das Gras *Deschampsia antarctica* und das Doldengewächs *Colobanthus quitensis*. Diese beiden Blütenpflanzen dringen bis in rund 2400 km Entfernung zum Südpol vor, Moose und Flechten wachsen sogar noch nur 400 km weit vom Pol entfernt.

Besonders reich ist die Pflanzenwelt im Bereich der Pinguinbrutkolonien. Dort wird der Boden durch den Kot der Vögel ausreichend mit Nährstoffen versorgt. Zu den Rändern der Antarktis hin nimmt die Artenzahl und die Dichte der Vegetation rasch zu. Auf den Antarktika vorgelagerten Inseln finden sich sogar schon mehr als zwei Dutzend Arten von Blütenpflanzen.

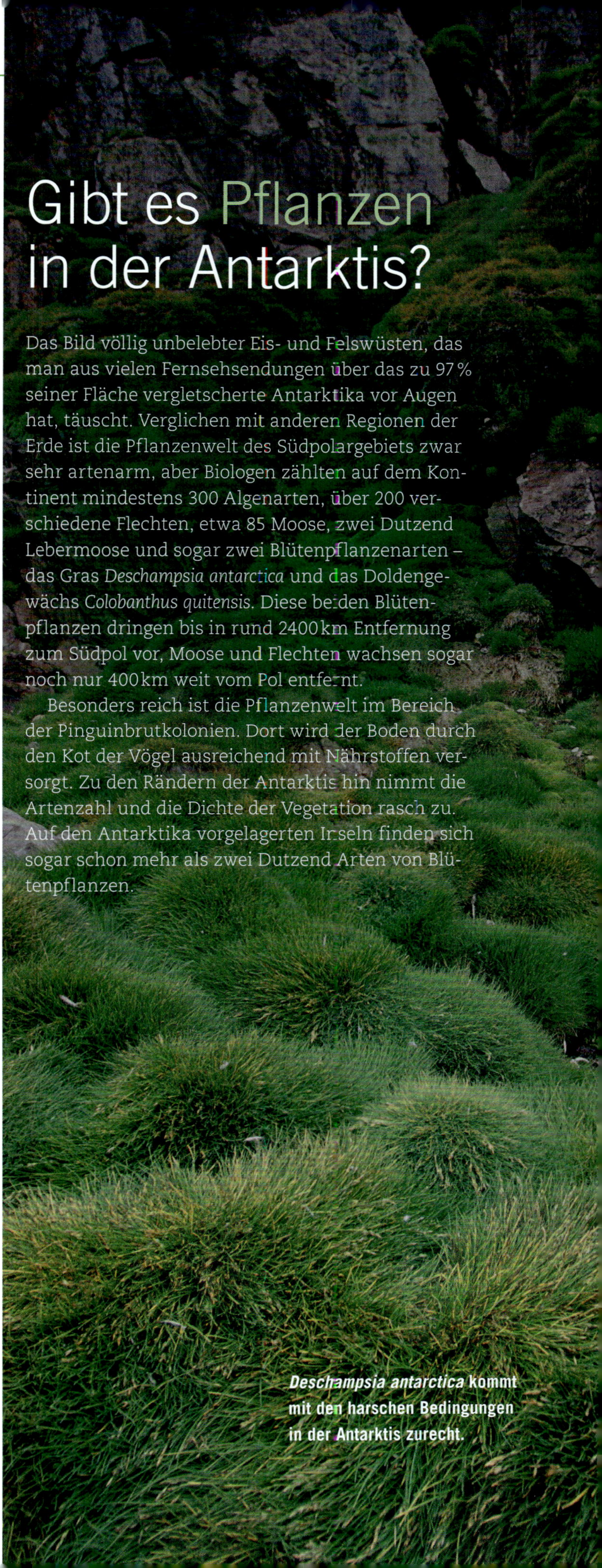

Deschampsia antarctica **kommt mit den harschen Bedingungen in der Antarktis zurecht.**

Als Kulturfolger dringt der Fuchs zunehmend in den städtischen Raum vor.

Gibt es in Großstädten weniger Pflanzen und Tiere?

Nein – Großstädte haben sogar eine erstaunlich reichhaltige Flora und Fauna und gliedern sich in viele kleine Lebensräume, die zuweilen von mehreren Hundert Pflanzen- und Tierarten besiedelt sind. Dabei kann es sich z. B. um eine Allee, einen Kirchturm oder eine Zierhecke handeln. In Hamburg zählte man beispielsweise rund 360 einheimische und eingebürgerte Gehölzarten, gut 250 mehr als im ländlichen Schleswig-Holstein.

Selbst in der fast vegetationslosen „Stein- und Betonwüste" der Innenstädte können mehrere Hundert Insektenarten leben. Manche Vogelarten kommen inzwischen überwiegend oder fast nur in Städten und Siedlungen vor, etwa der Turmfalke und der Hausrotschwanz, der Mauersegler und die Türkentaube. Säugetiere entdecken gleichfalls zunehmend die Vorzüge des Großstadtlebens und werden dabei oft zur Plage wie der Steinmarder, der Kabel und Schläuche in Autos zerbeißt, oder der Fuchs, der mit Vorliebe Mülltonnen nach Speiseresten durchwühlt. Neben dem größeren Nahrungsangebot, u. a. durch Fütterung der Vögel im Winter, macht besonders das kleinräumige Mosaik unterschiedlichster Lebensräume Städte für zahlreiche Pflanzen und Tiere attraktiv.

Am artenreichsten sind Parks und Friedhöfe sowie parkartige Villengebiete mit altem Baumbestand, begrünten Häusern und fugenreichen Mauern. Dort tummeln sich beispielsweise Eichhörnchen, Igel und Fledermäuse. Ein weiterer, für das Gedeihen von Flora und Fauna förderlicher Faktor ist – sieht man von der stärkeren Luftverschmutzung ab – das im Vergleich mit dem Umland meist günstigere Klima der Städte. Vom Stadtrand zur Innenstadt steigen die Lufttemperaturen deutlich an: 4–5 °C Unterschied sind keine Seltenheit, in Winternächten können es auch 10 °C sein.

Vernichten Brände die gesamte Pflanzen- und Tierwelt?

Verheerende Brände, wie sie immer wieder in Australien, Kalifornien oder Portugal wüten, hinterlassen oft ausgedehnte „Feuerwüsten" und verursachen wirtschaftliche Schäden in Milliardenhöhe. Doch die Natur verträgt solche Katastrophen meist erstaunlich gut; die Pflanzenwelt, die an diese Ereignisse angepasst ist, verjüngt sich durch die Busch- und Waldbrände und gedeiht nach dem Feuer häufig sogar besser als zuvor.

Zerstörerische Kronenfeuer mit Temperaturen von über 1000 °C kommen in trockenen Wäldern, Savannen und Steppen glücklicherweise nur selten vor. Meist ziehen am Erdboden die weit weniger dramatischen Grundfeuer rasch durch, die an der Bodenoberfläche kurzfristig 70–100 °C erreichen. Tiere im Erdboden und jene, die sich vor der Feuerfront schnell genug in Sicherheit bringen können, haben daher gute Überlebenschancen. Unter den Pflanzenarten gibt es viele, die Brände ohne größere Schäden überstehen. Zum einen können dies Arten sein, deren Wurzelwerk schnell wieder austreibt, auch wenn die oberirdisch gelegenen Teile dem Feuer zum Opfer gefallen sind, zum anderen solche, deren Samen im Boden lagern und nach den ersten Regenfällen sofort keimen.

Für manche Pflanzen sind regelmäßige Feuer sogar von Vorteil oder überlebenswichtig. Diese Pyrophyten – der Begriff leitet sich von griechisch *pyr* (Feuer) und *phyton* (Pflanze) ab – werfen ihr Laub während der kritischen Trockenzeit ab oder schützen sich durch eine dicke Borke. Bei vielen Arten von Kiefern, Eukalypten, Silberbaumgewächsen und anderen typischen „Feuerpflanzen" öffnen sich die Früchte nur nach Feuereinwirkung, um die Samen auszustreuen. Das hat den Vorteil, dass die Samen von den heißen, aufsteigenden Luftströmungen über den Bränden weit verbreitet werden und in die nährstoffreiche Ascheschicht am Boden fallen. Die Keimlinge haben zudem weniger Licht- und Wurzelkonkurrenz durch nicht feuerresistente Pflanzenarten.

Eukalyptuswälder geraten schnell in Brand, profitieren aber vom Feuer.

Wachsen Pilze über Nacht?

Pilze wachsen tatsächlich extrem schnell: Der Kellerschwamm z. B. verzeichnet ein Wachstum von bis zu 1 cm pro Tag, der Schichtschwamm sogar eines von bis zu 2 cm. Bekannte Speisepilze wie der Riesenbovist, der bis zu 50 cm Durchmesser erreichen kann, sollen in nur einer Minute bis zu 20 000 neue Zellen bilden können – die Aussage, dass Pilze aus dem Boden schießen, ist also durchaus berechtigt.

Pilze, die neben dem Reich der Tiere und dem der Pflanzen eine eigene Gruppe bilden, haben kein Chlorophyll wie Pflanzen und betreiben auch keine Fotosynthese. Sie sind im Wachstum also nicht vom Sonnenlicht abhängig, sondern gedeihen dann besonders gut, wenn es warm und feucht ist.

Pilze bestehen aus sogenannten Pilzfäden, den Hyphen, die ein Geflecht bilden, das als Myzel bezeichnet wird und vor allem unterirdisch wächst. Aus diesem Myzel wächst der Fruchtkörper, der der Fortpflanzung dient. Der Fruchtkörper ist jener Teil des Pilzes, den man landläufig „Pilz" nennt – oft ein Gebilde aus einem Stiel und einem Hut, an dessen Unterseite je nach Art entweder Lamellen oder röhrenförmige Strukturen zu sehen sind.

Zum Leben benötigen Pilze Sauerstoff, Wasser, Kohlenhydrate und Stickstoff. Oft leben sie in Symbiose mit anderen Lebewesen wie Bäumen oder Algen. Pilze, die in einer derartigen Lebensgemeinschaft eingebunden sind, nehmen Wasser und Nährstoffe mithilfe ihrer Hyphen aus den Wurzeln der Pflanzen auf oder werden von den Algen mit Nährstoffen versorgt. Manche können sogar den Stickstoff direkt aus dem Gewebe abgestorbener Tiere oder Pflanzen gewinnen. Pilze gehören zu den vielfältigsten Lebewesen – die Wissenschaftler kennen bisher mehr als 100 000 verschiedene Pilzarten.

Rekorde

DAS GRÖSSTE LEBEWESEN DER WELT

Ein Pilz in Oregon, USA, gilt als das größte Lebewesen der Erde. Dabei handelt es sich um einen Hallimasch der Art *Armillaria ostoyae*, dessen unterirdisch wucherndes Myzel sich auf einer Fläche von über 9 ha verteilt hat. Der Pilz, dessen Alter auf etwa 2400 Jahre geschätzt wird, wiegt ungefähr 600 t.

Brüten die Pinguinmännchen die Eier aus?

Bei den Kaiserpinguinen übernehmen in der Tat ausschließlich die Männchen das Wärmen der Eier. Dies dient dazu, das Überleben der Jungen zu sichern.

So legt das Kaiserpinguinweibchen wenige Tage nach der Befruchtung sein einziges, etwa 11 cm großes Ei, das vom Männchen mithilfe des Schnabels sofort auf seine Füße unter die Bauchfalte befördert wird. Das ist der einzig warme Platz weit und breit – denn im Brutgebiet der Kaiserpinguine gibt es kein Material, um Nester zu bauen.

Kurz nachdem das Kaiserpinguinweibchen sein Ei gelegt hat, verlässt es die Brutkolonie und wandert zum Meer, um dort zu fressen und seine Fettreserven aufzufüllen. Dazu müssen die Tiere manchmal Strecken von bis zu 100 km zurücklegen, da große Gebiete des Meeres mittlerweile zugefroren sind.

Erst nach etwa zwei Monaten kehrt das Weibchen zurück – wenn das Junge geschlüpft ist. So kann das Weibchen das Küken mit seiner ersten Mahlzeit aus hochgewürgtem Futter versorgen. Das ausgezehrte Männchen verlässt nun seinerseits die Brutkolonie und wandert zum Meer, um zu fressen.

Auch andere Pinguinarten verlassen zum Fressen die Kolonie, doch je nach Lage des Brutgebiets und Pinguinart dauern die Phasen nur zwischen einem und 14 Tagen – nicht zwei Monate wie bei den Kaiserpinguinen. Allen Arten gemein ist wiederum, dass das Männchen die erste Brutschicht übernimmt. Aber: Bei den meisten Pinguinen brüten Männchen und Weibchen abwechselnd, etwa bei den Königs-, Zwerg- und Gelbaugenpinguinen. Sie versorgen später auch die Jungen gemeinsam. Nur die Adeliepinguine halten es wie die Kaiserpinguine: Hier löst das Weibchen das Männchen erst nach dem Schlüpfen des Jungtiers ab.

Wie schützen sich Pinguine vor Kälte?

Wer bei Temperaturen um –40 °C überleben will, braucht einen guten Kälteschutz – vor allem, wenn er sich zur Jagd zudem ins eisige Südpolarmeer stürzt. Deshalb haben sich Pinguine im Lauf der Evolution zu echten Energiesparwundern entwickelt.

Neben einer isolierenden Fettschicht sorgt ein extrem dichtes Gefieder für eine gute Wärmedämmung. Jeden Quadratzentimeter ihres Körpers bedecken bis zu zwölf Federn, deren Spitzen wie Dachziegel übereinanderliegen. Selbst bei ausgedehnten Tauchgängen dringt in diese Schutzhülle kein Wasser ein, da sich die Vögel sorgfältig mit von speziellen Drüsen produziertem Öl einreiben. Unter den äußeren Federn halten feine Daunen zudem eine Luftschicht fest, die den Körper zusätzlich isoliert.

Durch ihre natürliche Dämmung verlieren Pinguine so wenig Wärme, dass sogar Schnee auf ihrem Rücken liegen bleibt. Die Temperatur im Inneren des Körpers aber halten sie auf etwa 39 °C – das sind 2 °C mehr, als der Mensch normalerweise hat. Anders als dieser vertragen Pinguine allerdings größere Schwankungen: 3 °C Körpertemperatur mehr oder weniger machen ihnen nichts aus. Ein raffiniertes Wärmetauschverfahren zwischen Arterien und Venen schickt zudem kühleres Blut in die Füße und Flügel und wärmeres ins Körperinnere. So lässt sich der Wärmeverlust an den Gliedmaßen eindämmen.

Kaiserpinguine leben in unwirtlicher Umgebung.

Der Kuschelfaktor

Auch bestimmte Verhaltensweisen können vor dem Erfrieren schützen. Das nutzen beispielsweise die Kaiserpinguine, wenn sie mitten im Winter ihre Jungen ausbrüten. Sie drängen sich dann so eng aneinander, dass manchmal zehn der gut 1 m hohen Vögel auf einem einzigen Quadratmeter stehen. Allein durch dieses Kuscheln steigt die Temperatur an ihrer Köroberfläche um 0,6 °C an.

Überleben beide Hälften eines zerteilten Regenwurms?

Zerteilt man einen Regenwurm versehentlich, überleben entgegen landläufiger Meinung nicht beide Hälften, obgleich die Ringelwürmer, deren Körper aus ca. 140 mehr oder weniger identisch aufgebauten Segmenten besteht, ein sehr großes Regenerationsvermögen haben. Meist überlebt nur der vordere Teil des Wurms – der Teil, der die Mundöffnung aufweist. Dieser bildet dann nach und nach ein neues Hinterende aus. Voraussetzung dafür ist, dass der vordere Teil nicht zu kurz ausfällt: Das Zentralhirn des Tieres und sein Verdauungsapparat liegen hier.

Das Hinterende kann nur dann allein überleben, wenn nur die Spitze des Wurms, die vor der Mundöffnung liegt und Prostomium heißt, mit maximal den nächsten vier Segmenten entfernt wird, die Stelle der Teilung also sehr weit vorn liegt. Je mehr Segmente vorn abgetrennt werden, desto unwahrscheinlicher ist es, dass das Tier die Verletzung übersteht.

Der Grund dafür ist, dass in jedem Segment die genetische Anlage für die Ausbildung eines Afters enthalten ist, die Mundöffnung aber nicht so einfach ersetzt werden kann. Sehr selten kommt es vor, dass an einem Hinterende Segmente mit einem weiteren After wachsen, doch dieser „Wurm“ muss verhungern.

Wie schnell wächst Riesenbambus?

Als einer der aussichtsreichsten Kandidaten für den Spitzenplatz unter den schnell wachsenden Pflanzen gilt der Riesenbambus. Dieses ursprünglich aus Asien stammende Gewächs – ein Gras – kann bei günstigen Bedingungen an einem einzigen Tag bis zu 70 cm in die Höhe schießen – man kann ihm beim Wachsen beinahe zusehen. Auf diese Weise erreicht der Riesenbambus Höhen bis zu 40 m und verdient sich damit auch gleich noch den Titel „größtes Gras der Welt“. Aber auch andere Bambus-Arten erreichen große Höhen und phänomenale Wachstumsgeschwindigkeiten um die 30 cm pro Tag.

Bambus wächst extrem schnell – pro Tag schießen manche Arten mehr als einen halben Meter in die Höhe.

Die wandernden Monarchfalter bilden große Schwärme.

Überwintern Schmetterlinge im Süden?

Das Phänomen der Wanderung, das wir von den Zugvögeln kennen, gibt es tatsächlich auch bei einigen Schmetterlingsarten. Im Herbst ziehen sie Hunderte oder gar Tausende Kilometer in Richtung Süden, um fern von Schnee und Eis zu überwintern.

Ein Musterbeispiel für diese Schmetterlinge ist der Monarchfalter. Der etwa 8 cm große, orange-braun-schwarz gefärbte Falter lebt auf dem amerikanischen Kontinent, wo er vor allem in tropischen und subtropischen Gebieten Mittelamerikas vorkommt. Monarchfalter wandern im Sommer nach Norden in die USA und in Richtung Kanada. Auf ihrer Wanderung pflanzen sie sich fort, und jedes Weibchen legt mehrere hundert Eier. Die Raupen verpuppen sich nach zwei Wochen, und bereits zehn Tage später kriechen die neuen Falter aus der Puppenhülle. Diese Falter fliegen weiter nordwärts und pflanzen sich ebenfalls fort – es entsteht eine weitere Generation. Da die Tiere nicht an das kalte Winterklima angepasst sind, fliegt die letzte Monarchgeneration des Jahres im Herbst zurück in tropische Gefilde. Die Schmetterlinge legen dabei pro Tag ungefähr 70 km zurück und brauchen somit für ihre bis zu 6000 km lange Reise acht bis zwölf Wochen.

Doch auch einige der bei uns heimischen Falter, etwa der Admiral, machen sich im Herbst auf in Richtung Mittelmeer. Weitere Reisende sind das Taubenschwänzchen und auch der Distelfalter. Einzelne Exemplare dieser Schmetterlinge erweisen sich gar als wahre Marathonflieger und ziehen bei ihrer Rückreise im Sommer über Mitteleuropa hinaus bis weit in den Norden – sogar bis an den Polarkreis.

Frostfeste Falter

Zitronenfalter und viele andere Schmetterlinge in unseren Breiten entwickeln sich im Winter zu wahren Überlebenskünstlern. Die zarten Insekten können als Ei, Raupe, Puppe oder sogar als fertiger Falter überwintern – meist suchen sie dazu gezielt Dachböden auf. Besonders kälteresistent scheinen Zitronenfalter zu sein, die den Winter ungeschützt auf einem Zweig sitzend verbringen. Ein spezielles „Frostschutzprogramm" sorgt dafür, dass sie nicht erfrieren. Die Falter scheiden Wasser aus, sodass die Zellsäfte konzentriert werden. Dadurch sinkt der Gefrierpunkt der Körperflüssigkeit. Zusätzlich bilden die Tiere Glycerin als Frostschutzmittel.

Ist der Biss der Schwarzen Witwe tödlich?

Unter dem Namen Schwarze Witwe sind in den USA und Mittelamerika drei Spinnenarten der Gattung *Latrodectus* bekannt. *Latrodectus mactans*, die Südliche Schwarze Witwe, *L. variolus, die Nördliche Schwarze Witwe* und *L. hesperus*, die Westliche Schwarze Witwe. Die Weibchen werden 10–14 mm groß, die Männchen messen nur 4 mm. Ihren Namen bekam die Schwarze Witwe übrigens deshalb, weil die Männchen oft nach der Begattung gefressen werden.

Der Biss eines Weibchens der Schwarzen Witwe ist aufgrund der geringen Menge an Gift, das beim Biss in die Wunde gelangt, für den Menschen nur

selten lebensgefährlich: Allgemein gilt, dass etwa 2 % der Bisse tödliche Folgen haben – aber nur, wenn kein Antiserum gegeben wird.

Dass es überhaupt relativ häufig zu Bissen kommt, liegt daran, dass diese Spinnen ihre Netze oft unter Toilettendeckeln in Toilettenhäuschen im Freien anlegen. Der Biss selbst ist fast schmerzlos und wird deshalb zunächst meist nicht bemerkt. Erst nach zehn bis 60 Minuten treten die ersten Symptome auf: Schmerzen in den Lymphknoten und Krämpfe. In sehr schweren Fällen können Menschen an Atemlähmung sterben. Meist aber klingen die Symptome nach zwölf Stunden bis wenigen Tagen von selbst ab.

Ebenfalls weit verbreitet ist die Meinung, das Gift der Schwarzen Witwe sei das giftigste Spinnengift der Welt. Diese zweifelhafte Ehre kann jedoch die australische Sydney-Trichternetzspinne für sich in Anspruch nehmen. Diese zu den Trichternetz-Vogelspinnen gehörende Art gilt als sehr aggressiv; ihr Gift ist äußerst wirksam. Seit 1927 starben 13 Menschen daran. Da es jedoch seit 1981 ein Gegengift gibt, ist laut offiziellen Angaben seither niemand mehr ums Leben gekommen.

Trinken Seelöwen Salzwasser?

Für ein Tier, das so viel Zeit im Meer verbringt, wäre es sehr praktisch, wenn es seinen Durst mit Salzwasser stillen könnte. Tatsächlich wurden schon einige Arten von Seelöwen und anderen Robben beobachtet, die dies taten. Da das Meerwasser etwa dreimal so viel Salz enthält wie ihr Blut, müssen die Tiere einen guten Teil davon wieder loswerden. Dabei kommt ihnen zugute, dass ihre Nieren effektiver arbeiten als etwa die des Menschen. Das Ergebnis ist ein extrem konzentrierter Urin, der bei manchen Seelöwen und Robben 2,5-mal so viel Salz enthalten kann wie Meerwasser. So können die Tiere verhindern, dass das Salz ihren Zellen zu viel Wasser entzieht.

Trotz dieser effektiven Entgiftungsmethode haben aber auch Meeressäuger das Salzwassertrinken nicht zur Routine gemacht. Sie nehmen zwar gelegentlich ein paar Schlucke zu sich, decken den größten Teil ihres Flüssigkeitsbedarfs aber auf anderem Weg. Wenn sie Fisch fressen, enthalten ihre Mahlzeiten ohnehin relativ große Mengen Wasser mit einem Salzgehalt, der dem ihres Blutes ähnelt. Tatsächlich müssen Kalifornische Seelöwen auf Fischdiät überhaupt kein zusätzliches Wasser trinken. Neben der direkt aus ihren Mahlzeiten gewonnenen Flüssigkeit versorgen sie sich auch noch mit Wasser, das durch Stoffwechselprozesse bei der Verdauung ihrer Nahrung frei wird.

Sind Spinnen in der Stadt größer als auf dem Land?

Tatsächlich scheinen sich die Achtbeiner ausgerechnet in direkter Nachbarschaft zum Menschen am wohlsten zu fühlen. Jedenfalls wachsen sie dort zu besonders stattlichen Exemplaren heran und vermehren sich gut. Das haben Untersuchungen in und um die australische Metropole Sydney ergeben.

Kalifornische Seelöwen sind perfekt an ihren Lebensraum, das Salzwasser, angepasst.

Für die Seidenspinnen der Art *Nephila plumipes* scheint dort zu gelten: Je städtischer der Lebensraum, desto größer und fitter seine Bewohner. Und diese Unterschiede fielen zum Teil sehr deutlich aus: So schwankte das Gewicht der Tiere, deren Körper mehr als 2 cm groß werden können, zwischen 0,13 und 2,63 g. Auch hatten die Stadtspinnen deutlich mehr Fett im Körper, und ihre Geschlechtsorgane waren schwerer.

Wissenschaftler der Universität Sydney glauben, dass daran zum einen das gute Nahrungsangebot und zum anderen das wärmere Klima in der Stadt die Ursache sind. Letzteres sorgt möglicherweise auch dafür, dass die Weibchen schneller geschlechtsreif werden und sich früher im Jahr paaren können als ihre Artgenossinnen auf dem Land. Das könnte Teil ihres Erfolgsrezepts sein – denn wer früh anfängt, kann auch besonders viel Nachwuchs in die Welt setzen und sich entsprechend gut in der Nachbarschaft des Menschen etablieren.

Aus ähnlichen Gründen scheinen auch andere Spinnenarten, wie etwa die Westliche Schwarze Witwe in Nordamerika, ein Faible für Städte zu haben. Wer die Achtbeiner fürchtet, sollte also vielleicht besser aufs Land ziehen.

Rekorde

GIGANTEN AUF ACHT BEINEN: DIE GRÖSSTEN SPINNEN DER WELT

Art	Familie	Vorkommen	Durchmesser (mit Beinen)
Heteropoda maxima	Riesenkrabbenspinnen	Laos	> 30 cm
Theraphosa blondi (Goliath-Vogelspinne)	Vogelspinnen	Südamerika	> 30 cm
Poecilotheria rajaei	Vogelspinnen	Sri Lanka	> 20 cm

Knüpfen alle Spinnen Netze?

Netze aus hauchfeinen, klebrigen Fäden zu spinnen, ist eine bewährte Methode vieler Spinnen, um Beute zu machen. Manche Arten ziehen es jedoch vor, versteckt in Blüten oder unter Blättern auf ihre Opfer zu harren oder auf regelrechte Jagdzüge zu gehen. So lauern beispielsweise die in den Tropen und Subtropen lebenden Vogelspinnen ihrer Beute in Verstecken auf. Sie fressen Insekten, andere Spinnen und sogar Mäuse oder Eidechsen. Allerdings müssen sich die potenziellen Opfer bewegen, um überhaupt von der Spinne erkannt zu werden. Die Beute wird dann mit den zangenartigen Mundwerkzeugen gepackt und mit einem Giftbiss getötet. Anschließend spritzen die Spinnen ein Verdauungssekret in ihr Opfer und saugen die vorverdaute Nahrung auf.

Die Zebraspringspinne fängt ihre Beute im Sprung.

Eine bei uns heimische Vertreterin der Spinnen, die ohne Netzbau auskommen, ist die Zebraspringspinne. Sie wird etwa 5 mm groß, ist schwarz-weiß gestreift und häufig an Hauswänden zu beobachten. Auf der Jagd pirscht sich diese Spinne vorsichtig an die Beute heran, überwältigt sie mit einem Sprung und tötet sie dann mit einem Giftbiss. Damit die Zebraspringspinnen bei ihren waghalsigen Sprüngen nicht abstürzen, spinnen sie meist einen sogenannten Sicherheitsfaden, der am Untergrund angeheftet ist und den sie hinter sich herziehen.

Können Termiten Häuser zum Einsturz bringen?

Der Name Termite leitet sich vom griechischen Wort *terma* ab, was übersetzt „Ende" bedeutet. Die Römer bezeichneten mit dem Begriff *termes* dann allgemein Tiere, die durch ihre nagende Tätigkeit Holz zerstören. Diese Beschreibung trifft exakt auf Termiten zu, die tatsächlich ganze Häuser zerfressen können.

Termiten sind in den Tropen ein großes Problem, denn ihre Ernährungsgewohnheiten schaden unter Umständen Gebäuden.

Termiten leben vor allem in tropischen Regionen. Nur wenige Arten kommen auch in gemäßigten Gebieten vor. Sie bilden Staaten, die aus Königin und König sowie zahlreichen Arbeiterinnen und Soldaten bestehen. Nur die „Oberhäupter" sind geflügelt, während Arbeiterinnen und Soldaten keine Flügel und auch keine Augen ausbilden. Termiten ernähren sich fast nur von Holz und anderen zellulosehaltigen Stoffen. Diese normalerweise unverdauliche Nahrung können sie verwerten, weil in ihrem Darm winzige Einzeller – Protozoen, Bakterien und Archaebakterien – leben. Diese Symbionten bilden Enzyme, welche die Zellulose spalten können.

Um Schäden durch Termitenfraß zu verhindern, werden in den Tropen häufig große Mengen Insektizide eingesetzt. Außerdem verwendet man für Fundamente von Häusern nur Beton, um die hungrigen Insekten von den Holzteilen des Hauses abzuhalten. Nur wenige können sich ein Haus aus Teakholz leisten, das selbst für die kräftigen Mundwerkzeuge der Termiten zu hart ist.

Erkennen sich Tiere im Spiegel?

Mithilfe von Spiegeln versuchen Forscher herauszufinden, welche Lebewesen über Selbstwahrnehmung verfügen. Diesen Test gibt es in unterschiedlichen Varianten, häufig wird jedoch eine Form angewandt, die der beispielsweise in einem New Yorker Aquarium verwendeten entspricht: Hier installierten die Versuchsleiter verschiedene Spiegel und bemalten die im Aquarium schwimmenden Delfine mit ungiftiger Tinte. Die Wissenschaftler konnten beobachten, dass sich die Tiere daraufhin deutlich länger im Spiegel betrachteten als normalerweise und auch sehr intensiv und lange auf die bemalten Körperseiten blickten. Dagegen betrachteten sich Delfine, die nicht bemalt waren, im Spiegel kaum. Wurden diese aber berührt und scheinbar mit Tinte gekennzeichnet, schwammen auch die unbemalten Delfine wie die markierten Tiere auf den Spiegel zu und musterten sich ausgiebig. Aufgrund dieses Tests und anderer Versuche geht man davon aus, dass Delfine eine Selbstwahrnehmung haben. Für Primaten gilt das ebenfalls schon seit Längerem als bewiesen,

Gorillas bestehen den Spiegeltest: Sie erkennen, dass sie selbst dort zu sehen sind.

und auch Asiatische Elefanten bestehen den Spiegeltest – Hunde und Katzen etwa jedoch nicht.

Interessanterweise gibt es aber nicht nur unter den Säugetieren Arten, die sich im Spiegel erkennen, sondern auch unter den Vögeln. Elstern und andere Rabenvögel, aber auch Keas und sogar Tauben sind in der Lage, Markierungen an ihren Körpern im Spiegel als an ihnen selbst angebracht zu identifizieren: Elstern versuchen z. B., die ungewohnten Flecken abzuwischen. Diese Reaktion bleibt jedoch aus, wenn die Vögel statt vor einem Spiegel vor einer ausgestopften Elster sitzen – selbst wenn die Attrappe ebenfalls einen roten Kehlfleck hat. Für die Forscher gilt dies als starker Hinweis darauf, dass auch Elstern eine Vorstellung von sich selbst haben. Und sogar unter den Fischen hat man inzwischen bei einer Art eine gewisse Selbstwahrnehmung nachgewiesen: beim Blaustreifen-Putzerlippfisch *Labroides dimidiatus*. Die als ungemein intelligent geltenden Kraken fallen beim Spiegeltest dagegen durch.

Gibt es auch bei Tieren Rechts- und Linkshänder?

Ähnlich wie Menschen haben auch etliche Tiere eine Vorliebe für eine bestimmte Körperseite. So scheinen viele Schimpansen in freier Wildbahn Linkshänder zu sein – vor allem, wenn es eine anspruchsvolle Aufgabe zu lösen gilt. Die Tiere bevorzugen ihre Linke beispielsweise, wenn sie mit einem Grashalm oder Stöckchen Termiten aus ihrem Bau zu angeln versuchen. Im Zoo haben Wissenschaftler eine solche Präferenz allerdings nicht beobachtet.

Viele Walrosse dagegen nutzen bei der Futtersuche lieber ihre rechte Vorderflosse. Vor Grönland haben Forscher der Universität Kopenhagen die großen Robben dabei gefilmt, wie sie am Meeresgrund mit der Schnauze herumwühlten, Wasserstrahlen auf den Boden bliesen und mit einer Flosse herumwedelten. Auf diese Weise gelang es den Tieren, fressbare Krebse und Muscheln aufzustöbern. In 89 % der Fälle setzten sie dabei die rechte Flosse ein, die meist auch deutlich kräftiger entwickelt ist.

Interessant wird es bei Kraken: Sie scheinen mit allen acht Armen ähnlich geschickt zu sein. Es gelingt den cleveren Weichtieren z. B. mühelos, damit ein Schraubglas zu öffnen, um einen Leckerbissen herauszuholen. Wenn es um kniffligere Aufgaben geht, verlassen aber auch sie sich nicht auf alle Arme gleichermaßen. Als Forscher der Universität Wien ihnen ungewohnte Gegenstände ins Aquarium legten oder sie T-förmige Hohlräume untersuchen ließen, setzten die Tiere in den meisten Fällen den gleichen Arm ein. Welcher das ist, richtet sich offenbar nach ihrem Sehvermögen. Denn Kraken haben auch eine Vorliebe für eines ihrer Augen und wählen dann den Arm, der diesem am nächsten ist. Rechts- und Linkshänder kommen dabei ungefähr gleich häufig vor.

Kennen auch Tiere Medizin?

Schon während der Steinzeit müssen Menschen Pflanzen und Mineralien als Arzneimittel genutzt haben, darauf lässt sich anhand von Funden aus jener Zeit schließen. Doch auch Tiere scheinen um die Heilwirkung verschiedener Stoffe in ihrer Umgebung zu wissen – und sie nutzen sie.

Bereits in den 1920er-Jahren gab es Berichte aus Afrika, nach denen Zwergschimpansen fünf verschiedene Pflanzenarten verwenden, wenn sie krank sind. Dabei handelt es sich um Pflanzen, die alle auch von den dort lebenden Menschen als Heilmittel gebraucht werden. Schimpansen nutzen angeblich sogar 30 Pflanzen ganz gezielt als Medizin. Die intelligenten Menschenaffen schlucken beispielsweise die Blätter bestimmter Pflanzen unzerkaut, wenn sie unter Darmparasiten leiden. Die besonders rauen und behaarten Blätter „schmirgeln" die Darmwand regelrecht ab und transportieren so die Parasiten nach draußen. Gorillas hingegen polstern ihre Schlafnester mit speziellen Farnen aus, deren Geruch und Geschmack Läuse fernhält. Zudem lieben die großen Affen die belebende Wirkung von Pflanzen und Früchten wie etwa der koffeinhaltigen Nuss des Kolabaums.

Bären haben offenbar ebenfalls eine Art Hausapotheke. Braunbären in Alaska fressen vor der Winterruhe z. B. große Mengen faseriges Riedgras, das ihnen hilft, Bandwürmer auszuscheiden. So werden sie diese Parasiten rechtzeitig vor dem kräftezehrenden Winter los. Und auch die sogenannte Geophagie ist im Tierreich weit verbreitet: Vom Ara über Antilopen bis zum Elefanten fressen viele Tiere mineralhaltige Erde, die im Körper Giftstoffe bindet und neutralisiert.

Insekten zur Insektenabwehr

Kapuzineraffen schlagen und quetschen Tausendfüßer, um an deren Gift zu kommen. Dann reiben die Affen ihr Fell mit den malträtierten Gliederfüßern ein, denn die giftigen Substanzen halten lästige Moskitos fern. Wissenschaftler haben sogar ausprobiert, was passiert, wenn sie den Affen mit der giftigen Substanz getränkte Tücher zur Verfügung stellen: Auch hier griffen diese begeistert zu und rieben sich damit ein. Auf Dauer könnte das natürliche Mückenmittel den Affen jedoch schaden, denn es ist nicht nur giftig, sondern gilt auch als krebserregend.

Stammen Vögel von den Dinosauriern ab?

Arbeiter des Kalksteinbruchs von Solnhofen entdeckten im Sommer 1861 den ersten versteinerten Archäopteryx, eine Übergangsform zwischen Dinosaurier und Vogel. Das 150 Mio. Jahre alte Fossil mit gefiederten Flügeln, Dinosaurierschwanz und Zähnen im Schnabel sorgte sofort für Aufregung unter den Wissenschaftlern. Das Britische Museum überzog sogar sein Jahresbudget, um die Versteinerung zu erwerben. Der britische Zoologe Thomas Huxley vertrat wenig später erstmals öffentlich die These, dass sich Vögel aus Dinosauriern entwickelt hätten.

Heute gehen einige Paläontologen noch weiter: Sie bezeichnen Vögel als „lebende Dinosaurier", sozusagen als einen weit entwickelten Dinosaurierstamm.

Forscher stellen Vermutungen darüber an, wie der Archäopteryx einst ausgesehen haben mag.

Sehr alte Dinosaurier wie der kleine Flugsaurier *Longisquama insignis* trugen wohl schon 75 Mio. Jahre vor Archäopteryx ein Federkleid. Die Vögel entwickelten sich parallel zu den mit ihnen verwandten Großechsen – starben im Gegensatz zu diesen aber nicht irgendwann aus.

Es gibt viele Parallelen zwischen den Vögeln und den Dinosauriern, die damit auch gleichzeitig Belege für deren Verwandtschaft sind. Gemeinsamkeiten zeigen sich beispielsweise im Knochenaufbau: Die Knochen von Flugsauriern, die man in der Wüste Gobi gefunden hat, enthalten winzige Kanälchen zur Versorgung mit Nährstoffen, wie man sie heute nur noch bei Vögeln findet.

Außerdem haben Forscher Fußspuren dreizehiger Dinosaurier unter die Lupe genommen. Dabei kamen sie zu dem Ergebnis, dass moderne Vögel zwar nicht genauso gehen wie die Saurier vor 210 Mio. Jahren, aber doch von allen derzeit lebenden Tieren die ähnlichste Fortbewegungsweise haben.

Die kurioseste Gemeinsamkeit zwischen diesen scheinbar so unterschiedlichen Lebewesen ist aber wohl die Verdauung. Vögel fressen groben Sand, der im mit besonderen Muskeln ausgestatteten Magen die Nahrung zerreibt. Viele Dinosaurier machten das ähnlich und fraßen zur Nachspeise regelmäßig Steine, die bei der Verdauung halfen.

Blasen Wale beim Auftauchen Wasser in die Luft?

Wale sind Säugetiere und müssen deshalb zum Atmen regelmäßig an die Wasseroberfläche schwimmen. Im Lauf der Evolution ist ihre Nasenöffnung jedoch an die Oberseite des Kopfes gewandert und hat sich zudem verengt. Wenn Wale nach ihren langen Tauchgängen zum Atmen auftauchen, stoßen sie zuerst die verbrauchte, warme Luft unter hohem Druck aus der Nasenöffnung aus. Durch den starken Temperaturunterschied zwischen Atemluft und der umgebenden Atmosphäre kondensiert dabei das in der Atemluft enthaltene Wasser zu Dampf.

Dies ist der sogenannte Blas, der beim Buckelwal etwa 2 m und bei Glattwalen ungefähr 3–4 m hoch aufsteigt. Je größer der Wal, umso höher ist der Blas. Auch die Form des Blas unterscheidet sich übrigens von Art zu Art. Bei ihren gewaltigen Atemzügen tauschen Wale innerhalb weniger Sekunden über 2000 l Luft aus. Dabei wechseln sie etwa 90 % der Luft in ihren Lungen. Beim Menschen sind es dagegen bei einem normalen Atemzug gerade mal 15 %. Mit diesem gewaltigen Luftvorrat können Wale lange unter Wasser bleiben. Grauwale tauchen bis zu 40 Minuten, Pottwale bis zu 90 Minuten und Schnabelwale bis zu zwei Stunden.

Obwohl das Fassungsvermögen der Wal-Lungen im Verhältnis zur Körpergröße klein ist, reicht den Tieren die Luft für diese langen Zeiträume. Denn ein Wal kann viel mehr Sauerstoff in den Muskeln speichern als etwa ein Mensch. Während bei Walen etwa 41 % des Sauerstoffvorrats in den Muskeln an ein spezielles Molekül, das Myoglobin, gebunden werden, sind es beim Menschen nicht mehr als 12 %. Dadurch kann das sauerstoffreiche Blut auch über längere Zeit ins Gehirn und zu anderen lebenswichtigen Organen transportiert werden. Aufgrund des roten Pigments Myoglobin ist das Fleisch von Walen übrigens auch viel dunkler als das von Landsäugern.

Sterben Wespen im Herbst?

Die Wespen, die uns im Sommer begegnen, sterben etwa im Oktober – mit Ausnahme der befruchteten Königinnen. Diese schützen sich vor der Kälte, indem sie sich in Ritzen und Spalten in Baumstämmen oder Dachstühlen versteckt halten und können so überwintern.

Im Frühjahr ziehen die Königinnen aus ihren befruchteten Eiern die erste Generation der Arbeiterinnen allein auf. Sind diese dann erwachsen, übernehmen sie die Aufzucht und Pflege der nachfolgenden Generationen. Im Spätsommer sind die neuen Wespenköniginnen herangewachsen und nach der Befruchtung ausgeflogen. Zurück bleiben nur noch die Arbeiterinnen, die im Spätherbst ebenfalls das Nest verlassen und schließlich sterben.

Ein Wespennest, das man im Winter im Haus findet, kann deshalb gefahrlos entfernt werden. Es wird von den Königinnen mit Sicherheit im nächsten Jahr nicht mehr genutzt, da Wespen jedes Jahr neue Nester bauen.

Wenn die Temperaturen fallen, gehen die schwarzgelben Insekten zugrunde – aber nicht alle.

Wie finden Zecken ihre Opfer?

Viele Menschen glauben, man riskiere bei einem Waldspaziergang einen Zeckenstich, da sich die Tiere von den Bäumen auf ihr Opfer fallen ließen. Doch Zecken leben nicht auf Bäumen, sondern sind an Gräsern, auf dem Boden oder bestenfalls an niedrigen Sträuchern zu finden. In Bezug auf die lästigen Blutsauger ist also das Sonnenbad in der Blumenwiese viel gefährlicher als ein Spaziergang unter Bäumen. Blut saugen aber nur die Zeckenweibchen, denn die erwachsenen Männchen haben nur noch verkümmerte Mundwerkzeuge und nehmen keine Nahrung mehr zu sich.

Zur Wahrnehmung ihrer Opfer besitzen Zecken ein spezielles Organ, das sogenannte Hallersche Organ. Es sitzt auf dem letzten Segment des ersten Beinpaares der Zecken. Mit ihm können die Tiere Gerüche, Temperaturreize sowie Erschütterungen wahrnehmen. Besonders stark reagieren Zecken auf Buttersäure, die in unserem Schweiß enthalten ist.

Die Weibchen warten geduldig auf ihre Opfer. Nähert sich ein warmblütiges Säugetier oder ein Reptil, klammern sie sich daran fest. Ihre Mundwerkzeuge sind so umgebildet, dass sie sich damit sowohl festbeißen als auch die Haut durchstechen

Wann, wie weit und wie schnell Zugvögel ziehen, wird durch verschiedenste Faktoren beeinflusst – einer ist der Flugverkehr.

können. Haben die Zecken sich dann richtig mit Blut vollgesogen, fallen sie von ihrem Wirt ab. Meist werden sie aber schon vorher entdeckt, weil die Stichstellen kräftig jucken.

Werden Zugvögel vom Flugverkehr beeinflusst?

Laut einer Studie, die vom NABU in Zusammenarbeit mit der Universität Tel Aviv durchgeführt wurde, scheint eine Verbindung zwischen dem Flugverkehr und dem Zugverhalten von Zugvögeln zu bestehen. Was zunächst merkwürdig anmutet, erweist sich bei näherer Betrachtung als einleuchtend. Dreh- und Angelpunkt bei der ganzen Sache ist die Luft selbst.

Düsenflugzeuge bringen die natürlichen Luftströme durcheinander und sorgen im wahrsten Sinne des Wortes für jede Menge Wirbel. Die Zugvögel werden ausgebremst und müssen viel Energie aufwenden, um an ihr Ziel zu gelangen. Bei weniger maschinellem Flugverkehr sind die Zugvögel also deutlich schneller.

Auch der Grad der Luftverschmutzung trägt entscheidend dazu bei, wie zügig die Tiere ihr Ziel erreichen. Schmutzpartikel, die von Flugzeugen in die Luft gerissen werden, wirken wie eine Wand. Der Widerstand und die Reibung, denen die Vögel trotzen müssen, sind folglich stärker als in reiner Luft. Letztere bietet freie Bahn – und im Übrigen auch freie Sicht. So können die Zugvögel ihre Umgebung von oben gut überblicken und haben eine bessere Orientierung.

Die Luftverschmutzung durch Flugzeuge beeinflusst zudem das Klima. Dass so mancher Zugvogel im Frühjahr heutzutage schneller wieder zurückkehrt als noch in früheren Jahren und mitunter im Herbst nicht mehr in weit entfernte Regionen zieht, ist auch dem Klimawandel geschuldet. Das Nahrungsangebot für die Tiere verringert sich infolge der Erderwärmung in den klassischen Überwinterungsgebieten durch Dürren, etwa in Nordafrika oder der Sahelzone, während es sich weiter nördlich verbessert.

Technik und Wissenschaft

Weltweit widmen und widmeten Menschen ihr Leben der Erforschung natürlicher Phänomene oder der Entwicklung neuer technischer Verfahren. Dabei ändert sich immer wieder der Blick auf Altbekanntes, und zuvor für unmöglich Gehaltenes findet Eingang in unseren Alltag – all das wirft Fragen über Fragen auf.

Zwei Wissenschaftler am Ufer des Don-Juan-Sees in der Antarktis: Der See friert aufgrund seines hohen Salzgehalts auch bei sehr tiefen Temperaturen nicht zu.

Gibt es in der Antarktis Seen?

Auf dem eisigen Kontinent am Südpol liegen tatsächlich nur sehr wenige Seen, dafür aber einige der sonderbarsten: Mindestens 70 verbergen sich unter kilometerdicken Eismassen. Oberirdische Seen findet man dagegen in den Trockentälern Victorialands. In diesen eisfreien Oasen befindet sich der Don-Juan-See, der auch bei Temperaturen um –60 °C nie zufriert, und daneben liegt der etwa 75 m tiefe Vanda-See, der trotz einer 3–5 m dicken Eisschicht am Grund über 25 °C warm ist.

Die Temperaturverteilung in diesem See widerspricht auf den ersten Blick den Naturgesetzen. Denn unter dem Eis liegt kälteres und damit schwereres Wasser über wärmerem und leichterem. Eigentlich müsste das kalte Wasser absinken und das warme aufsteigen. Dies wird aber durch den hohen Salzgehalt und die große Dichte des Tiefenwassers verhindert. Das Wasser am Grund des Vanda-Sees enthält 23 % Salz, also gut sechsmal mehr als Meerwasser. Noch höher, bis über 30 %, ist der Salzgehalt im Don-Juan-See, der deshalb nie zufriert.

Wäre der Vanda-See nicht ständig von Eis bedeckt, würden die oft orkanartigen Winde, die durch die Trockentäler wehen, für eine Durchmischung der Wassermassen sorgen. Stattdessen fängt die Eisdecke während des langen Polartags wie die Glasscheiben eines Gewächshauses 80–99 % der Sonnenenergie ein. Das Licht dringt in dem kristallklaren Wasser bis in große Tiefen vor und lässt dort die Temperaturen innerhalb der Sole ansteigen.

Die Trockentäler Victorialands gehören zu den niederschlagsärmsten Regionen der Erde, und der hohe Salzgehalt des Wassers stammt vermutlich aus einer Zeit, als das Klima noch trockener war als heute.

Wie groß ist die Gefahr, dass bald ein riesiger Asteroid die Erde trifft?

Allein schon die Vorstellung ist furchterregend: Ein mehrere Kilometer durchmessender Steinbrocken rast auf die Erde zu – und niemand kann den Zusammenstoß und damit den drohenden Untergang der Welt verhindern. Auch wenn dieses Katastrophenszenario im Fernsehen und in Kinofilmen immer wieder heraufbeschworen wird, können die Wissenschaftler uns beruhigen: Ein solches Ereignis ist sehr unwahrscheinlich, und kein Astronom hat derzeit Hinweise auf einen Asteroiden, der in absehbarer Zeit mit der Erde zusammenstoßen wird.

Die Gefahr ist also äußerst gering. Dies heißt aber nicht, dass eine derartige Katastrophe nie eintreten wird. Deshalb wollen Astronomen weltweit herausfinden, wie groß die Gefahr einer Kollision wirklich ist. So hat ein Wissenschaftlerteam der University of Arizona und des Observatoire de la Côte d'Azur in Nizza die Bahnen von erdnahen Asteroiden untersucht. Die Studien ergaben, dass ungefähr 900 Felstrümmer von bedrohlichen Ausmaßen vermutlich irgendwann die Erdbahn kreuzen – dabei kommen sie uns bisweilen so nahe wie der Mond. Unter diesen Brocken aus Erz und Stein finden sich „Zwerge", mit gerade einmal 1 km Durchmesser, aber auch Riesen mit mehr als 64 km Durchmesser. Bei der Mehrzahl dieser 900 Asteroiden vermuten die Astronomen allerdings nur, dass es sie gibt – gesehen hat sie noch niemand.

Wissenschaftler untersuchen natürlich auch, welche Möglichkeiten es gibt, Asteroideneinschläge zu verhindern. So will man beispielsweise durch den für 2022 geplanten Einschlag der Raumsonde DART auf einem 170 m durchmessenden Asteroiden herausfinden, ob bzw. wie stark dadurch dessen Flugbahn beeinflusst werden kann. Man hofft, mit dieser Methode in Zukunft gefährliche Asteroiden an der Erde vorbeilenken zu können – allerdings funktioniert das nur dann, wenn man diese Himmelskörper rechtzeitig entdeckt. Und das ist nicht ganz einfach: Selbst wenn Forscher manche Asteroiden durch Teleskope beobachten können, kennen sie meist nur ein kurzes Stück von deren Flugbahnen. Daraus errechnen sie dann die ganze Bahn, auf der der Fels die Sonne umkreist – was natürlich mit Fehlern verbunden sein kann. Deswegen werden Vorhersagen, ob und wann ein Asteroid die Erde trifft, auch in Zukunft sehr schwierig und nie vollkommen sicher sein.

Asteroiden-Typen

Mithilfe der sogenannten Turiner Skala klassifizieren Astronomen bereits entdeckte Asteroiden nach ihrer Gefährlichkeit: von 0 (ungefährlich) bis 10 (extrem zerstörerisch). Da alle Kategorisierungen in dieser Liste mit großen Unsicherheiten behaftet sind, wird bereits ab der Stufe 1 die sorgfältige Beobachtung der betreffenden Himmelskörper empfohlen.

Die im Folgenden aufgelisteten Stufen 8–10 beschreiben Asteroiden, die mit Sicherheit auf der Erde einschlagen werden:

Stufe 8: Eine Kollision könnte lokale Zerstörungen hervorrufen. Solche Ereignisse kommen ungefähr alle 50 bis 1000 Jahre irgendwo auf der Erde vor.

Stufe 9: Eine Kollision könnte regionale Verwüstung hervorrufen. Solche Ereignisse kommen etwa alle 10 000 bis 100 000 Jahre vor.

Stufe 10: Eine Kollision könnte eine globale Klimakatastrophe auslösen. Solche Ereignisse kommen einmal alle 100 000 Jahre oder seltener vor.

Ein großer Asteroid stürzt auf die Erde zu – ein zwar recht unwahrscheinliches, aber durchaus mögliches Ereignis, das katastrophale Folgen hätte.

Auf den Hängen des Ätna liegen viele Nebenkrater des Vulkans.

Rekorde

HEFTIGE VULKANAUSBRÜCHE

Ein Maßstab zur Klassifizierung von Vulkanausbrüchen ist der Vulkan-Explosivitäts-Index (VEI), der neun Stufen umfasst. Danach war der Ausbruch des Tambora im April 1815 die heftigste Eruption in historischer Zeit. Sie erreichte die Stufe 7 und forderte die meisten Todesopfer. Die Zahl der Opfer hängt aber nicht nur von der Explosionsstärke ab, denn auch bei der schwachen Eruption des Nevado del Ruiz (VEI 3) im Jahr 1985 starben Zigtausende. In der Tabelle sind einige der bekanntesten Vulkanausbrüche der letzten beiden Jahrhunderte genannt.

Jahr	Vulkan	Todesopfer	VEI
2010	Eyjafjallajökull, Island	0	4
1991	Pinatubo, Philippinen	1200	6
1986	Mount St. Helens, USA	57	5
1985	Nevado del Ruiz, Kolumbien	25 000	3
1982	El Chichón, Mexiko	2000	5
1902	Montagne Pelé, Martinique	29 000	4
1883	Krakatau, Indonesien	36 000	6
1815	Tambora, Indonesien	92 000	7

Ist der Ätna der aktivste Vulkan Europas?

Der erste schriftliche Bericht über einen Ausbruch des Ätna stammt aus dem Jahr 693 v. Chr. Seither erlebte der Vulkan an der Küste Siziliens rund 400 stärkere Ausbrüche, die oft mehrere Jahre anhielten. Damit gehört der Ätna zu den aktivsten Feuerbergen der Welt. Mit einem Rauminhalt von rund 530 km^3 und einer Höhe um 3350 m ist er auch der größte tätige Vulkan Europas. In der Zahl der Eruptionen wird der „Berg der Berge", wie ihn die Sizilianer nennen, allerdings vom Stromboli deutlich übertroffen. Denn dieser Vulkan auf der nördlichsten der Äolischen Inseln im Mittelmeer ist der einzige ständig aktive Vulkan Europas.

Seit über 2000 Jahren speit dieser „Leuchtturm des Mittelmeers" in Abständen von Sekunden, Minuten und Stunden Lavafetzen aus. Meist haben die Eruptionen des Stromboli eine Stärke von VEI 1 (siehe Kasten). Stärkere Ausbrüche kommen zwar vor, sind aber selten – ebenso wie längere Ruhepausen. Knapp 1000m ragt der Stromboli über dem Meer auf, doch der kegelförmige Berg setzt sich unter dem Meeresspiegel bis in 2000m Tiefe fort. Mit insgesamt etwa 3000m ist der Feuerberg im Tyrrhenischen Meer also fast so hoch wie der Ätna.

Gibt es Aufzüge, die nicht nur auf- und abfahren?

Tatsächlich arbeiten mehrere Firmen weltweit an Aufzugsystemen, bei denen Kabinen nicht nur wie üblich auf- und abfahren, sondern auch horizontal unterwegs sein können. Grundlage hierfür sind seillose Aufzugkabinen.

Moderne Hochhäuser werden immer höher. Dies bringt für Architekten und Aufzugshersteller gleich mehrere Probleme mit sich. Erstens müssen die Zugseile der einzelnen Kabinen ebenfalls immer länger werden, was zu diversen technischen Schwierigkeiten führt. Zweitens nimmt im Normalfall die Zahl der Fahrgäste mit zunehmender Höhe ab, es lohnt sich also eigentlich nicht, alle Aufzüge bis ganz nach oben fahren zu lassen – der Platzverbrauch für die Schächte ist dann insgesamt zu groß, und Raum, der für Büros oder Wohnungen genutzt werden könnte, geht verloren. Daher muss man in vielen Wolkenkratzern bei der Fahrt nach oben umsteigen – in eine Kabine, die in einem kleineren Schacht unterwegs ist.

Seillose Aufzüge bergen derartige Probleme nicht. Die Kabinen werden bei diesen Systemen von elektromagnetischen Linearmotoren angetrieben und durch ein Magnetfeld gehalten und bewegt. Hier spielt die Höhe des Schachtes keine Rolle mehr, und zudem kann der Schacht insgesamt viel kleiner sein, da die Kabinen deutlich weniger Platz benötigen: Von ausgeklügelten Computerprogrammen individuell gesteuert, sind hier mehrere von ihnen gleichzeitig über- bzw. untereinander im gleichen Teil des Schachtes unterwegs. An bestimmten Stellen können die Kabinen dank eines speziellen Weichensystems die Fortbewegungsrichtung ändern und waagrecht weiterfahren, um an anderer Stelle im Schacht dann erneut die Richtung zu ändern und wieder hinauf- oder hinunterzufahren. Denkbar ist auch, dass die Aufzüge über eine längere Strecke waagrecht unterwegs sind und in einen anderen Schacht oder ein anderes Gebäude überwechseln.

Die Entwicklung derartiger Aufzüge ist inzwischen weit fortgeschritten, und ihre praktische Anwendung wird in Testtürmen geprüft. Wenn 2023 der Edge East Side Tower in Berlin eröffnet wird, sollte dort der weltweit erste seillose Aufzug installiert worden sein.

Schlagen Blitze immer in die jeweils höchste Stelle ein?

Blitze halten sich nicht an von Menschen aufgestellte Regeln, sondern an die Naturgesetze. Wenn ein Wolke-Erde-Blitz stets den kürzesten Weg zur Erde nehmen würde, dann müsste die Blitzbahn eine schnurgerade Linie bilden, die auf die höchste Stelle der Erdoberfläche zielt. Fotos von Blitzeinschlägen beweisen jedoch, dass die Entladungen oft weite Umwege machen. Die Blitzbahn ist meist vielfach geknickt, wobei einzelne Abschnitte sogar nach oben gerichtet sind. Manchmal kommt es auch vor, dass ein Blitz kilometerweit fast parallel zur Erdoberfläche verläuft, um dann irgendwo einzuschlagen.

Der scheinbar regellos verlaufende Weg des Blitzes hängt von der Verteilung der elektrischen Ladungen in der Atmosphäre und an der Erdoberfläche ab. Dabei sind die negativen und positiven Ladungsträger sowohl in den Wolken als auch an der Erdoberfläche ungleichmäßig verteilt. Zusätzlich kann sich das Verteilungsmuster bei Regen oder Hagel ständig ändern.

In diesem bunten Mosaik von elektrisch geladenen Feldern sucht sich der sogenannte Vorblitz in Sprüngen von jeweils etwa 50 m Länge einen Weg nach unten. Wegen der ungleichmäßigen Ladungsverteilung ändert er dabei ständig seine Richtung. Hat der Blitz die Erdoberfläche fast erreicht, kommt

es zu einer Art Kurzschluss, und der Hauptblitz rast als vielfach stärkerer und schnellerer Funke in dem vom Vorblitz geschaffenen Kanal aufwärts. Dieses Wechselspiel der auf- und abwärtslaufenden Stromstöße kann sich in Sekundenbruchteilen mehrmals wiederholen.

Betrachtet man die Gesamtheit der Einschläge, zeigt sich dann doch, dass erhöhte Punkte der Erdoberfläche überdurchschnittlich häufig getroffen werden – aber keineswegs immer. Dasselbe gilt übrigens auch für Mulden, deren Boden feucht ist oder die von Gewässern durchflossen werden.

Schlagen Blitze immer wieder an derselben Stelle ein?

„Ein Blitz schlägt niemals zweimal am selben Ort ein!" – diese weit verbreitete Volksweisheit bekommt man immer mal wieder zu hören. Allerdings sollte man diese Behauptung möglichst sofort wieder vergessen und auf gar keinen Fall sein Handeln daran ausrichten – denn das Gegenteil trifft zu. Es ist also wesentlich sicherer, sich während eines

Rekorde

WO ES AM HÄUFIGSTEN BLITZT

Blitze, Einschlagsblitze und Wolken-Wolken-Blitze, sind keineswegs gleichmäßig über den Globus verteilt – was bei den unterschiedlichen klimatischen Gegebenheiten auf der Erde nicht überrascht. Als Wissenschaftler den Blitzsensor des NASA-Satelliten TRMM mit den Daten von 1997 bis 2015 auswerteten, zeigte sich, dass unter den Kontinenten Afrika den Spitzenplatz einnimmt – mehr als 280 der 500 Orte mit den meisten Blitzen weltweit liegen dort. Der Ort mit den meisten Blitzen überhaupt befindet sich jedoch in Venezuela. Am Maracaibo-See blitzt es auf 1 km² im Mittel an 297 Tagen im Jahr. Für Deutschland veröffentlicht Siemens einen jährlichen Blitzatlas, wobei es hier nur um Blitzeinschläge geht. Für 2018 wurden an den 160 Messstationen insgesamt 446 000 Einschläge ermittelt, wobei die meisten davon in Schweinfurt stattfanden. Hier gab es fünf Blitzeinschläge pro Quadratkilometer.

Gewitters von jenen Stellen, an denen in der Vergangenheit bereits ein Blitz eingeschlagen hat, fernzuhalten.

Dass Blitze mehrmals an derselben Stelle einschlagen, ist bereits seit Jahrhunderten bekannt. Beispielsweise wurde der Glockenturm des Markusdoms in Venedig in den Jahren zwischen 1388 und 1762 neunmal durch Blitzschläge beschädigt oder zerstört. Auch andere im wahrsten Sinne des Wortes herausragende Bauwerke werden immer wieder von Blitzen getroffen, etwa das Empire State Building oder der Eiffelturm. Aufnahmen mit Spezialkameras beweisen außerdem, dass auch ein einzelner Blitz mehrmals an derselben Stelle einschlägt: Während sich die zweite Entladung meist ein anderes Ziel sucht als die erste, sind die dritte und vierte wieder auf den Einschlagsort der ersten gerichtet.

Ist man im Auto vor Blitzschlag geschützt?

Autos sowie Wohnmobile, Wohnwagen und andere Fahrzeuge mit einer Außenhaut aus Metall bieten einen guten Schutz vor Blitzeinschlägen. Sie bilden einen sogenannten Faraday-Käfig, der das Innere des Fahrzeugs von äußeren elektrischen Feldern abschirmt. In den nach dem englischen Physiker und Chemiker Michael Faraday (1791–1867) benannten Käfig können Blitze nicht eindringen. Der sicherste Ort ist ein geparktes Auto, denn die Gewitterböen sind gefährlicher als Blitze.

Das Prinzip des Faraday-Käfigs erklärt auch, warum Blitzschläge an Buchen kaum sichtbare Spuren hinterlassen, Eichen aber regelrecht zerfetzt werden. Zwar ist die Häufigkeit von Blitzeinschlägen bei beiden Baumarten gleich groß, doch die Blitze nehmen bei ihnen unterschiedliche Wege. Während bei Buchen der Blitz außen an der feuchten Baumrinde abfließt, dringt der Blitz bei Eichen – die nach den Lianen die leistungsfähigsten Wasserversorgungssysteme besitzen – in den feuchten Kern des Stammes ein. Das Wasser wird erhitzt, und der entstehende Dampf sprengt den Baum.

Können marschierende Soldaten eine Brücke zum Einsturz bringen?

Am 12. April 1831 passierte es: Soldaten des 60. Rifle Corps marschierten im Gleichschritt über die Broughton Bridge in Manchester. Plötzlich begann die Hängebrücke heftig zu schwanken und brach zusammen. Bis heute dürfen Soldaten nicht im Gleichschritt über Brücken marschieren, damit das nicht eintreten kann, was Physiker eine Resonanzkatastrophe nennen. In Deutschland ist dies in § 27, Absatz 6 der Straßenverkehrsordnung geregelt.

Resonanz kennt jeder, der einmal das kugelige Ende einer schwingenden Stimmgabel an eine Tischplatte gehalten hat: Die Tischplatte beginnt, mit der Stimmgabel mitzuschwingen. Jeder Gegenstand bevorzugt aber bestimmte Frequenzen – Physiker nennen sie Eigenfrequenzen. Dies lässt sich am besten mit dem Anstoßen einer Schaukel verdeutlichen: Wer – unabhängig von der Bewegung der Schaukel – einfach immer wieder die Beine nach vorn bewegt, bewirkt wenig. Wer aber im richtigen Moment mit den Beinen nach vorn schwingt, der wird die Schaukel immer höher auslenken. Genau so stößt die Stimmgabel die Tischplatte an – trifft sie dabei die Eigenfrequenz des Tisches, wird dieser besonders heftig mitschwingen. Und so wie die Stimmgabel die Tischplatte in Bewegung versetzt, bringt der Marschtritt der Soldaten die Fahrbahn der Brücke zum Schwingen. Treffen die Soldaten dabei die Eigenfrequenz der Brücke, schwingt die Brücke besonders stark – bis sie möglicherweise einstürzt.

Ende der 1980er-Jahre untersuchten Ingenieure das Problem genauer und erstellten Szenarien für verschiedene Brücken und unterschiedliche Bedingungen. Für eine 10 m lange Hängebrücke errechneten sie eine „katastrophale Schrittdauer“ von etwa 1,1 Sekunden – durchaus nichts Unwahrscheinliches.

Andererseits zeigten Berechnungen, dass wohl noch keine Brücke nur infolge des Gleichschritts eingestürzt ist. Die Broughton Bridge z. B. war vermutlich auch durch das Gewicht der Soldaten überlastet.

Warum sind Bullaugen rund?

Die Fenster auf einem Schiff müssen natürlich so gestaltet sein, dass möglichst kein Wasser eindringen kann – selbst wenn große Wellen mit Wucht gegen sie schlagen. Am besten geeignet sind dafür tatsächlich verhältnismäßig kleine und vor allem runde (oder zumindest abgerundete) Fenster. Derartige Fenster, eben die sogenannten Bullaugen, absorbieren die Kraft auftreffender Wellen am besten, denn sie verteilen den Druck des Wellenschlags gleichmäßig und bekommen daher auch nicht so leicht Risse wie rechteckige Fenster, in deren Ecken sich bereits bei kleinen Verformungen Haarrisse bilden können. Zudem sind runde Fenster auch wesentlich besser abzudichten.

Gleichwohl sind Bullaugen inzwischen seltener geworden – insbesondere auf Kreuzfahrtschiffen, wo große Panoramascheiben den mitreisenden Gästen prächtige Meerblicke bieten sollen. Meist liegen diese aus modernem Sicherheitsglas bestehenden Scheiben auch derart hoch über dem Wasserspiegel, dass sie kaum einmal von Meerwasser getroffen werden. Nicht immer ist das jedoch ausreichend, wie ein Unglück an Bord des Kreuzfahrtschiffs *Louis Majesty* Anfang März 2010 bewies. Vor der spanischen Mittelmeerküste wurde die vordere Glasfront des Salons von mehreren rund 8 m hohen Wellen getroffen. Die Scheiben des Salons brachen, zwei Menschen starben, und 14 weitere wurden verletzt. Bullaugen hätten diesen Gewalten höchstwahrscheinlich standgehalten.

Ihren Namen verdanken die Bullaugen übrigens ihrer Form: Früher waren sie noch leicht nach außen gewölbt und ähnelten daher stark dem riesenhaft vergrößerten Auge eines Ochsen, englisch *bull's eye*. Im Deutschen wurde daraus dann das Bullauge.

Kehrt ein Bumerang immer zum Werfer zurück?

Die meisten Wurfhölzer gehen weit entfernt vom Werfer nieder, und nur einige kehren zurück – dies gilt auch für die berühmtesten, die australischen Bumerangs. Die Boomerang Association of Australia geht davon aus, dass rund 10 % der Ureinwohner Australiens früher nur Bumerangs kannten, die nicht zurückkehrten, 60 % nutzten beide Bumerangarten und 30 % kannten gar keine.

Damit sie zurückkehren können, brauchen die Wurfhölzer eine gewölbte Oberfläche – ähnlich einem Flugzeugflügel – und müssen schräg gegen den Wind geworfen werden. Sind diese Bedingungen erfüllt, beschreiben die Bumerangs vor dem Werfer einen Kreis, während sie schnell um sich selbst rotieren. Auch die etwas anders geschliffenen nicht zurückkehrenden Bumerangs rotieren übrigens, denn nur so kann zusätzlicher Auftrieb entstehen, der den Bumerang weiter fliegen lässt als ein unbearbeitetes Stück Holz.

Zwei Faktoren entscheiden darüber, ob ein Bumerang zum Werfer zurückkehrt: die Form des Wurfholzes und die Wurftechnik.

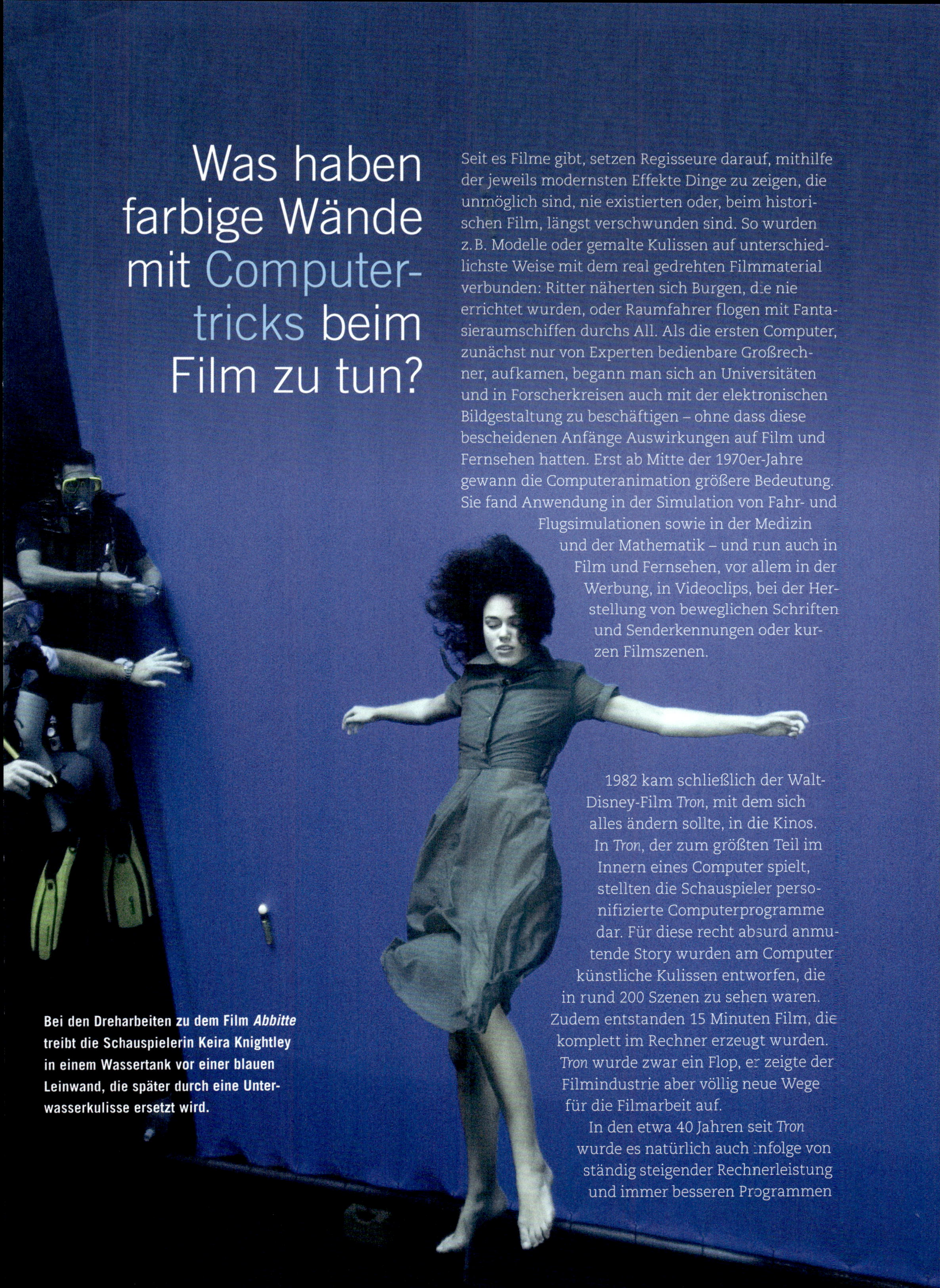

Was haben farbige Wände mit Computertricks beim Film zu tun?

Seit es Filme gibt, setzen Regisseure darauf, mithilfe der jeweils modernsten Effekte Dinge zu zeigen, die unmöglich sind, nie existierten oder, beim historischen Film, längst verschwunden sind. So wurden z.B. Modelle oder gemalte Kulissen auf unterschiedlichste Weise mit dem real gedrehten Filmmaterial verbunden: Ritter näherten sich Burgen, die nie errichtet wurden, oder Raumfahrer flogen mit Fantasieraumschiffen durchs All. Als die ersten Computer, zunächst nur von Experten bedienbare Großrechner, aufkamen, begann man sich an Universitäten und in Forscherkreisen auch mit der elektronischen Bildgestaltung zu beschäftigen – ohne dass diese bescheidenen Anfänge Auswirkungen auf Film und Fernsehen hatten. Erst ab Mitte der 1970er-Jahre gewann die Computeranimation größere Bedeutung. Sie fand Anwendung in der Simulation von Fahr- und Flugsimulationen sowie in der Medizin und der Mathematik – und nun auch in Film und Fernsehen, vor allem in der Werbung, in Videoclips, bei der Herstellung von beweglichen Schriften und Senderkennungen oder kurzen Filmszenen.

1982 kam schließlich der Walt-Disney-Film *Tron*, mit dem sich alles ändern sollte, in die Kinos. In *Tron*, der zum größten Teil im Innern eines Computer spielt, stellten die Schauspieler personifizierte Computerprogramme dar. Für diese recht absurd anmutende Story wurden am Computer künstliche Kulissen entworfen, die in rund 200 Szenen zu sehen waren. Zudem entstanden 15 Minuten Film, die komplett im Rechner erzeugt wurden. *Tron* wurde zwar ein Flop, er zeigte der Filmindustrie aber völlig neue Wege für die Filmarbeit auf.

In den etwa 40 Jahren seit *Tron* wurde es natürlich auch infolge von ständig steigender Rechnerleistung und immer besseren Programmen

Bei den Dreharbeiten zu dem Film *Abbitte* treibt die Schauspielerin Keira Knightley in einem Wassertank vor einer blauen Leinwand, die später durch eine Unterwasserkulisse ersetzt wird.

üblich, in vielen Filmen und Fernsehserien Hintergründe oder Hintergrundszenen mit digitalen Statisten am Computer zu erstelle.

Bleibt nur noch das Problem, wie man die real gedrehten Szenen, also jene mit den Schauspielern und den tatsächlichen Kulissen, mit den am Computer entstandenen Bildteilen kombiniert. Hierzu muss jener Teil des Bildes entfernt werden, der sich dort befindet, wo die Computerhintergründe eingefügt werden sollen. Der einfachste Weg hierfür ist, bei den Dreharbeiten Störendes hinter bunten Flächen zu verstecken. Daher bestehen oft große Teile eines Filmsets aus blauen, orangefarbenen oder grünen Abdeckungen. Werden die Filmbilder später am Computer bearbeitet, kann, sehr vereinfacht ausgedrückt, das dabei benutzte Programm die einfarbigen Flächen herausrechnen, sodass der künstliche Hintergrund eingebaut werden kann. So wurden z. B. in der Serie *Babylon Berlin* im heutigen Berlin gedrehte Szenen mit am Computer rekonstruierten historischen Bauwerken, Plätzen und Fahrzeugen kombiniert.

Starben die Dinosaurier wegen eines Meteoriteneinschlags aus?

Ende der 1970er-Jahre forschte der Nobelpreisträger Luis Alvarez mit seinem Sohn Walter in einem italienischen Steinbruch. Dabei entdeckten sie in einer etwa 65 Mio. Jahre alten Gesteinsschicht überdurchschnittlich viel Iridium. Weitere Untersuchungen zeigten, dass dieses auf der Erde seltene, in Asteroiden aber viel häufiger vorkommende Metall in gleich altem Gestein weltweit in ebenso hoher Konzentration zu finden ist. Vater und Sohn Alvarez vermuteten daher, dass das Iridium durch eine weltumspannende Staubwolke verteilt worden war. Als Auslöser der Wolke kam ein riesiger Asteroid infrage, der beim Einschlag in die Erde buchstäblich „zu Staub wurde". Den katastrophalen Auswirkungen des Einschlags fielen auch die Dinosaurier zum Opfer.

1981 fand man dann die wahrscheinliche Einschlagstelle: den Chicxulub-Krater auf der Halbinsel Yucatán, 200 km groß und unter 1 km dicken Gesteinsschichten verborgen.

Man geht heute davon aus, dass vor 65 Mio. Jahren ein Asteroid von etwa 10 km Durchmesser mit 50–70 km/s auf Yucatán zuraste und bis zu 20 km tief in die Erdkruste eindrang. Abgesehen von der Staubwolke verursachte der Einschlag weltweit gewaltige Tsunamis sowie riesige Brände, und er setzte zudem wahrscheinlich unvorstellbare Mengen Schwefel frei. Dadurch herrschten für lange Zeit lebensfeindliche Bedingungen, die nur wenige Lebewesen überstanden.

Eine Drohne macht Bilder eines Rapsfelds – bis die vielseitigen Geräte aber auf Bestäubungsflüge gehen können, muss noch viel Entwicklungsarbeit geleistet werden.

Kann man Drohnen zum Bestäuben einsetzen?

Bienen und andere Insekten leisten in der Landwirtschaft extrem wertvolle Dienste. Mehr als drei Viertel der wichtigen Nutzpflanzen der Erde brauchen Blütenbesucher, wenn sie einen hohen Ertrag und eine gute Qualität liefern sollen. Die Palette reicht dabei von Kakao und Kaffee über Mandeln und Baumwolle bis zu vielen Obst- und Gemüsesorten. Wenn es nicht mehr genug Bestäuber gibt, drohen daher massive Probleme.

In China werden manche Obstplantagen mangels Bienen schon per Hand bestäubt. Da das aber extrem aufwendig und nicht besonders effektiv ist, tüfteln Wissenschaftler in den USA, den Niederlanden, Japan und anderen Ländern an einer technischen Lösung: Winzige Drohnen sollen ähnlich wie echte Insekten den Pollen selbstständig von Blüte zu Blüte transportieren. Auf den Feldern und Plantagen ist das noch Zukunftsmusik. Doch im Labormaßstab fliegen einige künstliche Bienen schon.

So haben Wissenschaftler der Harvard University in den USA ein Modell namens RoboBee entwickelt, das nur etwa halb so groß ist wie eine Büroklammer. Zunächst musste es noch über Kabel mit Energie versorgt werden, da sämtliche Batterien zu groß und zu schwer waren. Doch im August 2018 ging der 259 mg leichte Winzling mithilfe von Solarzellen, modernster Elektrotechnik und vier Flügeln zum ersten Mal selbstständig in die Luft. Später bekamen die Roboterinsekten auch noch künstliche „Muskeln“ verpasst, die sich durch elektrische Spannung zusammenziehen.

Sensoren und Kontrolltechnik sollen zudem die Augen und Fühler echter Bienen imitieren, sodass die Miniroboter künftig ihre Umwelt wahrnehmen

Flugkünstler im Einsatz

Als weiteres Einsatzfeld für Drohnen in der Landwirtschaft ist auch die Schädlingsbekämpfung im Gespräch. So kann man mit ihrer Hilfe z. B. die Eier von Schlupfwespen über Maisfeldern abwerfen, um den Maiszünsler zu bekämpfen. Auch lässt sich mithilfe spezieller Kameras beim Flug über den Acker erkennen, wo Pflanzen unter Wasserknappheit, Schädlingsbefall oder Düngermangel leiden.

Doch auch für die verschiedensten anderen Einsatzbereiche werden Drohnen getestet oder bereits eingesetzt. Die Palette reicht dabei vom Warentransport über Such- und Rettungsmissionen oder Schadensaufnahme nach Naturkatastrophen bis hin zur Beobachtung von Wetter, Klima und Umwelt.

und flexibel darauf reagieren können. Und schließlich soll sogar ein künstlicher Schwarm von RoboBees abheben, der gemeinsam und koordiniert über ein Feld fliegen kann.

Trotz aller technischen Neuerungen haben Biologen allerdings Zweifel daran, dass die Insektenroboter in Sachen Bestäubungsleistung je an ihre natürlichen Vorbilder heranreichen werden.

Gibt es auch in der festen Erdkruste Ebbe und Flut?

Die Gezeiten erzeugenden Kräfte des Dreigespanns Erde, Mond und Sonne wirken sich keineswegs nur auf das leicht bewegliche Wasser aus. In der Luft äußern sie sich beispielsweise in regelmäßigen Luftdruckschwankungen. Ebbe- und Flutwellen durchlaufen zudem zweimal am Tag sogar die scheinbar so starre Erdkruste. Im Unterschied zu den Meeresgezeiten, die durch die regelmäßigen Schwankungen der Wasserstände für jedermann zu erkennen sind, laufen die Erdgezeiten für den Menschen allerdings unsichtbar ab.

Um die Deformationen des Erdkörpers zu ermitteln, werden weltweit in mehreren Stationen hochpräzise Geräte eingesetzt. Die genauesten Instrumente, die man hierbei verwendet, sind die sogenannten Gravimeter, die bereits geringste Änderungen im Schwerefeld der Erde anzeigen können. Im globalen Durchschnitt ist der Tidenhub bei den Erdgezeiten etwa fünfmal kleiner als bei den Meeresgezeiten. In Mitteleuropa beträgt er beispielsweise ungefähr 30 cm.

Solche im Vergleich mit dem Erddurchmesser verschwindend kleinen Höhenänderungen stellen jedoch bei der exakten Vermessung der Erde erhebliche Störfaktoren dar. Möglicherweise lösen die Wellen der Erdgezeiten darüber hinaus auch Erdbeben und Vulkanausbrüche aus, zermürben das Gestein und bewirken langsame Bodenbewegungen an Berghängen.

Bekam Einstein den Nobelpreis für die Relativitätstheorie?

Als Albert Einstein 1921 den Nobelpreis für Physik erhielt, war seine berühmte Relativitätstheorie unter Physikern fast schon ein alter Hut. Trotzdem wurde Einstein nicht etwa dafür ausgezeichnet, sondern für eine Leistung, die mit der Relativitätstheorie nichts zu tun hat, nämlich die Erklärung des Photoeffekts. Er wurde damit für seine Arbeit in der Quantentheorie geehrt, die zwar genauso alt war wie die Relativitätstheorie, aber zumindest in den ersten Jahren viel umstrittener. Sowohl Einsteins erste Arbeit über die Spezielle Relativitätstheorie als auch seine Arbeit zum Photoeffekt erschienen 1905.

Warum das Nobelpreiskomitee Einstein nun für „seine Verdienste um die theoretische Physik, besonders für die Entdeckung des Gesetzes des photoelektrischen Effekts“ würdigte und dabei die Relativitätstheorie kaum erwähnte, ist nicht ganz klar. Sicher ist, dass Alfred Nobel in seinem Testament den Preis für die „wichtigste Entdeckung oder Erfindung auf dem Gebiet der Physik“ ausgeschrieben hatte. Nobel war ein praktisch denkender Mensch und hatte dabei wohl eher patentierbare Erfindungen im Sinn als trockene Theorien. Trotzdem konnte das Komitee den Theoretiker Einstein nicht übergehen: Zwischen 1910 und 1920 häuften sich die Vorschläge, ihm den Nobelpreis zu verleihen. Das Nobelkomitee war jedoch offenbar der Meinung, dass Einsteins Relativitätstheorie in praktischen Experimenten noch nicht ausreichend belegt sei.

So griff man auf seine Erklärung für den Photoeffekt zurück, der experimentell keine Probleme machte. Schließlich hatte sich Einstein in dieser Arbeit mit einem Phänomen befasst, das rund 20 Jahre zuvor bei einem jederzeit wiederholbaren Experiment entdeckt worden war.

Wie stark hat sich die Erdatmosphäre in den letzten Jahren erwärmt?

Die Lufttemperaturen in den unteren Schichten der Erdatmosphäre sind in der zweiten Hälfte des 19. Jh., im gesamten 20. Jh. und auch zu Beginn des 21. Jh. deutlich gestiegen. Von Jahr zu Jahr schwankten die Durchschnittstemperaturen beträchtlich, doch der über die Jahrzehnte gemittelte Trend weist eindeutig nach oben. 2019 lag das weltweite Mittel beispielsweise um 0,95 °C über der Durchschnittstemperatur der Jahre 1880 bis 2019, noch größer war die positive Abweichung im Jahr 2016. Die wärmsten zehn Jahre in diesem Zeitabschnitt gab es seit 2005.

Seit gut 40 Jahren steigt die Temperatur geradezu dramatisch an: Die neuesten Werte deuten auf einen Temperaturanstieg von fast 3 °C bis zum Jahr 2100 hin – selbst wenn alle Pläne zur Verringerung des CO_2-Ausstoßes umgesetzt würden, rechnet man noch mit einem Anstieg von 2 °C.

Kann ein einziger Liter Erdöl 1 Mio. Liter Wasser verseuchen?

Selbst kleinste Mengen öliger Substanzen können gewaltige Mengen Trinkwasser ungenießbar machen. Dies beweist ein einfaches Experiment: Man gibt einen winzigen, etwa 1 mm^3 großen Tropfen eines duftenden ätherischen Öls, beispielsweise Lavendelöl, in 1 l Trinkwasser. Das Öl breitet sich rasch im Wasser aus und verleiht ihm einen angenehmen Geruch – trinkbar ist es jetzt jedoch nicht mehr. 1 mm^3 Öl kann demnach 1 l Trinkwasser, also die millionenfache Menge, ungenießbar machen.

Das gilt erst recht für Erdöl und die daraus gewonnenen Produkte wie Heiz- oder Dieselöl. Jeder Tropfen Öl, der im Erdboden versickert und ins

Ausgetrocknete Böden und damit einhergehende Missernten sind Auswirkungen der sich immer weiter fortsetzenden Erwärmung der Atmosphäre.

Vorläufig wird den Ölraffinerien die Arbeit nicht ausgehen. Noch immer ist der Verbrauch an Erdöl weltweit sehr hoch.

Grundwasser gelangt, stellt deshalb eine Gefahr dar. Unabsehbare Folgen hat eine Ölpest nach einer Tankerhavarie, bei der mitunter Tausende Tonnen Öl ins Meer strömen. Die wasserlöslichen Bestandteile des Erdöls werden von Bakterien und Pilzen zwar relativ schnell und vollständig abgebaut, sofern genug Luftsauerstoff vorhanden ist. Schwerflüchtige Bestandteile wie Asphalt, die als Ölteppich das Wasser überziehen und in Klumpen an die Küste gespült werden, sind dagegen sehr viel schwerer abbaubar.

Deckt Erdöl noch immer den größten Teil des Energiebedarfs?

Die ganze Welt hungert nach Energie. Der globale Energiebedarf wächst jährlich um etwa 1,5–2 %, wobei China und die USA die größten Energieverbraucher sind. Gestillt wird dieser Energiehunger vor allem durch eine zähe, schwarze Flüssigkeit: Erdöl. Ungefähr 4,5 Mrd. t verbrannten die Menschen im Jahr 2019, d. h., rund ein Drittel des weltweiten Energieverbrauchs wurde mithilfe von Erdöl gedeckt.

Auch in Deutschland, dem größten Energieverbraucher der EU, ist Erdöl noch immer der wichtigste Energielieferant – obwohl der Verbrauch hier in den letzten Jahren zurückgegangen ist. Zusammen mit Erdgas und Kohle liegt der Anteil der fossilen Energieträger aber immer noch bei ca. 78 %. Daran wird sich, so die Prognose, auch in den nächsten Jahren nur wenig ändern. Der Anteil erneuerbarer Energien liegt inzwischen bei etwa 17 % des Gesamtenergieverbrauchs. Beim Stromverbrauch liegt ihr Anteil immerhin schon bei 42 %. In der Schweiz und Österreich sieht die Situation ganz ähnlich aus.

Erdöl dient aber nicht nur zur Erzeugung von Elektrizität, Wärme und als Treibstoff, es steckt auch in Kunststoffen, Farben, Medikamenten und Kosmetika. Damit ist absehbar, dass irgendwann die weltweiten Erdölvorräte aufgebraucht sein werden. Spätestens dann muss die Menschheit auf andere Energielieferanten ausweichen. Momentan schätzt man, dass bis zu diesem Zeitpunkt noch rund 50 Jahre vergehen werden – allerdings nur dann, wenn man eine etwa gleichbleibende Förderung und keine nennenswerten Neufunde an Erdöl voraussetzt.

Bremst der Mond die Erdrotation?

Dass die Anziehungskraft des Mondes starke Auswirkungen auf unseren Planeten hat, wird uns durch den Wechsel von Ebbe und Flut am deutlichsten vor Augen geführt: Ständig zieht der Mond an vielen Milliarden Tonnen Meerwasser, wodurch sich ein Wasserberg bildet. Da sich die Erde dabei aber unter dem Mond wegdreht, wandert dieser Wasserberg im Lauf eines Tages rund um die Erde. Gleichzeitig bildet sich auf der anderen Seite der Erde ein zweiter Wasserberg, der ebenfalls um die Erde läuft. Dieser Berg entsteht infolge der durch die Erddrehung verursachten Fliehkraft, der die Anziehungskraft des Mondes hier am mondfernsten Punkt der Erde am wenigsten entgegensetzen kann.

Zwar wird auch der feste Boden vom Mond um bis zu 30 cm angehoben; weil Wasser sich aber wesentlich leichter bewegen lässt als feste Massen, sind die Auswirkungen hier stärker. Ständig bewegen sich also zwei riesige Wasserberge über die Ozeane, und dabei reibt das Wasser über den Meeresboden und an den Küsten – was die Drehung der Erde abbremst.

Dieser Effekt ist jedoch extrem klein. Ein Tag verkürzt sich momentan in 100 Jahren nur um etwa 2 Millionstel Sekunden. Untersuchungen an uralten Korallen haben gezeigt, dass die Erde vor etwa 900 Mio. Jahren tatsächlich schneller rotierte, sodass ein Tag damals nur etwa 18 Stunden dauerte.

Man kann die Auswirkungen der Abbremsung auch für die Zukunft fortschreiben. Rein rechnerisch würde die Erde aufgrund der durch den Mond verursachten Verlangsamung in etwa 15 Mrd. Jahren ganz stehen bleiben – doch zu diesem Zeitpunkt wird sie längst zusammen mit unserer Sonne zugrunde gegangen sein.

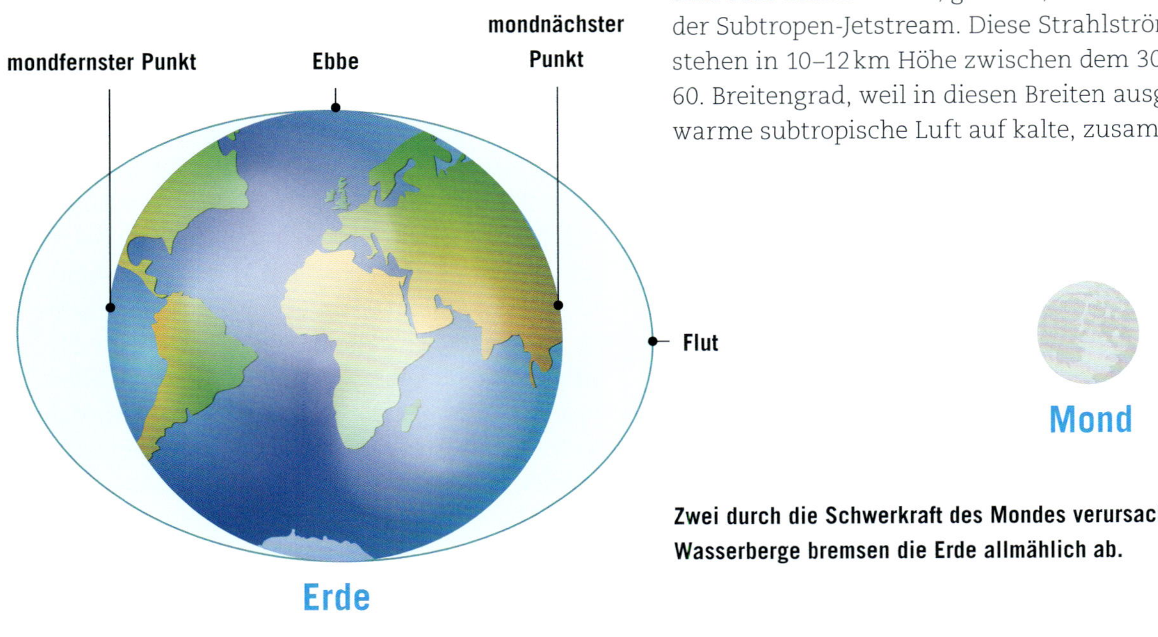

Zwei durch die Schwerkraft des Mondes verursachte Wasserberge bremsen die Erde allmählich ab.

Wirkt sich die Erdrotation auf Flugzeiten aus?

Fliegt man von Ost nach West, dann ist man länger unterwegs als in umgekehrter Richtung: Ein Flug von London nach Miami dauert etwa 9,5 Stunden, zurück geht es aber fast eine Stunde schneller. Für die Strecke Los Angeles bis Tokio braucht man auf dem Hinweg rund 11,5 Stunden, zurück nur 9 Stunden und 45 Minuten.

Für dieses Phänomen wird oft die Erdrotation verantwortlich gemacht, in dem Sinne, dass sich die Erde unter dem Flugzeug wegdreht – also die Flugstrecke sich verkürzt oder verlängert je nach Flugrichtung. Dies ist jedoch ein Denkfehler, der auf dem komplexen Verhältnis von bewegten Bezugssystemen und Beobachtungsstandpunkt beruht. Die direkte Ursache für die unterschiedlichen Flugzeiten sind sehr starke Winde, genauer, der Polarfront- und der Subtropen-Jetstream. Diese Strahlströme entstehen in 10–12 km Höhe zwischen dem 30. und dem 60. Breitengrad, weil in diesen Breiten ausgedehnte, warme subtropische Luft auf kalte, zusammengezogene Luft von den Polen stößt. Diese Druckunterschiede führen zu den starken Stürmen, die das ganze Jahr mehr oder minder kräftig in Richtung Osten wehen, weil sie durch die Erdrotation abgelenkt werden – die Erdrotation ist also nur indirekt für die Flugzeitverkürzung verantwortlich.

Durch Tiefdruck- und Hochdruckzonen wird die Luftströmung weiter abgelenkt, sodass sich der Jetstream schließlich in riesigen Schleifen um den Erdball windet. Dessen Geschwindigkeit ist beträchtlich: Sie kann bis zu 170 Knoten erreichen – das sind immerhin fast 315 km/h. Die Eigengeschwindigkeit einer Boeing 777 beträgt dagegen etwa 900 km/h. Je nach Flugrichtung sorgt der Jetstream also für starken Rücken- oder Gegenwind, was natürlich Auswirkungen auf die Flugzeit hat.

Bei entsprechendem Gegenwind fliegt die Antonov An-2 sogar rückwärts.

Warum können Flugzeuge nicht rückwärts fliegen?

Während die meisten Autos sich dank eines Rückwärtsgangs problemlos auch nach hinten bewegen können, fehlt diese praktische Fortbewegungsrichtung in Flugzeugen gleich aus zwei Gründen. Zum einen sind Propeller und Turbinen so konstruiert, dass sie größere Luftmassen nur nach hinten befördern können und auf diese Weise das Flugzeug vorwärts treiben. Aber selbst wenn die Ingenieure eine Turbine oder einen Propeller zwecks Rückwärtsflug umgekehrt einbauten, würden die Tragflächen einen Rückwärtsflug verhindern. Diese sind nämlich so geformt, dass die Luft oberhalb der Flügeln einen längeren Weg nimmt als unterhalb. Dadurch ist der Luftdruck unter den Flügeln höher als oberhalb, und so wird das Flugzeug nach oben gedrückt, während die Schwerkraft es nach unten zieht. Dafür ist eine entsprechend hohe Geschwindigkeit notwendig; um sicher in der Luft zu bleiben, muss der Pilot relativ schnell fliegen, damit der Auftrieb stärker wird als die Schwerkraft. Beim Rückwärtsflug würden sich diese Verhältnisse umkehren, und das Flugzeug würde abstürzen.

Und doch gibt es Maschinen, die rückwärts fliegen. So wurde in Deutschland ab 1936 der „Fieseler Storch“ gebaut, der mit seinen langen und auffällig breiten Flügeln viel Auftrieb erzeugte und daher mit weniger als 50 km/h sehr langsam fliegen konnte. Dadurch genügte dem Flugzeug, das in der Schweizer Luftwaffe bis 1963 im Dienst war, eine nur 50 m lange Startbahn, zum Landen reichten sogar 20 m. Blies dem Storch der Wind mit 50 km/h entgegen, konnte er über dem Grund stehen. Frischte die Brise weiter auf, flog er sogar rückwärts.

Ähnliche Eigenschaften hatte die Antonov An-2, die seit 1947 in der Sowjetunion gebaut wurde. Der liebevoll Annuschka genannte Doppeldecker geht noch heute mit bis zu zwölf Passagieren in die Lüfte und lässt sich selbst mit langsamen 48 km/h kontrolliert fliegen. Bläst der Gegenwind also mit 56 km/h fliegt die Annuschka in einer Stunde 8 km rückwärts.

Außerdem gibt es noch das von Großbritannien entwickelte Kampfflugzeug Harrier. Um senkrecht zu starten, kann das Flugzeug die vier Düsenauslässe seines Pegasus-Triebwerks von der waagrechten in eine senkrechte Position schwenken. Da das auch im Flug möglich ist, konnten die Piloten im Falklandkrieg ihre Gegner aus Argentinien immer wieder mit Flugmanövern überraschen, die eigentlich als unmöglich galten. Da die Düsen nicht nur um 90° und damit senkrecht nach unten, sondern sogar um 98,5° gedreht werden können, strömt die Luft in dieser Position nicht nur nach unten, sondern auch leicht nach vorn. Damit kann die Harrier mit immerhin 32 km/h rückwärts fliegen. Und das ganz ohne Gegenwind!

Können Flüsse auch talaufwärts fließen?

Bei Flüssen, die in ein Meer mit stärkeren Gezeiten münden, ist die regelmäßige Umkehr der Fließrichtung im untersten Laufabschnitt nichts Ungewöhnliches. Aber auch unabhängig von Ebbe und Flut strömen manche Flüsse im Binnenland mal flussabwärts und mal flussaufwärts. Das wohl bekannteste Beispiel dafür ist der Tonle-Sap-Fluss, der den Tonle-Sap-See in Kambodscha mit dem Mekong verbindet. Während der Trockenzeit von November bis Mai strömt Wasser dem natürlichen Gefälle folgend aus dem See in den Mekong. Wenn jedoch im Juni die Monsunregen einsetzen, dann steigt der Pegel des Mekong, und ein Teil des Wassers fließt durch den Tonle-Sap-Fluss zurück in den See. Dadurch steigt das Wassertiefe im See von 2 m auf über 10 m an, und die Fläche des Sees verdoppelt sich. Mit dem Beginn der Trockenzeit ändert der Fluss wiederum seine Fließrichtung, was von der Bevölkerung traditionell mit dem großen Wasserfest gefeiert wird. Der Tonle-Sap-Fluss ist weltweit kein Einzelfall. Bei vielen Flüssen, deren Pegelstand im Lauf des Jahres stark schwankt, kommt es vor, dass bei Hochwasser die Wassermassen des Hauptflusses in die Nebenflüsse drücken.

Kündigen Föhnwolken schlechtes Wetter an?

Der Föhn, genauer der Südföhn, ist ein warmer, trockener und oft stürmischer Wind, der an manchen Tagen aus südlicher Richtung über die Kämme der Alpen, durch die Föhngassen des Gebirges und das nördliche Alpenvorland weht. Ähnliche Winde gibt es in vielen anderen Gebirgen der Erde, z. B. den Nordföhn oder Tedesco („der Deutsche") am oberitalienischen Alpenrand oder den Autan in den Pyrenäen. Die Winde bringen der dem Wind zugekehrten Seite der Gebirge, wo die Luftmassen aufsteigen müssen, meist ergiebige Niederschläge.

An der windabgewandten Seite sinken die Luftmassen dagegen ab und werden dabei wärmer und trockener. Die Wolkendecke reißt auf, und es zeigen sich nur noch einzelne linsenartige Wolken am Himmel, in etwa parallel zu den Bergketten (Föhnfische). Solange man diese Wolken sieht, herrscht gutes Bergwetter mit viel Sonne und exzellenter Fernsicht. Doch die Wetterlage hält meist nur einige Stunden bis wenige Tage an, dann bricht der Föhn zusammen; oft kommt es zu einem Wettersturz.

Um diese Wetteränderung zu verstehen, muss man die Vorgänge um den Südföhn genauer betrachten: Er setzt ein, wenn sich ein Tiefdruckgebiet vom

Die Föhnfische genannten Wolken sind typische Begleiterscheinungen des Südföhns in den Alpen.

Bei Ebbe kann man im Watt spazieren gehen – wie hier bei Baltrum.

Atlantik her Mitteleuropa nähert und dieses aus einem über den östlichen Alpen gelegenen Hochdruckgebiet Luft ansaugt – was den Föhn ergibt. Da Tiefs relativ schnell wandern, erreichen ihre Schlechtwetterfronten bald die Alpen, hinter dem Kern des Tiefdruckgebiets dreht der Wind abrupt von südlichen auf nordwestliche Richtungen und führt kühlfeuchte Luftmassen heran. Das Wetter schlägt dann innerhalb weniger Stunden um. Föhnwolken über den Nordalpen und dem Alpenvorland sprechen daher meist für eine deutliche Wetterverschlechterung innerhalb von 12–48 Stunden. Noch schneller trifft das Schlechtwetter ein, wenn sich die Wolken in der freien Atmosphäre, also ohne Gebirgshindernisse, über Mitteleuropa am Himmel zeigen.

Am Föhnwetter erkennt man, wie fragwürdig die Unterscheidung von gutem und schlechtem Wetter ist. Für Bergwanderer ist der Föhn (sofern er nicht zu stark weht) günstig, ebenso für Segelflieger, die sich von den Luftwellen auf der windabgewandten Seite des Gebirges über große Strecken tragen lassen. Ungünstig ist der warme, trockene Wind dagegen für Wintersportler – er lässt Schnee rasch schmelzen. Für wetterfühlige Menschen ist Föhnwetter sogar eine ungünstige Wetterphase: Sie werden von Kopfschmerzen und Depressionen geplagt, Erkältungen und Herz-Kreislauf-Probleme nehmen bei ihnen zu.

Könnten Formel-1-Wagen kopfüber an der Decke fahren?

Wenn Hamilton, Vettel und Co. über die Strecke rasen, pressen unglaubliche Kräfte ihren Formel-1-Wagen auf den Asphalt. Ab etwa 120–150 km/h (die genauen Zahlen sind Betriebsgeheimnisse der Teams) würden diese Kräfte ausreichen, um das Fahrzeug kopfüber an einer Decke fahren zu lassen – und zwar auf gerader Fahrt, ohne Looping.

Dieser Anpressdruck ist gewollt, weil Autos dazu neigen, förmlich auf dem Fahrtwind zu „schwimmen“. Bei normalen Wagen spielt das keine Rolle, bei den 350 km/h schnellen Rennwagen könnten die Reifen infolge dieses Auftriebs aber den Bodenkontakt verlieren, besonders bei schwungvollen Kurvenfahrten.

Daher sorgen speziell geformte Flügel an den Fahrzeugen dafür, dass der Fahrtwind die Boliden nach unten drückt und gleichzeitig an die Straße saugt. Für den Sog ist der Luftfluss unter dem Auto verantwortlich. Dort werden die Luftteilchen stark beschleunigt, wodurch ein Unterdruck entsteht – ein Phänomen, das man nach seinem Entdecker Venturi-Effekt nennt. Welche Kräfte dieser Effekt entwickeln kann, sieht man an einem Orkan, der über Häuser hinwegfegt. Auch hier werden die Dächer regelrecht von den Gebäuden gesaugt.

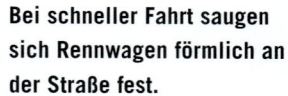

Bei schneller Fahrt saugen sich Rennwagen förmlich an der Straße fest.

Rekorde

DER HÖCHSTE TIDENHUB

Der Höhenunterschied zwischen dem durch die Gezeiten verursachten Niedrigwasser und dem Hochwasser (Tidenhub) beträgt auf den Ozeanen normalerweise nur wenige Dezimeter. An den Küsten kann der Pegelstand aber um mehrere Meter schwanken, und in trichterförmigen Buchten und Flussmündungen kann das Wasser mit der Flut sogar um über 10 m ansteigen – wie in der Bay of Fundy an der Atlantikküste Kanadas, wo der maximale Tidenhub im innersten Winkel fast 17 m beträgt, ein weltweiter Rekord. In Europa hält das Mündungsgebiet des britischen Flusses Severn den Rekord, hier beträgt der Gezeitenunterschied bis zu 15 m.

Werden die Gezeiten vom Mond verursacht?

Der Erdtrabant spielt bei der Entstehung der Gezeiten tatsächlich die wichtigste Rolle. Seine Masse ist zwar im Vergleich mit der eines Planeten sehr klein (sie beträgt beispielsweise nur etwa ein Einundachtzigstel der Erdmasse), aber da er die Erde in einer relativ geringen Entfernung von durchschnittlich 384 400 km umkreist, übt er eine beachtliche Massenanziehungskraft auf sie aus.

Wäre der Erdkörper vollkommen starr, gäbe es auf unserem Planeten keine Gezeiten. Die Erde – vor allem ihre Wasserhülle und Atmosphäre – ist jedoch durch entsprechende Kräfte in der Größenordnung von Dezimetern bis Metern verformbar. Sogar in der Erdkruste lassen sich die Gezeiten nachweisen.

Die Anziehungskraft der Himmelskörper nimmt mit wachsendem Abstand stark ab. Die durch die Kräfte des Mondes erzeugte Verformung ist deshalb an der dem Mond zugewandten Seite der Erde am größten. Dort entsteht eine Art Buckel, der Flutberg. Auch Fliehkräfte, die bei der Bewegung der Erde und des Mondes um den gemeinsamen Schwerpunkt entstehen, verformen den Erdkörper. Sie übertreffen den Einfluss des Trabanten an der ihm abgewandten Seite, wo seine Anziehungskraft aufgrund der größeren Entfernung geringer ist. Dort bildet sich dann ein zweiter Flutberg. Unter beiden Flutbergen dreht sich die Erde etwa einmal am Tag hindurch, was sich vor allem in Ebbe und Flut äußert.

Mit ihrer gewaltigen Masse hat aber auch die Sonne großen Einfluss auf die Stärke und den Rhythmus der irdischen Gezeiten: Stehen Sonne, Erde und Mond während der Mondphasen Vollmond und Neumond in einer Linie, überlagern sich die Anziehungskräfte von Sonne und Mond und erzeugen die hohen Springfluten. Umgekehrt wirken bei Halbmond, wenn Sonne und Mond im rechten Winkel stehen, die Anziehungskräfte der beiden gegeneinander, und es kommt zu den niedrigen Nippfluten.

Lässt sich mit menschlichen Stimmen Glas zerstören?

Für Oskar Matzerat aus *Die Blechtrommel* von Günter Grass war es kein Problem, Gläser mit seiner Stimme zu zerstören.

Er ist eine der bekanntesten Figuren der deutschen Literaturgeschichte: Oskar Matzerat, der Junge mit der Blechtrommel, der mit schrillen Schreien Weingläser und Fensterscheiben zerstören kann. In der realen Welt soll dies angeblich Enrico Caruso mit seiner Tenorstimme gelungen sein.

Physiker bringen derartige Erscheinungen mit der Resonanz in Verbindung: Töne bringen die Luft zum Schwingen, und die wiederum lässt die Gläser mitklingen. Um ein Weinglas zerspringen zu lassen, muss man also zunächst den Ton kennen, mit dem das Glas zur Resonanz angeregt wird. Den hört man, wenn man mit einem angefeuchteten Finger über den Glasrand streicht. Beschallt man das Glas mit genau diesem Ton, dann schaukelt sich im Glas eine Schwingung auf, die immer stärker und stärker wird – bis das Glas zerbricht.

Mit künstlichen Tönen ist dies einfach, nicht aber mit der menschlichen Stimme. Sänger erreichen 90–100 Phon, Weingläser zerspringen aber erst bei 110–120 Phon. Zudem dauert der Vorgang zu lange, sodass den Sängern zuvor die Luft ausgeht. An Carusos angeblicher Leistung darf also gezweifelt werden.

Stimmenvielfalt

Viele Tiere kommunizieren mit Tönen, die der Mensch nicht hören kann. Spezialisten unter den Tieren sind die Wale: Einige schaffen tiefste Frequenzen um 10 Hz, andere orientieren sich ähnlich wie Fledermäuse mit sehr hohem Ultraschall.

Lebewesen	Stimmfrequenz in Hz
Elefant	5–9000
Blauwal	10–40
Buckelwal	40–5000
Mensch, Bass	80–340
Rind	100–1500
Mensch, Sopran	250–1000
Delfin	1000–20 000
Frosch	2000–10 000
Vogel	2000–8000
Fledermaus	30 000–100 000

Wie misst man Gravitationswellen?

Bereits 1916 hatte Albert Einstein postuliert, dass der Zusammenstoß großer Massen im All die sie umgebende Raumzeit erschüttern kann. Diese Erschütterung läuft dann als sogenannte Gravitationswelle, eine Stauchung und Streckung des Raumes, mit Lichtgeschwindigkeit durch den Weltraum. An einen Nachweis dieser Wellen konnte Einstein aber noch nicht einmal im Traum denken, denn Gravitationswellen sind unvorstellbar klein, und eine Messeinrichtung, die sie entdecken könnte, lag weit außerhalb der Möglichkeiten seiner Zeit.

Aber die Gravitationswellentheorie ließ Forscher weltweit nicht ruhen. Sie suchten nach Methoden, um die winzigen Kräuselungen des Raumes aufspüren zu können. Und tatsächlich: Am 11. Februar 2016, fast genau 100 Jahre nach Einsteins Vorhersage, konnten Wissenschaftler in einer Pressekonferenz mitteilen, dass sie im September 2015 mithilfe des Gravitationswellendetektors LIGO die Gravitationswellen nachweisen konnten, die entstanden, als zwei 1,3 Mrd. Lichtjahre entfernte Schwarze Löcher zusammenstießen.

Wie war nun diese wissenschaftliche Sensation gelungen? LIGO (Laser Interferometer Gravitational-Wave Observatory) besteht – zur gegenseitigen Kontrolle – aus zwei baugleichen Anlagen in den USA: bei Hanford/Washingon und, rund 3000 km davon entfernt, Livingston/Louisiana. Beide Geräte sind L-förmig aufgebaut, wobei beide Äste des L jeweils 4 km lang sind. Ein Laserstrahl wird nun in die Anlage hineingeschossen und mithilfe eines halbdurchlässigen Spiegels so aufgespalten, dass er beide Äste gleichzeitig durchläuft. Am Ende der Äste werden die Lichtstrahlen reflektiert und in einem Detektor wieder zusammengeführt. Im Normalbetrieb löschen sich die zurückkehrenden Lichtstrahlen dabei gegenseitig aus. Läuft nun eine Gravitationswelle durch LIGO, werden die Äste der Anlage unterschiedlich gestaucht und gedehnt und die Auslöschung gestört, was mithilfe des Detektors gemessen werden kann.

Damit LIGO dies feststellen kann, muss das Observatorium in der Lage sein, Änderungen seiner Armlängen in einer Größenordnung von 10^{-19} m zu messen!

Leistet ein Handy heute mehr als die Großrechner der Mondlandung?

Die Aufgaben, die Großrechner vor über 50 Jahren zu erfüllen hatten, unterschieden sich natürlich stark von denen, die ein modernes Handy bzw. Smartphone heute bewältigt. Dennoch lässt sich die reine Rechenleistung der Röhrenrechner und der Chipwunder vergleichen – und dabei ziehen die Giganten tatsächlich den Kürzeren.

Der IBM 704 beispielsweise, der bei der NASA bis in die 1960er-Jahre hinein verwendet wurde, hatte einen Arbeitsspeicher von gerade einmal 64 KB. Mit Magnetbandlesern und Druckern nahm er knapp 2000 m^2 ein und war trotzdem ein „Kleinhirn", verglichen mit einem Handy.

In den 1960er-Jahren nahmen Computer noch ganze Etagen ein – ein modernes Smartphone lässt sich bequem in die Hand nehmen und leistet weit mehr.

Rekorde

DIE SCHNELLSTEN COMPUTER

Die Einheit zum Vergleich von Prozessoren sind die sogenannten Flops (floating-point operations per second). Sie geben an, wie viele Rechenoperationen in der Sekunde durchgeführt werden können. 1 Peta-Flop (PFLOPS) sind 10^{15} Flops.

Name	PFLOPS	Land
Fugaku (RIKEN Center for Computational Science)	415,5	Japan
Summit (Oak Ridge National Laboratory)	148,6	USA
Sierra (Lawrence Livermore National Laboratory)	94,6	USA
Sunway TaihuLight (National Supercomputing Center in Wuxi)	93,0	China
Tianhe-2 (National Supercomputing Center in Guangzhou)	61,4	China

Die Apollo-Flugbahnen wurden von fünf Rechnern vom Typ IBM 7094 gemeinsam ermittelt – und jede dieser Maschinen schaffte 62 500 Divisionen pro Sekunde. Heutige Handy-Prozessoren sind Tausende Male schneller. Der Großrechnerverbund wurde sogar mit dem größten Ferritkernspeicher ausgestattet, den IBM je herstellte: 220 Mio. Eisenkerne speicherten 2,6 MB Daten. Moderne Handys speichern problemlos das Mehrtausendfache davon.

Müssen Handys im Flugzeug immer im Flugmodus sein?

Vor dem Start eines Flugzeuges werden alle Passagiere gebeten, ihre Handys und elektronischen Geräte in den sogenannten Flugmodus zu schalten. Der Flugmodus wurde entwickelt, um alle drahtlosen Kommunikationsfunktionen, die Funkwellen aussenden, deaktivieren zu können, ohne dass das Gerät komplett ausgeschaltet werden muss. Somit lassen sich alle übrigen Funktionen (beispielsweise Musikplayer, Kamera, Spiele-Apps usw.) weiter nutzen.

Viele Passagiere nehmen aufgrund der kommunizierten Dringlichkeit der Nutzung des Flugmodus an, dass elektronische Geräte, die sich nicht im Flugmodus befinden, die Bord-Kommunikationssysteme beeinträchtigen und somit eine Gefahr für die Sicherheit an Bord darstellen. Aufgrund der heute genutzten, hochentwickelten Technik stellt die Handynutzung an sich jedoch keine Gefahr mehr dar. Ansonsten wären Handys und andere elektronische Geräte mit drahtlosen Kommunikationsfunktionen ohne Frage komplett verboten.

Die Europäische Aufsichtsbehörde für Flugsicherheit (EASA) hat daher im September 2014 die Nutzung von elektronischen Geräten, die sich nicht im Flugmodus befinden, erlaubt. Auch die deutsche Luftfahrzeug-Elektronik-Betriebs-Verordnung (LuftEVB), die Ergänzung zum Luftverkehrsgesetz (LuftVG), erlaubt eine Nutzung von elektronischen Geräten, die nicht als Luftfahrtgeräte zugelassen sind, sofern die Verträglichkeit der Geräte mit der Bordelektronik nachgewiesen ist. Alle Geräte müssen somit auf die vorgeschriebenen Sicherheitsstandards geprüft werden. Die endgültige Entscheidungsgewalt über die Nutzung elektronischer Geräte ohne Flugmodus an Bord liegt aber dennoch weiterhin bei den Fluggesellschaften – man sollte sich vor einer Flugreise also über die Regelungen der jeweiligen Fluggesellschaft informieren.

Dennoch gibt es gute Gründe, warum die Geräte an Bord nur im Flugmodus genutzt werden sollten. Zum einen könnte es in seltenen Fällen zu Störungen (Knackgeräuschen) in den Kopfhörern der Piloten kommen, sodass eventuell Funksignale nicht mehr einwandfrei verstanden werden. Zum anderen geht es um den Komfort der Passagiere und der Besatzung: Telefonieren an Bord ist und bleibt weiterhin verboten. Mobilfunk ist in den üblichen Flughöhen meist sowieso nicht verfügbar. Der Empfang und das Senden von Daten/SMS ist jedoch möglich. Zudem gilt im Luftraum die EU-Roaming-Verordnung nicht – surfen über den Wolken wäre in den meisten Fällen also eine ziemlich teure Angelegenheit. Immer mehr Fluggesellschaften bieten mittlerweile jedoch einen (ebenfalls hochpreisigen) Internetzugang an.

Ungeheuerliche Kräfte sorgen dafür, dass Berge im Himalaja weiterhin wachsen.

Wird der Himalaja immer höher?

Das höchste Gebirge auf dem Festland ist in den letzten 50 Mio. Jahren infolge der Kontinentalverschiebung durch den Aufprall der Indisch-Australischen auf die Eurasische Platte entstanden. Diese beiden Platten der festen Erdrinde sind kontinentale Massen, die aus leichten Gesteinen bestehen. Bei der Kollision einer ozeanischen Platte mit einer kontinentalen Platte taucht in der Regel die aus schwereren Gesteinen aufgebaute ozeanische Platte unter die kontinentale Masse ab und wird im Erdinnern aufgeschmolzen.

Wenn jedoch wie an der Grenze zwischen der Indisch-Australischen und der Eurasischen Platte sozusagen zwei gleich starke Gegner aufeinandertreffen, schieben sich die Bruchstücke der Kruste übereinander und bilden eine dicke kontinentale Erdkruste. Unter dem Himalaja ist sie 60–80 km stark; normalerweise misst sie gerade etwa die Hälfte. Der mächtige Gebirgssockel lagert auf den schwereren, teilweise halbflüssigen Gesteinen des Erdmantels. Darauf schwimmt er ähnlich wie ein Schiff und erfährt einen starken Auftrieb, der zu einer Hebung des Gebirges führt. Beim Himalaja beträgt die Hebung 5–8 mm pro Jahr, an manchen Orten wurden sogar 10 mm gemessen.

Die Berge des Himalaja wachsen allerdings nicht ungebremst, sondern erreichen „nur" eine Maximalhöhe von 8–9 km. Denn eine derart dicke Krustenmasse ist nicht stabil, sondern „zerfließt" unter ihrer eigenen Last. Zudem wird jedes Gebirge ständig abgetragen. Hinweise auf die kräftige Erosion sind die riesigen Mengen Schlamm, Sand und Geröll, die der Ganges aus dem Himalaja spült. Seine Sedimentfracht ist viermal größer als die des Amazonas.

Wieso gibt es auf dem Balkan so viele Höhlen?

Man schätzt, dass allein in Slowenien weit über 12 000 Höhlen und Grotten existieren und mindestens 11 500 in Kroatien – und das sind nur zwei der Staaten auf der Balkanhalbinsel. Zum Vergleich: In Deutschland, das ca. 70 % der Fläche dieser Halbinsel hat, gibt es nur rund 11000 Höhlen. Grund für die vielen Höhlen ist der große Flächenanteil der Gesteine in dieser Region, die zur Verkarstung und damit zur Höhlenbildung neigen. Während er im weltweiten Durchschnitt etwa 15 % beträgt, hat der Karst z. B. an der Landesfläche des früheren Jugoslawien einen doppelt so großen Anteil. Das Dinarische Gebirge, das von Slowenien bis nach Montenegro reicht, gilt als Lehrbuchbeispiel eines verkarsteten Gebirges. Und so stammen auch die meisten Begriffe für Karstphänomene aus dieser Region – wie Jama, mit dem eine schachtförmige Höhle, in den südslawischen Sprachen aber auch jede andere Höhle bezeichnet wird. In Hunderttausenden Jahren bildeten sich hier durch Lösungsverwitterung bestimmter Gesteine wie Kalkstein, Dolomit oder Gips riesige Höhlensysteme – wie die berühmte slowenische Postojnska jama, die Höhle von Postojna, mit einer Länge von 24 km.

Rekorde

HÖHLENREKORDE

Die größten Höhlen der Erde sind fast immer Karsthöhlen, die durch Lösungsvorgänge in Kalkstein oder Gips entstanden.

Längste Karsthöhle der Erde
Mammuthöhlensystem, USA (652 km)

Längste Karsthöhle Europas
Optymistytschna Petschera, Ukraine (262 km)

Tiefste Karsthöhle der Erde
Werjowkina-Höhle, Georgien (2212 m)

Tiefste Karsthöhle Europas
Lamprechtsofen-Vogelschacht, Österreich (1632 m)

Größte Karsthöhlenkammer der Erde
Sarawak-Kammer, Malaysia (162 700 m²)

Größte Karsthöhlenkammer Europas
Torca del Carlista, Spanien (76 620 m²)

Still und geheimnisvoll ziehen sich Höhlensysteme durch das Gestein.

Sind Holzhäuser die Zukunft?

Genau genommen hat diese Zukunft bereits begonnen: So steht beispielsweise in Brumunddal am Mjøsa, dem größten See Norwegens, ein 85 m hohes Holzfachwerk-Hochhaus, das Mjøstårnet. In dessen 18 Stockwerken finden nicht nur ein Hotel und Büroetagen Platz, sondern auch ein Restaurant und 33 Wohnungen. Und dieses Bauwerk ist nur eines von vielen neuartigen Holzgebäuden, die man in dieser Form vor ein paar Jahren noch nicht für möglich gehalten hätte.

Das wiedererwachte Interesse für Holzhäuser hat mehrere Gründe: Zunächst ist Holz ein natürlicher Faserwerkstoff, wie er als technisches Produkt z. B. auch beim Flugzeugbau verwendet wird. Eingeschlossene Luft macht Holz zu einem erstklassigen Dämmstoff, während Beton Kälte und Wärme kaum abhält. Vor allem aber holt ein Baum für jeden Kubikmeter seines Holzes 900 kg des Treibhausgases Kohlendioxid (CO_2) aus der Luft, die nach dem Bau im Gebäude feststecken und so das Weltklima nicht mehr aufheizen können. Die Herstellung von Beton sorgte dagegen etwa im Jahr 2019 für mehr als 6 % des weltweiten Ausstoßes von CO_2. Und da zwei Drittel dieses Treibhausgases bei einer chemischen Reaktion entstehen, die Kalk mit anderen Mineralien in Zement verwandelt, gibt es kaum Möglichkeiten, bei der Betonproduktion CO_2 einzusparen.

Außerdem ist es inzwischen gelungen, Holz zu einem wesentlich vielseitiger einsetzbaren Baustoff zu machen, als er es früher war: Die Balken für die neuartigen Holzhäuser bestehen normalerweise nicht mehr aus gewachsenem Holz, sondern werden aus 20 cm breiten Brettern zusammengeleimt. Für ein sieben- oder achtstöckiges Haus verbindet man diese Bauteile zu einem Quadrat mit 40 cm Seitenlänge, höhere Gebäude baut man mit 60 cm dicken Leimbalken. Für die Querbalken werden solche Leimhölzer mit Stahlkreuzen verbunden, die den größten Teil der auf ihnen lastenden Kräfte aufnehmen. Damit das Holzhochhaus bei einem Sturm nicht allzu sehr schwankt, werden weitere Balken diagonal durch die Fassade von Holzbauten mit vielen Stockwerken gezogen, die ähnlich wie ein Stabilisierungskreuz an einem Regal die Konstruktion versteifen.

Das Holzhochhaus Mjøstårnet wird im Inneren von gigantischen Leimholzträgern stabilisiert.

Weltweit gibt es inzwischen zahlreiche Pläne für noch ambitioniertere Holzbauwerke als das Mjøstårnet – das klingt wirklich nach einer großartigen Zukunft.

Wie gewinnt man nachhaltiges Kerosin?

Für Langstreckenflüge wird wohl auch in Jahrzehnten noch ein flüssiger Treibstoff wie Kerosin benötigt, der bei geringem Gewicht sehr viel Energie speichert. Ingenieure des Deutschen Zentrums für Luft- und Raumfahrt (DLR) in Köln arbeiten deshalb an einem Verfahren, Kerosin nachhaltig aus konzentriertem Sonnenlicht, Kohlendioxid und Wasser herzustellen. Das klappte 2019 zwar nur im Literbereich, aber Anlagen im Industriemaßstab, die täglich ca. 300 000 l Kerosin nachhaltig produzieren können scheinen in Reichweite.

Das Ganze passiert in Solartürmen, um die große Felder mit Spiegeln angeordnet sind, die das auftreffende Sonnenlicht auf einen Reaktor im Turm fokussieren. Dort wandelt ein Ceroxid-Katalysator bei den entstehenden sehr hohen Temperaturen Wasserdampf und Kohlendioxid in Wasserstoff und Kohlenmonoxid um. Aus diesem „Synthesegas“ lassen sich mithilfe des Fischer-Tropsch-Verfahrens bereits seit den 1920er-Jahren flüssige Treibstoffe wie Kerosin und Benzin herstellen. Anschließend wird der Katalysator bei Temperaturen von 1500 °C regeneriert und kann erneut Synthesegas produzieren.

Besonders preiswert arbeiten diese Solartürme in den Trockengebieten der Erde, in denen der Himmel die meiste Zeit wolkenlos ist. Geeignet sind also der Süden Spaniens oder die Wüstengebiete Nordafrikas, die Arabische Halbinsel und die Wüsten in Zentralasien, im Süden Afrikas, in Australien und in Nord- und Südamerika.

Ausgehend vom Kerosinverbrauch von 2019 müsste man nicht einmal 1 % der geeigneten Trockengebiete weltweit mit solchen Anlagen bebauen, um den Kerosindurst der Luftfahrt stillen zu können. Das für das Verfahren benötigte Wasser wird mit der Abwärme aus der Anlage gereinigt. Kohlendioxid kann man aus der Luft holen, wohin es nach dem Verbrennen des Kerosins in einer Flugzeugturbine auch wieder zurückkehrt. Unter sehr günstigen Bedingungen würde 1 l dieses Kerosins 1,28 Euro pro Liter und damit rund doppelt so viel wie herkömmliches Kerosin kosten. Da die Treibstoffkosten aber nur einen kleineren Teil der Flugkosten ausmachen, dürften die Ticketpreise bei einer Umstellung auf nachhaltiges Kerosin aus Solartürmen nur geringfügig steigen.

Beeinflusst das Verbrennen von Holz das Klima?

Das Verbrennen von Holz hätte nur dann keinen Einfluss auf das Klima, wenn im weltweiten Durchschnitt pro Jahr nur so viel Holz verbrannt würde, wie im gleichen Zeitraum nachwächst. Genau dies ist aber nicht der Fall.

In den Ländern der Subtropen und Tropen werden Jahr für Jahr Wälder auf riesigen Flächen niedergebrannt, um neues Acker- und Weideland zu gewinnen. Hinzu kommen gigantische Waldbrände wie 2019 und 2020 in Sibirien. Da bei der Verbrennung von Holz Kohlendioxid freigesetzt wird, nimmt der Anteil dieses Treibhausgases in der Erdatmosphäre zu. Rund ein Fünftel des vom Menschen verursachten Ausstoßes von Kohlendioxid geht auf die Vernichtung der Wälder zurück.

Doch das Verbrennen der Wälder hat nicht nur Auswirkungen auf den weltweiten Treibhauseffekt, sondern auch lokal: Das Klima wird trockener, denn auf den Flächen fließt mehr Niederschlag ab, und die Verdunstung geht zurück. In der Folge verwandeln sich die Flächen oft in staubige Steppen, über denen auf-

gewirbelter Staub die Sonneneinstrahlung schwächt. Die bodennahe Luft kühlt ab und steigt nicht mehr in größere Höhen, wo der Wasserdampf Regenwolken bilden kann.

Gab es Klimakatastrophen und Wetterkapriolen schon immer?

Bereits lange bevor sich der Einfluss des Menschen auf das Klima massiv bemerkbar machte, spielte das Wetter gelegentlich verrückt. Die Chroniken der letzten 1000 Jahre belegen, dass außergewöhnliche Wet-

Das Gemälde *Die Jäger im Schnee* von Pieter Breughel d. Ä. ist ein künstlerisches Dokument des strengen Winters von 1565.

terereignisse nie eine Seltenheit waren: Im trocken-heißen Jahr 1540 sollen in Franken in 26 Wochen nur an fünf Tagen ein paar Tropfen Regen gefallen sein; zwischen 1737 und 1747 gab es in Mitteleuropa dagegen gar keinen warmen Sommer; im Winter 1783/84 häufte sich im sonst so milden Südwestdeutschland eine mehr als 1,5 m dicke Schneedecke an, die im Frühjahr zu Hochwasser führte.

Klimaschwankungen von katastrophalem Ausmaß erlebten die Mitteleuropäer auch im 15. und

Jahr für Jahr gehen durch Brände riesige Mengen Holz verloren – weit mehr als nachwachsen kann.

16. Jh. beim Übergang vom warmen Klima des Hochmittelalters zur Kälteperiode der sogenannten Kleinen Eiszeit, mit krassen Unterschieden zwischen den einzelnen Jahren. 1565 war extrem kalt, noch im Mai fiel vielerorts Schnee, im folgenden Jahr soll es hingegen so warm gewesen sein, dass im September die Rosen wieder zu blühen begannen.

Gibt es ein zweites Leben für Kohlekraftwerke?

Ausgerechnet die oft als „Dreckschleudern" bezeichneten Kohlekraftwerke könnten in einem zweiten Leben als Pufferspeicher eine entscheidende Stütze für die Energiewende sein. Solche Speicher suchen Energie-Ingenieure händeringend, weil der Stromkonsum sich nicht danach richtet, ob gerade die Sonne scheint oder der Wind weht, und weil umgekehrt Sonne und Wind auch dann viel Strom liefern, wenn gerade wenig gebraucht wird.

Forscher des Deutschen Zentrums für Luft- und Raumfahrt (DLR) in Stuttgart und Köln wollen überschüssigen Strom in Form von Wärme speichern, die dann wieder in Elektrizität verwandelt werden kann. Dort, wo in einem ausgemusterten Kohlekraftwerk die Kohle gelagert und verbrannt wurde, wollen die DLR-Forscher Flüssigsalz lagern. Das wird mit Sonnen- oder Windstrom auf über 400 °C aufgeheizt. Diese heiße Schmelze wird anschließend in einem Tank aufbewahrt. Liefern die Solarzellen oder die Windräder später zu wenig oder nachts gar keinen Strom, wird die Salzschmelze in den Dampferzeuger gepumpt.

Alles Weitere passiert in den restlichen Teilen des Kohlekraftwerks: Der Dampf fließt durch die alten Leitungen und treibt die alte Turbine an. Diese ist mit einem Generator gekoppelt, der Strom erzeugt. Und auch die Elektrizität nutzt die Anlagen des alten Kohlekraftwerks vom Umspanner bis zu den Anschlüssen an das Elektrizitätsnetz weiter. In den alten Kühltürmen wird der Dampf wieder zu Wasser kondensiert, das danach erneut verdampft werden kann.

Wissenschaftler arbeiten an Projekten, dank denen Kohlekraftwerke eine nachhaltige Zukunft haben könnten.

Der Strom aus solchen Flüssigsalz-Wärmespeichern dürfte kaum teurer sein als der aus einem Gaskraftwerk des Jahres 2020. Nur die Klimabelastung fällt weg.

Wohin zeigt ein Kompass am Nordpol?

Der Kompass, der wahrscheinlich eine Erfindung der Chinesen ist, wird in Europa seit dem Ende des 12. Jh. zur Richtungsbestimmung verwendet. Beim Magnetkompass, der ältesten und einfachsten Form des Richtungsweisers, richtet sich eine frei bewegliche Magnetnadel parallel zu den Feldlinien des irdischen Magnetfelds aus. Die Spitzen der Nadel zeigen also zu den magnetischen Polen der Erde. Auch in Zeiten satellitengestützter GPS-Navigation leistet der Magnetkompass sehr gute Dienste: Er ist nahezu unempfindlich gegenüber Witterungseinflüssen, und selbst im Urwald oder in Höhlen erfüllt er weiterhin seinen Zweck.

In den Polargebieten wird die magnetische Richtungsbestimmung allerdings unzuverlässig oder versagt sogar ganz. Da die Positionen der magnetischen Pole der Erde nicht mit der der geografischen Pole übereinstimmen, kommt es zur sogenannten Missweisung. Dabei zeigt die mit N bezeichnete Spitze der Kompassnadel beispielsweise auf der Nordhalbkugel der Erde nicht die geografische – die „wahre" – Nordrichtung an, sondern weist, wenn man genau am Nordpol steht, südwärts zum magnetischen Pol der nördlichen Hemisphäre. Und dieser verändert seine Lage ohnehin ständig.

Ein weiterer Grund, warum der Richtungsweiser in der Nähe der magnetischen Pole versagt, ist die Tatsache, dass die Feldlinien des Erdmagnetfelds in Polnähe praktisch senkrecht zur Erdoberfläche stehen. Die Magnetnadel, die sich streng nach den Feldlinien ausrichtet, kommt dadurch manchmal mit dem Kompassgehäuse in Berührung und kann sich dort verhaken. Folglich zeigt der Kompass die Himmelsrichtung ebenfalls sehr unzuverlässig an.

In der Nähe des Nordpols versagt jeder Magnetkompass.

Bewegen sich die Kontinente wirklich?

Der Abstand zwischen den Festländern der Erde wächst in vielen Regionen, so etwa zwischen dem südwestlichen Asien und dem nordöstlichen Afrika, wo das Rote Meer pro Jahr um etwa 2 cm breiter wird. Afrika und Südamerika entfernen sich jährlich sogar um etwa 4 cm voneinander. Andererseits schrumpft der Abstand zwischen Nordafrika und der Balkanhalbinsel sowie Kleinasien. Folglich könnte das Mittelmeer in ferner Zukunft irgendwann verschwinden.

Verfolgt man in Gedanken die Bewegungen zurück und schiebt z. B. Afrika und Südamerika auf der Landkarte wieder zusammen, dann fügen sich die Kontinente oft wie Puzzleteile ineinander. Um dieses bemerkenswerte Phänomen zu erklären, entwickelte der deutsche Geophysiker Alfred Wegener schon vor rund 100 Jahren die Theorie der Kontinentalverschiebung.

Der Begriff der Kontinentalverschiebung ist aber nach den heutigen Erkenntnissen teilweise irreführend. Richtig ist, dass die Kontinente durch langsame Materieströmungen im Erdmantel passiv verschoben werden, also nicht aktiv aus eigener Kraft wandern. Von dieser Drift, die an die Bewegungen von Treibeisschollen auf dem Meer erinnert, sind nicht nur die Kontinente, sondern weitaus größere Bruchstücke der festen Erdrinde, die sogenannten Platten, betroffen. Deren Grenzen decken sich nur in Ausnahmen mit den Umrissen der Kontinente. Die Kontinente gehen also nicht selbstständig auf Wanderschaft, sondern werden nach der Theorie der Plattentektonik gewissermaßen huckepack auf den Platten verfrachtet.

Geologen haben im Gegenteil sogar herausgefunden, dass die Landmassen offenbar die Drift der Platten abbremsen. Die überwiegend kontinentalen Eurasischen und Nordamerikanischen Platten entfernen sich beispielsweise mit rund 2 cm pro Jahr voneinander, während die Platten unter dem Pazifischen Ozean, auf denen keine kontinentalen Platten lagern, jährlich um bis zu 18 cm auseinanderdriften.

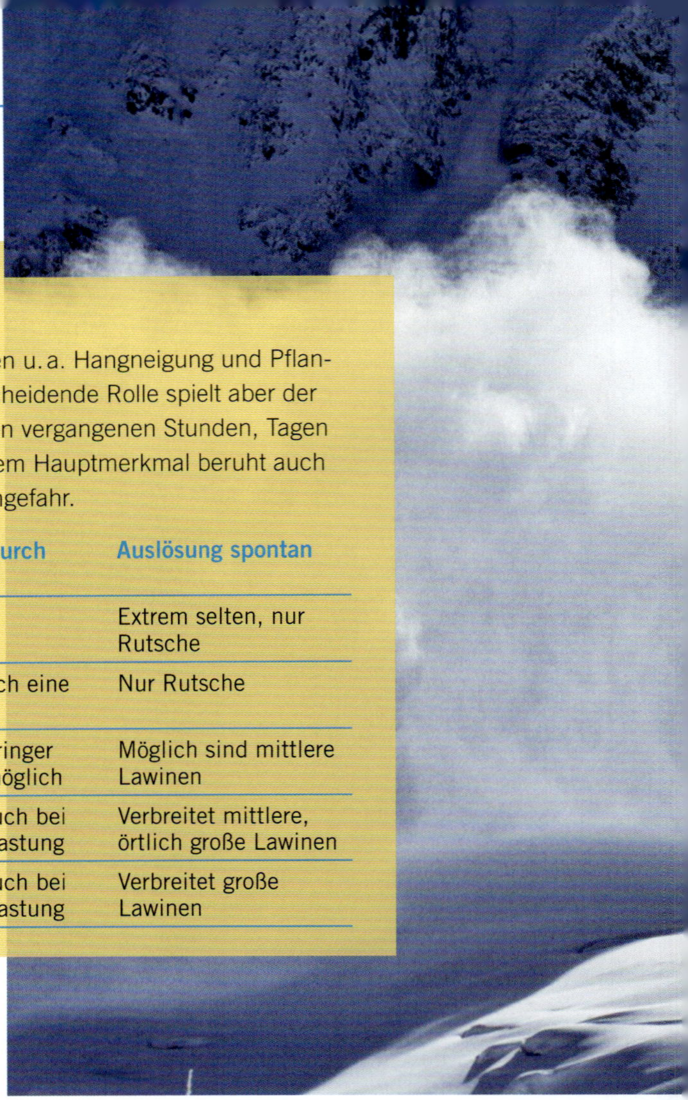

Lawinengefahrenstufen

Die Lawinengefahr wird von vielen Faktoren beeinflusst. Dazu gehören u. a. Hangneigung und Pflanzendecke, Neuschneemenge, Wind und Lufttemperaturen. Die entscheidende Rolle spielt aber der Zustand der Schneedecke, der abhängig vom Witterungsablauf in den vergangenen Stunden, Tagen bis Wochen als stabil oder eher labil beurteilt werden kann. Auf diesem Hauptmerkmal beruht auch die in den Alpenländern gebräuchliche fünfstufige Skala der Lawinengefahr.

Gefahrenstufe	Bezeichnung	Zustand der Schneedecke (an Hängen)	Auslösung durch Menschen	Auslösung spontan
1	Gering	Überall gut verfestigt (stabil)	–	Extrem selten, nur Rutsche
2	Mäßig	An einigen Steilhängen nur mäßig stabil	Möglich durch eine Gruppe	Nur Rutsche
3	Erheblich	An vielen Steilhängen eher schwach verfestigt (labil)	Auch bei geringer Belastung möglich	Möglich sind mittlere Lawinen
4	Groß	An den meisten Steilhängen schwach verfestigt (labil)	Verbreitet auch bei geringer Belastung	Verbreitet mittlere, örtlich große Lawinen
5	Sehr groß	An den meisten Hängen labil geschichtete Schneedecke	Verbreitet auch bei geringer Belastung	Verbreitet große Lawinen

Verursachen Lawinenopfer die Lawine häufig selbst?

Lawinenunfälle, die beispielsweise in den Alpen in den letzten 100 Jahren rund 100 Todesopfer pro Jahr forderten, werden meist von Wintersportlern selbst verursacht. Dies zeigen die Statistiken, die in den Alpenländern am Ende des Winters veröffentlicht werden. Im Winter 2017/18 zählte man beispielsweise in Österreich 176 Lawinenereignisse, bei denen 396 Personen beteiligt waren. 16 davon kamen infolge des Lawinenabgangs ums Leben. Zwei Drittel aller tödlichen Unfälle und über 80 % aller Unfälle überhaupt standen in Zusammenhang mit Triebschnee. Dieser vom Wind verfrachtete Schnee ist äußerst instabil, und oft entstehen Schneebrettlawinen, die in den meisten Fällen von den an den Unfällen beteiligten Personen selbst losgetreten werden – so auch 2017/18 in Österreich. Betrachtet man aber die Gesamtzahl aller Lawinen, zeigt sich, dass die meisten Lawinen ohne Einwirkung von Menschen entstehen. Besonders oft kommt es bei kräftigem Schneefall und stürmischem Wind oder bei Tauwetter zu Abgängen.

Kann die Lichtgeschwindigkeit übertroffen werden?

Jede Autofahrt lehrt uns: Wenn man etwas beschleunigen will, muss man dazu Energie aufwenden – die beim Auto aus dem Benzin gewonnen wird. In der klassischen Mechanik, die der englische Mathematiker und Physiker Isaac Newton vor etwa 350 Jahren entwickelte, gibt es dabei keinerlei

Die Wucht einer Lawine ist gewaltig – auch Staublawinen, die bis zu 300 km/h schnell werden können, sind äußerst gefährlich.

Geschwindigkeitsbeschränkung – je mehr Energie man in einen bestimmten Körper steckt, desto schneller wird er.

Ganz ähnlich dachte 1881 auch der amerikanische Physiker Albert Abraham Michelson: Wenn man eine Taschenlampe bewegt, dann hat dieses Licht eine höhere Geschwindigkeit als das Licht aus einer ruhenden. Denn zur Geschwindigkeit des Lichtes kommt die der bewegten Lampe dazu. Das Licht, so vermutete er, breite sich – ähnlich wie eine Wasserwelle – in einem Medium aus, das den Weltraum erfüllte, dem Äther. Michelson wollte nun herausfinden, wie schnell sich die Erde im Äther bewegt. Zu diesem Zweck beabsichtigte er, die Lichtgeschwindigkeit einmal geradeaus und einmal senkrecht zu dieser Bewegung zu messen. Im ersten Fall musste das Licht nach seinen Vorstellungen schneller sein, weil die Erde ihm mehr Schwung verlieh.

Michelson baute eine Versuchsanordnung auf und war überrascht, als er bei seinen Messungen keinen Geschwindigkeitsunterschied finden konnte. Die Physikwelt stand vor einem Rätsel, bis Albert Einstein 1905 in einem Artikel zwei neue Behauptungen aufstellte: Den Äther gibt es nicht, und die Lichtgeschwindigkeit mit rund 300 000 km/s ist überall die höchstmögliche Geschwindigkeit. Was zunächst wie eine willkürliche Behauptung erscheint, wurde später in mehreren Versuchen bewiesen. Eine Folge von Einsteins Annahme ist, dass ein Körper umso mehr Masse bekommt, je mehr man ihn beschleunigt. Bei kleinen Geschwindigkeiten ist dies kaum messbar, aber Teilchenphysiker haben heute eindrucksvolle Möglichkeiten: Wenn sie beispielsweise Elektronen fast auf Lichtgeschwindigkeit bringen, benötigen sie dazu riesige Beschleuniger, denn bei 99,999 % der Lichtgeschwindigkeit sind Elektronen bereits etwa 220-mal schwerer als in Ruhe. Dies bedeutet aber auch, dass bei Lichtgeschwindigkeit der Körper unendlich schwer würde, wodurch auch die aufzuwendende Energiemenge unendlich groß wäre.

Warum fallen Marmeladenbrote meist auf die bestrichene Seite?

Es ist wie verhext: Wenn versehentlich ein Brot vom Tisch fällt, dann landet es fast immer mit der bestrichenen Seite auf dem Boden. Ob dies wirklich nur Zufall sein kann, fragten sich auch Wissenschaftler. Von den vielen Broten, Donuts und Toasts, die daraufhin im Dienst der Wissenschaft von Tischen heruntergestoßen wurden, landeten die meisten tatsächlich auf der bestrichenen Seite.

Und das ist auch fast zwangsläufig so. Betrachtet man den Vorgang in Zeitlupe, rutscht das Brot zunächst über die Tischkante. Irgendwann liegt sein Schwerpunkt jenseits der Auflagefläche. Das Brot beginnt zu kippen, fällt und dreht sich dabei um sich selbst. Das ist entscheidend. Denn bei normaler Tischhöhe schafft ein Marmeladenbrot dabei bis zum Boden meist nur eine Drehung um etwas mehr als 90 bis knapp 270° – und landet auf der Butterseite.

Bei deutlich höheren Tischen würden die Brote also auf der richtigen Seite landen. Doch ob fast 3 m hohe Tische praktisch sind, muss bezweifelt werden.

Werden die ersten Marsreisenden nie wieder zur Erde zurückkehren?

Ja, zumindest, wenn es nach den Plänen der privaten niederländischen Stiftung Mars One Foundation gegangen wäre. Die 2011 von dem Unternehmer Bas Lansdorp begründete Stiftung plante eine Besiedelung des Mars unter der Voraussetzung, dass die aus den Bewerbern ausgewählten Siedler sich für den Rest ihres Lebens auf dem Mars niederlassen würden, um die immensen Kosten der Rückreise einsparen zu können. Auf dem Roten Planeten sollten sie eine durch mehrere automatisierte Vorabmissionen errichtete Station besiedeln und weiter ausbauen, damit weitere Neuankömmlinge aufgenommen werden könnten. Die zunächst veröffentlichten Termine waren äußerst ambitioniert. Die erste vierköpfige Crew sollte bereits 2024 auf die Reise ohne Wiederkehr gehen. Tatsächlich begann auch bald die Suche nach möglichen Astronauten, wobei aus etwa 2700 Bewerbern bis 2015 zunächst 100 ausgewählt wurden. Doch dann kam der Prozess allmählich zum Stillstand. Weder konnte genug Geld für die Missionen zusammengebracht, noch die Idee, die Unternehmung als eine Art gigantische Realityshow im Fernsehen zu übertragen, auf eine gesicherte Basis gestellt werden. Alle Termine verschoben sich immer weiter in die Zukunft. Gegen die 2016 zur Finanzierung gegründete Aktiengesellschaft Mars One Ventures mit Sitz in Basel wurde schließlich Anfang 2019 das Konkursverfahren eröffnet, wodurch sie aufgelöst wurde. Zuvor hatte sich der Starttermin für die erste Mission von Mars One bereits auf 2031 verschoben.

Potenzielle Marssiedler müssen also auf andere Marsmissionen, an denen z. B. Elon Musks SpaceX und die NASA arbeiten, warten. Aber auch Russland oder China forschen an Marsprojekten. Gemeinsam ist jedoch all diesen Vorhaben, dass die Reisenden wieder zur Erde zurückkehren sollen.

Eine Falcon-Heavy-Rakete von Space X auf dem Weg ins All – vielleicht werden mit einer solchen Rakete irgendwann auch Menschen zum Mars aufbrechen.

Rekorde

STURMFLUTEN AN DER NORDSEE

Steigt das Wasser an der Nordseeküste bei stürmischen Winden um mehr als 1 m über den mittleren Hochwasserstand an, spricht man von einer Sturmflut. Dieses durch das Zusammenspiel von Wind und Gezeiten entstehende Hochwasser kommt heute nicht öfter vor als früher und fordert auch weit weniger Opfer als in vergangenen Jahrhunderten. Doch an der Deutschen Bucht scheint die Stärke zuzunehmen:

» Die „Jahrhundertflut" des 20. Jh. brachte am 3. Januar 1976 an der schleswig-holsteinischen Nordseeküste die höchsten bis dahin gemessenen Pegelstände (siehe Bild links).

» Während der Nordfriesland-Flut am 24. November 1981 wurden diese Rekordwasserstände an der nordfriesischen Küste erneut übertroffen.

» In historischer Zeit lässt sich kein Gegenstück zu der Serie von Sturm- und Orkanfluten finden, die vom 26. bis 28. Februar 1990 die deutsche Nordseeküste heimsuchten: In nur 3 Tagen wüteten dort vier außergewöhnlich heftige Fluten. Ein ähnliches Ereignis hat es seitdem nicht mehr gegeben, aber sehr schwere Sturmfluten fanden auch in den Jahren 2006, 2007 und 2013 statt.

Steigt der Meeresspiegel infolge der Erwärmung der Erdatmosphäre?

Der Meeresspiegel ist in den vergangenen 100 Jahren insgesamt um durchschnittlich 10–20 cm angestiegen. Dieser Anstieg geht wahrscheinlich größtenteils auf die Erwärmung der Erdatmosphäre zurück. Höhere Lufttemperaturen haben dabei einen doppelten Effekt: Ein wärmeres Klima lässt viele Gletscher schmelzen, und durch den verstärkten Zustrom von Schmelzwasser ins Meer steigen die Pegel an. Zudem dehnen sich die Wassermassen der Ozeane bei den höheren Lufttemperaturen aus.

Eine weitere Erwärmung könnte bis zum Jahr 2100 einen zusätzlichen Anstieg des Meeresspiegels um 60–130 cm verursachen – diese alarmierenden Zahlen ergab eine Umfrage unter Forschern Anfang 2020. Die Folgen wären nicht nur für die Bewohner flacher Inseln und Küsten verheerend. An der deutschen Küste ging man beim Deichbau lange von einem Meeresspiegelanstieg von ungefähr 25 cm in 100 Jahren aus. Aufgrund der düsteren Prognosen ist dies aber nicht mehr haltbar, weshalb nun für Deichbauprogramme ein Klimazuschlag von mindestens 50 cm berücksichtigt werden muss und alle zehn Jahre die Grundlagen dazu überprüft werden.

Ist der Meeresspiegel überall gleich hoch?

Vor der Entwicklung genauer Verfahren zur Bestimmung der Meerestiefe gingen viele Forscher davon aus, der Meeresspiegel sei auf großen Gebieten eben. Doch seit der Einführung der Satellitenaltimetrie, wie die Bestimmung von Höhen auf der Erde vom Weltraum aus heißt, weiß man, dass auch die scheinbar ebene Wasserfläche in Wirklichkeit viele Buckel und Senken aufweist. Die Höhe des Meeresspiegels weicht weltweit vom festgelegten Vergleichswert um rund 100 m nach oben und unten ab.

Ungewöhnlich tief liegt der Meeresspiegel beispielsweise im Indischen Ozean, sehr hoch dagegen im Nordatlantik. Hauptursache ist das weltweit ungleichmäßige irdische Schwerefeld, das durch die Gestalt des Erdkörpers bestimmt wird. Hinzu kommen geringe Höhenunterschiede, die durch die Erwärmung und damit durch die Ausdehnung der obersten Wasserschichten sowie aufgrund oberflächennaher Strömungen erzeugt werden. Als Folge davon schwillt der Spiegel tropischer Meere teils um 80 cm über den Mittelwert an.

Warum sinkt an den Küsten Skandinaviens der Meeresspiegel?

Seit Jahrzehnten steigen weltweit die mittleren Pegelstände an den Küsten. Das Meer dringt aber nicht überall gegen das Land vor, in einigen Regionen zieht es sich sogar zurück. In der nördlichsten Ostsee, an den Ufern des Bottnischen Meerbusens, fallen die Pegel derzeit um rund 1 cm pro Jahr. Dies führt dazu, dass sich ehemalige Meeresbuchten in Seen verwandeln oder ganz verlanden und die nordeuropäischen Länder einen deutlichen Landgewinn verzeichnen. Der Rückzug des Meeres dauert schon seit langer Zeit an und umfasst stellenweise eine Höhenspanne von insgesamt mehr als 300 m. Bis in diese Höhe reichen alte Geröllstrände als Hinterlassenschaften früherer Küstenlinien im skandinavischen Binnenland hinauf.

Die Höhe der Pegelstände in einer bestimmten Region der Erde wird von der Menge des in den Weltmeeren gespeicherten Wassers, aber auch von Bewegungen der Erdkruste bestimmt. Wenn sich die Kruste unter einer Landmasse schneller hebt als das Meer ansteigt, muss der Meeresspiegel an ihren Küsten zwangsläufig fallen. So ist es in Nordeuropa seit dem Ende der jüngsten Eiszeit. In den kältesten

Immer neue Inseln

Norwegen besitzt sehr viele Inseln: rund 150 000. Davon sind etwa 2000 bewohnt. Jahr für Jahr tauchen zusätzlich einige von den Gletschern der Eiszeiten geschliffene Felsbuckel aus dem Meer auf, vor allem in den nördlichen zwei Dritteln der norwegischen Atlantikküste, wo die Landhebung etwa 4–6 mm pro Jahr beträgt.

Infolge der Landhebung in Nordeuropa nimmt die Zahl der Inseln dort zu.

Perioden lag ein bis über 3000 m dicker Eispanzer auf Skandinavien. Unter seiner gewaltigen Last senkte sich die Erdkruste, um nach dem Abschmelzen der Gletscher wieder anzusteigen – ähnlich wie ein Schiff höher über den Wasserspiegel steigt, wenn seine Fracht gelöscht wird. Während jedoch um ihre Ladung erleichterte Schiffe augenblicklich aus dem Wasser emporkommen, hinkt die nacheiszeitliche Landhebung der Befreiung von den Eislasten um etliche Jahrtausende hinterher.

Die Bonobos gehören zu unseren nächsten Verwandten. 98,7 % ihrer DNA stimmt mit der des Menschen überein.

Stammt der Mensch vom Affen ab?

Biologisch gesehen ist der Mensch ein Affe: Die meisten modernen Biologen zählen den *Homo sapiens* zu den sogenannten Altweltaffen. Die wiederum gehören zur Unterordnung *Simiae*, den Affen. Die enge Verwandtschaft zeigt sich in Gentests. 95 % der Erbinformation von Pavianen und Menschen sind vollkommen identisch, und Schimpansen und Bonobos gleichen den Menschen genetisch sogar zu 98,7 %. Auch im Verhalten von Affen und Menschen konnten Wissenschaftler viele Parallelen entdecken: Rhesusaffen können beispielsweise, ähnlich wie Menschen, Gesichtsausdrücke ihres Gegenübers deuten.

Schimpanse, Orang-Utan, Gibbon und andere moderne Affenarten sind aber keine Vorläufer, sondern eher „Geschwister“ des Menschen. Alle heutigen Affen, also auch der Mensch, haben gemeinsame Vorfahren, aber der Mensch stammt eben nicht von den heute lebenden Affen ab.

Die *Simiae* bilden zusammen mit der Unterordnung Halbaffen die große Ordnung der Primaten. Mithilfe von Knochenfunden aus aller Welt und modernen DNA-Untersuchungen haben Wissenschaftler inzwischen Dutzende Primaten-Stammbäume entworfen. Sie reichen bis zur Entstehung der Primaten vor etwa 65 Mio. Jahren zurück. Als gesichert gilt dabei, dass die gemeinsamen Ur-Vorfahren von Affen und Menschen Kleinsäuger sind, die den heutigen Spitzhörnchen ähnelten.

Wie der Weg von diesen pelzigen Uraffen bis zum heutigen Menschen im Detail aussah, darüber streiten sich die Wissenschaftler noch. Wahrscheinlich trennte sich die bis dahin gemeinsame Entwicklung von Schimpansen und Menschen vor ungefähr 8 Mio. Jahren, die Gorillas gingen vor etwa 10 Mio. Jahren eigene Wege. Menschen und Schimpansen sind daher am engsten verwandt. Weiter entfernte Verwandte sind Orang-Utans und Gibbons, die ihre eigenständige Entwicklung wahrscheinlich vor mehr als 22 Mio. Jahren begannen. Noch früher spalteten sich die Paviane, Makaken und die Halbaffen ab. Sie sind also allenfalls ferne „Großonkel“ des Menschen.

Können Mikrowellengeräte gefährlich sein?

Mikrowellen sind (genau wie Radiowellen oder Licht aus einer Glühbirne) elektromagnetische Wellen – ineinander verkettete magnetische und elektrische Felder, die sich abwechselnd gegenseitig erzeugen und wieder vernichten. Und dieser Vorgang läuft in der Regel sehr schnell ab: In einem Mikrowellenherd schwingen die Wellen z. B. mit einer Frequenz von etwa 2,45 GHz, die Felder entstehen und vergehen also rund 2 450 000 000-mal in einer Sekunde. Treffen diese Schwingungen auf geladene Moleküle oder Atome, dann setzen sie diese in Bewegung.

Im Mikrowellenherd entstehen die Wellen in einer Art Antenne, dem sogenannten Magnetron. Von dort aus werden sie über den Hohlleiter und die Reflektorbleche auf die Nahrung gelenkt und dringen dann einige Zentimeter tief in sie ein. Die Frequenz von 2,45 GHz ist genau auf Wassermoleküle abgestimmt, sodass diese ins Vibrieren geraten, aneinanderstoßen und sich dadurch erwärmen. Die Energie der elektromagnetischen Wellen wird so beinahe ohne Verluste zu Wärme. Und da fast jede Art von Nahrung Wasser enthält, kann man Speisen in der Mikrowelle erwärmen.

Weil auch menschliche Zellen Wasser enthalten, sind Mikrowellen prinzipiell gefährlich, wenn sie aus dem Herd austreten. Das passiert aber nur, wenn die Metallhülle des Geräts oder die gelochte Metallfolie in der Tür beschädigt wird, denn sie halten die Strahlung zurück. Mehrere Studien des Bundesamtes für Strahlenschutz zeigten: Alle intakten Geräte gaben (beispielsweise durch die Türfugen) im Schnitt nur 1 % der erlaubten Menge an Strahlung ab. Bei technisch einwandfreien Geräten besteht also keine Gefahr für den Benutzer.

Gibt es Wasser auf dem Mond?

Wer kennt sie nicht, die spannenden Fernsehbilder vom ersten Schritt eines Menschen auf dem Mond, die im Juli 1969 ein Millionenpublikum ans Fernsehgerät fesselten? Doch so faszinierend diese Bilder auch waren – der Erdtrabant präsentierte sich wenig einladend: eine öde, gleichförmige Landschaft, übersät mit den Einschlägen von Hunderttausenden Asteroiden, Kometentrümmern und kleinen Meteoriten, bedeckt mit pulverisiertem Gestein. Nur von Wasser war keine Spur zu sehen.

Die zahlreichen Einschläge, die wüstenähnliche Oberfläche und das Fehlen von flüssigem Wasser haben eine gemeinsame Ursache. Das „Leichtgewicht“ Mond erzeugt aufgrund seiner geringeren Masse – sie beträgt nur rund ein Hundertstel der Erdmasse – nicht genug Schwerkraft, um eine Atmosphäre an sich binden zu können. Daher verglühen oder verdampfen heranrasende Stein- und Eisbrocken, anders als bei der Erde, nicht an dem Schutzschild einer Atmosphäre, sondern schlagen ungebremst in den Mondboden ein. Die in Eisform mitgebrachten Wassermoleküle werden danach von der Sonne aufgeheizt, verdampfen und verschwinden wieder in den Weltraum.

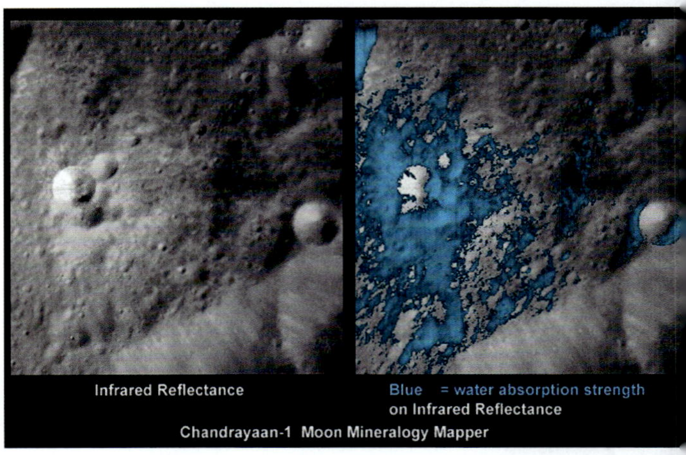

Mit einer Spezialkamera entdeckte die Sonde Chandrayaan-1 in Gestein gebundenes Wasser auf dem Mond (rechts).

Kometenbrocken bringen allerdings seit Jahrmillionen ständig Nachschub an Wasser, das sich nicht komplett wieder verflüchtigt. „Verirrt“ sich nach dem Einschlag etwas Wasser auf den schattigen Boden einiger tiefer Krater in Polnähe, in denen Temperaturen von bis zu –230 °C herrschen, gefriert der Wasserdampf augenblicklich. Und tatsächlich hat in dieser Region die Raumsonde Lunar Prospector schon 1998 Hinweise auf gefrorenes Wasser entdeckt. Spätere Sonden wie der Lunar Reconnaissance Orbiter (ab 2009) der NASA oder die indische Raumsonde Chandrayaan-1 (ab 2008) bestätigten diese Ergebnisse. Aus den Chandrayaan-Daten schloss man auf ca. 600 Mio. t Wassereis allein am Nordpol des Mondes – wesentlich mehr als bei früheren Schätzungen. Zudem entdeckte man im Jahr 2010 bei der erneuten Untersuchung von Mondgestein, das bei den Apollo-Missionen mitgebracht wurde, Spuren von im Gestein gebundenem Wasser. Nicht zuletzt sind dies alles wichtige Informationen für die Wasserversorgung zukünftiger Mondstationen.

Entfernt sich der Mond von der Erde?

Was hat eine Eiskunstläuferin mit dem Himmelskörpergespann von Erde und Mond gemeinsam? Auch beim zweiten Nachdenken fällt die Antwort schwer. Und dennoch unterliegen beide dem gleichen physikalischen Gesetz, das immer dann gilt, wenn es um Drehungen von Körpern geht. Für die Eiskunstläuferin hat dieses Gesetz zur Folge, dass sie sich bei ihren Pirouetten sofort schneller dreht, wenn sie die Arme an ihren Körper anlegt, und umgekehrt langsamer wird, wenn sie die Arme ausstreckt. Für Erde und Mond sind die Konsequenzen dramatischer, denn sie entfernen sich voneinander.

Seit 4,5 Mrd. Jahren bilden Erde und Mond eine Art riesige Eiskunstläuferin, die im Weltraum ihre Pirouetten dreht, wobei die beiden Himmelskörper sich als Kreisel auch noch jeweils um ihre eigene Achse drehen. Allerdings wird dieses kunstvolle Duett an einer Stelle gebremst, weil die Erdrotation aufgrund der Anziehungskraft des Mondes und den daraus resultierenden Gezeiten im Lauf der Zeit immer langsamer wird.

Dies wiederum bleibt nicht ohne Folgen für die Beziehungen zwischen Erde und Mond, die ein sogenanntes geschlossenes System bilden. Bestimmt wird es durch drei Größen – die Erdrotation, die Mondrotation sowie die Rotation von Erde und Mond um einen gemeinsamen Schwerpunkt. Verändert sich eine dieser Größen, so muss sich eine der anderen der Veränderung anpassen (Physiker sprechen davon, dass sich der Drehimpuls insgesamt erhält). Verlangsamt sich also wie zuvor beschrieben die Erdrotation, kann sich – da die Mondrotation konstant ist – nur etwas an der Drehung von Erde und Mond zueinander ändern. Bildlich gesprochen streckt die Eiskunstläuferin Erde-Mond ihre Arme aus – Mond und Erde entfernen sich.

Nun darf man aber nicht denken, dass der Mond bald nur noch als mit dem bloßen Augen kaum mehr sichtbarer Punkt am Himmel stehen wird. Denn der Mond entfernt sich nur etwa 4 cm im Jahr von unserem Planeten. Die Distanz zwischen den beiden Himmelskörpern kann heute genau gemessen werden. Laserstrahlen werden auf Reflektoren gerichtet, die von den Apollo-Missionen auf dem Mond hinterlassen wurden. Die Zeit, die das Licht braucht, um zum Mond und wieder zurück zur Erde zu gelangen – es sind rund 2,6 Sekunden – ist ein Maß für die Entfernung: Der mittlere Abstand zwischen Erde und Mond beträgt 384 400 km.

Vicunjas zu Füßen des Chimborazos in Ecuador.

Rekorde

DIE HÖCHSTEN BERGE

Die Erde ist ein flacher Planet: Nur knapp 8% seiner Oberfläche liegen höher als 1000 m über dem Meeresspiegel. Beinahe so hoch (925 m) ist die mittlere Höhe Asiens, des höchsten aller Kontinente, das eisbedeckte Antarktika ausgenommen. Alle 14 Achttausender und über 200 Siebentausender der Erde ragen in Asien empor.

Kontinent	Berg	Gipfelhöhe (m ü. d. M.)
Afrika	Kilimandscharo, Tansania	5895
Antarktika	Mount Vinson	4892
Asien	Mount Everest, Nepal/Tibet	8848
Australien	Mount Kosciuszko, New South Wales	2228
Europa	Mont Blanc, Frankreich/Italien	4810
Nordamerika	Denali (Mount McKinley), USA	6190
Südamerika	Cerro Aconcagua, Argentinien	6961

Ist der Mount Everest wirklich der höchste Berg der Erde?

Der höchste Berg des Himalaja gipfelt in zwei schnee- und eisbedeckten Felsspitzen an der Grenze zwischen Nepal und Tibet. Den eindrucksvollsten Anblick des Bergriesen, den die Tibeter Chomolungma (Mutter des Universums) nennen, hat man von Norden, vom Tibetischen Hochland her, das er um rund 3600 m überragt. Die exakte Höhe des Mount Everest und damit sein Rang als höchster Berg der Erde war lange Zeit umstritten. Das liegt weniger an der um 2–6 m Dicke schwankenden Schnee- und Eisschicht auf seinen beiden Gipfeln als an unzuverlässigen Vermessungsmethoden. Die neueste Messung (2020) ergab 8848,86 m.

Die Höhenangaben für Berge beziehen sich aber im Allgemeinen auf das mittlere Meeresniveau. Wie man heute weiß, liegt diese Vergleichsbasis jedoch nicht überall auf dem Erdball in der exakt gleichen Höhe, außerdem verändert sie sich im Lauf der Zeit durch Schwankungen des Meeresspiegels. Praktisch unveränderlich ist dagegen der Abstand zwischen dem Erdmittelpunkt und dem Gipfel eines bestimmten Berges. So gemessen wäre nicht der Mount

Everest, sondern der Chimborazo, ein Vulkan in den ecuadorianischen Anden, der höchste Berg der Erde. Er liegt in Äquatornähe. Dort weist der Erdball einen Wulst auf, und so übertrifft der Chimborazo die absolute Höhe des Mount Everest um gut 2000 m.

Sind der geografische und der magnetische Nordpol identisch?

Leider stimmt die Position des geografischen Nordpols nicht mit der des magnetischen Nordpols überein, sonst wäre die Navigation auf der Erde wesentlich einfacher. Ebenso wenig deckt sich der geografische Südpol mit dem magnetischen Südpol. Beide Arten von Polen liegen weit voneinander entfernt: im Nordpolargebiet rund 500 km, im Südpolargebiet sogar etwa 2800 km.

Die geografischen Erdpole sind die Endpunkte der Achse, um die sich unser Planet dreht. Als magnetische Pole gelten die Punkte, an denen die Feldlinien des Erdmagnetfelds senkrecht in den Erdkörper eintauchen. Die magnetische Achse der Erde ist gegenüber der Drehachse um etwa 11,4° geneigt, was den Lageunterschied zwischen den beiden Polen erklärt. Sie endet zur Zeit auf der Nordhalbkugel in der kanadischen Arktis, auf der Südhalbkugel vor den Küsten des eisbedeckten Kontinents Antarktika im Meer.

Die Erdpole verschieben sich durch von innen und außen auf die Erde einwirkende Kräfte ständig. Die Bewegung der geografischen Pole verläuft dabei relativ langsam und ist nur über längere Zeiträume hinweg bedeutend. Die magnetischen Pole hingegen driften erstaunlich schnell über die Erdoberfläche: der magnetische Nordpol mit sagenhaften 50 km pro Jahr, wodurch er zuletzt nahe am geografischen Nordpol vorbeizog, sein antarktisches Gegenstück ist mit jährlich etwa 15 km wesentlich langsamer.

Dramatischer Polsprung

Das irdische Magnetfeld hat sich im Lauf der Erdgeschichte häufig umgekehrt, im Durchschnitt etwa alle 500 000 Jahre, das letzte Mal vor rund 730 000 Jahren. Dabei tauschten der magnetische Nordpol und der magnetische Südpol offenbar innerhalb weniger Tausend Jahre ihre Position. Zusätzlich zu den längeren Epochen mit normaler (wie heute) und umgekehrter Feldrichtung gab es auch zahlreiche kurzfristige Umpolungen. Die Ursachen dieser periodischen Änderungen des Erdmagnetfelds sind unbekannt.

Auf einer Eisscholle stehend bildet eine große Besuchergruppe einen Kreis um den durch eine Markierung gekennzeichneten geografischen Nordpol.

Schneit es in der Arktis Plastik?

Leise rieselt der Schnee auf die Arktis und damit auf eine der letzten unberührten Naturregionen der Welt – zumindest hofften die Wissenschaftler des Alfred-Wegener-Instituts (AWI) in Bremerhaven lange Zeit, dass die Auswirkungen der modernen Zivilisation das Nordpolarmeer noch nicht erreicht haben. Bis dann die AWI-Forscherinnen Melanie Bergmann und Sophia Mützel 2019 den leise auf das Eis rieselnden Schnee genauer untersuchten. In nur 1 l Schmelzwasser fanden sie bis zu 14 400 winzig kleine Mikroplastikpartikel. Und solche Kunststoffpartikel rieseln nicht nur im hohen Norden vom Himmel, sondern z. B. auch an bayerischen Landstraßen: Dort können sogar 154 000 solcher winziger Teilchen in 1 l geschmolzenen Schnee schwimmen.

An den bayerischen Landstraßen besteht der vom Himmel schwebende Kunststoff oft aus winzigen Gummiteilchen, die von Autoreifen und anderen Produkten abgerieben werden. Im Schnee der Arktis entdeckten die AWI-Forscher dagegen viel Mikroplastik aus Acrylaten und Lacken, mit denen Autos, Schiffe, Gebäude und Windkraftanlagen vor den Einflüssen von Wind und Wetter geschützt werden. Offensichtlich wurden diese Teilchen einst abgerieben und vom ultravioletten Licht der Sonne in immer kleinere Partikel zerlegt. Solches federleichte Mikroplastik wird genau wie die ähnlich großen Pollen von Blüten oder der Staub der Sahara von Winden über Tausende Kilometer bis über das Nordpolarmeer getragen und rieselt dort mit dem Schnee auf das Eis. Oder aber es schwebt mit den Schneeflocken nicht weit von seinem Entstehungsort am Rand süddeutscher Straßen zu Boden. Bleibt nur die Frage, wie viel Mikroplastik Menschen einatmen und was die winzigen Teilchen im Organismus anrichten können.

Eine Wissenschaftlerin des AWI untersucht eine eisige Borkernprobe auf Mikroplastik (links). Forscher entnehmen Wasser- und Eisproben in der Arktis (unten).

Auf der 26. Generalversammlung 2006 in Prag entschied die Internationale Astronomische Union, dass Pluto, der einstige neunte Planet des Sonnensystems, künftig nur noch als Zwergplanet klassifiziert wird.

Warum ist Pluto kein Planet mehr?

„Mein Vater erklärt mir jeden Sonntag unsere neun Planeten" – bis zum 24. August 2006 konnte man sich mit diesem Satz die Reihenfolge der Planeten unseres Sonnensystems von der Sonne aus merken: Merkur, Venus, Erde, Mars, Jupiter, Saturn, Uranus, Neptun und Pluto. Doch an diesem Tag verabschiedete die Internationale Astronomische Union (IAU) eine neue Planetendefinition, und plötzlich hatte das Sonnensystem nur noch acht Planeten. Pluto, der nur etwa ein Drittel des Volumens des Mondes der Erde besitzt, war zum Zwergplaneten degradiert worden und gehörte damit zu einer neuen Klasse von Himmelskörpern im Sonnensystem, deren Definition ebenfalls am 24. August festgelegt wurde. Ein Planet ist demnach „ein astronomisches Objekt, das sich erstens auf einer Bahn um die Sonne befindet, zweitens über eine ausreichende Masse verfügt, um durch seine Eigengravitation eine annähernd runde Form zu bilden und drittens das dominierende Objekt seiner Umlaufbahn ist, d. h. diese über die Zeit durch sein Gravitationsfeld von weiteren Objekten geräumt hat." Zwergplaneten weisen dieselben Eigenschaften wie Planeten auf, haben aber ihre Bahnen nicht geräumt. Neben Pluto wurden bisher vier weitere Himmelskörper als Zwergplaneten klassifiziert: Ceres, Haumea, Makemake und Eris, der nur wenig kleiner ist als Pluto.

Die Entscheidung der IAU, Pluto den Planetenstatus abzuerkennen, war bereits 2006 sehr umstritten, und bis heute akzeptieren viele Astronomen sie nicht. Anfang 2020, 90 Jahre nach Plutos Entdeckung, gab es weltweit sogar Forderungen, Pluto wieder zum Planeten zu machen. Unter den Befürwortern war auch der NASA-Chef Jim Bridenstine. Vielleicht ist diese Initiative ja sogar erfolgreich. Doch bis dahin gilt weiterhin ein neuer Merksatz: „Mein Vater erklärt mir jeden Sonntag unseren Nachthimmel."

Schmelzen in den Polargebieten die Gletscher?

Die zunehmende Erwärmung der Erdatmosphäre hinterlässt auch jenseits der Polarkreise eindeutige Spuren: Auf dem Spitzbergen-Archipel in der Arktis verliert beispielsweise der Hornsund-Gletscher jährlich 3 km² Fläche durch Eisschmelze. Auch die Gletscher in Alaska befinden sich auf dem Rückzug – ein besonders drastisches Beispiel ist dabei der Columbia-Gezeitengletscher. Mitte des 20. Jh. war er noch 66 km lang, doch allein von 1980 bis 2012 büßte er etwa 20 km seiner Länge ein und verlor rund die Hälfte seines Volumens.

Besonders beunruhigend ist, dass auch Gletscher in Antarktika, die lange der weltweiten Erwärmung trotzen konnten, allmählich ihre Stabilität verlieren. So beobachten Wissenschaftler z. B. mit Sorge, dass der riesige Thwaites-Gletscher in der Westantarktis in den letzten Jahren große Mengen Eis verloren und damit nicht unerheblich zum Meeresspiegelanstieg beigetragen hat. Doch der Zerfall des Thwaites-Gletschers könnte nur ein Vorgeschmack auf weitere Entwicklungen sein, verhindert er doch zusammen mit dem Pine-Island-Gletscher, dass der gewaltige westantarktischen Eisschild ins Meer rutschen kann. Falls das ganze Eis in den Polargebieten der Erde schmelzen sollte und das Schmelzwasser dann in die Ozeane fließt, wird der Meeresspiegel weltweit um unglaubliche 66 m steigen.

Polarlichter sind eindrucksvolle Himmelserscheinungen, die ihr Entstehen dem Sonnenwind verdanken.

Sind Polarlichter über den geografischen Polen am häufigsten?

Die Häufigkeit von Polarlichtern nimmt vom Äquator, wo die Lichtphänomene bestenfalls einmal in 100 Jahren zu sehen sind, zu den Polargebieten hin zu. Über Mitteleuropa treten sie im langjährigen Durchschnitt in ein bis drei Nächten pro Jahr auf. Am häufigsten, fast in jeder Nacht, kann man Polarlichter im sogenannten Polarlichtoval beobachten, einer ovalen Zone, die auf der Nordhalbkugel in 65–75° nördlicher Breite den magnetischen Nordpol umschließt. Zum Kern des Polargebiets hin nimmt die Häufigkeit der Lichter am Himmel dann aber rasch wieder ab.

Die Verteilung der Polarlichter hängt vor allem vom Verlauf der Feldlinien des irdischen Magnetfelds ab. Vom Polarlichtoval führen die Feldlinien direkt in die Plasmaschicht, die Schicht, in der sich elektrisch geladene Teilchen des von der Sonne ausgehenden Sonnenwinds sammeln. Von dort werden sie auf verschlungenen Bahnen in die Atmosphäre transportiert. Die Feldlinien im Kern des Polargebiets steigen dagegen steil in den Weltraum auf, ohne die Plasmaschicht zu berühren.

Wurden die Pyramiden nach astronomischen Gesichtspunkten gebaut?

So sehr die altägyptischen Legenden und Mythen auch Sonne, Mond und Sterne einbeziehen – das astronomische Wissen der Ägypter war beschränkt. Sie kannten rund ein Dutzend der heutigen Sternbilder und -konstellationen sowie fünf der neun Planeten. Was sie wussten, verwendeten sie jedoch geschickt für ihr geometrisches Handwerk und damit auch für den Pyramidenbau. So gelang es ihnen, ihre Pyramiden sehr exakt auszurichten: Die Seiten der Cheopspyramide verlaufen z. B. sehr genau in Nordsüd- bzw. Ostwest-Richtung. Untersuchungen zeigten, dass die Architekten zur Ausrichtung vermutlich die Sterne Kochab im Sternbild Kleiner Wagen und Mizar im Sternbild Großer Wagen verwendeten – das erklärt auch recht gut kleine Abweichungen in der Ausrichtung der sieben anderen Pyramiden auf dem Plateau von Gizeh. Möglicherweise nutzten die Bauleute aber auch die Bahn der Sonne und richteten die Pyramiden an ihr nach Süden aus. Die Richtungen peilten sie wohl mithilfe des Messinstruments Merkhet auf ein halbes Grad genau an.

Als sicher gilt, dass die zwei Schächte innerhalb der Großen Pyramide von Gizeh – wie die Cheopspyramide auch genannt wird – zu bestimmten Sternen zeigen sollten, damit die Seele des Pharaos in Richtung Nordstern bzw. zum Orion (der mit dem Gott Osiris identifiziert wurde) aufsteigen konnte.

Weitergehende astronomische Deutungen der Pyramiden lehnen die meisten Wissenschaftler aber ab, so auch die These, dass die Anordnung der Pyramiden von Gizeh, von oben betrachtet, dem Sternbild Orion gleiche. Da sich die Sterne des Orion gegeneinander verschieben, würde diese Behauptung nur stimmen, wenn der Baugrund bereits 8000 Jahre vor Baubeginn abgesteckt worden wäre. Zudem müsste dann eine Pyramide mitten im Nil stehen.

Die Ausrichtung der 4500 Jahre alten Pyramiden von Gizeh nach astronomischen Kriterien ist heute unbestritten.

Wie rechnet ein Quantencomputer?

Während ein herkömmlicher Computer bei der Darstellung von Zahlen unterscheidet, ob ein elektrisches Potenzial vorhanden ist oder nicht (Binärzahlen: Einsen und Nullen) und damit auch leicht mit den Regeln der klassischen Physik erklärbar ist, nutzt ein Quantencomputer die Erkenntnisse der Quantenphysik, die „normalen" Vorstellungen von physikalischen Vorgängen häufig entgegenlaufen.

Einiges davon wird mit dem Blick auf ein Atom klarer: Atome können verschiedene Zustände einnehmen, und zwar überraschenderweise gleichzeitig. Das ist, als würde ein – für dieses Beispiel als eine Person gedachtes – Atom in einer Wohnung zugleich auf dem Sofa sitzen und in der Küche stehen. In dem Moment, in dem man misst (also jemand in die Wohnung hineinblickt), scheint es so, als ob sich das Atom für einen dieser beiden Zustände „entscheiden" würde: Es sitzt dann entweder auf dem Sofa oder steht in der Küche. Nur in diesem Moment ist der Zustand eindeutig. Betrachtet man nun viele Atome, dann kann man durch die Kombination ihrer Zustände Zahlen darstellen, z. B. auch hier Binärzahlen aus Nullen und Einsen (wenn man mit zwei Zuständen arbeitet). Die Kunst beim Rechnen besteht jetzt darin, durch Anregung der Atome genau die Kombinationen von Zuständen zu bevorzugen, die bei der Messung am Ende zusammen die richtige Lösungszahl bilden – und dabei den Rechner gut von störenden Einflüssen aus der Umgebung abzuschirmen. Quantencomputing ist daher vor allem Hightech und Laborarbeit.

In der Theorie ist man schon einen Schritt weiter: Für einige (zum Teil sehr komplexe) Typen von Rechnungen weiß man bereits theoretisch, wie man die Atome im Quantencomputer dazu bringt, am Ende die Lösung zu zeigen, z. B. für das Ausrechnen der Primfaktoren einer Zahl. Und weil sich da im Prinzip gleichzeitig alle Lösungsmöglichkeiten überlagern, kann ein Quantencomputer dabei extrem schnell sein. Bei anderen Problemen scheinen Quantencomputer kaum Vorteile zu bieten – und das ist gut so, weil man natürlich auch in Zukunft weiterhin Daten verschlüsseln will, ohne dass ein Quantencomputer den Code blitzschnell knacken kann.

Ein aufwendiges Feuerwerk lässt den Nachthimmel über Shanghai erstrahlen.

Stammt der Raketenantrieb ursprünglich aus China?

China ist noch heute das Land mit den raffiniertesten Feuerwerken. Da verwundert es nicht, dass die meisten Experten glauben, die Chinesen hätten weltweit als erstes Volk Raketen entdeckt und vor allem zu friedlichen Zwecken genutzt.

Ganz sicher ist diese Urheberschaft nicht, bewiesen ist aber, dass man in China schon früh mit Feuerwerksraketen bzw. deren Vorläufern experimentierte. Vorsichtige Forscher sprechen vom 12. Jh., kühne vom 9. Jh. Irgendwann in diesem Zeitraum füllten Chinesen hohle Bambusrohre mit einem Vorläufer des Schießpulvers und zündeten sie an. Mit etwas Glück jagten diese Hölzer dann gen Himmel, meist zischten und knallten sie aber wohl auf dem Boden herum.

Belegt ist auch der erste militärische Einsatz von Raketen durch die Chinesen im Jahr 1232: Sie verteidigten die Stadt Kaifeng gegen mongolische Angreifer mit großen Rohren, in die sie Pulver und vermutlich zusätzlich Eisenkörner gefüllt hatten. Ähnliche „brennende Pfeile" sollen auch bei der Belagerung Bagdads durch die Mongolen 1258 geflogen sein.

Sogar die Idee, den Raketenantrieb für einen Flug ins All zu verwenden, können die Chinesen für sich verbuchen. Einer Legende zufolge ließ sich der Gelehrte Wan-Hoo im 16. Jh. auf einem Rattanstuhl festbinden, an dem 47 große Raketen befestigt wurden. Als der Pulverdampf sich verzog, war Wan-Hoo nicht mehr zu sehen – was man damals als positiven Ausgang des Experiments wertete.

Kann man mit Regen rechnen, wenn Schwalben tief fliegen?

„Siehst du die Schwalben niedrig fliegen, wirst du Regenwetter kriegen. Fliegen die Schwalben in den Höh'n, kommt ein Wetter, das ist schön." Auch wenn diese gereimte Wetterregel eher holprig klingt, trifft sie zu. Bei regnerischem, windigem Wetter fliegen die Insekten und die Schwalben, die wie andere Vögel Jagd auf sie machen, dicht über der Erdoberfläche. Die Kerbtiere sparen so kostbare Energie im Kampf mit dem Wind; in besonders stürmischen Gegenden der Erde bleiben sie ständig am Boden.

Bei schönem Wetter und starker Sonneneinstrahlung erhitzen sich die bodennahen Luftschichten, Heißluftblasen steigen auf und transportieren die Insekten in größere Höhen. Die Schwalben folgen ihrem Futter und jagen die Kleintiere hoch oben.

Allerdings reichen die Prophezeiungen der Schwalben bestenfalls kurz in die Zukunft. Sie passen vielmehr ihre Jagdstrategie den bestehenden Witterungsverhältnissen an. Aufsteigende feuchte Heißluft kann sogar zum entgegengesetzten Ergebnis führen – zu Wolken, aus denen es kräftig regnet. Selbst die kurzfristigen Prognosen der Schwalben können also falsch sein. Ähnlich verhält es sich mit den Möwen, die gleichfalls

als Wetterpropheten gelten: „Wenn die Möwen zum Land fliegen, werden wir Sturm kriegen" – die Seevögel fliegen nicht vor dem heraufziehenden Sturm her, sondern bewegen sich mit ihm zusammen aufs Festland.

Wo fällt mehr Regen – in London oder Rom?

Bezogen auf das Wetter hat die Stadt an der Themse einen schlechten Ruf, während man sich die ewige Stadt am Tiber meist unter einem azurblauen Himmel vorstellt. In Rom fällt jedoch sehr viel mehr Regen als in London: im Jahresdurchschnitt rund 900 l/m² und damit etwa 50 % mehr als in London. Dies gilt auch für die meisten anderen italienischen Städte, in denen im Jahresmittel deutlich mehr Niederschlag herunterkommt als in englischen Städten wie Oxford oder Cambridge. Im Gegensatz zu der weit verbreiteten Vermutung geht also in Italien und den übrigen Ländern rund ums Mittelmeer nicht weniger Regen nieder als in West- und Mitteleuropa. Das Hinterland der Adriaküste beispielsweise gehört sogar zu den regenreichsten Regionen Europas.

Die Niederschlagsmenge allein bestimmt aber nicht den Charakter des Klimas. Obwohl englische Meteorologen vorsichtshalber einen Tag erst als „Regentag" bezeichnen, wenn an ihm mindestens 0,25 l Niederschlag pro Quadratmeter fällt, ihre italienischen Kollegen dagegen die Grenze schon bei 0,1 l/m² ziehen, ist die Zahl der Regentage in Rom und den anderen Städten Italiens viel kleiner als in England. In Rom regnet es im Jahresdurchschnitt an knapp 20 % der Tage, in London an über 40 %. Hinzu kommt die unterschiedliche Verteilung der Niederschläge im Lauf des Jahres. Auf den Britischen Inseln fällt zu allen Jahreszeiten Regen, die größten Mengen in den Sommer- und Herbstmonaten. In Rom regnet es im Juli und August dagegen kaum, aber im Herbst und Winter schüttet es dafür wie aus Kübeln.

Rekorde

DER REGENREICHSTE ORT DER WELT

Gleich mehrere Orte konkurrieren um diesen Titel, den eigentlich keiner haben will – und je nachdem, wie man die Zahlen auswertet, ist mal der eine, mal der andere Ort am feuchtesten. Die „offizielle" Reihenfolge nennt auf Platz 3 die indische Stadt Cherrapunji, wo auf jeden Quadratmeter Boden durchschnittlich 11 430 l Regen pro Jahr fallen, Platz 2 hat der Vulkan Waialeale auf der hawaiianischen Insel Kauai mit 11 684 l inne. Platz 1 gehört dem Dorf Mawsynram, das nur ein paar Kilometer von Cherrapunji entfernt ist: 11 872 l. Und dann gibt es noch einen inoffiziellen Spitzenreiter. Im Dorf Lloro in Kolumbien fallen sogar 13 300 l pro Quadratmeter. Das einzige Problem bei dieser Zahl: Es ist ein Schätzwert.

Das Kolosseum spiegelt sich in einer Pfütze – Regen ist in Rom im Herbst und Winter definitiv keine Seltenheit.

Werden wir in Zukunft mit über 1000 km/h durch Röhren reisen?

Wenn es um die Ausgestaltung visionärer Ideen geht, ist der amerikanische Unternehmer Elon Musk kaum zu schlagen. 2013 stellte er in einem Konzeptpapier seine Vorstellungen von einem Verkehrssystem vor, das zwar in Science-Fiction-Romanen immer wieder eine Rolle gespielt hatte und auch schon von anderen Technikvisionären propagiert worden war, technisch aber kaum realisierbar schien: eine, in einer Vakuumröhre mit etwa 1200 km/h dahinjagende, von Linearmotoren beschleunigte und abgebremste Kapsel, die z. B. die Strecke von Los Angeles bis San Francisco in ca. 30 Minuten zurücklegen soll. Zur Energieversorgung der Kapseln sollen Solarzellen dienen, die auf den auf Pfeilern errichteten Röhren der Bahn installiert sind. Der Name des Konzepts: Hyperloop.

Musk, mit seinen Firmen Tesla und SpaceX mehr als ausgelastet, startete einen Open-Source-Wettbewerb zum Thema Hyperloop, an dem sich Konstrukteure weltweit beteiligen sollten. Und so gibt es inzwischen eine ganze Reihe von Hyperloop-Projekten, die auf kurzen Teststrecken teilweise auch schon experimentieren.

So arbeitet z. B. die amerikanische Firma Virgin Hyperloop, die 2014 als Hyperloop Technologies gegründet wurde, an ihrem Konzept – ihr Testfahrzeug, der XP-1, erreichte auf einer 500 m langen Teststrecke immerhin eine Geschwindigkeit von 387 km/h. Ende 2020 fand auch eine erste Testfahrt mit Menschen statt.

Sehr erfolgreich ist auch das Hyperloop-Projekt, das an der TU München bereits seit 2015 verfolgt wird und inzwischen viermal die von Musks SpaceX finanzierte Hyperloop Pod Competitions gewonnen hat. Ihr Testfahrzeug erreichte dabei über 460 km/h. In den nächsten Jahren soll in München eine Teststrecke für das Projekt entstehen. Weit entwickelt ist zudem das Konzept des Unternehmens Hardt Hyperloop aus den Niederlanden, das ab 2022 seine Fahrzeuge in einer 3 km langen Röhre bei Groningen testen möchte und das auch an einem komplexen Weichensystem arbeitet.

Trotz aller Euphorie, die Berichte über diese Projekte vermitteln, sind viele Experten der Meinung, dass man, statt sich auf ein völlig neues Konzept wie den Hyperloop zu konzentrieren, doch lieber Zug-Schnellstrecken weiter ausbauen sollte. Außerdem gibt es eine Vielzahl von Sicherheitsbedenken – z. B. wie eine Hyperloop-Strecke vor Erdbeben und Terrorattacken geschützt werden kann. Und auch die noch zu bewältigenden technischen Probleme sind vielfältig, man denke nur an die Überwindung von Höhenunterschieden im Gelände oder extrem lange Kurvenführungen aufgrund der hohen Geschwindigkeiten. Außerdem halten viele Wissenschaftler die wirtschaftlichen Annahmen für die Realisierung des Projekts für viel zu optimistisch. Es bleibt also abzuwarten, ob sich das Hyperloop-Projekt tatsächlich umsetzen lässt, oder ob es wie die deutsche Magnetschwebebahn Transrapid irgendwann (fast) völlig verschwinden wird.

Elon Musk inspiziert auf der Hyperloop Pod Competition II in Kalifornien (2017) den Testaufbau für eines der an diesem Wettbewerb teilnehmenden Teams.

Warum wird Sand dunkler, wenn er nass ist?

Gießt man Wasser auf Sand, scheint dieser eine seltsame Verwandlung durchzumachen: Der bislang helle Sand erscheint nun viel dunkler – ein Effekt, den man übrigens auch bei Kleidung, Haaren und anderen Stoffen beobachten kann. Nun ändert ein Stoff wie Sand ja nicht plötzlich seine Eigenschaften, und Wasser an sich ist farblos. Der Effekt muss also etwas mit dem Licht, das auf den Sand fällt, zu tun haben. Gelangt Licht auf trockenen Sand, wird ein großer Teil davon reflektiert, ein Teil vom Sand absorbiert (d.h. aufgenommen), und ein Teil geht durch den Sand hindurch (Transmission). Aufgrund des hohen Anteils von reflektiertem Licht erscheint der Sand hell.

Ist der Sand nass, umgibt ein Wasserfilm die einzelnen Sandkörner. Ein Teil des Lichtes wird nun an der Wasseroberfläche reflektiert, ein Teil dringt durch sie hindurch und wird entweder direkt im Wasser absorbiert oder gelangt zum Sand, wo erneut Reflexion, Absorption und Transmission stattfinden. Ein Teil des am Sand reflektierten Lichtes wird auf dem „Rückweg" an der Grenzschicht des Wassers zur umgebenden Luft wieder zurückreflektiert (Totalreflexion) – dieser Vorgang kann sich mehrfach wiederholen, wobei immer mehr Licht absorbiert wird. In Summe wird im feuchtem Sand also viel mehr Licht absorbiert als bei trockenem Sand, d.h., er erscheint dunkler.

Kann Sand „singen"?

Sand, leblose mineralische Materie, kann zuweilen tatsächlich sehr musikalisch erscheinen und mehr oder weniger melodische Töne erzeugen. Das Repertoire des Sandes ist sogar äußerst umfangreich: Quietschen und Dröhnen, leises Summen oder lauter Donner, schließlich Geräusche, die an Harfenklänge, Trompetenstöße, Glockentöne oder das Quaken von Fröschen erinnern. Sand gibt in fast allen Erdteilen „Konzerte", vor allem in den Wüsten, wo große Sanddünen laute Geräusche hervorbringen können; leisere Töne sind darüber hinaus an vielen Sandstränden zu vernehmen.

Ruhender Sand ist still. Nur wenn die Sandkörner bewegt werden, etwa durch Wind, entstehen Töne. Es genügt aber auch das Gewicht eines Menschen, der über einen Sandstrand geht, um die Sandkörner unter seinen Füßen zu verschieben. Die schönste Musik ist zu hören, wenn die Sandkörner hauptsächlich aus Quarz bestehen, exakt nach ihrer Größe sortiert und an der Oberfläche glatt geschliffen sind. Der Sand sollte zudem weder zu nass noch zu trocken sein. Unter diesen Bedingungen haften die durch Wasser und/oder eine Kieselsäurehaut leicht miteinander verkitteten Sandkörner optimal aneinander, und die Sandmassen trennen sich bei Belastung schichtenweise wieder. Durch die Reibung an den Trennflächen entstehen Schwingungen, die je nach Frequenz als hohe oder tiefe Töne zu hören sind.

Dass nasser Sand dunkler erscheint als trockener, hat mit den physikalischen Eigenschaften von Licht, Sand und Wasser zu tun.

Garantieren glatte Flächen größte Sauberkeit?

Es klingt paradox, doch manche raue Oberfläche ist leichter sauber zu halten als eine glatte. Ein Beispiel hierfür ist die Pflanze *Nelumbo nucifera*, die in ihrer asiatischen Heimat „Heiliger Lotos“ genannt wird, weil die Blätter selbst im schmutzigsten Schlammgewässer sauber bleiben. Dem Phänomen ging der Bonner Botaniker Wilhelm Barthlott auf den Grund und meldete 1994 ein Patent auf den Lotus-Effekt® an.

Unter dem Elektronenmikroskop hatte Barthlott herausgefunden, dass die Blätter der Lotospflanze aussehen wie eine winzige Hügellandschaft: Kleine Noppen, einige Tausendstel Millimeter hoch, wachsen auf der Blattoberfläche nebeneinander. Zwischen ihnen liegen kleine Täler, ebenfalls nur wenige Tausendstel Millimeter breit. Diese Landschaft ist zudem über und über von winzigen Wachskristallen bedeckt.

Ein Wassertropfen, der auf diese mikroskopischen Hügel fällt, kann die Oberfläche wegen des Wachses und der Form der Noppen nicht benetzen. Er rollt sich deshalb aufgrund seiner Oberflächenspannung zu einer Kugel zusammen – und perlt vom Blatt ab. Schmutz und Staub nimmt er dabei mit, denn kleinste Teilchen bleiben auf der Oberfläche des Tropfens einfach kleben. Diese Reinigungsmethode ist viel effektiver als etwa die von Blättern, die das Wasser benetzen kann – beispielsweise Ahornblätter. Hier spülen die Tropfen zwar auch den Schmutz weg, indem sie über die Blattoberfläche rutschen, ziehen dabei aber, da sie keine Kugelform annehmen, eine deutlich sichtbare Schmutzspur hinter sich her.

Der Lotoseffekt wird auch technisch genutzt. So gibt es beispielsweise Fassadenfarbe, die leicht mit Wasser gesäubert werden kann und deren gute Reinigungseigenschaften auf dem Lotoseffekt beruhen. Doch nicht überall lässt sich der Lotoseffekt nutzen. Beispielsweise ist die Reinhaltung von Schiffsrümpfen teuer, und ein selbstreinigender Anstrich wäre eine elegante Lösung. Doch hier versagt der Lotoseffekt. Damit er zum Tragen kommen kann, muss das Wasser abperlen können. Bei einem ständig von Wasser umhüllten Schiffsrumpf dringt dieses aber naturgemäß allmählich auch zwischen die Noppen ein und kann Verschmutzungen nicht verhindern.

Die Natur als Vorbild

Die Bionik, wie die Forschung am Vorbild Natur genannt wird, hat neben dem Lotoseffekt noch viele Erfindungen der Evolution für die Industrie nutzbar gemacht. Eines der berühmtesten Beispiele ist der Klettverschluss, den Georges de Mestral 1951 zum Patent anmeldete. Sein natürliches Vorbild waren die Kletten. Oder: Gestaltet man die Unterseite von Skiern bestimmten Schlangenschuppen nach, rutscht der Ski zwar sehr gut vorwärts, bremst aber in die Gegenrichtung. Ein großer Ideenlieferant für Bioniker ist auch Holz – viele Kunststoffe und sogar chirurgische Schrauben wurden seiner Struktur nachempfunden.

Wasser bildet auf Lotosblättern sofort Kugeln und nimmt beim Abperlen Schmutzteilchen mit.

Bedeuten Schäfchenwolken trockenes Wetter?

Es gibt zwei Gattungen von Schäfchenwolken: die Hohen oder Feinen Schäfchenwolken (Cirrocumulus), die im obersten Wolkenstockwerk (in unseren Breiten in 5–13 km Höhe) entstehen und vergehen, und die Groben Schäfchenwolken (Altocumulus), die vor allem im mittleren Wolkenstockwerk in Höhen zwischen 2 und 7 km zu sehen sind. Aus den Hohen Schäfchenwolken fallen zwar ab und zu ein paar wenige Eiskristalle, diese verdunsten jedoch bereits hoch über der Erdoberfläche wieder.

Die Groben Schäfchenwolken, die überwiegend aus in der Luft schwebenden Wassertröpfchen bestehen, bringen normalerweise aus denselben Gründen ebenfalls keinen Niederschlag. Die bekannte Wetterregel „Wenn Schäfchenwolken am Himmel steh'n, kann man ohne Schirm spazieren geh'n" ist also grundsätzlich richtig.

Umgekehrt deuten dunkle, zuweilen pechschwarze Wolken, die aus dem untersten über das mittlere und manchmal bis in das oberste Wolkenstockwerk reichen, fast immer auf kräftige, ergiebige Niederschläge hin. Dauerregen ist beispielsweise aus den Regenschichtwolken (Nimbostratus) zu erwarten. Diese düsteren Wolkenformationen verhüllen den ganzen Himmel und bringen anhaltenden Regen oder Schnee. Kürzer, dafür aber meist heftiger sind die Schauer, die aus den kilometerhohen Gewitter- und Schauerwolken (Cumulonimbus) niedergehen. Oft mischen sich bei ihnen unter die großen Regentropfen dicke Hagel- und kleinere Graupelkörner.

Aber auch wenn die Hohen und die Groben Schäfchenwolken meist selbst keinen Regen oder Schnee bringen, sind sie doch oft Anzeichen einer bevorstehenden Wetterverschlechterung. Ziehen z. B. wellenförmige Felder von Hohen Schäfchenwolken aus westlichen Himmelsrichtungen heran, dann folgt in Mitteleuropa oft in den nächsten 18–36 Stunden schlechteres Wetter. Bei den Groben Schäfchenwolken gibt es Unterarten, die zerfaserten Wattebäuschen oder Burgmauern mit Zinnen gleichen. Sie gelten als Gewittervorboten, besonders wenn sie sich im Sommer frühmorgens am Himmel zeigen.

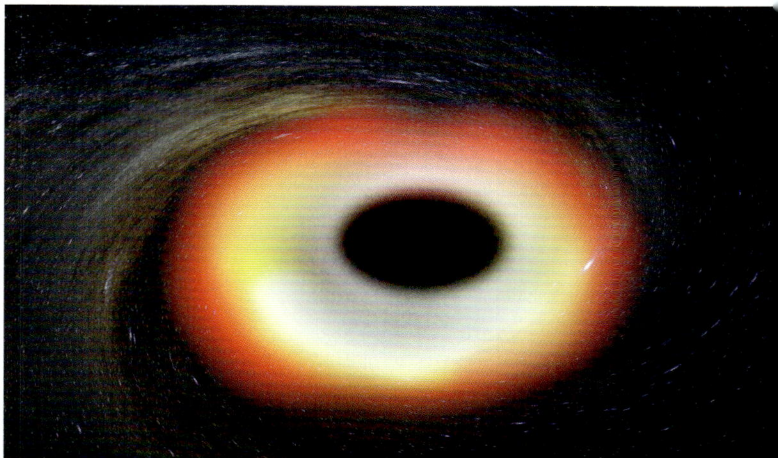

Die Autoren von Science-Fiction-Romanen beschreiben Schwarze Löcher oft als kosmische „Abkürzungen".

Kann man durch Schwarze Löcher in andere Galaxien reisen?

Schwarze Löcher sind Überbleibsel von in sich zusammengestürzten Sonnen. Ihre Anziehungskraft ist so gewaltig, dass nicht einmal mehr Lichtstrahlen aus ihnen entkommen können. Selbst Raum und Zeit werden in ihrer Umgebung verformt, in ihrem Mittelpunkt versteckt sich die sogenannte Singularität, in der alle bekannten Naturgesetze ihre Gültigkeit verlieren. All das macht sie für Raumschiffe und Menschen absolut unpassierbar.

Physiker beschreiben Schwarze Löcher gern als riesige, alles verschlingende Trichter im Weltraum. Manche Wissenschaftler vermuten nun, dass diese Trichter tunnelförmige Verbindungen zu anderen Schwarzen Löchern bilden könnten, die man Wurmlöcher genannt hat. Und wie ein Wurm nicht den Umweg über die Oberfläche nehmen muss, um zur anderen Seite eines Apfels zu gelangen, könnten Wurmlöcher Abkürzungen im Weltraum darstellen. Würde nun ein Raumschiff das heute völlig Unvorstellbare schaffen und in die Nähe eines der mindestens 2700 Lichtjahre entfernten Wurmlöcher gelangen, ginge es unweigerlich zu Bruch. Durch die Schwerkraft des Schwarzen Loches würde es samt Pilot extrem in die Länge gedehnt – das wäre tödlich. Die Frage, was sich in seinem Inneren befindet, beantwortete 2020 die für ihre Arbeiten zu Schwarzen Löchern mit dem Nobelpreis für Physik ausgezeichnete Astrophysikerin Andrea Ghez: „Wir wissen es nicht, wir haben keine Ahnung."

Können Schwarze Löcher verdampfen?

Lange glaubte man, Schwarze Löcher seien alles verschlingende Monster, die jegliche Materie, die in ihre Nähe kommt, in sich hineinzieht und nie wieder entkommen lässt. Der Weg in ein Schwarzes Loch galt als eine Art kosmische Einbahnstraße. Doch 1975 überraschte der britische Physiker Stephen Hawking die Fachwelt mit einer Veröffentlichung, in der er aus Erkenntnissen anderer Physiker und eigenen Überlegungen schloss, dass Schwarze Löcher über lange Zeiträume verdampfen und am Ende sogar explodieren müssen. „Lange Zeiträume" heißt hier wirklich unvorstellbar lang. Für ein Schwarzes Loch, das nur aus einem einzigen Stern entstand, geht Hawking von einem Zeitraum von über 10^{66} Jahren aus, bei größeren Schwarzen Löchern ist der Zeitraum noch um ein Vielfaches größer. Entsprechend gering ist auch die Strahlung, die ein verdampfendes Schwarzes Loch abgibt – man wird die von ihnen ausgehende Hawking-Strahlung also wohl nie messen können. Hawking und andere Kosmologen schließen aber nicht aus, dass beim Urknall auch „Mini-Schwarze-Löcher" entstanden sein könnten, die nur Tausendstel von Millimetern groß sind. Die meisten davon wären inzwischen längst verdampft und explodiert. Doch möglicherweise sind noch einige von ihnen im All unterwegs und vergehen in einem starken Gammablitz, den man vielleicht sogar mit irdischen Gammateleskopen beobachten könnte. Bisher hat man auf ein solches Ereignis aber vergeblich gewartet.

Erhalten Blinde Hilfe durch elektronische Sehhilfen?

Das menschliche Auge ist ein Wunderwerk, in dem etwa 100 Mio. lichtempfindliche Zellen auf kleinster Fläche Licht in elektrische Nervenimpulse umwandeln. Technischer Ersatz ist da äußerst schwierig.

Dennoch arbeiten Ärzte und Ingenieure seit mehreren Jahrzehnten an Verfahren, um erkrankte Zellen im Auge durch Mikrochips zu ersetzen. So sollten z. B. implantierte Chips von einer speziellen Brille mit Minikamera per Funk Bildsignale empfangen und die Sehnerven entsprechend stimulieren oder Minisolarzellen direkt auf der Netzhaut einwachsen und dort Licht in Strom umwandeln, mit dessen Hilfe dann ebenfalls die Sehnerven gereizt werden. Auch wenn die ersten Ergebnisse derartiger Verfahren zunächst recht vielsprechend waren, kam die Forschung dann nur noch sehr langsam voran. Ein paar der einst hoffnungsvollen Unternehmen gaben ihre Anstrengungen sogar auf, da sie die Verbesserungen, die ihre Patienten mithilfe der Chips erlangen konnten, für zu gering hielten.

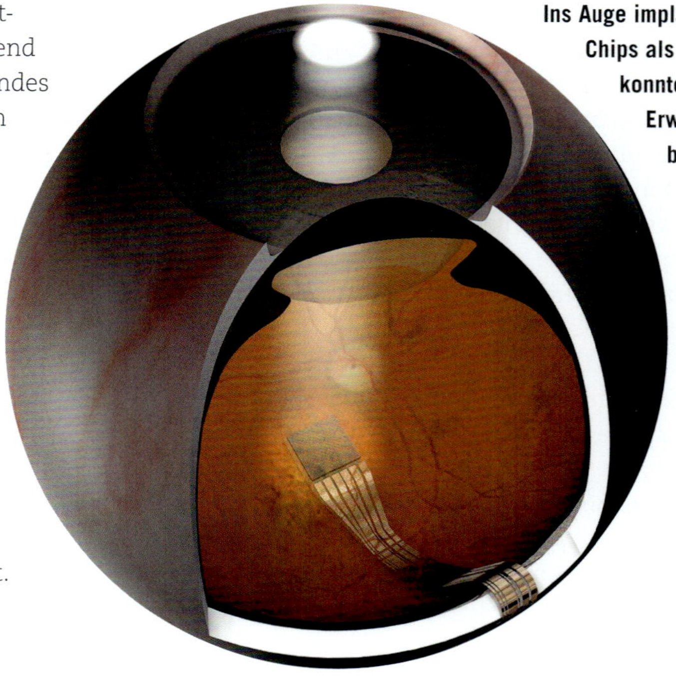

Ins Auge implantierte Chips als Sehhilfe konnten die Erwartungen bisher nicht erfüllen.

Bis sich daran etwas ändert, können Blinde und Menschen mit eingeschränkter Sehkraft aber auf ein ständig wachsendes Angebot anderer elektronischer Sehhilfen zurückgreifen. Es gibt beispielsweise einen Minicomputer, der in jede Hosentasche passt und über einen Kopfhörer Blinde mit GPS-Hilfe zu einem vorher eingegebenen Ziel bringt oder zuvor fotografierte Personen wiedererkennt und damit einen Suchenden auch zu ihnen führen kann. Ähnliches leisten inzwischen auch Smartphone-Apps, die zudem Texte vorlesen oder Objekte erkennen können, die der Nutzer fotografiert, und ihm dann mitteilen, was er vor sich hat.

Die Perseiden von der Chinesischen Mauer aus zu beobachten, ist mit Sicherheit ein ganz besonderes Erlebnis.

Lassen sich Sternschnuppen vorhersagen?

Jede Sternschnuppe kann einen Wunsch erfüllen, heißt es. Man sollte sich also die richtigen Nächte aussuchen, um aufmerksam in den klaren Nachthimmel zu blicken, denn dann können gleich Tausende Wünsche Wirklichkeit werden.

In regelmäßigen Abständen kreuzt die Erde auf ihrem Weg um die Sonne die Bahnen alter Kometen. Kometen kann man sich als riesige „schmutzige Schneebälle" vorstellen – große Klumpen aus Dreck und Staub, die in Wassereis hineingebacken sind. In Sonnennähe werden Kometen dann vom Sonnenwind angeblasen, einem Sturm aus kleinen geladenen Teilchen, die aus der Sonne stammen und die Kometenoberfläche verdampfen. Dadurch entwickelt der Komet einen Schweif, und mit diesem schleudert er auch den Staub und die Steinchen heraus, die eines Tages in Form von Sternschnuppen verglühen.

Der Staub trudelt dem Kometen auf denselben Bahnen hinterher. Wenn nun die Erde alljährlich solchen Staubwolken begegnet, dann rasen die winzigen Steinsplitter – selten sind sie größer als Kieselsteine, dafür aber zwischen 10–75 km/s schnell – in die Erdatmosphäre hinein. Dabei heizen sich die Teilchen durch die Reibung in der Luft auf bis zu 1100 °C auf und verglühen – und damit werden Sternschnuppen geboren.

Kennt man die Kometenbahnen, kann man sehr genau vorhersagen, wann größere Sternschnuppenschauer zu erwarten sind. Um sie zu unterscheiden, werden sie nach dem Sternbild benannt, aus dem sie zu kommen scheinen – die Lyriden etwa fallen jedes Jahr zwischen dem 16. und dem 25. April aus Richtung des Sternbilds Leier auf die Erde zu. Bei ihnen handelt es sich um Überbleibsel des Kometen Thatcher. Bekannter noch sind die Perseiden, die von Ende Juli bis Mitte August aus der Richtung des Sternbilds Perseus kommen. Sie sind Überreste des Kometen Swift-Tuttle. Ein besonders ergiebiger Sternschnuppenschauer sind die Leoniden (Sternbild Löwe), die zwischen dem 14. und dem 21. November zu sehen sind und auf den Kometen Temple-Tuttle zurückgehen. Da diese Sternschnuppen sehr schnell sind, sollte man aber besser nicht blinzeln.

Ist die Strahlung bei Langstreckenflügen höher als beim Röntgen?

Physiker messen die Wirkung von Strahlung in der Einheit „Sievert“. Ein Sievert ist sehr viel Strahlung – viel mehr, als einem Menschen beim Röntgen zugemutet wird. Das Sievert ist das Maß dafür, wie viel Energie im Gewebe des Körpers ankommt.

Durch die kosmische Höhenstrahlung werden Fluggäste bei einem Flug über den Nordatlantik nur geringfügig belastet: Für einen neunstündigen Flug von Frankfurt nach New York kommt man so auf eine Strahlendosis von rund 0,1 Millisievert – also ein Tausendstel Sievert. Über dem Äquator sind es noch weniger; dort ist die Höhenstrahlung geringer.

In den Muskeln jedes Menschen befindet sich radioaktives Kalium, das ca. 0,3 Millisievert pro Jahr erzeugt. Genauso viel macht die kosmische Höhenstrahlung in einem Jahr auf Höhe des Meeresspiegels aus. Insgesamt kommt ein Deutscher pro Jahr auf eine radioaktive Dosis von ca. 2,1 Millisievert. Österreicher und Schweizer werden mit rund 3,8 Millisievert etwas stärker belastet, weil sich im Gestein der Alpen viele radioaktiv strahlende Elemente finden.

Die Dosis bei einer Ganzkörper-Computertomografie liegt zwischen 10–20 Millisievert. Einfache Röntgengeräte kommen dagegen mit deutlich weniger aus. Eine Röntgenaufnahme des Brustkorbs erzeugt eine Strahlenbelastung von 0,01–0,03 Millisievert. Es hängt also stark davon ab, wie und was geröntgt wird, wenn man die Strahlendosis eines Fluges mit der eines Röntgenvorgangs vergleicht.

Was ist kosmische Strahlung?

Tag und Nacht prasseln zahllose radioaktive Teilchen auf die Erde, die aus der Sonne und aus den Tiefen des Weltalls stammen. Sie werden z. B. bei Sternexplosionen ins All geschleudert.

Die meisten dieser Teilchen werden durch das Magnetfeld der Erde in die Polarregionen abgeleitet und erzeugen dort die Polarlichter. Viele der Teilchen stoßen auch mit Luftmolekülen zusammen und werden so abgebremst und zertrümmert. Auf dem Erdboden kommt daher kaum noch Strahlung aus dem All an, deshalb nennen Physiker den Teilchenregen aus dem All die „kosmische Höhenstrahlung“.

In 10–15 km Höhe – der Reiseflughöhe bei Langstreckenflügen – ist die Strahlung durchaus messbar, auch wenn es sich hierbei ebenfalls um geringe Mengen handelt. Aufgrund der Ablenkung durch das Erdmagnetfeld ist die Energie der radioaktiven Teilchen in Polnähe stärker als über dem Äquator.

Drehen sich Strudel auf der Südhalbkugel andersherum?

Die thematischen Karten in jedem Schulatlas zeigen, dass die Hochdruckgebiete auf der Nordhalbkugel von Luftströmungen umkreist werden, die sich im Uhrzeigersinn drehen. In der südlichen Hemisphäre strömt dagegen die Luft gegen den Uhrzeigersinn um den Kern der Hochs. Ähnlich verhält es sich mit den Meeresströmungen: Die Wirbel in den Ozeanen drehen sich im Norden allgemein von links nach rechts, im Süden jedoch von rechts nach links.

Als treibende Kraft für diese Phänomene gilt der Corioliseffekt. Die ablenkende Kraft der Erdrotation soll angeblich auch bewirken, dass kleinräumige Strudel wie der über dem Abfluss einer Badewanne sich im Süden andersherum drehen als im Norden.

Man muss nicht nach Australien reisen, um diese Behauptung zu überprüfen. Vergleicht man mehrere Strudel im Abfluss, zeigt sich, dass diese sich mal nach links, mal nach rechts drehen. Die Corioliskraft ist ungeeignet, um den Drehsinn von kleinen Strömungen zu beeinflussen. Sie ist sehr schwach und entfaltet ihre Wirkung erst bei weiträumigen Strömungen über Tausende Kilometer hinweg. Dabei werden Strömungen auf der Nordhalbkugel nach rechts und im Süden nach links abgelenkt.

Die Ursache der Ablenkung liegt darin, dass die Geschwindigkeit, mit der sich ein Punkt der Erdoberfläche durch die Erdrotation von Westen nach Osten dreht, vom Äquator zu den Polen hin abnimmt. Sie beträgt am Äquator etwa 1670 km/h, 3300 km nördlich oder südlich davon aber nur noch 887 km/h. Da bewegte Massen träge sind und ihre Geschwindigkeit und Richtung nur langsam an die Bewegung der Umgebung anpassen, nimmt eine Wassermasse, die sich auf der Nordhalbkugel vom Äquator aus nach Norden in Bewegung setzt, die höhere Westost-Geschwindigkeit aus ihrem Ursprungsgebiet mit. Sie eilt der geringeren Geschwindigkeit in höheren Breiten nach Osten voraus und wird vom Äquator aus gesehen nach rechts abgelenkt.

Wo ist es kälter – am Südpol oder am Nordpol?

Am geografischen Südpol werden sehr viel tiefere Lufttemperaturen gemessen als am entgegengesetzten Ende der Erde. Die US-amerikanische Forschungsstation Amundsen-Scott, die direkt am Südpol auf dem kilometerdicken Inlandeis Antarktikas steht, verzeichnet eine Jahresdurchschnittstemperatur von rund –50 °C. Von Monat zu Monat schwanken die mittleren Temperaturen dort zwischen etwa –29 °C im antarktischen Sommer und um –63 °C im Winter. Die höchsten bzw. tiefsten Temperaturen, die in den letzten Jahrzehnten gemessen wurden, liegen bei –12 °C bzw. –83 °C.

Im Vergleich dazu herrscht am geografischen Nordpol ein beinahe mildes Klima. Da er im Meer liegt, gibt es dort keine ortsfeste Wetterstation. Die wenigen Klimadaten aus der Nähe des Nordpols stammen meist von schwimmenden Stationen, die in einigen Hundert Kilometern Entfernung am Pol vorbeitrieben und auch nur Daten aus einem kurzen Zeitraum sammelten. Danach beträgt die Jahresmitteltemperatur im Zentrum des Nordpolarmeers –15 °C bis –20 °C. Im Sommer werden Durchschnittstemperaturen um den Gefrierpunkt erreicht. Die höchsten bzw. tiefsten Lufttemperaturen liegen bei etwa +4 °C (mit steigender Tendenz) bzw. knapp –50 °C.

Beim Temperaturvergleich muss man bedenken, dass der Nordpol auf Meeresniveau, der Südpol aber auf einem ca. 2800 m hohen Eisplateau liegt. Da die Lufttemperaturen mit der Höhe abnehmen, müssen die am Südpol gemessenen Temperaturen auf das Meeresniveau umgerechnet werden. Bei einer durchschnittlichen Temperaturabnahme von 0,65 °C pro 100 Höhenmeter, von der man in der Meteorologie meist ausgeht, erhält man einen Wert, der um 18 °C höher ist als die tatsächlich am Südpol gemessene Temperatur. Aber auch dann sind die Temperaturen am Südpol noch immer deutlich niedriger.

Die Forschungsstation Amundsen-Scott liegt nur ein paar Hundert Meter vom Südpol entfernt.

Kommt Teflon aus der Weltraumforschung?

Teflon ist weit älter als die bemannte Weltraumfahrt: Die Geschichte dieses Materials, das seinen hohen Bekanntheitsgrad vor allem seiner Verwendung als Pfannenbeschichtung verdankt, begann am 6. April 1938 im chemischen Labor der Firma DuPont in New Jersey. Der Chemiker Roy Plunkett experimentierte damals mit verschiedenen Kältemitteln. Als er eine Flasche mit dem Gas Tetrafluorethylen abkühlte und das Gas komprimierte, bildete sich plötzlich ein weißes, wachsartiges Pulver. Plunkett hatte durch Zufall das erste Teflon® hergestellt.

Es zeigte sich schnell, dass die neue Substanz, ein Kunststoff, mit kaum einer anderen Chemikalie Verbindungen einging. Das machte Polytetrafluorethylen, wie Teflon offiziell heißt, zum idealen Schutzmantel gegen aggressive Stoffe. Zudem ist Teflon ein sehr gleitfähiges Material; die Reibung von Teflon auf Teflon ist vergleichbar mit der von Schlittschuhen auf Eis. Daher eignet es sich beispielsweise auch hervorragend zum Bau von Getriebelagern. 1945 trug die Firma DuPont Teflon als Markenzeichen ein, und ein Jahr später wurden schon die ersten industriellen Produkte unter diesem Namen verkauft.

Pfannen mit Teflonbeschichtung gibt es aber erst seit etwa Mitte der 1950er-Jahre. Die Idee dazu hatte die Pariserin Colette Grégoire, die Ehefrau des Hobbyanglers und Chemikers Marc Grégoire. Dieser hatte bereits seit Jahren vergeblich versucht, Teile seiner Anglerausrüstung mit Teflon zu beschichten. Auf Anregung seiner Frau versuchte er nun, etwas Alltäglicheres mit Teflon zu versehen – und schließlich gelang es ihm, den Kunststoff auf das metallene Kochgeschirr seiner Frau aufzubringen. Heute wird dazu der Pfannenboden mit einem Sandstrahlgebläse bearbeitet und dann ein Spezialklebstoff aufgesprüht, der das Teflon in sich einschließt und festhält.

Obwohl Teflon also keineswegs in der Weltraumforschung entwickelt wurde, nutzte man es dennoch in großem Umfang für Raketen und Raumsonden: So waren z. B. die Raumanzüge der Apollo-11-Mission damit beschichtet. Auch Hitzeschilde und Isolierungen im Apollo-Raumschiff waren aus Teflon.

Gibt es auch in Europa Tornados?

Die verheerenden Wirbelstürme toben sich weltweit am häufigsten in der berühmt-berüchtigten „Tornado-Allee“ im Mittleren Westen der USA aus. Aber auch Europa bleibt nicht ganz von den zerstörerischen Luftwirbeln verschont. Denn Tornados entwickeln sich bei bestimmten Wetterlagen, die auch diesseits des Atlantiks auftreten können. Mit Wirbelstürmen ist demnach vor allem zu rechnen, wenn kalte und warme Luft auf engstem Raum aufeinandertreffen, etwa entlang einer scharf ausgeprägten Luftmassengrenze. Dabei werden die Luftmassen in der Höhe vom Wind mitunter in entgegengesetzter Richtung zu der am Boden bewegt, was zu Wirbeln führt. Allein in Deutschland, wo diese Wirbelstürme meist Wind- bzw. Wasserhosen genannt werden, wurden seit dem Ende des 16. Jh. mehr als 500 Tornados beobachtet. Sie kommen dort am häufigsten

Im Oktober 2006 fegte ein Tornado über den Ort Quirla in Thüringen. Neben zahlreichen Bäumen fielen auch einige Wohnhäuser dem Sturm zum Opfer.

Rekorde

TORNADO-STÄRKEN

Als Maßstab zur Beurteilung der Stärke eines Tornados dient die Fujita-Skala. Sie wurde von Dr. Tetsuya Theodore Fujita (1920–1998) entwickelt, der auch als „Mr. Tornado" bekannt war.

Stärke	Windgeschwindigkeit (km/h)	Schäden
F0	64–116	Leichte
F1	117–180	Mäßige
F2	181–253	Bedeutende
F3	254–332	Starke
F4	333–418	Verheerende
F5	Über 418	Unglaubliche

vor, wo man die meisten schweren Gewitter zählt. In Nordeuropa sind sie daher eher selten, im Mittelmeergebiet dagegen relativ häufig.

Die europäischen Tornados können sich in der Stärke durchaus mit ihren nordamerikanischen Gegenstücken messen. In Frankreich wüteten beispielsweise in den beiden letzten Jahrhunderten (1845 sowie 1967) zwei Tornados der Stärke F5 mit Windgeschwindigkeiten von über 418 km/h.

Die Schäden durch diese Stürme sind beträchtlich. Schon kleinere Tornados mit der Stärke F2, wie der am 4. Juni 2019 im nordrhein-westfälischen Bocholt, können schwere Schäden und hohe Folgekosten verursachen.

Dehnt sich das Universum ewig aus?

Die Kosmologen, also die Wissenschaftler, die sich mit der Entwicklung und dem grundsätzlichen Aufbau des Universums beschäftigen, sind sich weitgehend darüber einig, dass das Universum im sogenannten Urknall entstand. Aus einem einzigen, sozusagen unendlich kleinen Punkt heraus entstand alle Materie des Universums – zusammen mit Raum und Zeit. Der Raum dehnte sich nach dem Urknall zunächst unfassbar schnell aus, über die folgenden Jahrmilliarden verlangsamte sich die Expansion dann aber stark.

Seit dem Urknall sind inzwischen etwa 13,8 Mrd. Jahre vergangen, und natürlich fragen sich Kosmologen auch, wie sich das Universum weiterentwickeln wird. Grundsätzlich sind dafür drei verschiedene Möglichkeiten denkbar: Das Universum dehnt sich bis zu einer bestimmten Größe aus und beginnt dann, wieder kleiner zu werden. Schließlich stürzt es in einer Art rückwärts verlaufendem Urknall komplett in sich zusammen (Big Crunch). Möglich wäre aber auch eine sich immer stärker verlangsamende Expansion, die zwar nie zum Stillstand kommt, aber eine bestimmte Größe auch nie überschreitet. Und schließlich könnte sich die Ausdehnung ewig fortsetzen, so lange, bis sich alle Strukturen im Kosmos aufgelöst haben, alle Sterne gestorben und selbst die Schwarzen Löcher verdampft sind. In der danach folgenden Dunklen Ära, die ab 10^{100} Jahren beginnen wird, treiben nur noch Elementarteilchen durch das leere All. Schließlich wird das Universum den sogenannten Wärmetod sterben (Big Chill).

Derzeit halten die meisten Kosmologen die dritte dieser Möglichkeiten für die wahrscheinlichste. Denn im Jahr 1998 fand man bei Untersuchungen von Supernovae tief im All heraus, dass die Ausdehnung des Universums sich immer mehr beschleunigt – eine Erkenntnis, für die die beteiligten Astronomen 2011 den Nobelpreis für Physik erhielten. Als Ursache für die beschleunigte Ausdehnung nimmt man die bisher noch nicht nachgewiesene Dunkle Energie an.

Schützt Fensterglas vor UV-Strahlen?

Menschen können ultraviolettes Licht (UV-Licht), das von der Sonne zur Erde gelangt, zwar nicht sehen, die Folgen dieses Lichtes können jedoch beträchtlich sein – wie etwa bei einem Sonnenbrand. Für diese Hautschädigung sind vor allem UV-B-Strahlen verantwortlich. UV-B-Strahlung, die zu rund 90 % in der Ozonschicht ausgefiltert wird, kann in der Oberhaut auch das Erbgut schädigen und so schwarzen Hautkrebs auslösen. Die fast vollständig auf die Erde gelangende UV-A-Strahlung dringt dagegen bis in das Stützgewebe der Haut ein, zerstört es und produziert dadurch Falten – die Haut altert.

Hinter einem geschlossenen Fenster ist man zumindest vor UV-B-Strahlung sicher. Denn Fensterscheiben bestehen meist aus Floatglas, das viele Verunreinigungen enthält – vor allem Metallionen. Während reines Glas UV-Strahlung durchlässt, verschlucken im Floatglas besonders Eisenverbindungen die Strahlung aus dem UV-B-Bereich. Die UV-A-Strahlung wird hingegen kaum geschwächt.

Problematischer als Fenster aus Mineralglas sind Scheiben aus Kunststoffen, wie Plexi- bzw. Acrylglas, wie sie z. B. in Flugzeugen eingesetzt werden. Sie absorbieren die UV-A-Strahlung noch weniger. Für die Reisenden ist das zwar kein allzu großes Problem, wohl aber für die Piloten. Diese sind dadurch im Cockpit dauernder UV-A-Strahlung ausgesetzt.

Kann man Blüten durch Vereisung vor Frost schützen?

Kaum zu glauben: Diese Blüten werden durch eine Eisschicht vor dem Erfrieren geschützt.

Wenn ein See im Winter zufriert, dann wundert sich niemand darüber, dass der Gefriervorgang an der Seeoberfläche beginnt und nur langsam in die Tiefe vordringt. Einerseits liegt dies daran, dass Wasser aufgrund seiner Eigenschaften schon bei 4 °C am schwersten ist. Das kältere Eis ist leichter und kann auf dem wärmeren Wasser schwimmen. Andererseits hält die entstehende Eisschicht weitere frostige Umgebungsluft vom flüssigen Wasser fern: Sie liegt wie eine schützende Decke auf dem See. Eis kann also tatsächlich vor dem Gefrieren schützen.

Dieser Effekt ermöglicht es auch, Knospen und Blüten mit einer Schicht aus Wassereis gegen Nachtfrost zu schützen. So besprühen z. B. manche Weinbauern im Frühjahr ihre Rebstöcke mit Wasser, das in der Nacht zu einem dicken bizarren Eispanzer friert. Und auch einige Obst- und Kartoffelbauern nebeln die Blüten von Frühkartoffeln und Obstbäumen mit Wasser ein, das zu einer eisigen Schutzschicht wird. Durch dieses aufwendige und teure Verfahren – es wird viel mehr Wasser verbraucht als bei der normalen Bewässerung der Felder – ertragen die Pflanzen dann Nachtfrost bis zu –12 °C.

Der physikalische Grund für den Schutz gegen das Erfrieren liegt darin, dass Eis Wärme nur sehr schlecht leitet. Und deshalb kann die im schützenden Eispanzer eingeschlossene Wärme so gut wie nicht entweichen. Die Knospe „spürt" also nur die Temperatur des umgebenden Eises von 0 °C bis –1 °C. Und diese Temperatur übersteht sie gerade noch.

Dass Wärme Eis kaum durchqueren kann, hat mit dessen Kristallstruktur zu tun: Die Wassermoleküle bilden im Eis stabile Sechsecke. Diese übertragen die Schwingungen der Moleküle (also: ihre Wärme) viel schlechter als die beweglicheren Wasserteilchen in flüssigem Wasser. Im Eis bewegen sich auch keine freien Elektronen wie in Metallen, die Wärme sehr gut transportieren – und so sind die Voraussetzungen für einen Schutz aus Eis gegeben.

Können Vulkane das Klima verändern?

Viele Beispiele aus der Erdgeschichte belegen, dass Vulkanausbrüche das Klima deutlich zur kälteren, aber auch zur wärmeren Seite hin beeinflussen. Als vor 2–3 Mio. bzw. vor 300 Mio. Jahren die bisher längsten Eiszeiten einsetzten, gingen den Vereisungen beispielsweise Gebirgsbildungen mit kräftigen Vulkanausbrüchen voraus.

Vulkane beeinflussen das Klima vor allem auf zweierlei Weise: durch den Ausstoß von Kohlendioxid und anderen Gasen sowie durch vulkanischen Staub, der bei heftigen Eruptionen 30–50 km hochgeschleudert wird. Das starke Treibhausgas Kohlendioxid führt zur Erwärmung der Erdatmosphäre. In der Frühzeit der Erde, als die Lufthülle infolge des starken Vulkanismus rund 300-mal mehr Kohlendioxid als heute enthielt, war das Klima sehr viel heißer. Der vulkanische Staub, von dem jährlich zwischen 25 und 150 Mio. t in die Atmosphäre gelangen, bewirkt das Gegenteil – durch die vom Staub getrübte Luft wird die Zufuhr von Sonnenenergie verringert, und die bodennahen Luftschichten kühlen sich ab.

Nach der im Vergleich schwachen Eruption des Pinatubo auf den Philippinen im Sommer 1991 sank die Durchschnittstemperatur infolge des Staubs in den beiden folgenden Jahren weltweit etwa um 0,5 °C. Sehr viel stärker, ca. 5 °C, war der Temperatursturz nach dem Ausbruch des Tambora auf der indonesischen Insel Sumbawa im April 1815. Ihm folgte in Mitteleuropa der kälteste Winter seit Beginn der Wetteraufzeichnungen. Das auf der gesamten Nordhalbkugel außergewöhnlich kühle und nasse Jahr 1816 ist als „Jahr ohne Sommer“ in die Klimageschichte eingegangen.

Allerdings kann nur sehr starker Vulkanismus, der über einen extrem langen Zeitraum andauert, eine anhaltende Änderung des Klimas bewirken. Einzelne heftige explosionsartige Ausbrüche in neuerer Zeit – wie die des Nevado del Ruiz in Kolumbien (1985) – lassen zwar die Temperaturkurve der bodennahen Luftschichten markant absinken, insgesamt gesehen ist die Temperatur in den letzten Jahrzehnten aber weltweit stark angestiegen.

Vulkanausbrüche, bei denen vor allem Lava austritt, sind verhältnismäßig selten – aber äußerst spektakulär.

Speien Vulkane hauptsächlich Lava aus?

In den Schloten der Vulkane steigt Magma, mineralische Schmelze, auf. Wenn diese Schmelze bei Eruptionen an der Erdoberfläche austritt, wird sie als Lava bezeichnet. Vulkane speien neben den glutflüssigen Schmelzen aber auch Gase und festes Material aus, die sogenannte Tephra – vulkanische Asche bis hin zu riesigen glühenden Steinbrocken, auch vulkanischen Bomben genannt. Das Mengenverhältnis zwischen den drei verschiedenen Gruppen vulkanischer Förderprodukte hängt von der Eruptionsart ab und ändert sich oft während eines Ausbruchs. Die Lava hat jedoch meist den kleinsten Anteil. Eruptionen, bei denen sich wahre Lavafluten aus Kratern und Spalten ergießen, sind sehr selten. Beim verheerendsten Ausbruch dieser Art in historischer Zeit wurden im Sommer 1783 aus der Laki-Spalte in Island schätzungsweise 12 km^3 Lava gefördert, aber nur knapp 1 km^3 Tephra. Genau 100 Jahre später explodierte der Krakatau in Indonesien und förderte gut 12 km^3 festes Material, kleinere Lavaströme traten erst gegen Ende der Eruption aus. Sie hatten allenfalls einen Anteil von 10 % an den insgesamt geförderten Massen. Dieses Verhältnis ist typisch für die meisten Festlandvulkane: Über 90 % des ausgeworfenen Materials bestehen aus Tephra. Der Anteil der Gase ist umstritten, da er sich nur sehr schwer ermitteln lässt. Bei einem einzigen Ausbruch können aber viele Millionen Tonnen Gase, vor allem Kohlendioxid und Schwefeldioxid, in die Atmosphäre gelangen.

Gefriert kaltes Wasser schneller als heißes?

Schon im 16. Jh. stellte der englische Naturwissenschaftler Francis Bacon eines eisigen Wintertags fest, dass bei jeweils gleichen Mengen – anders als man denken würde – heißes Wasser schneller gefriert als kaltes. Allerdings erwies sich seine Vermutung, heißes Wasser gefriere grundsätzlich schneller als kaltes, als falsch. Denn entscheidend ist, ob das Wasser in einem offenen oder einem geschlossenen Behälter abkühlt.

In beiden Fällen wird Wasser dadurch kälter, dass ihm Wärmeenergie entzogen wird. Davon enthält heißes Wasser selbstverständlich mehr als kaltes. Folgerichtig ist auch mehr Energie nötig, dem heißen Wasser die Wärme wieder zu entziehen. Allerdings kommt dem heißen Wasser in einem offenen Behälter ein physikalischer Effekt zu Hilfe: An seiner Oberfläche bildet sich Dampf – das Wasser verdunstet. Dies benötigt Energie, die sich das Wasser aus seinem eigenen Wärmevorrat holt. Zum einen kühlt die Verdunstung damit das heiße Wasser zusätzlich ab, zum anderen wird es dadurch weniger. Schon bei nur etwa 50 °C warmem Wasser verdampft während des Gefriervorgangs insgesamt etwa ein Zehntel des Wassers – und das restliche Wasser kühlt noch schneller ab. Stellt man den Vergleich aber mit geschlossenen Behältern an, entscheidet das kalte Wasser den Wettlauf für sich – es wird schneller zu Eis.

Wo hat der Wasserstoffantrieb Zukunft?

Der Wasserstoffantrieb hat höchstwahrscheinlich eine große Zukunft vor sich: Die derzeit favorisierten Elektroantriebe eignen sich am besten für kürzere Strecken, weil auf längeren Wegen der Strom entweder über Oberleitungen, Schienen oder mithilfe von Batterien geliefert werden muss. Batterien werden aber bei größeren Entfernungen, beim Transport großer Lasten oder im Luftverkehr einfach zu schwer, um die benötigte Energie lange genug zur Verfügung stellen zu können. Deshalb arbeiten Ingenieure schon längst an Antrieben, die mit Wasserstoff funktionieren, der aus Sonnen- oder Windenergie und Wasser relativ einfach in großen Mengen gewonnen werden kann.

Da Wasserstoff bei extrem tiefen Temperaturen in Tanks gelagert wird, aus denen ständig kleine Mengen verdampfen, eignet er sich aber weniger für Fahrzeuge, die wie Autos in Urlaubsperioden längere Zeit mit halbvollen Tanks geparkt werden. In sehr regelmäßig für längere Strecken genutzten Fahrzeugen wie Lkws im Fernverkehr, Containerschiffen oder Flugzeugen, die man zudem erst kurz vor Beginn der Fahrt bzw. des Fluges betanken kann, lassen sich dagegen alle Vorteile des Wasserstoffs ausspielen. Man kann ihn in Verbrennungsmotoren ähnlich wie heutigen Sprit einsetzen, oder er liefert in Brennstoffzellen Strom, der dann Elektromotoren antreibt. In Mittelstrecken- und Langstreckenflugzeugen kann Wasserstoff auch Gasturbinen antreiben, die heutigen Triebwerken sehr ähneln. Und auch Sicherheitsaspekte dürften der Zukunft des Wasserstoffantriebs kaum im Weg stehen, da der Umgang mit Superbenzin erheblich gefährlicher ist als der mit Wasserstoff.

Auch Rennwagen könnten mit Wasserstoff betrieben werden: An der TU Delft experimentieren Studenten mit ihrem sogenannten H2-Boliden.

Warum tragen Ärzte meist Weiß, im OP aber Grün?

„Halbgötter in Weiß", so nannte man Ärztinnen und Ärzte lange wegen ihrer weißen Berufskleidung. Die Farbe wirkt strahlend, steril und reinlich, und tatsächlich trägt sie zu besserer Hygiene bei, denn Verunreinigungen sind auf derart hellen Textilien sofort sichtbar. Im Operationssaal hat Weiß jedoch Nachteile. OP-Tische werden von extrem starken Lampen ausgeleuchtet – trügen die Operierenden weiße Kleidung, würde das Licht davon reflektiert, und die Ärztinnen und Ärzte würden geblendet. Eine weniger stark zurückleuchtende Kleidungsfarbe lässt ihre Augen dagegen weniger ermüden.

Bei der Wahl der Farbe wird auch der sogenannte Nachbildeffekt berücksichtigt: Hat man einen bestimmten Punkt länger fixiert, so erscheint er, wenn man danach auf eine helle Fläche schaut, dort in seiner Komplementärfarbe. Operierende sehen im OP viel Rot – die Komplementärfarbe dazu ist Grün. Da Grün auf grüner Kleidung kaum sichtbar ist, minimiert grüne OP-Wäsche Nachbilder deutlich.

Transportieren Wellen Wasser?

Genauso wenig wie die La-Ola-Welle im Stadion Menschen verfrachtet, befördert eine vom Wind erzeugte Welle auf dem offenen Meer Wasser. Unter dem Einfluss der Windkräfte bewegen sich die Wasserteilchen auf kreisförmigen Bahnen. Die typische Form der Wellen entsteht dann, wenn sich viele Wasserteilchen auf den höchsten Punkt ihrer Umlaufbahn zubewegen und so einen Wellenberg erzeugen. Das Wellental entsteht entsprechend, wenn die Wasserteilchen gleichzeitig den tiefsten Punkt der Kreisbahn durchlaufen. Eine Welle ist also nur der Ausdruck von auf- und abwärtsgerichteten Schwingungen der Wasseroberfläche.

An den Küsten, wo die Wassertiefe abnimmt, verfrachten Wellen aber sehr wohl Wasser. Sobald die Tiefe geringer als die halbe Wellenlänge ist, berühren die Wasserteilchen bei ihren kreisförmigen Bewegungen den Grund und werden dort gebremst. In den höheren Schichten laufen dagegen die Bewegungen weiter ungebremst ab, die kreisförmigen Bahnen werden zu ellipsenförmigen, und die Schwingungswelle wird zur Brandungswelle, die sich auftürmt und als nach vorn überstürzender Brecher auf das Ufer läuft.

Register

Die fetten Seitenzahlen verweisen auf das Stichwort einer „Hätten Sie's gewusst"-Frage, die farbigen Seitenzahlen auf eine Abbildung. Die Umlaute ä, ö, ü werden wie a, o, u behandelt.

Bildnachweis

Covermotive: alle iStock, außer o. r. (Trojanisches Pferd) und u. l. (Goldbarren): Shutterstock.com

action press: 34 (Dirk Eisermann), 218 o., 247 (ZUMA Press), 296 (ANP Photo/Jerry Lampen)

akg-images: 128/129, 132 (AP), 213 (North Wind Picture Archives), 250 (Science Source), 259 r. (Paul Almasy), 265

Alfred-Wegener-Institut: 278 o. (Tristan Vankann), 278 u. (Mar Fernandez)

Imago: 13 (Hans Lucas), 100 (MiS), 142 (imagebroker), 149 (Jochen Tack), 150/151 (UIG), 152 (Felix Jason), 157 (Olaf Döring), 161 (imagebroker), 162 (Magnolia Pictures/Courtesy Everett Collection), 170 (Design Pics), 176 (epd), 186 (China Foto Press), 187 (imagebroker), 190 (UIG), 193 (biky), 206 (blickwinkel), 210 (Science Photo Library), 240 (Aurora Photos), 274 (United Archives International), 286 (bickwinkel), 287 (imaginechina/Tuchong), 292/293 (Camera4/Jim)

iStock: 6 M. (Valentina_G), 7 l. (GeorgePeters), 11 (SDI Productions), 16 (HRAUN), 21 (Kwangmoozaa), 22 (Juanmonino), 26 (Halfpoint), 36/37 (golubovy), 40 (MarioGuti), 41 (filadendron), 43 (wundervisuals), 66/67 (Valentina_G), 68 (studiodr), 70/71 (Silvia-Jansen), 72 l. (Fudio), 74 (alvarez), 76/77 (nd3000), 78 (Bartosz Hadyniak), 79 o. (jirkaejc), 79 u. (serezniy), 80 (Przemysław Iciak), 82 (fcafotodigital), 83 (stockphototrends), 85 (fotek), 87 (zeljkosantrac), 88 (AlasdairJames), 91 o. (JoKMedia), 92 (LauriPatterson), 95 (MediaProduction), 96 (Leonsbox), 97 o. (helovi), 97 u. (Floortje), 98 (Kyryl Gorlov), 102/103 (Mariakray), 108 (Martin Keiler), 127 (extravagantni), 135 (clu), 136 (Anton Aleksenko), 139 (tmlgt), 143 (hobo_018), 144 (Xurzon), 150 (lleerogers), 154 (brians101), 155 (Bret-Barton), 156 (Nikolaeva Elena), 159 (Jasmina007), 172 (wepix), 174 (Imgorthand), 182/183 (GeorgePeters), 184 (KeithSzafranski), 185 l. (moose henderson), 185 r. (AGAMI stock), 194 (marshalgonz), 195 (Mlenny), 197 (johan63), 198 (mauribo), 199 (FransDekkers), 200/201 (mgfoto), 201 (Gabriel Mendes), 202 (keiichihiki), 203 (KenCanning), 205 (georgeclerk), 207 (FamVeld), 209 (GlobalP), 212 (ilbusca), 214 (treetstreet), 216 o. (tobiasjo), 217 (Tuned_in), 219 (adokon), 221 (lightpix), 222/223 (ra-photos), 224 (Zoltan Tarlacz), 228 (portishead1), 230/231 (Michael Zeigler), 232 (ApisitWilaijit), 233 (Kagenmi), 234 (SimonDannhauer), 237 (SHODOgraphy), 241 (janiecbros), 242 (aapsky), 244 (clintspencer), 248 (Elenarts), 249 (valio84sl), 251 (robcruse), 252 (kapukdodds), 256/257 (designnatures), 259 l. (FilippoBacci), 261 (sansubba), 262 (technotr), 267 (Garsya), 276 (xeni4ka), 280 (Biletskiy_Evgeniy), 283 u. (ROMAOSLO), 285 (CAHKT), 289 (bjdlzx), 295 (Justinreznick), 297 (Erlantz Pérez Rodríguez)

laif: 75 (Christian Jungeblodt)

mauritius images: 44 (Alamy/Axel Kock), 56 (Alamy/Yuliya Furman), 59 (Alamy/Aaron Bastin), 81 (Alamy/Frederic Reglain), 115 (foodcollection), 131 (Alamy Ernie Janes), 158 (Alamy/Kristin Piljay), 165 (TopFoto), 167 (Alamy/Azoor Photo Collection), 191 (Alamy/Nature Photographers), 211 (Minden Pictures), 215 (imagebroker/Helmut Corneli), 220 (Alamy/Blickwinkel), 223 (Minden Pictures), 225 (Buiten-Beeld), 227 (nature picture library), 231 (Alamy/Stefan Sollfors), 235 (nature picture library), 254 (pepperprint), 263 (Alamy/Antonella Bozzini), 268/269 (Axiom Photographic), 291 (Alamy/Eye Ubiquitous)

Okapia: 189 (Ardea/Vince Burton), 204 (David Fleetham), 218 u. (Wolfgang Bettighofer), 229 (BIOS/Alejandro Prieto)

picture alliance: 54 (Christin Klose), 126 (TopFoto), 133 (dpa/Martin Athenstädt), 134/135 (dpa/Gregor Fischer), 138/139 (dpa), 145 (dpa/Friso Gentsch), 173 (Newscom/UPI/Kevin Dietsch) 192 (Xinhua News Agency/Gong Zhihong), 196 (Keystone/Sigi Tischler), 208/209 (Xinhua News Agency/Matti Matikainen), 255 (Westend61), 256 (HPIC/Cao Haigen), 258, 264/265 (TASS/Denis Bushkovsky), 266 (dpa/Julian Stratenschulte), 270 (ZUMA Press/Gene Bievins), 271 (Westend61/Arthur Selbach), 277 (robertharding/Michael Runkel), 279 (EPA/Filip Singer), 284 (Reuters/Mike Blake), 288 (dpa/Retina Implant AG)

Anja Schlatterer: 63, 91 u., 140

Shutterstock.com: 4 (frantisekhojdysz), 6 l. (Sergii Sobolevskyi), 6 r. (givaga), 7 M. (Denis Belitsky), 7 r. (patpitchaya), 8/9 (Sergii Sobolevskyi), 12 (Jürgen Fälchle), 14 (Monkey Business Images), 15 (Vova Shevchuk), 17 (Rocksweeper), 19 (Halfpoint), 20 (Dmitri Ma), 23 (Avatar_023), 24 (Swapan Photography), 25 (nikkytok), 27 (Oleggg), 28/29 (Alexander Raths), 30 (goodluz), 31 (VojtechVlk), 32 (Domaskina), 33 (mazeepuran), 35 (namtipStudio), 37 (Africa Studio), 38/39 (Syda Productions), 42 (Giuseppe_R), 45 (stock_shot), 46 (SciePro), 47 (Freebird7977), 48 (DenisNata), 49 (VOJTa Herout), 50 (aastock), 51 (Robert Kneschke), 52 (Scisetti Alfio), 53 (Black Salmon), 55 (Darren Tierney), 58 (Odua Images), 60 (Nataly Studio), 61 (Lokana), 62 (Volodymyr Pylypchuk), 64 (JurateBuiviene), 65 (Chutima Chaochaiya), 69 (JIANG HONGYAN), 71 (Oksana_Schmidt), 72 r. (Dario Lo Presti), 73 (Ketolina), 84 (amenic181), 86 (Nattika), 89 (Alice-D), 93 (Rich Carey), 94 (Volodymyr Goinyk), 99 (Africa Studio), 101 (Ishwar Thakkar), 102 (Ingrid Balabanova), 104 (Alexander Raths), 105 (Fresnel), 106 (margouillat photo), 107 (ivan_kislitsin), 109 o. (nesavinov), 109 u. (LunaseeStudios), 110 (Dionisvera), 111 (Amehime), 112 (Jesus Cervantes), 113 (Oksana Mizina), 114 (Zigzag Mountain Art), 116 (DronG), 117 (Tatjana Baibakova), 118 (LightField Studios), 119 (marslander), 120 (Brent Hofacker), 121 (Maria Uspenskaya), 122 (Oleksandra Naumenko), 123 (fotorince), 124/125 (givaga), 130 (Yuri Turkov), 141 (Rost9146), 146 (Nancy Bauer), 147 (Renata Sedmakova), 148 (Hendrik Bagger), 153 (Dmitri Ometsinsky), 160 (Monthira), 163 (Inna Dodor), 164 (Iceskatinggrizzly), 166 (Vadim Nefedoff), 168 (Fabian Junge), 169 (pisces2386), 171 (Elenarts), 175 (Jennifer Sophie), 177 (Skilful), 178 (SusaZoom), 179 (Freedomz), 180 (saradelvallephotography), 181 (Fotokvadrat), 188 (Natali Glado), 216 u. (Klaus Vartzbed), 236 (eleonimages), 238/239 (Denis Belitsky), 246 (MarTata), 253 (Designua), 272 (Andrey Armyagov), 273 (Edwin Butter), 275 (Somchai Som), 281 (AERIALVW), 282 (Patrick Foto), 282/283 (ThomasLENNE), 294 (A.Basler), 298 (patpitchaya)

Impressum

Producing: red.sign GbR, Stuttgart
Redaktion: Olaf Rappold, Julia Wilhelm
Grafik: Anette Vogt
Bildredaktion: Anja Schlatterer

Autoren: Sigrid Blank, Annegret Gellweiler, Dr. Peter Göbel, Dr. Birgit Gläser, Barbara Imgrund, Barbara Kiesewetter, Dr. Roland Knauer, Andreas Loos, Bernd Marquard, Hildegard Mergelsberg, Frank J. Müller, Olaf Rappold, Teresa Russo, Dr. Holger Sonnabend, Kerstin Viering, Julia Wilhelm, Dr. Birgit Wüller, Stephanie Ziegler

Reader's Digest

Redaktion: Falko Spiller
Grafik: Susanne Hauser
Bildredaktion: Sabine Schlumberger

Redaktionsdirektor: Michael Kallinger
Redaktionsleiterin Buch: Almuth Stiefvater
Art Director: Susanne Hauser

Produktion

arvato distribution: Thomas Kurz

Druck und Binden

Neografia, Martin

Hinweis

Dieses Buch wurde nach aktuellem Wissensstand sorgfältig erarbeitet. Dennoch erfolgen alle Angaben ohne Gewähr. Verlag und Autoren haften nicht für eventuelle Nachteile oder Schäden, die aus den im Buch gegebenen Hinweisen und Ratschlägen resultieren.

Printed in Slovakia

ISBN 978-3-95619-433-7

Besuchen Sie uns im Internet

readersdigest-verlag.de | readersdigest-verlag.ch | readersdigest-verlag.at